中国检察

· 第 31 卷 ·

主　编　谢鹏程
副主编　邓思清　蔡　巍
学术秘书：李　淮

中国检察出版社

图书在版编目（CIP）数据

中国检察. 第31卷/谢鹏程主编. —北京：中国检察出版社，2022.6

ISBN 978-7-5102-2750-9

Ⅰ. ①中… Ⅱ. ①谢… Ⅲ. ①检察机关-工作-中国-文集 Ⅳ. ①D926.3-53

中国版本图书馆 CIP 数据核字（2022）第091345号

中国检察 第31卷

谢鹏程 主编

邓思清 蔡 巍 副主编

责任编辑：常嘉文
技术编辑：王英英
美术编辑：曹 晓

出版发行：	中国检察出版社
社　　址：	北京市石景山区香山南路109号（100144）
网　　址：	中国检察出版社（www.zgjccbs.com）
编辑电话：	（010）86423709
发行电话：	（010）86423726　86423727　86423728
	（010）86423730　86423732
经　　销：	新华书店
印　　刷：	河北宝昌佳彩印刷有限公司
开　　本：	710 mm×960 mm　16开
印　　张：	23.5　插页4
字　　数：	411千字
版　　次：	2022年6月第一版　2022年6月第一次印刷
书　　号：	ISBN 978-7-5102-2750-9
定　　价：	89.00元

检察版图书，版权所有，侵权必究
如遇图书印装质量问题本社负责调换

卷 首 语

2021年6月,党中央印发《中共中央关于加强新时代检察机关法律监督工作的意见》(以下简称《意见》),赋予检察机关更重政治责任,也为检察理论研究提出新的更高要求。全国检察机关以习近平新时代中国特色社会主义思想为指引,全面贯彻习近平法治思想,深入落实《意见》,胸怀"国之大者",坚持依法能动履职,遵照"在办案中研究、在研究中办案"理念,依循"从检察工作中来、到检察工作中去"思路,持续解新题、破难题,主动回应改革优化、制度强化、探索深化提出的时代命题,形成了一系列高质量的理论研究成果,为做优做强做实做好新时代法律监督职能提供了扎实的理论支撑,助推了检察工作高质量发展。本卷《中国检察》收录其中12篇具有代表性的检察理论研究课题成果,希望能够引发思考,推进更深层次的研讨。

《内设机构改革后检察办案业绩考核制度研究》根据内设机构改革后检察权运行模式的变革和检察官角色的重塑,对检察办案业绩考评提出制度构想。针对"四大检察"职能和"十大业务"类别的差异性,结合单独职务序列特点，提出分层分类分级考评方式；针对检察工作高质量发展需要，提出重点考核办案质量、效率、效果的内容和标准；突出考评反馈和结果运用，以实现奖优罚劣、奖勤罚懒、找准差距、补齐短板，促进争先创优的考核目的。

《检察权运行监督机制完善研究》通过梳理分析1996年至2020年检察权运行监督机制规范化建设历程，围绕检察机关内部监督机制建设存在的问题，结合媒体舆论和信息技术发展给检察权监督带来的外部环境变化，及党和国家监督体系与检察机关自身监督体系如何有机贯通、相互协调等重点问题，提出应提升检察机关内部监督规则执行和遵守的操作性，实行依职权与依申请并重的案件信息公开模式，改进对各级院检察长办案权力行使的监督手段，完善自身监督机制与检察官惩戒、党委政法委执法监督等其他外部监督机制的衔接，实现机制建设与实践智慧的统一。

《检察机关办案模式研究》指出，我国检察机关长期实行的"三级审批制"办案模式符合当时国情，但权责不清导致司法责任难以落实到位。检察机关司法责任制改革将"三级审批制"变革为以合一制为主、分离制为辅的混合办案模式。合一制办案模式明确了办案者与定案者的合一，分离制办案模式明确了办案者与定案者的分离。司法权分为审查证据权、认定事实权和适用法律权等三项基本权能。在世界范围内，司法权的全部权能可以由一个办案主体行使，也可以由不同的办案主体混同行使，还可以由不同的办案主体分别行使。因此，分离制办案模式符合司法亲历性规律。

《"案–件比"质量评价指标研究》提出，"案–件比"是近年来检察机关创新提出评价办案质效的核心指标。该指标着眼实体与程序并重，引导检察官将每一个诉讼环节的工作做到极致，在确保"案子"实体公正前提下，努力做到程序不反复、少折腾，最大限度减少人为增加"案件"，通过对程序正义的重视，最终实现实体正义。这是践行以人民为中心思想的生动体现，是实现司法检察案件管理体系和管理能力现代化的重要路径，已经成为提高检察机关办案质效的"新引擎"。

《大数据视角下"智慧检务"建设基本理论与实施规划研究》指出，检察系统内员额动态调整、省级统管人财物科学分配以及检察官办案责任制精准监督的现实需求为"智慧检务"建设提供了充实的理论依据。大数据视角下，可以通过数据挖掘、案件画像、偏离预警等大数据技术建构自动、实时、动态、精准的检察工作量与办案质量评估体系，辅助"智慧检务"建设。"十四五"期间，应充分依托检察信息化建设的已有基础，在技术应用有限性的理性认识下出台大数据与检察体制综合配套改革规划。

《新时代检察技术与检察机关司法鉴定工作研究》认为,检察技术工作在"四大检察"全面协调充分发展的大背景下迎来新的机遇,通过探索转型发展,以办案体现检察技术价值,取得了良好成效。但也暴露出技术资源配置不均衡、人员流失严重和统筹调用难度大、检验鉴定业务萎缩、审查意见缺乏证据效力等问题。检察技术应当积极顺应改革发展需求,转变职能和定位,优化专业门类设置和资源配置,强化检察技术人员办案能力和水平,突出检察技术司法属性,积极探索"检察技术官"制度,助推检察技术长远发展。

《基层检察院建设综合评估研究》提出,基层检察院建设综合评估的最高目标应确定为"过硬"和"可靠、满意"。其中,"过硬"是"体","可靠和满意"是"翼",由此构建基层检察院建设的"一体两翼"目标,评估的内容范围包括"政治坚定、业务优质、队伍专业、监管有效、保障有力"以及"社会评价"和"重点和创新工作",并作为综合评估的一级评估指标。评估结果分为"优秀""良好""达标"和"不达标"四个等级,并按照"一院一评"的方式,在对评估数据进行分析的基础上,汇总形成内含"基本状况、主要成效、突出问题、结论建议及数据材料等附件"的综合评估报告。

《"套路贷"犯罪司法适用疑难问题研究》指出,被害人因素是"套路贷"民刑界分的依据之一。被害人具有自我保护的可期待性或者尽谨慎义务可防止被"套",不成立"套路贷"犯罪。除去以民间借贷之名行骗取他人财物之实外,对"套路贷"不宜认定为诈骗罪。"套路贷"团伙一般不具备非法控制特征,不宜认定为黑社会性质组织。在"套路贷"犯罪中,先前诈骗行为与后续敲诈勒索行为可成立吸收犯,应以敲诈勒索罪论处。先前诈骗行为与后续虚假诉讼应成立诈骗罪,不宜数罪并罚。直接平账人与"套路贷"犯罪行为人的两个诈骗行为之间属于法规竞合关系,应根据重法优于轻法原则定罪处罚。"套路贷"犯罪数额存在"套路贷"犯罪之犯罪数额与"套路贷"之犯罪数额之别,两者在认定上有所不同。在计算非法放贷数额时,约定利息应作为实际年利率的计算依据。

《宽严相济刑事政策视阈下醉驾犯罪实证研究》指出,我国醉驾犯罪刑事政策历经由入刑伊始的严厉惩处到现阶段逐步探索宽严结合的发展过程。由于缺乏统一的全国性政策指导,不同地区间存在宽严尺度不一、刑罚裁量失衡甚至处罚极端化的问题。下一步应以宽严相济刑事政策为指导,回归醉驾犯罪系微罪的本质属性，尽快统一醉驾犯罪的刑事裁量标准，推动构建公安机关"零容忍"、检法机关逐层分流、社会各界紧密配合的"惩防一体化"综合治理体系。

《民法典实施背景下民事诉讼精准监督研究》指出，在民法典实施背景下，以精准监督理念引领民事检察工作创新发展，是新时代做强民事检察工作的根本要求。民事检察监督理念几经发展变化，通过对其发展脉络加以梳理，可以厘清精准监督理念的基本内涵。从实证分析视角来看，民事诉讼精准监督理念符合现实需求。民法典的价值体系与精准监督理念具有同一性，其为民事检察监督提供了实体法精准监督依据、体系化精准监督思维和全方位精准监督范围，民事检察应当将民法典精神融入司法办案中，引领民事检察工作创新发展。

《认罪认罚后被告人反悔研究》指出，被告人认罪认罚后的反悔行为在法理上具有正当性，其享有反悔的诉讼权利，司法机关应当理性对待被告人的反悔权。司法实践中，被告人认罪认罚后反悔的时间、内容、原因等较为复杂，检察院、法院应对被告人认罪认罚后反悔的做法各异。被告人认罪认罚后的反悔行为客观上势必会造成诉讼效率的降低和司法成本的增加，影响认罪认罚从宽制度的预期效果。因此，应当高度重视认罪认罚后被告人反悔问题，科学构建应对认罪认罚后被告人反悔的预防机制和规制机制。

《环境行政公益诉讼诉前程序研究》认为，检察机关通过诉前程序不仅监督和督促环保部门依法履职，而且在及时化解环境纠纷方面也发挥了重要作用。由于我国行政诉讼法缺少对行政公益诉讼制度的具体制度设计，检察机关在环境行政公益诉讼诉前程序中遇到了检察建议法律地位、调查取证权配置、行政主管部门依法履职认定标准等方面的问题。因此，有必要通过制定公益诉讼法及完善相关立法和司法解释，加强检察建议的法律地位，合理配置检察机关的调查取证权，明确行政机关的配合义务，建立科学的证据规则，完善环保行政部门依法履职的认定原则和标准，这是完善环境行政公益诉讼诉前程序的关键。

目 录

一、检察权运行规范化

内设机构改革后检察办案业绩考核制度研究 ………………（ 3 ）
 一、业绩考核与检察办案业绩考核 ……………………（ 5 ）
 二、内设机构改革对检察办案业绩考核的影响 ………（ 15 ）
 三、检察办案业绩考核制度的构建 ……………………（ 26 ）
检察权运行监督机制完善研究 …………………………………（ 44 ）
 一、检察权运行监督机制规范化建设的历程 …………（ 45 ）
 二、完善检察权运行监督机制的路径与方法 …………（ 62 ）
 结　语 ……………………………………………………（ 74 ）
检察机关办案模式研究 …………………………………………（ 75 ）
 一、检察机关"三级审批制"的特征和问题 …………（ 75 ）
 二、检察机关办案模式改革的主要内容 ………………（ 77 ）
 三、司法权的运行模式 …………………………………（ 84 ）
 四、司法亲历性 …………………………………………（ 89 ）
 五、完善检察机关办案模式的建议 ……………………（ 95 ）
"案－件比"质量评价指标研究 ………………………………（ 98 ）
 一、"案－件比"提出的背景 …………………………（ 99 ）
 二、"案－件比"的基本问题 …………………………（101）
 三、对"案－件比"的准确理解与适用 ………………（111）
 四、"案－件比"存在的不足和完善建议 ……………（116）
大数据视角下"智慧检务"建设基本理论与实施规划研究 …（120）
 一、问题的提出 …………………………………………（120）
 二、检察体制综合配套改革的需求分析 ………………（121）
 三、大数据技术辅助下的检察体制配套改革 …………（125）

四、大数据技术辅助检察体制综合配套改革的若干建议 …………… (130)
新时代检察技术与检察机关司法鉴定工作研究 ………………………… (132)
　　一、检察技术的定义及工作范围 …………………………………… (133)
　　二、检察技术办案情况 ……………………………………………… (133)
　　三、推动检察技术转型发展的路径 ………………………………… (138)
基层检察院建设综合评估研究 …………………………………………… (147)
　　一、基层检察院建设综合评估的定义与价值 ……………………… (148)
　　二、基层检察院建设综合评估指标设定的基本原则 ……………… (151)
　　三、基层检察院建设综合评估的总体要求 ………………………… (152)
　　四、基层检察院建设综合评估指标的设置及相应数值 …………… (156)
　　五、基层检察院建设综合评估的等级设定和报告形成 …………… (162)
　　六、基层检察院建设综合评估的运行管理 ………………………… (164)

二、检察机关参与社会治理

"套路贷"犯罪司法适用疑难问题研究 ………………………………… (169)
　　一、"套路贷"的民刑界限 ………………………………………… (170)
　　二、诈骗罪与黑社会性质组织犯罪的认定 ………………………… (176)
　　三、"套路贷"犯罪的罪数认定 …………………………………… (181)
　　四、"套路贷"犯罪数额认定 ……………………………………… (187)
宽严相济刑事政策视阈下醉驾犯罪实证研究 …………………………… (192)
　　一、醉驾犯罪现象及其现状、特征、趋势 ………………………… (192)
　　二、醉驾犯罪刑事政策的演进与现状 ……………………………… (204)
　　三、其他国家和地区醉驾犯罪惩治的经验与迷思 ………………… (246)
　　四、醉驾犯罪刑事政策的应然走向和路径选择 …………………… (271)

三、法律监督提质增效

民法典实施背景下民事诉讼精准监督研究 ……………………………… (285)
　　一、精准监督理念之发展理路 ……………………………………… (286)
　　二、我国民法典的价值体系与精准监督理念的同一性 …………… (294)
　　三、民法典对民事诉讼精准监督的指引与规制 …………………… (297)

认罪认罚后被告人反悔研究 ……………………………………… (303)
　　引　言 …………………………………………………………… (303)
　　一、认罪认罚后被告人反悔的正当性分析：理性对待权利 …… (305)
　　二、认罪认罚后被告人反悔情况的实证考察：以C市Y中级
　　　　人民法院及其辖区为主要样本 …………………………… (310)
　　三、认罪认罚后被告人反悔的应对方略：预防机制
　　　　与合理规制 ………………………………………………… (322)
环境行政公益诉讼诉前程序研究 …………………………………… (329)
　　一、环境行政公益诉讼诉前程序的基础理论 ………………… (329)
　　二、环境行政公益诉讼诉前程序的主要问题及其原因分析 …… (340)
　　三、部分国家环境公益诉讼诉前程序的特点及其启示 ……… (353)
　　四、环境行政公益诉讼诉前程序的完善：以检察机关调查取证
　　　　和环保部门履行职责认定标准为路径 …………………… (361)

一、检察权运行规范化

内设机构改革后
检察办案业绩考核制度研究[*]

内蒙古自治区人民检察院课题组[**]

2018年底,最高人民检察院内设机构完成了系统性、整体性、重构性改革,围绕刑事、民事、行政、公益诉讼"四大检察职能"设置了"十大检察业务厅"。目前,全国四级检察机关的内设机构改革已全部完成,内设机构改革之后,对检察办案业绩如何进行考核成为普遍关注和亟待解决的重大问题。

---

[*] 本文系2019年度最高人民检察院检察理论研究重点课题"内设机构改革后检察办案业绩考核制度研究"(项目批准号:GJ2019B04)的研究成果。

[**] 课题主持人:李琪林,内蒙古自治区人民检察院党组书记、检察长。课题组成员:简小文,内蒙古自治区人民检察院党组副书记、常务副检察长;郑锦春,内蒙古自治区人民检察院副检察长;郎显成,内蒙古自治区人民检察院法律政策研究室主任;乌兰,内蒙古自治区人民检察院法律政策研究室副主任;黄凯,内蒙古自治区人民检察院第八检察部副主任;张凤霞,内蒙古自治区人民检察院第八检察部副主任;白秀峰,内蒙古自治区人民检察院法律政策研究室检察官助理;王晓兵,内蒙古自治区通辽市人民检察院案件管理部副主任。

检察办案业绩考核制度是引导和激励检察官依法履职、推动各项检察办案工作提升发展的"风向标"和"指挥棒"。在检察机关内设机构改革之后,在司法责任制综合配套改革进入"深水区"的关键时期,研究和完善检察办案业绩考核制度具有十分重要的意义。第一,有利于贯彻新时代检察工作要求和理念。检察工作是政治性极强的业务工作,也是业务性极强的政治工作。中国特色社会主义进入新时代,习近平总书记提出了一系列治国理政的新理念新思想新战略,党中央作出了一系列重大决策部署。最高人民检察院党组根据检察机关所处的时代方位,也提出了一系列新理念新要求。要使这些重大决策部署和司法理念落实到检察工作中,重要途径便是把党中央的决策部署、最高人民检察院的工作理念转化成具体的考核内容和评价指标,通过业绩考评从上到下传导至基层、落实到检察官的日常办案工作中。因此,检察办案业绩考核有利于把新时代检察工作要求和理念引导并落实到检察官办理的每个案件、每项业务中,可以充分发挥检察官的政治智慧、法律智慧,通过办案最大限度地实现政治效果、社会效果、法律效果的有机统一。第二,有利于保证检察权依法公正行使。司法责任制改革突出检察官的司法办案主体地位,实现"谁办案谁决定,谁决定谁负责",从而提高司法办案质量,确保实现司法公正。在司法责任制改革中,赋予员额检察官司法职权后,如何保证其依法公正行使职权,就成为此项改革成败的关键,只有确保员额检察官依法公正行使检察权,才能实现司法公正,才能让人民群众在每一个司法案件中感受到公平正义。对员额检察官进行办案业绩考核是提高其办案责任心和办案能力的有效措施,也是确保其依法公正行使检察权的现实需要。第三,有利于提升检察官的业务素质。高素质检察官队伍是司法体制改革的重要目标,高素质检察官队伍建设不仅需要选拔机制的完善,而且需要对检察官进行严格的考核和管理。对检察官进行严格要求、严格监督和严格管理,既是开发检察官智能、挖掘检察官潜能的重要手段,也是充分调动其积极性、主动性和创造性,提高检察官的工作效率,全面提升检察官业务素质的重要措施。开展检察官办案业绩考评,就是要明确办案的标准和办案的要求,一方面引导推动检察官履职尽责,把案件办到极致、办到最好;另一方面可以把办案质量低、效果差的业绩考评出来,倒逼检察官自觉提升专业素质能力,真正对照考评找出差距和不足,通过努力来实现更好的办案质量和效果。此外,各地检察院都建立了员额检察官的退出机制,对员额检察官进行办案绩效考核可以把不能胜任办案、不能独立承担司法责任的检察官考评出来,把员额退出来,让优秀的检察官觉得有动力,让不能胜任者有压力,形成能者上、平者让、庸者退的动态管理机制,真正实现激励先进、鞭策后进的目的。

人民检察院是国家的法律监督机关,必须依法履行法律监督职责,提高办案质量,从供给侧为人民群众提供更优质的法治产品、检察产品。研究完善检察办案业绩考核制度,就是要通过优化检务管理,科学设置考核指标,引领、促进各级检察机关自觉主动落实好党中央决策部署,提升人民群众对检察工作的满意度。同时,通过检察办案业绩考核让检察官在办案中切实负责,把案件办到极致、办到最好,使检察办案业绩考核制度真正发挥"风向标"和"指挥棒"的作用。

一、业绩考核与检察办案业绩考核

(一)业绩考核

业绩考核由"业绩"和"考核"两个词组成。根据现代汉语词典,业绩一般是指"建立的功劳和完成的事业"或"成就"[1],考核是指"考查审核"[2]。那么词语意义上的业绩考核可以解释为"对完成的工作成就进行考查审核"。"考核"一词在中国古代也称考绩、考课、考成或考功[3],与考核相关的制度被称为考绩制度。考绩制度在我国有着悠久的历史,考绩制度萌芽于先秦时代[4],形成于秦汉时代,秦汉将考课分为"常课"和"大课"[5],唐朝时期将考课分为"大考"和"小考"[6],宋代考课制度称为"磨勘"[7],

---

[1] 中国社会科学院语言研究所词典编辑室编:《现代汉语词典》(第7版),商务印书馆2017年版,第1529页。

[2] 中国社会科学院语言研究所词典编辑室编:《现代汉语词典》(第7版),商务印书馆2017年版,第733页。

[3] "考功"为官署名,三国时为魏吏部尚书所领四曹之一,掌考第及秀孝、贡士等事。参见吴泽、杨志玖、郑天挺编:《中国历史大辞典》(中),上海辞书出版社2018年版,第1350页;朱伟华、徐璋:《中国古代职官考课制度特点初探》,载《历史教学问题》1998年第5期。

[4] 先秦文献《尚书·舜典》记载:"三载考绩,三载黜陟幽明,庶绩咸熙。"

[5] 常课每年一次,大课每三年一次。参见吴泽、杨志玖、郑天挺编:《中国历史大辞典》(中),上海辞书出版社2018年版,第1351页。

[6] 小考每年进行一次,大考每四年举行一次。

[7] 唐代后期,凡对官吏进行考课,其政绩均需复核,始见于太和元年(807)正月之敕,宋初形成制度,置磨勘差遣院等机构及三司都磨勘司等职,并制定磨勘之法。参见吴泽、杨志玖、郑天挺编:《中国历史大辞典》(中),上海辞书出版社2018年版,第1814页。

明代对官吏的考课分为"考满"与"考察"两种①，清朝在继承明制的基础上行"考满"法。考绩中的"绩"是指官吏的工作成绩、绩效、业绩，对各级行政官吏的为官实绩即业绩始终是考核的重要一环。②中国古代的考绩制度与西方国家近现代文官考绩制度存在许多相似性。孙中山曾言，欧美各国的文官制度是向英国学习而来的，而"穷流溯源，英国的考试制度还是从中国学去的"③。就公务员考绩来看，西方文官制度将"考绩"这一制度改革为近代化的文官考绩法制。④一般认为现代意义上的业绩考核起源于英国的文官制度改革⑤，1870年，英国枢密院令规定以考试和业绩作为文官录用和晋升的依据，标志着世界上第一个现代常任文官制度在英国正式确立。⑥此后，该制度被世界上许多国家所效仿。我国近现代文官考绩制度受到古代中国的文官考绩制度和西方国家文官考绩制度的双重影响，我国当代意义上的考绩主要是我国学者根据西方公共管理学理论而提出的定义，将其表述为绩效考核。⑦

现代社会语境下的考绩也称考核，是指对某类组织人员的工作成绩进行考核，这也是世界各国的通行做法。从管理学角度来看，业绩考核是现代人力资源管理的重要组成部分，被认为是任何组织持续发展的核心环节。⑧何为业绩考核，基于其因依的事物的不同，存在不同的定义。在管理学领域，有的将业绩考核定义为"以责任报告为依据，对责任中心各项责任预算执行结果进行分析与评价，总结成功的经验，揭示存在的问题与不足，并给予

---

① 考满与考察相辅而行，凡内外现职官满三年称初考，六年称再考，九年称通考，不拘三、六、九年为杂考；考察与考满相辅而行，分外察和京察，外察即对外官的考察，京察即对京官的考察。参见吴泽、杨志玫、郑天挺编：《中国历史大辞典》（中），上海辞书出版社2018年版，第1349页、第1351页。

② 朱伟华、徐璋：《中国古代职官考课制度特点初探》，载《历史教学问题》1998年第5期。

③ 黄昌毅编：《孙中山先生演说集》，上海民智书局1926年版，第35页。

④ 秦涛：《近现代中国公务员考绩法制研究》，武汉大学2010年博士学位论文。

⑤ 公务员在英国被称为"文官"（civil servant），直译成中文是"文职仆人"。参见邱灵敏：《西方行政制度改革中的制度性贫困——基于英国文官制度的考察》，载《上海党史与党建》2014年第12期。

⑥ 1853年英政府发表了《关于建立常任文官制度的报告》，1870年枢密院命令以此为蓝本建立文官制，规定以考试和业绩作为文官录用和晋升的依据。

⑦ 西方学者根据市场经济体系中的企业管理提出了绩效管理的理论，它是按照一定的标准采用科学的方法检查和评定组织内部公务员对职位所规定的职责的履行程度，以确定其工作成绩的管理方法。参见秦涛：《近现代中国公务员考绩法制研究》，武汉大学2010年博士学位论文。

⑧ 王凌峰：《地方政府业绩考核的一种新方案》，载《国是论衡》2004年第11期。

合理的奖惩,以利于加强管理,完成责任预算,提高经济效益的过程"①。有的认为,业绩考核是指企业收集、分析、评价和传递有关某一个人在其岗位上的行为、表现和工作结果信息的过程,是对员工工作中优缺点的科学系统描述。② 传媒行业的业绩考核是指对传媒从业人员的政治觉悟、工作成绩、工作态度、工作能力、学识、品行、性格以及健康状况等进行综合考察和评价。③ 百度百科词条将业绩考核定义为"一种周期性检讨与评估员工工作表现的管理系统,是指主管或相关人员对员工的工作做系统的评价"④。还有学者将业绩考核定义为"用科学的方法对集体或个人在某一段时间内的工作进行检验、评价,并与标准进行核对的工作"⑤。

结构决定功能,任何事物的发展都是事物本身结构和依附于该事物的功能系统相互适应的发展结果。从结构决定功能的逻辑范式来看,业绩考核是被考核事物功能系统的组成部分。通观各国现代考绩制度,各类组织及其人员的业绩考核制度基本上都是参循企业管理中的员工业绩考评机制而制定的。据此,我们可以把业绩考核定义为:考核组织运用科学的方法对某类组织人员的工作成绩、工作能力等进行系统考察和评价的一种管理方法。业绩考核具有以下特征:(1)依存性。⑥ 结构决定功能,业绩考核作为一个功能子系统因依于某项具体事物而存在,从系统论的角度来看,业绩考核是治理体系的组成部分。从反向作用来看,业绩考核制度的存在以及是否科学完善影响、决定着被依附事物的发展及其目标的实现。(2)程序性。从管理学的角度来看,业绩考核是人事管理的重要内容,是一种现代组织不可或缺的管理工具,是一项强有力的管理手段、管理方法,其作为一种管理工具已经广泛运用于企业、政府机关、事业单位等众多组织。(3)机制性。⑦ 业绩考

---

① 张蕊主编:《会计学》,复旦大学出版社2015年版,第371页。
② 张云松、刘建华主编:《节约型社会辞典》,中国财政经济出版社2006年版,第460页。
③ 钱晓文:《当代传媒经营管理》,中山大学出版社2014年版,第158页。
④ 参见百度百科词条, https://baike.baidu.com/item/%E4%B8%9A%E7%BB%A9%E8%80%83%E6%A0%B8/5345191?fr=aladdin,2020年5月9日访问。
⑤ 张智慧、谢玮、闫晓燕主编:《康乐服务与管理》,北京理工大学出版社2016年版,第179页。
⑥ 关系名词的依存性体现在两个方面:一是关系名词所关涉的对象(所指)之间相互依存,没有一方,就没有另一方。二是关系名词本身具有依存性,一个词语依存于另一个词语。杨红樱:《现代汉语关系名词研究》,武汉大学出版社2018年版,第20—21页。
⑦ "体制"是指"国家、国家机关、企业、事业单位等的组织制度",如经济体制、政治体制等。参见中国社会科学院语言研究所词典编辑室编:《现代汉语词典》(第5版),商务印书馆2006年版,第1343页。"机制"泛指一个工作系统的组织或部分之间先后作用的过程和方式。参见中国社会科学院语言研究所词典编辑室编:《现代汉语词典》(第5版),商务印书馆2006年版,第628页。

核是一种激励约束机制，业绩评价是激励与约束机制设计的基础环节，开展业绩考核已成为人力资源管理的基本工作。没有衡量，就没有管理。通过激励、管束对象个人或集体，进一步完善治理结构，形成合理均衡的价值分配关系，最终实现组织的目标。(4) 目标性。① 业绩考核是组织实施的具有主体性的活动，有着明确的目标性。业绩考核是为实现组织的管理目标而存在的，业绩考核的目的是通过考核提高每个个体的贡献度和效率，最终实现组织的发展目标。

（二）检察官业绩考核

从管理学的角度来讲，检察机关作为一个组织，其检察人员的业绩考核实际上也是一个典型的人力资源管理问题，只不过问题的研究视角从企业转到了检察机关。在检察制度场域，开展检察官业绩考评是落实司法责任制改革和员额制改革的重要举措。检察官办案责任制全面实行以后，原有的绩效考核机制难以适应新情况、新问题、新要求，构建以员额检察官为对象的独立的、科学的检察业绩考核新机制不仅是新时期检察工作发展的客观所需，也是检察机关亟待解决的重大问题。

顾名思义，检察官业绩考核是指对检察官的工作业绩进行考核。从结构决定功能的逻辑范式来看，检察官业绩考核内容是检察官业绩评价体系（考核机制）建立的前提和基础。关于检察官业绩考核的内容，根据2017年《最高人民检察院机关检察官业绩考核办法（试行）》第6条，包括检察官办理案件和其他检察业务的工作量、质量、效率、效果等情况。2020年最高人民检察院《关于开展检察官业绩考评工作的若干规定》第2条界定了检察官业绩考评的具体含义和主要内容："本规定所称检察官业绩考评，是指根据法律、司法解释以及检察官岗位说明书、司法办案权力清单等规定的检察官职责，对检察官办理案件和其他检察业务的质量、效率、效果等进行的考核评价。"根据《最高人民检察院机关检察官业绩考核办法（试行）》第7条的规定，检察官办理其他检察业务，包括研究起草检察业务指导性、规范性文件，起草立法和司法解释建议，制发指导性案例和开展典型案例研究，开展检察业务政策调研、分析，以及其他与业务指导、业务管理相关的

---

① "目标是行为所需达到的目的，是根据客体发展规律与主体需要而设计的对行为活动结果的超前反映形式，是人的需要的体现，本质上是主体的价值追求。"参见李德顺：《价值学大辞典》，中国人民大学出版社1995年版，第482页。

工作活动。① 最高人民检察院《关于开展检察官业绩考评工作的若干规定》附件1《检察官业绩考评业务类型》对其他检察业务进行了列举式规定，如办理书面请示其他业务、业务指导与管理、法治宣传工作、归档工作，未成年人检察业务类型中的"未成年人法治宣传教育和犯罪预防"，法律政策研究业务类型中的"检察委员会工作、检察专题调研与理论研究工作、司法体制改革相关工作、对台司法互助工作"，案件管理业务类型中的"案件流程管理、案件质量管理、业务分析研判、业务数据督查、业务信息化需求统筹"等。不同的考核内容决定着不同的考核评价体系的构建，据此，可以将检察官业绩考核体系划分为检察官办理案件业绩考核体系和检察官办理其他检察业务业绩考核体系。

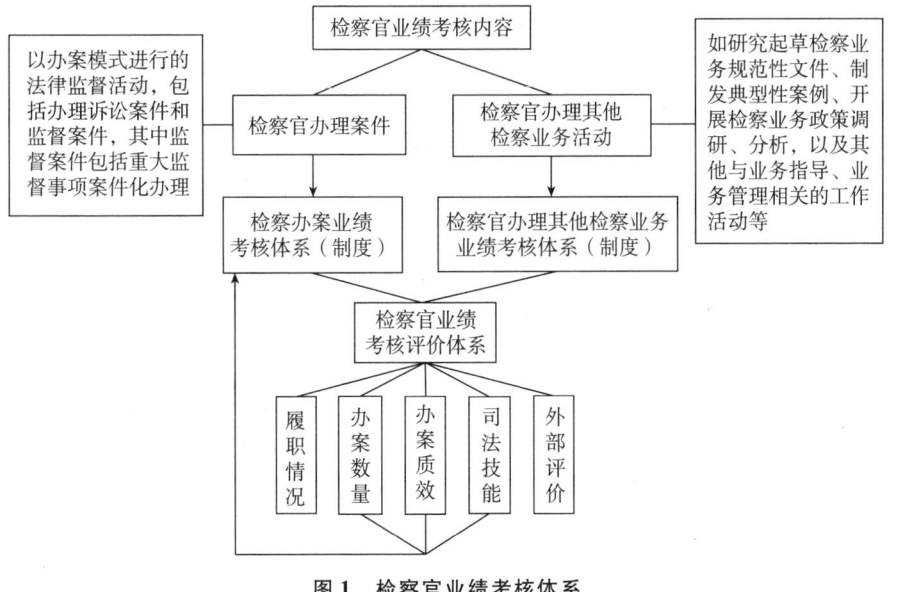

图 1　检察官业绩考核体系

---

① 由于本规定适用于最高人民检察院机关检察官的业绩考核，根据人民检察院组织法、《人民检察院刑事诉讼规则》等相关规定，地方各级人民检察院并不享有最高人民检察院的一部分职能，如起草立法和司法解释建议，制发指导性案例等，但地方各级检察机关可以根据权限范围进行设定。如上海市人民检察院关于印发《市院检察官绩效考核办法（试行）》第4条规定："检察官业务工作实绩以检察官所属岗位及岗位职责要求为主要依据，通过考察检察官办案或业务工作的数量、质量、效率、效果进行评价。主要包括办案，业务指导，条线工作管理、调研、分析，专项工作，与条线业务工作相关的材料起草等。"

检察官业绩考核不等于检察官办理案件业绩考核，检察官办理案件业绩考核是检察官业绩考核的重点内容；检察官业绩评价体系不等于检察办案业绩评价体系，检察官办理案件业绩评价体系是检察官业绩评价体系的重要组成。2015 年最高人民检察院出台的《关于完善人民检察院司法责任制的若干意见》第 28 条明确提出"建立以履职情况、办案数量、办案质效、司法技能、外部评价等为主要内容的检察官业绩评价体系。评价结果作为检察官任职和晋职晋级的重要依据"。2018 年最高人民检察院《2018—2022 年检察改革工作规划》将完善检察官业绩评价机制作为改革任务，要求建立以办案质量、效率和效果等为基本内容的业绩评价标准体系和考评机制等规定，为进一步构建与司法责任制相适应的检察官业绩考核制度指明了方向。

从检察办案业绩考核的内容来看，检察办案业绩考核制度应当以检察官办理案件为内容进行构建，不应当包括其他检察业务；从具体组成来看，检察办案业绩考核制度主要围绕办案数量、办案质效①、司法技能三个方面进行构建，其中，办案数量是检察官的硬性指标，办案质效是检察官办案质量的重要标志，司法技能是检察官司法办案的综合体现。②

（三）检察办案业绩考核

基于检察权在检察业务和管理方式上与审判权的差异性，在落实检察办案责任制及制定检察办案业绩考核机制的问题上，要根据检察权的属性、检察工作的特点和检察发展规律进行有针对性的制度设计。

1. 检察办案的界定

《现代汉语词典》将"检察"定义为"国家法律监督机关（检察院）依法定程序进行的法律监督活动"。③ 这种定义是狭义上的。一般认为，检察权具有司法权属性、法律监督属性和行政权属性等多重属性，其中法律监督属性是检察权的基本属性。据此，根据宪法、刑事诉讼法和人民检察院组织法等法律的规定，从检察权的属性特征以及检察机关作为主体在法律授权范围内所从事的具体活动来看，可以将法律意义上的"检察"定义为：国家法律监督机关（人民检察院）依照法定程序独立行使检察权进行的各种

---

① 质效应当包括质量、效率和效果。
② 谢鹏程、邓思清主编：《检察官办案业绩考核机制研究》，中国检察出版社 2018 年版，序言部分第 4 页。
③ 中国社会科学院语言研究所词典编辑室编：《现代汉语词典》（第 7 版），商务印书馆 2017 年版，第 635 页。

活动的总称。这种定义是广义上的，它涵盖了检察机关所有的行使检察权的活动，包括法律监督活动和非法律监督活动（检察管理活动）。

根据"现代汉语词典"，办案是"办理案件"的简称①。"案件"是指"有关诉讼和违法的事件"②或"涉及法律问题，经司法机关立案受理的事件"③。"案件"是不同于事件的特殊的事件，它是涉及法律问题的事件。因此，从法律意义上讲，办案应当区别于办事，办案具有明显的法律程序性、规范性和法治性等特征。从检察活动的内容来看，检察机关兼有办案活动和办事活动。因此，检察办案不等于检察，它应当包含在检察范畴之内。

目前，关于检察官办理案件的界定、范围和类型，法律、司法解释及检察机关规范性文件尚没有明确，这也导致在实务中，各地存在不同的理解和适用。如《江苏省检察机关检察官办案绩效考核量化规则（试行）》第9条将检察办案分为实体性办案、程序性办案和指导性办案。④ 北京市人民检察院按照"三种分类六种形态"的基本分类原则和分类方式，对检察机关案件（办案）进行了界定分类：一是根据工作内容分为司法案件和监督案件；二是根据司法责任承担分为审批决定案件和直接办理案件；三是根据办理方式分为亲历案件和指导案件。⑤ 综观各地区检察机关的探索实践，由于问题意识和思维导向不同，对检察办案的理解和界定存在差异。有的从案件的性质特征进行分类和界定，有的从主体方面进行分类和界定，有的从考核评价角度进行分类和界定等。我们认为这些实践做法对于检察实践的发展是积极有益的，也值得我们借鉴和学习。但我们认为对检察办案的界定应当从实质上周延检察机关的法律监督属性，从主体上契合司法责任制的核心旨意，从形式上满足司法办案的标准和条件，从逻辑上遵循检察工作实际和检察办案绩效管理体系的实际。

从检察的内容来看，它包括法律监督活动和检察管理活动。在法律监督活动内部，根据监督模式和监督程序的不同，可以将检察机关的法律监督活

---

① 中国社会科学院语言研究所词典编辑室编：《现代汉语词典》（第7版），商务印书馆2017年版，第36页。

② 中国社会科学院语言研究所词典编辑室编：《现代汉语词典》（第7版），商务印书馆2017年版，第10页。

③ 夏征农、陈至立主编：《辞海》（第六版），上海辞书出版社2011年版，第79页。

④ 参见《江苏省检察机关检察官办案绩效考核量化规则》第9条的规定。

⑤ 《检察新产品系列（23）：检察机关案件（办案）分类》，载北京市人民检察院网站，http://www.bjjc.gov.cn/bjoweb/rdxw/98199.jhtml，2020年4月9日访问。

动划分为以办案模式进行的法律监督活动和以办事模式进行的法律监督活动。并不是检察机关的所有法律监督活动都必须以办案模式办理,而且从诉讼与效率以及权力制衡等角度来讲,客观上也不能实现检察机关所有的法律监督活动都必须要按照办案的模式进行。最高人民检察院《"十三五"时期检察工作发展规划纲要》也提出要"探索实行重大监督事项案件化,加大监督力度,提升监督实效"。这也反向证实了一般的或轻微的法律监督事项是以非办案化的方式进行的。检察机关以办案模式实施的法律监督活动,如审查批准逮捕、审查提起公诉、民事抗诉、提起公益诉讼;以办事模式进行的法律监督活动,如要求侦查机关补正材料、双方协商、口头提出纠正违法、召开联席会以及附随于本体案件而进行的监督活动(如书面纠正违法行为、制发检察建议)等方式。

从检察机关开展法律监督活动的方式和形式来看,我们主张从传统意义上办案模式所具有的特征①对检察办案进行界定,只有严格按照办案模式进行的法律监督活动(包括重大监督事项案件化办理)才属于检察办案的范畴。在这里,有必要对办案模式和办事模式进行区分。以传统的审查批准逮捕和审查起诉为内容的"办案模式"具有程序性、规范性和法治性等特征。② 程序性体现在办案模式经由"立案—审查—决定"的各个环节的相互衔接和递进式发展的办案流程;规范性体现在法制框架内的严格遵守及操作规程,兼具实质(内容)的规范性和形式规范性的统一;法治性主要体现在证据的收集与运用以及法律的适用。相反,办事模式以追求效率和结果为导向,采取办事模式进行的监督行为时常附随于本体案件进行操作③,欠缺独立的证据要求和证据审查、办案时限、办案流程等程序要素,欠缺办案标准化和管理流程化等规范要素,存在随意性、形式化等问题。

2. 关于案件的范围

我们主张案件范围因依于检察权的属性,检察机关职能的多元化发展以及检察实践的不断探索创新,不宜直接以列举的方式或定义的方式对案件范围进行界定。从检察制度的产生及其发展规律来看,检察制度产生最初的职能应当是指控犯罪,这也决定了现代刑事诉讼的基本构造是由控诉、辩护和

---

① 如传统的审查提起公诉实施的办案模式具有典型的程序性、规范性和法治性等特征。
② 高祥阳:《刑事执行检察应从"办事模式"向"办案模式"转变》,载《人民检察》2015年第17期。
③ 李小东、周硕鑫:《重大监督事项案件化办理的理论与实践》,载《国家检察官学院学报》2020年第1期。

裁判所组成的，因此，审查提起公诉（控诉）是当今检察机关最基本的诉讼职能之一，这也是世界各国检察制度最基本的内容之一。随着检察权权力结构的演变，检察制度的不断生成演进，我国检察机关的检察职能正呈现多元化发展趋势，导致检察办案内容的丰富化及形式的多样化。从我国检察机关的检察职能来看，我国检察机关的法律监督活动内容具有多样性。《人民检察院组织法》第20条规定："人民检察院行使下列职权：（一）依照法律规定对有关刑事案件行使侦查权；（二）对刑事案件进行审查，批准或者决定是否逮捕犯罪嫌疑人；（三）对刑事案件进行审查，决定是否提起公诉，对决定提起公诉的案件支持公诉；（四）依照法律规定提起公益诉讼；（五）对诉讼活动实行法律监督；（六）对判决、裁定等生效法律文书的执行工作实行法律监督；（七）对监狱、看守所的执法活动实行法律监督；（八）法律规定的其他职权。"最高人民检察院《关于完善人民检察院司法责任制的若干意见》将诉讼监督案件囊括在检察办案的范围之内。[1] 从整体上来看，检察办案范围已经不再局限于传统的"审查批准逮捕、审查提起公诉"等法律监督活动，它已经延伸到现有的"四大检察""十大业务"各个领域。

综上所述，我们认为可以将检察办案界定为"检察机关以办案模式进行的法律监督活动的总称"。依据检察机关履行诉讼职能和法律监督职能的不同[2]，可以将案件分为诉讼案件和监督案件。2019年最高人民检察院《关于人民检察官司法办案有关问题的指导意见》中，将案件分为诉讼案件和监督案件两类[3]，最高人民检察院《关于检察长、副检察长、检察委员会专职委员办理案件有关问题的意见》将检察长、副检察长、检察委员会专职委员办理的案件分为诉讼案件和其他法律监督案件[4]。最高人民检察院《关于完善人民检察院司法责任制的若干意见》第7条也提出了"诉讼监督等其他法律监督案件"。将监督案件与诉讼案件适当分离，也为重大监督事项案件化办理提供了操作指引。最高人民检察院《"十三五"时期检察工作发

---

[1] 第7条规定了"诉讼监督等其他法律监督案件"的办理。
[2] 这是对检察机关职能的一种分类，我国检察权在本质上仍然是法律监督属性，检察机关履行诉讼职能是手段和方式，监督是目的。
[3] 孙谦：《刑事侦查与法律监督》，载《国家检察官学院学报》2019年第4期。
[4] 最高人民检察院《关于检察长、副检察长、检察委员会专职委员办理案件有关问题的意见》第2条规定："检察长、副检察长、检察委员会专职委员办理案件，是指检察长根据法律规定或者副检察长、检察委员会专职委员根据法律规定和检察长的授权，参与具体诉讼案件或者其他法律监督案件办理的全部过程或者相关环节，依法对案件提出处理意见或者作出处理决定，并承担相应司法责任的履职活动。"

展规划纲要》提出要"探索实行重大监督事项案件化,加大监督力度,提升监督实效"。2018年1月全国检察长会议明确提出"探索重大监督事项案件化办理模式,大力推进类案监督,推动检察监督体系化法制化"。① 2019年8月,最高人民检察院在全国刑事检察工作会议上提出要通过监督事项案件化办理强化侦查活动监督,构建立案、调查、决定等规范程序,完善跟踪反馈机制。重大监督事项案件化办理是指检察机关对检察监督范围内情节严重、事实复杂的重大违法行为及问题事项,以办理案件的模式实施监督。② 重大监督事项案件化办理一般需符合以下条件:(1)存在情节严重、事实复杂的重大违法行为及问题事项;(2)该事项发生在刑事检察、民事检察、行政检察、公益诉讼检察等司法办案过程中或法律监督领域;(3)需要或者有必要进行审查或启动调查核实等工作;(4)以办理诉讼案件的模式办理监督事项,即将重大监督事项进行"诉讼化"改造;(5)就程序终结而言,一般能够发出纠正违法、检察意见、检察建议等法律监督意见或提起诉讼。③ 据此,我们认为可以将重大监督事项案件化办理囊括在监督案件的范围之内。

3. 关于检察办案的主体

检察机关司法责任制改革的目的是突出检察官的司法主体地位,实现"谁办案谁负责,谁决定谁负责"。只有落实检察官办案责任制,才能实现检察改革的目标价值,因此,研究检察办案业绩考核制度,必须明晰检察办案主体的范围。《人民检察院刑事诉讼规则》第4条规定:"人民检察院办理刑事案件,由检察官、检察长、检察委员会在各自职权范围内对办案事项做出规定,并依照规定承担相应司法责任。"据此,人民检察院办理刑事案件的主体包括检察官、检察长和检察委员会。

党的十九大报告指出,要深化司法体制综合配套改革,全面落实司法责任制,努力让人民群众在每一个司法案件中感受到公平正义。在新一轮司法体制改革中,人员分类管理改革是深化司法体制综合配套改革的重要内容,是全面落实司法责任制的重要举措。检察人员分类管理改革与检察官办案责

---

① 王治国、徐盈雁、徐日丹、闫晶晶:《坚持宪法定位,坚定制度自信,全面推进新时代检察监督工作》,载《检察日报》2018年1月26日,第2版。
② 李小东、周硕鑫:《重大监督事项案件化办理的理论与实践》,载《国家检察官学院学报》2020年第1期。
③ 张吟丰:《湖南出台重大监督事项案件化办理指导意见》,载《检察日报》2018年7月16日,第1版。

任制的实行改变了以往检察办案的基本单元,这直接影响到检察办案绩效考核制度的构建问题。《人民检察院组织法》第 28 条规定,人民检察院的办案组织包括独任制和办案组,独任制由一名检察官独任办理,办案组由两名以上检察官组成;第 40 条规定"人民检察院的检察官、检察辅助人员和司法行政人员实行分类管理";第 41 条规定"检察官实行员额制";第 43 条规定"人民检察院的检察官助理在检察官指导下负责审查案件材料、草拟法律文书等检察辅助事务。符合检察官任职条件的检察官助理,经遴选后可以按照检察官任免程序任命为检察官"。《人民检察院刑事诉讼规则》第 5 条规定:"人民检察院办理刑事案件,根据案件情况,可以由一名检察官独任办理,也可以由两名以上检察官组成办案组办理。由检察官办案组办理的,检察长应当指定一名检察官担任主办检察官,组织、指挥办案组办理案件。检察官办理案件,可以根据需要配备检察官助理、书记员、司法警察、检察技术人员等检察辅助人员。检察辅助人员依照法律规定承担相应的检察辅助事务。"从推行检察官办案责任制的目标和检察机关办案组织的组成来看,检察办案的主体指向员额检察官,检察办案业绩考核对象则是以员额检察官为主的办案团队。[①]

二、内设机构改革对检察办案业绩考核的影响

内设机构是我国检察机关依照法律规定和业务分工设立的内部机构,为检察权良性运行提供了坚实的组织保障,并为检察机关积极充分履职发挥积极的推动作用。2018 年底,最高人民检察院完成了恢复重建以来规模最大、调整最多、影响最远的一次内设机构改革。本轮内设机构改革不仅推动了检察权运行模式改革和检察官角色重塑,而且有助于落实司法责任制改革要求和实现四大检察职能全面均衡发展,对于检察机关更好地发挥法律监督职能必将产生积极的推动作用。同时,内设机构改革也对检察办案业绩考核提出了新的要求、产生了深远影响。

---

① 最高人民检察院《关于开展检察官业绩考评工作的若干规定》第 26 条规定:"担任领导职务的检察官业绩考评,执行最高人民检察院《关于检察长、副检察长、检察委员会专职委员办理案件有关问题的意见》等有关文件要求,建立区别于其他检察官的考评机制。可以根据职务特点和工作职责,在统一设定平均分的基础上,对办理案件情况进行单独计分,作为评定业绩考评等次的依据。"最高人民检察院《关于检察长、副检察长、检察委员会专职委员办理案件有关问题的意见》对检察长、副检察长、检察委员会专职委员办理案件的内容、范围、方式等进行了规定。

（一）内设机构改革的背景

党的十八届三中全会以来，党中央对国家治理体系和国家司法体制进行了重大改革，国家监察体制改革、司法责任制改革、检察公益诉讼制度改革等均深刻地改变了检察权范围边界和检察权运行模式，并对检察机关内设机构改革提出新的要求。

1. 国家监察体制改革的机遇

2016年12月启动的国家监察体制改革是事关全局的政治体制改革①，对于整合反腐败国家机构和人员力量，构建集中统一、权威高效的中国特色国家监察体制，实现对所有公职人员监察全体覆盖，推动反腐败向纵深发展，具有重大而深远的意义。②国家监察体制改革要求检察机关进行职能调整和人员转隶，一方面将检察机关的职务犯罪侦查职能调整到监察机关，检察机关仅保留对刑讯逼供、非法拘禁、非法搜查等侵犯公民权利、损害司法公正的14个司法工作人员职务犯罪罪名的侦查权，其他职务犯罪的侦查职能全部调整到监察机关；另一方面将大部分从事职务犯罪侦查工作的检察人员转隶到监察机关，据最高人民检察院统计，全国检察机关共4.4万余名检察人员转隶到了监察机关③。

当然，"转隶就是转机"，国家监察体制改革对于检察机关回归宪法定位的"法律监督机关"具有重大意义。职务犯罪侦查权转隶监察机关之后，检察机关可以把主要精力放在精准的"法律监督"之上，实现法律监督职能新水平、更高位的回归。长期以来，职务犯罪侦查权都被检察机关视为核心工作与"拳头"，由于其本身所具有的"威慑"属性，在检察工作实践中也被作为实施其他检察权的坚实保障。但是，职务犯罪案件侦查难、取证难，占用了检察机关大量的人力物力资源。党的十八大以来，国家反腐败工作力度持续加强，检察机关办理的职务犯罪案件大量增加，这也导致检察机

---

① 2016年11月中共中央办公厅印发《关于在北京市、山西省、浙江省开展国家监察体制改革试点方案》，部署在三省市设立各级监察委员会，从体制机制、制度建设上先行先试、探索实践，为在全国推开积累经验。2017年11月4日，全国人大常委会通过在全国各地推开国家监察体制改革试点工作的决定。2018年3月20日，第十三届全国人大一次会议通过了监察法，以法律制度确定了国家监察体制改革成果。

② 朱孝清：《国家监察体制改革后检察制度的巩固与发展》，载《法学研究》2018年第4期。

③ 《最高检：4.4万余名检察人员整体顺利转隶》，载 http://news.sina.com.cn/sf/news/fzrd/2018-05-10/doc-ihaichqz4187782.shtml，2019年3月28日访问。

关在职务犯罪案件侦查工作中投入更多的人力和物力。如今，职务犯罪侦查权职能的剥离也为法律监督职能的发展腾出了更多的空间。站在新的起点上，检察机关有更多的人力、物力资源来开展法律监督工作，充分实现"法律监督机关"的宪法定位。

国家监察体制改革对于检察机关内设机构改革具有重大影响。一方面检察机关的反贪污贿赂局和反渎职侵权局两个内设机构职能及人员划转监察机关；另一方面检察机关保留的 14 个司法职务犯罪侦查权涉及的案件数量较少，从案件均衡角度考量，难以成立独立内设机构。

2. 司法责任制改革的要求

2015 年 8 月 18 日中央全面深化改革领导小组审议通过了《关于完善人民检察院司法责任制的若干意见》。该意见涉及对检察机关的办案组织及运行机制、检察管理与监督机制、检察委员会运行机制、检察人员司法责任认定和追究机制等方面的重大改革。在各项司法体制改革措施中，司法责任制改革是决定检察队伍专业化和检察权运行独立化的关键举措，是司法体制改革的"牛鼻子"。司法责任制改革以实现司法独立为前提，以提高司法职业待遇为保障，以实现检察主体专业化为目标，是价值多元化的制度改革。① 司法责任制改革突出了检察官的主体地位，按照"谁办案谁负责，谁决定谁负责"的原则，构建了权责一致、权责明晰、监管有效的检察权运行新机制，使检察官不仅成为司法办案的主体，也成为司法责任的主体。

司法责任制改革对检察权运行机制产生了以下重大影响。（1）凸显了检察官办案的主体地位。长期以来，检察机关办案一般实行"三级审批"办案模式，即检察官办理—部门负责人审核—检察长（或检察委员会）审批决定。"三级审批"办案模式强调"行政化"，容易模糊办案主体责任，导致责任不明、相互推诿的现象时有发生。通过司法责任制改革，凸显了检察官在司法办案中的主体地位，为检察机关办案模式的司法化转型发展奠定了坚实的制度基础。（2）明确了检察办案组织形式。此轮司法责任制改革明确了检察机关的办案组织形式，一种是独任检察官，另一种是检察官办案组。2018 年人民检察院组织法进一步明确了这两种办案组织形式的团队建设。明确了检察办案组织形式之后，检察办案权和司法责任制也更加容易落实到位，检察机关的司法属性更加得以凸显。（3）明晰了各层级检察人员的职责权限。对检察长、副检察长、业务部门负责人、员额检察官、检察官

---

① 陈辐宽：《检察改革的问题、使命与前景》，载《人民检察》2015 年第 9 期。

助理、书记员的职责权限分别以列举式予以规定。明确要求承办检察官应当亲自询问被告人、犯罪嫌疑人、关键证人，亲自主持公开审查、办理组织现场勘验、出席法庭等，强调了检察官办案亲历性职责，保证了司法办案质量。(4) 构建了检察官司法责任体系。司法责任制将检察官办案责任分为三种类型，即故意违反法律法规责任、重大过失责任和监督管理责任。司法责任制改革要求检察官对其决定权限范围内的事项承担完全的司法责任，同时将错案责任追究的情形限定于"故意或重大违法失职行为"。司法责任制改革有利于解决当前检察机关司法办案中的问题，提高司法公信力。为落实司法责任制改革要求，检察机关内设机构改革应当实行检察官和检察官办案组为办案主体的检察权运行机制。

3. 检察公益诉讼制度改革的机遇

检察机关提起公益诉讼制度改革是党的十八届四中全会部署的重大司法改革任务，也是全面推进依法治国、建设法治政府的重要工作举措。2015年7月1日，《关于授权最高人民检察院在部分地区开展公益诉讼试点工作的决定》由十二届全国人大常委会第十五次会议正式通过，标志着我国检察公益诉讼改革工作拉开了帷幕。经过两年试点工作，2017年6月27日《关于修改民事诉讼法和行政诉讼法的决定》通过，"检察机关提起公益诉讼"被写入了民事诉讼法和行政诉讼法，标志着我国以立法形式正式确立了检察公益诉讼制度。

检察公益诉讼制度改革给新时代的检察工作带来新的发展机遇。(1) 有利于拓展法律监督职能。习近平总书记指出，检察官作为公共利益的代表，肩负着重要责任。这一重要论述对检察公益诉讼制度改革的正当性做了准确的诠释，为检察机关维护国家利益和社会公共利益提供了坚实的方向指引。可见，检察公益诉讼制度改革扩大了检察机关的法律监督范围，对于新时代检察机关法律监督职能拓展具有重大意义，是中国特色社会主义检察制度的又一次重大改革，深刻改变了检察机关诉讼监督的传统格局。(2) 有利于完善公共利益的司法保护。长期以来，我国的公共利益司法保护体系不足。一些社会组织享有提起民事公益诉讼权利，但是实际提起诉讼的案件数量少之又少。此外，一些行政机关怠于履职造成公共利益受损的现象又缺乏行政公益诉讼制度支撑，导致大量国家利益和社会公共利益受到侵害而无法得到救济。检察公益诉讼制度改革不仅补齐了现行公共利益司法保护体系的短板，而且最大限度地维护了国家利益和社会公共利益。(3) 有利于加强依法行政监督。行政公益诉讼是一种"机关监督机关"的司法监督模式，是国家治理体系的重大改革措施。通过检察机关提起行政公益诉讼，监督行政机关严格执法、依法行政，通过法院审判明确行政机关履职的义务，不仅体现了党维护国家利益和社会公共利益的坚强决心，更符合法治国家建设的内在要求。

当前，检察公益诉讼工作快速发展，成为新时代检察工作的重要职能和新的发展着力点，为了满足人民群众对美好环境、健康食品等日益增长的美好生活需求，检察机关应当不断加大公益诉讼工作力度。过去，检察公益诉讼职能设在民行检察部门。2018年7月6日，中央全面深化改革委员会第三次会议审议通过《关于设立最高人民检察院公益诉讼检察厅的方案》，强调要以强化法律监督、提高办案效果、推进专业化建设为导向，构建配置科学、运行高效的公益诉讼检察机构，为更好履行检察公益诉讼职责提供了组织保障。

（二）内设机构改革的内容

1. 内设机构改革的基本方案

2019年1月3日，最高人民检察院内设机构改革方案正式"出炉"，最高人民检察院设立了10个检察厅分管各项检察业务，搭建起"四大检察""十大业务"法律监督新格局。具体而言，第一检察厅办理普通刑事案件，第二检察厅办理重大刑事案件，第三检察厅办理国家监察委移送的职务犯罪案件，第四检察厅办理金融、证券等经济犯罪案件，第五检察厅负责司法工作人员职务犯罪案件侦查工作，第六检察厅办理民事诉讼监督案件，第七检察厅办理行政诉讼监督案件，第八检察厅办理公益诉讼案件，第九检察厅负责未成年人检察工作，第十检察厅负责控告、申诉工作。此外，还设立了办公厅、政治部、国际合作局、检务督察局、计划财务装备局、机关党委、离退休干部局七个综合机构，法律政策研究室、案件管理办公室两个综合办案机构。最高人民检察院内设机构改革既为提高管理效率，也为实现办案专业化。

2. 内设机构改革的组织逻辑

内设机构是检察权运行的组织载体，也是检察权内部配置和管理的表现形式。此次内设机构改革主要突出了以下两个方面的组织逻辑：

（1）专业化组织逻辑

最高人民检察院内设机构改革将原来的民行检察厅一分为三，分别成立了第六检察厅（民事检察厅）、第七检察厅（行政检察厅）和第八检察厅（公益诉讼检察厅），通过单独设立民事检察、行政检察、公益诉讼检察办案机构促进"四大检察职能"全面均衡充分发展。同时,最高人民检察院按照刑法中各领域犯罪案件类型重新组建了刑事检察内设机构,设立第一检察厅办理普通刑事案件,第二检察厅办理重大刑事案件,第三检察厅办理国家监察委移送的职务犯罪案件,第四检察厅办理金融、证券等经济犯罪案件,第五检察厅负责十四项自侦权和刑事执行检察工作。显然,按照刑法犯罪类型领域设置刑事检察内设机构不仅有利于办案人员的专业化培养,而且有利于刑事检察的专业化建设。

(2)一体化组织逻辑

内设机构改革之前,最高人民检察院内设机构呈现出"刑事诉讼阶段"的组织逻辑,即按照侦查、侦查监督、公诉、刑事执行监督、死刑复核监督、控告申诉的刑事诉讼流程的各个阶段来设置,特别是1999年将刑事检察厅分设为侦查监督厅和公诉厅,实行"捕诉分离"办案机制。① 内设机构改革之后,对于同一类刑事案件,由同一机构、同一办案组、同一主办检察官办到底;同一刑事案件的批捕、起诉,由同一名检察官负责到底,体现了办案一体化的特点。② 此外,民事、行政、未成年人、公益诉讼等检察办案更体现了一体化办案特点。比如,公益诉讼办案中,一名主办检察官全面负责线索收集、立案调查、制发检察建议、跟进监督、提起诉讼、参加庭审、诉讼监督等工作,实现了一体化办案。一体化办案有利于检察人员摸索办案规律,对一类案件的过去、当下和发展有整体认识、系统把握,让每一名办案人员都能有标本兼治的大局观,通过个案办理推动一个领域、一类问题的社会治理。

3. 内设机构改革的重大意义

检察机关内设机构既是检察权分解的结果和组织表现形式,也是检察官行使检察权的行政组合。③ 此次内设机构改革,对检察工作发展和检察权运行具有重大意义:

(1)有利于促进检察专业化发展

此次内设机构改革强化了刑法意义上的专业化思维,有利于刑事检察业

---

① 邱学强:《恢复重建以来检察机关内设机构改革的历史经验与启示》,载《检察日报》2018年11月13日。

② 张建伟:《逻辑的转换:检察机关内设机构调整与捕诉一体》,载《国家检察官学院学报》2019年第2期。

③ 邱学强:《恢复重建以来检察机关内设机构改革的经验与启示》,载《检察日报》2018年11月13日。

务部门和检察人员提升刑法专业化业务素养和办案能力水平。此外，按照刑法逻辑调整内设机构，也有利于与公安机关和人民法院内设机构的对接。同样，民事、行政、公益诉讼三大检察响应人民群众的呼吁，分别设立了独立的办案机构，不仅有利于促进了"四大检察职能"的均衡发展，而且有利于实现专业化发展。

（2）有利于提升检察办案的效率

此次内设机构改革实行"捕诉一体"办案机制，实现一类刑事案件由一个机构、一个办案组、一个主办检察官负责到底，统一履行提前介入、引导侦查、审查逮捕、侦查监督、审查起诉、补充侦查、支持公诉、诉讼监督等职能，避免了重复审查、重新开始的弊端，节约了审查成本，切实提高了检察办案质量和办案效率。

（3）有利于"四大检察"全面协调充分发展

进入新时代，广大人民群众对法治、民主、正义、公平、环境、安全等提出了新的更高的要求。为了更好地满足老百姓对维护合法权益、实现公平正义的司法需求，最高人民检察院党组提出推进"四大检察"全面协调充分发展，民事检察厅、行政检察厅和公益诉讼检察厅的设立，改变了检察机关民事、行政诉讼监督相对弱化的局面。① 设立"公益诉讼检察厅"，更是对检察机关法律监督内涵的有力拓展。可见，内设机构改革已经初步搭建起"四大检察""十大业务"的法律监督新格局，加强了检察工作专业化发展的组织机构保障。

（三）内设机构改革对检察办案业绩考核的影响

内设机构改革之后，检察办案业绩考核也应当围绕"做优刑事检察、做强民事检察、做实行政检察、做好公益诉讼检察"的目标任务重新设计考核指标体系。

1."做优刑事检察"的考核导向

在"四大检察"法律监督新格局中，面对人民群众的新期待新要求，对刑事检察办案部门要以"过得硬""求极致"的高标准，不断提升刑事办案业务能力，把刑事检察工作提高到新水平。新形势下，检察机关应当通过不断优化办案组织、工作机制、监督方式来做优刑事检察工作，同时全面推

---

① 张建伟：《逻辑的转换：检察机关内设机构调整与捕诉一体》，载《国家检察官学院学报》2019年第2期。

进"捕诉一体"办案模式。

内设机构改革之后,刑事检察办案业绩考核不再分诉讼阶段单独确定考核指标进行评价,而是将刑事检察主要案件类型、主要办案活动、主要诉讼流程,以及立案监督、抗诉、纠正意见、检察建议等所有检察监督方式纳入考核范畴,形成全流程、一体化的刑事检察官办案业绩考核体系。具体而言,刑事检察办案业绩考核应当注重以下方面:(1)推动检察官在办案中"顾大局"。通过考核指标设置特别是办案效果指标的设置,引导检察官将"讲政治"的要求落到办案中,切实为大局服务,为人民司法。比如,应当设置涉民营企业平等保护案件不捕数、不诉数、判处缓刑数、监督撤案数考核指标,涉扶贫产业项目平等保护案件不捕数、不诉数、判处缓刑数、监督撤案数指标,以引导检察官将党中央关于对民营企业平等保护、脱贫攻坚战略的决策部署落实到具体办案中。应当设置涉黑涉恶案件未提前介入数、涉黑涉恶案件改变定性数,推动落实"一个不放过、一个不凑数"的要求。(2)推动检察官在办案中"求极致"。检察办案业绩考核应当重在引导检察官在刑事诉讼中发挥主导作用,多办案、办好案。不能只考虑自己的办案环节,只考虑不超期、不违法,简单地根据法律规定的程序、期限办结案件即可。比如,应当设置退回补充侦查/调查案件成效数,引导检察官尽可能减少不应有的诉讼环节,降低"案-件比",提高诉讼效率;应当设置适用认罪认罚从宽制度成效显著数,引导检察官充分履行主导责任,加强释法说理,达到化解矛盾、促进和谐的目的。(3)重视容错机制的考核设计。对检察官在严格依法、规范运用自由裁量权的前提下,因为办案中无法预见或提前作出判断的情况而导致的质量问题,不作负面评价,而是通过质量评查来确定是否存在办案过错。同时,为鼓励检察官自我纠错,应当对自行主动纠错的不予扣分。

2."做强民事检察"的考核导向

自1988年以来,我国民事检察工作从无到有、从小到大、稳步发展,为维护社会公平正义发挥了积极作用。但是,随着广大人民群众对于公平正义、民主法治有了更高需求,新时代检察工作要求必须做强民事检察,促进司法公正。

新形势下,民事检察迎来了历史上最好的发展契机。具体而言,民事检察办案业绩考核应当注重以下方面:(1)实现民事检察与保障民生、服务大局的深度融合。从考核指标设置方面,应当引导民事检察部门从讲政治角度,精准服务打好"三大攻坚战",学习借鉴"枫桥经验",积极参与社会治理，预防化解社会风险，维护社会秩序稳定。（2）提倡"精准性监督"，提高民事检察监督质效。比如，规范调查核实权，完善精细化阅卷审查模式，做到精准监督。规范检察建议的制作、审核、反馈、送达、评估，增强检察建议的刚性，提高检察建议质量和效果。具体而言，在考核指标设置方面应当注重"办案效果"指标的设置和运用，应当设置类案示范效应数指标。检察官所办案件产生较大社会影响，能够对同类案件办理产生良好示范效应，或有利于解决本部门、本院、本条线弱项、疑难问题的，或者对司法理念具有创新引领价值的，可以加分或者多倍加分，以引导检察官把民事案件办到极致。（3）应当设置诉讼监督效果指标。为了强化诉讼监督的效果，对诉讼监督的不同环节不同情形持续予以评价。比如，对民事判决、裁定和调解书提请抗诉的，设置民事提请抗诉案件中上级院提出抗诉数和法院改变数两项指标，上级院支持提出抗诉予以加分，法院根据抗诉意见改判再次加分，引导检察官更加注重诉讼监督的效果，提高诉讼监督能力。

3. "做实行政检察"的考核导向

当前，我国行政检察的核心是行政诉讼监督。行政检察贯穿于行政诉讼全过程之中，包含程序监督和结果监督两个方面。就行政检察功能而言，检察机关"一手托两家"，一手要促进行政机关依法行政，另一手监督人民法院公正司法。但是，在"四大检察"全面发展新格局中，行政检察仍然处于短、小、弱、冷的状态。正如张军检察长指出的，在整个检察工作中，行政检察是"短板中的短板""弱项中的弱项"。但是，行政检察大有可为，中国特色社会主义进入新时代，人民群众的权利意识、民主意识、法治意识越来越强，对公正司法、依法行政的要求越来越高。党的十八届四中全会通过的《中共中央关于全面推进依法治国若干重大问题的决定》提出："检察机关在履行职责中发现行政机关违法行使职权或者不行使职权的行为，应该督促其纠正。"最高人民检察院在《关于深化检察改革的意见（2013—2017年工作规划）》中明确提出，要建立检察机关在履行职务犯罪侦查等职责中发现行政机关违法行使职权或不行使职权行为的督促纠正指导。虽然行政违法监督尚未写入人民检察院组织法和检察官法，但是检察机关对于行政违法行为实施法律监督的总体规划已经列入国家检察体制改革内容。

因此，我国检察机关必须适应新形势新要求，以"补短板、强弱项"的工作思维，大力推进行政检察工作，实现"四大检察"全面协调充分发展。具体而言，行政检察办案业绩考核应当注重以下方面：（1）推动行政争议实质性化解。司法实践中，行政案件诉讼程序空转的问题还比较突出。

破解行政案件诉讼程序空转难题，除了健全调解、协商、仲裁、行政复议、行政裁决、行政诉讼、行政检察有机衔接的行政纠纷解决机制外，应当探索建立检察机关对行政违法行为的监督机制，使监督关口从目前的末端监督纠正，转向前端预防提醒，减少行政争议的发生，促进行政机关依法履职，严格规范文明执法，克服行政诉讼周期长的弊端。（2）深入推进行政非诉执行监督。推动形成最高检、省级院、市级院以办理裁判结果监督案件为主，基层院以办理审判违法和执行监督案件为主，四级检察院各有侧重、全面履职的多元化行政检察工作格局。特别是基层院要把行政非诉执行监督作为重要抓手，作为解决基层院行政检察发挥作用难的突破口。行政非诉执行既涉及行政决定能否得到执行，又涉及行政相对人的合法权益保护，理应成为行政检察监督的重点。

4."做好公益诉讼检察"的考核导向

公益诉讼工作是检察机关的一项新的职能，由于公益诉讼的理论基础薄弱和立法规定较少，检察公益诉讼工作还处于初期发展阶段，检察官办案考核工作应当充分考虑公益诉讼工作的特点，促进公益诉讼积极稳妥发展。具体而言，公益诉讼检察办案业绩考核应当注重以下方面：（1）促进检察公益诉讼工作积极发展。党的十九届四中全会公报明确提出拓展公益诉讼案件范围，根据党中央部署新要求和检察公益诉讼工作发展的新形势新任务，最高人民检察院党组在"全国检察机关学习贯彻十九届四中全会精神会议"上明确提出检察公益诉讼"等"外探索原则从"稳妥、积极拓展公益诉讼等外领域"调整为"积极、稳妥拓展公益诉讼等外领域"。为了做好公益诉讼检察这篇大文章，考核指标中应当设置"等"外扩展新领域案件数效果指标，引导检察官积极探索办理法律明确赋权领域之外案件，增强公益诉讼工作效果。（2）促进检察公益诉讼工作稳妥发展。检察公益诉讼结合其业务特点和发展规律，应当设置行政公益诉讼诉前检察建议督促落实数效果指标，引导检察官更加重视对诉前检察建议的督促落实；还应当设置人民法院判决支持诉讼请求数，促进公益诉讼办案质量。

（四）内设机构改革之前检察办案业绩考核体系的检讨

内设机构改革之前，检察办案业绩考核的对象主要为检察机关内设机构或下级检察机关，以检察官为考核对象的不多。即使部分检察院对检察官考核，也只是参照公务员考核内容，从勤、能、德、绩、廉等方面作一般性考核，并未对检察官办案业绩进行考核。这种考核方式忽略了检察官的职业性、专业性特点，存在以下几个方面不足。

1. 考核目标定位模糊

目标设置理论认为，达到目标是一种强有力的激励，是完成工作的最直接动机。① 在检察办案业绩考核实践中，对考核目标仍然存在定位模糊、理解偏差的情况。（1）考核目标理解偏差。实践中，有的检察机关对考核目标的理解过于狭隘。② 例如，将考核工作片面理解为上级检察机关安排的任务或者将考核工作单纯理解为评先进、发奖金、晋职务的工具，因而不惜弄虚作假、偏离目标，表现出极强的功利性。（2）过分注重考核排名。有些检察机关对待检察业绩考核的态度存在重结果轻过程、重排名轻公正的不良倾向，忽略了检察业绩考核的目标，导致考核流于形式，难以达到"以考核促工作"的应有成效。

2. 考核主体不够专业

内设机构改革后，检察机关对司法办案职能的内部分工更加细化，各条线的业务属性更加突出，为了保证考核的全面性、公正性、权威性，要求考核主体对检察业务更加娴熟、更加专业。实践中，检察机关考核主体设置的随意性较大且设置方式难以统一，有的设在检务督察部门，有的设在政工部门，有的设在案件管理部门，还有临时设立考核小组。部分考核人员对检察办案业务并不熟悉，都是由各业务部门年终提供的数据材料进行考核，导致考核结果不能全面客观反映整体工作。

3. 考核内容偏于行政

长期以来，我国检察机关采取行政化管理模式，上下级检察机关是一体化垂直管理关系，检察机关内部的层级性比较强。在管理性思维的影响下，我国检察办案业绩考核偏于行政化。实践中多注重考核法学理论水平、检察工作业绩、检察业务水平、思想品德、工作态度和工作作风等内容，偏于行政综合，难以真实反映检察人员办案业绩。此外，这种行政化倾向的检察业务考核使得检察官不能从检察业务考核中发现自己需要改进的方向和目标，对其自身业务能力和水平的提高毫无裨益。这种检察业务考核结果不仅无法指导具体办理案件的检察官有针对性地改进工作、提升素养，更无法使检察官根据考核结果对症查找问题根源、获取工作改进的方向，难以调动检察人

---

① 关培兰：《组织行为学》，中国人民大学出版社 2008 年版，第 156 页。
② 冯仁强、杨勇：《中国检察官考评机制的缺陷与完善思路》，载《社科纵横》2006 年第 10 期。

员的工作热情、创造力和积极性。

4. 考核方式过于简单

内设机构改革前，检察办案业绩考核呈现出简单化的倾向：（1）缺乏定性分析。检察办案业绩考核过分依赖数字化评价。探索实行的网上绩效考核单纯"用数据说话"，缺乏定性分析，容易形成以偏概全、以点带面的错误评价。（2）缺乏动态化监督。检察办案业绩考核应当是一种动态化的监督，在考核方式上可以灵活运用月度考核、季度考核、半年考核等。大部分检察机关的业绩考核都是年终性的一次性考核，容易造成考核的过度静态化，平时上下级检察机关缺乏适时监督，年终考核时上级检察机关被动消极接受上报材料、上传数据。（3）"民主测评"的过度使用。实践中经常运用民主推荐、民主测评、民主投票等"民主"考核方式，多是凭印象打分，主观随意性大，难以客观真实反映办案业绩。

5. 考核结果运用不当

（1）考核结果反馈不到位。部分检察机关实施的检察业绩考核，并没有充分征求被考核对象——检察官的意见建议，也缺乏与被考核对象的沟通。考核结束后将考核结果单向反馈给检察官本人，而对于被考核对象的不足与优秀者之间的差距并没有进行反馈。因此，导致不少检察官主观上并不重视考核工作，检察业绩考核也未能真正起到激励后进、弘扬先进、全面发展的目的。（2）考核结果运用不充分。部分检察办案业绩考核的结果仅在年底绩效奖金分配方面起到一定的激励作用，而对于检察官等级评定、职级晋升、评选先进、员额检察官进出等方面并未得以体现。

三、检察办案业绩考核制度的构建

（一）检察办案业绩考核的基本理念和原则

1. 基本理念

理念是检察办案以及考核的底层动力逻辑。中国特色社会主义进入新时代，党中央作出了一系列重大决策部署，最高人民检察院提出了一系列新理念新要求。内设机构改革后，检察机关整体的机构框架和人员配置方式较之改革前发生了很大的变化，在这样的背景下，理念的确定是改革后业绩考核向前推进的逻辑前提。它要解决内设机构改革后检察机关如何自我定位，在国家社会治理现代化背景下如何定位检察职能，如何通过内部考核将党中央的决策部署、最高人民检察院的工作理念从上到下传导至基层，压实到检察官，落实到每个案件、每项业务中，以便更好地担负起国家治理体系和治理能力现代化赋予检察机关的职能。

从外向内的功能维度看，整个检察系统的内设机构改革及其运行重点，应以检察权的准确定位和职能合理行使为目的，合理的机构设置才能真正地实现人、财、物的合理使用，避免叠床架屋式的资源浪费和机构臃肿问题。从内向外的动力维度看，检察机关法律监督的权威性和可预期性来自一次次以具体案件形态所作出的宣示和彰显，在国家治理体系中功能实现也是一次次的具体案件中对具体行为进行评价的方式进行的宣示和彰显。确定办案业绩考核目标时，检察机关必须先明确自身的责任，始终以维护法律的统一正确实施为己任，以维护公平正义为目标。检察机关承担的法律监督职能势必要通过每一位具体的检察人员的履职行为去落实，内设机构的职能定位需要通过一个个具体的案件来彰显。所以，无论是从外而内的目标驱动，还是从内而外的行动，检察办案业绩考核的价值就在于通过科学合理的制度建构和实施确保检察职能行使以办案为核心，并将围绕办案所作出的评价与检察工作总目标勾连。

检察办案业绩考核要对检察人员的办案行为、能力、办案态度和办案表现进行总体评价和全面评估，将考核结果与人员的薪酬待遇和职位升迁直接挂钩，以考核结果促进检察人员的积极性。考核主体、对象、方式、指标体系的设置等都要紧紧围绕既定的检察工作总目标，着眼于机关内设的不同业务部门及具体检察人员在既定目标的指导下所开展的实际工作的评价。

刑事检察降低"案－件比"，民事检察进行精准抗诉，行政检察要实质性化解行政争议，公益诉讼实现双赢多赢共赢理念的落实程度，都要通过客观的考核程序进行客观的评价，全面体现业务条线、部门和个人在检察工作目标实现中所作出的工作贡献及所发挥的作用。

检察办案业绩考核应秉持对办案人员（团队）、办案行为形成正确导向，促进检察工作总目标实现的考核理念，考核的目的不是约束检察人员，而是为业务部门、办案人员（团队）工作提供正确的指导方向，以业绩考核提高不同业务部门、不同层级检察人员的工作积极性，提高检察工作的整体质效，提升检察队伍的整体素质，实现检察机关的发展目标。现阶段，检察办案业绩考核就是通过正确的考核理念，明确的考核导向突出内设机构改革后检察机关法律监督主责主业这个核心目标，彻底摒弃"重数量、轻效果"等错误理念，引导树立正确的执法观、政绩观。考核内容和指标设置要贯彻落实党中央和最高人民检察院决策部署,通过规范考核体现服务经济社会发展,以人民为中心的司法理念,积极回应人民群众对检察工作的新期待,真正体现业绩考核作为检察业务发展的"指挥棒"、引领司法理念的"风向标"作用。

2. 原则

(1) 全面系统的原则

用规范的标准去衡量整体和个人的工作,是一种科学的态度。检察机关的办案业绩考核要围绕既定的发展目标,对下级院整体、各院不同业务部门和内部办案人员的工作作出科学全面客观的分析和评价,划分出工作效果的等次并进行相应的奖惩,最终目的是推动检察工作的开展和检察人员素质的提高。业绩考核关系到检察工作的方方面面,所以在进行指标设计、程序规划和结果运用的整个过程中,都要从全面系统的角度去分析研究,既要兼顾上级院的考核也要求和地方党委的工作目标,既考核直接办案工作,也要关注对下办案指导和调研工作。在目标设置上,要将检察工作总体目标统筹拆分到不同业务职能部门,各业务部门再将工作目标分解到办案团队、办案人员。将年度工作目标进行时间上的分解,如将一年的目标分解成季度目标、月度目标,甚至细化到每周的目标,用每个人、每个团队、每个部门的工作量共同构成整体工作的完成。

检察办案业绩考核要对检察工作的各个方面进行全面分析,系统地对每一项办案职能、每一个工作岗位进行深入分析,将整体工作目标进行层层分解。在制定所有检察人员的共同考核指标的基础上,对照不同业务工作再制定针对不同类型人员的考核指标,保证考核的针对性和全面性。

(2) 问题导向原则

要注重办案业绩考核发现问题、纠正问题的价值。检察机关制定考核目标,确定考核对象,制定考核方案,执行考核方案,是一个持续性的过程,贯穿于检察工作开展的整个过程中。业绩考核并不是纯粹为了评估办案行为,更是为了从中发现存在的问题,对症下药,加以改正。考核不是最终的目的,只是一种手段,一种促进办案组织和办案人员更好发挥主观能动性、促进持续进步的方式。

(3) 奖惩结合原则

没有奖惩的考核是没有生命力的,很难持久地运行,考核必须与相应的物质、精神激励结合起来。就检察机关来说,人员分类管理改革后所有人员工资都设置了一定数额的绩效工资,在具体实施中还需要划分明通等次,与考核结果相挂钩，同时设置记功、嘉奖、荣誉称号等精神层面的奖励。当然，检察人员肩负着维护公平正义，保障法律的统一正确实施的重担，其职业道德水准和个人素养能力的提升不能简单用物质层面的工资奖金来激励，其发挥的作用也不能单纯用物质或精神奖励来衡量。

(4) 公开透明原则

考核关系到每个检察人员的切身利益，在考核制度的每一个环节，都应该充分与检察人员进行沟通，考核范围、指标、标准、程序、方式的设计，每一名检察人员都应参与其中。内蒙古自治区院在制定考核办法的过程中分别召开全院部门负责人、员额检察官、检察官助理、书记员征求意见座谈会，以部门为单位深入讨论研究，被考核者自己对考核项目和标准提出意见，经过一轮轮不断修正，最终形成试行方案。全员参与考核标准设定，是使考核结果被普遍接受的前提。考核组织机构的人员中必须有不同业务部门人员代表参加，考核实施的过程和考核结果也必须公开透明，允许被考核部门和人员提出质疑，必要时重新考核。

(二) 考核的主体、对象和方式

1. 考核的主体

考核的主体必须能够贯彻检察办案业绩考核的基本理念，在考核原则的指导下，严格按照考核方案规定的程序、方式、标准开展工作，做到专业、公正、有效率，实现考核应该达成的目标。

(1) 考核主体应该是分层次的

全院性的考核组织应主要负责对本院各办案部门、各办案团队的业绩考核，同时，上一级检察院的考核组织还应负责对下级检察院整体工作的考核。对于办案团队内部检察官助理、书记员的考核，应当主要由本部门和办案团队的员额检察官负责。

(2) 考核主体的权威性在很大程度上决定了考核结果的权威性

为改变以往考核中存在考核组织成员确定上的行政性和封闭性弊端，适应内设机构改革后司法办案更加专业化、规范化、精细化的要求，应建立多元化的考核组织，增强考核主体的权威性，解决以往考核中各类考核主体参与度不一、考核结果权威性差的问题。

(3) 考核的主体最好半固定化

如负责考核的牵头部门和主要负责人是基本确定的，避免因为考核组织缺乏稳定性而无法把考核的价值导向作用落到实处。考核组的成员可以根据工作需要每年从"四大检察"主要业务部门的检察官、纪检监察部门、综合部门工作人员中抽调组成。

（4）办案团队内部考核应当体现员额检察官与助理、书记员之间的双向评价，且团队内部的双向评价应当在个人业绩评价中占较高比重

检察官助理和书记员日常工作任务主要由部门负责人、员额检察官分配，对他们的工作表现、工作能力和成效也只有员额检察官最清楚。在一个办案团队内部，员额检察官应当承担对本团队检察官助理、书记员主要的考核和评价职责，有效管理团队成员的工作。同时，在团队办案模式下，检察官助理、书记员一直在员额检察官指导下开展办案辅助工作，如证据调查核实、草拟文书等，基于双方长期的合作，助理、书记员对各自团队的员额检察官的业务能力、职业道德了解比较全面，所以应当赋予助理、书记员对员额检察官的评价权限。

（5）明确考核组成员职责和责任追究

当前的业绩考核制度在考核指标设置和获取方面尽量采用量化方式，从检察业务应用系统和业绩考核系统中直接获取客观数据，保证考核结果的客观性、权威性，最大限度避免考核中主观因素，提高被考核主体对考核结果的信任和接受度。考核指标中还有少部分综合考量因素，如"检察贡献度"等加分指标。对于这些项目，为保证考核过程和结果的客观、公正，应明确对考核成员的权责界定。对考核制度的执行敷衍了事，对相关办案数据、印证材料不进行认真审核研析，滥用考核权力的考核成员，对其当年绩效进行降档处理或取消本年度参与考核的资格，情节严重的，给予纪律处分。

2. 考核的对象

当前，内蒙古自治区检察机关的业绩考核分为四大类：一是整体考核，即自治区检察院、各盟市分院分别对下一级院的考核，其中自治区院的对下考核是通过对各盟市分院检察长的考核实现的；二是纵向考核，或称条线考核，既自治区院各业务部门对各盟市、基层院对口业务部门的考核；三是各院的内部考核，即各院专门成立考核组织对本院各业务部门、员额检察官办案业绩的考核；四是各业务部门内部对本部门检察官助理、书记员的考核。不同的业绩考核类别都有其各自的考核对象。

对考核对象的厘定，我们主要考虑了以下因素：

（1）考核对象的设置与考核目标相适应

业绩考核既要对整个院进行，也要对各业务条线、部门、各层次人员展开。因此，一个省级检察机关首先要制定本地区绩效考核的总体目标，随后

根据不同地方、不同业务条线实际情况制定相应的分目标,省一级检察机关各业务部门再根据实际情况制定相应的条线分目标,再将考核目标逐步细分至员额检察官、检察官助理和书记员,从而实现考核指标量化,责任落实到个人。业绩考核的目标并非一成不变的,要根据最高人民检察院的工作要求和本地区检察工作实际需要调整。

(2) 考核对象的设置与分类管理要求相适应

业绩考核对象设置要与本轮司法改革对人员分类管理的要求相适应,对检察长、检察委员会委员、部门负责人、员额检察官、检察官助理、书记员要根据权力清单赋予不同职责权限,考核指标也要根据人员职责不同设定不同分值,以分类考核落实分类管理。重点考核办案实绩,直接办案、指导性办案、调研工作量及成效都要量化核算。

(3) 考核对象的设置要体现团队一体化

无论是业务部门、检察官办案组,还是独任检察官,业绩考核既要考核团队工作量和成效,也要考核个人在团队中所承担的工作量和所起到的作用大小。对一个院各业务部门的考核也不仅仅对单独业务部门办案数据的前后对比,而应该对不同业务部门、不同业务条线总办案量、整体办案成效进行对比。在一个业务条线、业务部门内部,也要对检察官办案组、独任检察官、助理、书记员分别排出名次,使不同身份类别人员都在团队内形成对比。

3. 考核的方式

由于员额检察官的身份目前仍然属于公务员序列,需要按照公务员考核的相关规定进行年度考核,因此,对于员额检察官的考核实际上存在两部分内容,即司法办案业绩考核与公务员年度考核。二者之间紧密联系。简言之,司法办案业绩考核是公务员年度考核的基础,一个司法办案业绩考核评定等次为差的员额检察官不可能在公务员年度考核中评定为优良等次。司法办案过程是一个动态的、变化的过程,因此对员额检察官司法办案业绩的考核也应是一个动态的、变化的行为。因此,内蒙古自治区检察机关在制定考核办法时,实行分类与分层相结合、平时与年终相结合、定量与定性相结合的考核方式,并认为全面实现业绩考核信息化是下一步发展方向。

(1) 分类与分层相结合

目前,检察机关的员额检察官一部分为专门的司法办案人员,另一部分仍然同时承担着其他行政职能,如院领导、部门负责人,这些员额检察官在检察业务应用系统中进行案件分配时,本身就是按照普通员额检察官办案量的1/2或者1/3进行的，因此，如果完全按照前述关于办案数量、办案质量、办案效率与办案效果四个方面与其他普通员额检察官一并进行司法办案业绩考评，则有失公允。另外，前文已经阐述过，内设机构改革后，检察机关已经按照1:1:1的比例配齐了员额检察官、司法辅助人员与书记员，也就是说，目前检察机关的司法办案行为，不是员额检察官单独的行为，而是司法办案团队的行为。但对于司法辅助人员与书记员司法办案行为的考核与员额检察官的考核显然存在差异。针对这些情况，采取分层与分类相结合的方式进行考核是切合实际的。

分类，包括部门分类、人员分类与司法办案行为分类。按部门分类，将检察机关各部门分为业务部门和综合部门两类，业务部门又分为十大业务部门与综合业务部门（法律政策研究与案件管理）；按人员分类，将人员划分为员额检察官、检察辅助人员、司法行政人员和聘用制书记员四类；按司法办案行为分类，将各类人员所从事的司法办案行为分为实体性办案、程序性办案和指导性办案。分层，即按级别分为院领导、处室负责人和一般干警。分类与分层的目的都是为了在进行司法办案业绩考核时能够统筹考虑各类各层级人员承担的不同工作性质与内容，在进行司法办案业绩考核时综合考虑其除了承担司法办案职能之外同时承担的其他职能工作，从而在按照前述内容与标准进行考核时，可以通过设定加减分项目、权重得分比例、民主测评等进行全面评价。比如，在对身份为院领导、部门负责人的员额检察官司法办案行为评价时，一方面可以按其轮案比例进行反向加权计算，另一方面可以根据其承担的实体、程序和指导性办案工作分别进行核算其司法办案量。

（2）平时与年终相结合

由于员额检察官的司法办案行为是一个动态的、变化的过程，因此，对其司法办案业绩的考核也应是实时的、动态的。内蒙古自治区检察机关部分地区已将年度业绩考核调整为双月度或季度考核，从实行的情况来看，干警的满意度明显强于实行年度考核的地区，而司法办案的质效也较高。可见，实行实时、动态考核是符合干警的实际需求的，也能够起到提高司法办案质效的作用，从而达到其考核目的。实行实时、动态考核，重点要关注实行的基础及可操作性，课题组推荐平时考核与年终考核相结合的方法。平时考核为"每月评议、季度考核"，员额检察官按季度在全院范围内"晒成绩"；年终考核以季度考核为基础，综合共性指标考核及民主测评情况、综合加减分，形成年度考核意见。这样，既实时、客观地反映了员额检察官的司法办案情况，又起到了考评考核的督促、鞭策、鼓励、引导作用。为什么要采用

"每月评议、季度考核"这一方法,而不是月度考核呢?这是因为对于实体性办案来说是有一定的办案周期的,而大部分实体性办案的办案周期均在1个月以上,有的甚至在3个月以上,进行月度考核不符合司法办案的实际与规律。但对于案件办理的具体进度及成效等情况,则可以通过"每月评议"来进行实时管理,也就是说,"每月评议"实际上也是"季度考核"的一个基础和依据,同时也减轻了"季度考核"的工作量。

(3) 定量与定性相结合

关于这一部分,通过对考核内容的阐述已有充分体现。在四部分考核内容中,办案数量和办案效率属于定量考核,办案质量和办案效果则属于定性考核。通过定量与定性相结合,全面、客观地反映员额检察官及其办案团队的司法办案情况,充分体现考核的严肃性、客观性与公平公正性。需要注意的是,定性考核宜采取个案负向扣分制,而定量考核宜采取案均正向得分制,这样才能真正体现司法办案业绩考核以对案件质效考核为重点这一原则和特点。

(4) 全面实现信息化是业绩考核的发展方向

目前,检察机关主要业务条线已经实现业务信息网上录入、业务流程网上管理、业务活动网上监督、业务质量网上考评,检察官的办案业务工作已经在系统上全程留痕。依托检察业务应用系统,一些地方检察机关开发了检察官业绩考评系统,可以实现相关办案数据的自动抓取和自动计分,减轻了业绩考核数据填报与审核的工作负荷,同时还在较大程度上保证了业绩考核的公平公正。全国检察业务应用系统经过不断升级,已经开发了相关的检察官绩效统计及检辅人员绩效统计功能,但目前该功能中仅有"办案数""办案天数""平均办理天数""拟制文书数""生效文书数""打印文书数""审批文书数""用印文书数""案卡填录数"这9项能够定量统计的指标。内设机构改革后,各地也在抓紧研发新的业绩考核系统,检察业务应用系统2.0上线运行后绩效统计和积分功能也会大幅强化。业绩考核是一项系统性、长期性、复杂性的程序,需要借助信息化才能更好地实施,提高整个考核机制的效率,真正做到业绩考核信息化。

信息采集是考核活动的第一道程序,信息采集的客观公正是评价过程客观公正的前提。办案业绩考核系统要在收集到客观全面的信息后开展科学的考评,为确保评价的客观性、减少人为干预,要实现数据自动采取或者抓取,分值自动生成。研发新的业绩考核系统要和检察业务应用系统形成数据对接,充分利用大数据分析方法对所有办案数据集中采集分析,既能避免人工操作的失误,又能大大提高管理效率。通过对检察办案过程的各个数据点进行实时采样,并将多种类型的数据信息集中形成新一层次的大数据库,对其进行存储、传输、分析,为检察官业绩考评体系的科学化提供参考。

另外,还可依托检察业务应用系统,开发流程监控、质量评查、绩效考核子系统,将考核指标和相关计算公式均配置为后台数据,打通并对接所涉及的其他系统,由系统代替人工进行科学、及时、客观的评价与计算。考虑到个案的差异性,应当在绩效考核子系统的研发中单独设置"个案绩效调整"这一模块,当员额检察官及其办案团队对个案的办案强度及质量评价存在异议时,可以通过前台申请调整该个案的办案强度及质量评价结果,经过所在部门讨论及领导审批同意后,调整该个案的办案强度及质量评价结果。

(三) 考核的内容

无论是哪个单位、哪种形式的考核,考核的内容无疑是考核的重点、核心和关键所在。对员额检察官的考核到底该"考"什么,经过一段时间的实践与探索,已集中在四个方面:数量、质量、效率、效果。但对于这四个方面到底该如何确定具体的考核标准,则是检察机关内设机构改革后员额检察官司法办案业绩考核的重中之重。下面,根据检察机关内设机构改革后发生的变化及司法实践中的实际情况逐一阐述。

1. 办案数量

自 2013 年 12 月 26 日全国检察机关统一业务应用系统全面正式上线运行以来,各类案件在系统内录入、流转、办理已成常态,从这个意义上说,通过检察业务应用系统来进行办案量统计是具有一定的基础的。但这仅仅只是具备了一个基础,即员额检察官的办案情况能够在系统内客观反映,那么这种反映如何体现在业绩考评中,却不是通过系统数据能够直接给出结论的。前面已进行过相关分析,员额制改革,特别是内设机构改革后,检察机关的业务工作划分为四大检察、十大业务条线。一方面,这四大检察、十大业务的具体工作内容在司法实践中各有侧重;另一方面,即便是同类检察业务之间的分工亦有不同。不同类别的案件在办理期限、办理程序、办理难度等各个方面均有不同,如果只是简单地从系统中提取一个办案的数据来作为考评的办案数量显然是不妥的,这样提取出的充其量是一个"数",并无法体现出"量"。作为检察官业务考核的"办案数量",应是"数"与"量"的结合,重点在"量",我们把它称为"办案强度"。这个"办案强度"取决于各类案件的难易程度。通过上述分析，我们来进行等量代换：办案数量取决于各类案件的办案强度，办案强度取决于各类案件的难易程度。也就是说，我们要得到办案数量，就要将各类案件的难易程度进行量化。那么问题的关键就是找出各类案件的差异，并将这些差异能够以"大家都能接受"的方式进行量化，从而达到能够比较的目的。

第一，最重要的差异就是案件类别不同所适用的办案程序不同，需要拟制、审批的文书不同，也就是案件需要经历的环节不同，那么，第一步就需要找出一个办案程序最为复杂的案件类别，将这个案件类别的全部办案环节进行量化，每个环节赋予合理的分值，设该案件为百分制，再将其他类别的案件与该类别的案件进行比较，相同或相似的办案环节赋予相同的分值，缺少的办案环节则没有该部分分值，这样，就使各类别的案件能够通过"案件类别"得到一个强度分值。比如，民事（行政）检察业务中以民事（行政）生效裁判监督案件为基准类别，对这类案件办理中的受理、调查、审查、提出抗诉、发出再审检察建议、不支持监督决定、抗诉或再审建议被采纳、息诉等每一办案环节根据难易程度和重要程度赋予一定分值。其他类别案件、如执行监督、审判程序监督、支持起诉类有与生效裁判监督案件相似办案环节的赋予相同分值，缺少的办案环节不赋分。程序性办案如备案审查、指定管辖类案件也可以如此参照赋分。

第二，最明显的差异就是当事人的不同、案件所涉事实的不同以及案卷数量的不同。对于这一部分，各业务条线之间由于具体业务类别不同，不宜做统一要求，但可以通过分档设分来进行分值设定，使其能够在各业务条线之间进行比较。假设将当事人的人数设为三档，第一档10分，第二档7分，第三档4分，那么，可以由各业务条线根据实际情况对当事人的数量进行分档。比如，刑事检察部门可以规定当事人人数为1人的分值为4分，2人至5人的分值为7分，6人及以上的分值为10分，其他业务条线则根据本条线的实际情况，同样分为三档，只是对于当事人人数在每一档的数量进行合理调整，这样，就实现了不同案件类别在当事人这一难度系数方面的比较。案件所涉事实数量及卷宗册数或页数同样如此。需要说明的是，这里的分档不一定为三档，可以根据司法办案的具体情况，选取最为极端的人数或卷宗情况作为最高档，只要确定了档位和分值，各案件类别再根据实际情况进行具体区分即可。

第三，最难比较的差异就是各业务条线之间完全不同的工作内容。比如，刑事执行检察业务的工作内容与公益诉讼检察业务的内容之间似乎毫无可比性，但实际上，所有的检察业务都离不开"书面"与"实地"两部分内容，因此，可以把每一类案件中的"书面"与"实地"工作分别进行量化，赋予不同的分值，比方说"书面"工作中拟制、审批文书的情况，"实地"工作中调查、询/讯问的情况等，此时无须考虑个案的得分是否会超出100分，只需在考评时通过加权计算，将得分最高的案件换算为100分得出加权系数，其他案件按此系数进行加权即可。需要说明的是，世界上没有绝对的公平，上述方法的实现，只能得出一个相对公平、客观的办案强度结果。

第四，办案业绩考核内容不仅包括实体性办案，也要纳入程序性办案和指导性办案。指导性办案包括办理请示案件、指导下级院办案、提前介入引导侦查、案件评查、检察建议审核、指导性案例审查报送、对法律法规（司法解释）草案提出意见建议、起草检察业务规范性文件等。程序性办案包括备案审查、指定管辖、移送线索、案件受理、流程监控、涉案财物监管、来信办理等。这些工作如果不纳入办案业绩考核内容，也会导致对检察官的办案业绩评价不客观、不公正。此外，除了办案，员额制检察官还会承担调研、对下指导、文件材料、承办会议、督查督导、专项活动等。省、市一级检察院担负的综合指导工作任务相对较重，这些工作的形式虽然无法认定直接办案，如果不将这部分工作内容纳入业绩考核，将导致检察官不愿意承担综合工作，严重影响调研、办文、办会等综合工作的开展。建议将这些综合工作纳入指导性办案考核内容，设置合理比重，分值按照指导性办案折算。

2. 办案质量

"实体公正与程序公正同等重要""正义要以看得见的方式实现"。案件质量必然涵盖实体与程序两个方面。2018年，最高人民检察院在《人民检察院案件质量评查工作规定（试行）》对于评查各类、内容、标准与结果等次作了专章规定。但对于办案质量这一部分的考评，无法像办案数量那样对每一个案件进行正向得分评分。对此，课题组建议对该部分进行负向减分评价。即以实体和程序为分类，明确规定出属于案件质量问题的各种情形以及减分标准，在考评时，对每名员额检察官的办案质量以百分制为基数，对应属于案件质量问题的各种情形及减分标准进行累计减分。对此，有人存有异议，认为不应当进行累计减分，而应当将全部减分情况除以全部案件数，进行案均减分。对此，课题组认为，案件质量是检察工作的生命线，也是每一名员额检察官的高压线。对于当事人来说，检察机关的一件错案即是当事人的全部，100 - 1 = 0，因此，案均减分是对案件瑕疵甚至是错案的包庇和纵容，累计减分更能体现考评的奖优罚劣及鞭策作用。

除了办案的"量"，办案的"质"和"效"当然也是重要的考核内容。在每一种案件类别中，都可以根据业务特点在基准分之外设置若干种计分情形，让办案质效也同时得到评估认定。民事（行政）生效裁判监督案件，除了基准分每件计 1 分外，还可以设定：提出抗诉、发出再审检察建议的，每件计 2 分；抗诉意见被法院采纳、提出再审检察建议被法院采纳的，每件计 4 分。程序性办案也可以如此处理，例如控申部门检察官处理来信或来访，每件基准分仅计 0.01 分或 0.05 分，但若在办理中实现息诉罢访的，每件计 2 分。

《人民检察院案件质量评查工作规定（试行）》第 17 条规定，开展案件质量评查，应当依据下列标准，客观、公正、全面地评价办案质量：（1）证据采信与排除符合法律规定，证明标准达到法律要求；（2）认定事实清楚；（3）适用法律正确；（4）办案程序合法、规范；（5）文书使用正确、规范，文书制作基本要素完整，说理充分；（6）开展以案释法及时、有效；（7）办案的法律效果、政治效果、社会效果有机统一；（8）符合检察机关司法责任制关于办案组织、案件分配、办案权限、文书签发、监督管理等方面的相关规定；（9）符合其他相关规定。这些规定其实已经涵盖了办案质量及效果。第（1）（2）（3）（5）（6）项属于实体质量方面的规定，第（4）（8）项则属于程序质量方面的规定。实体质量五项内容中的第（2）项"认定事实清楚"是一种主观认定，相对于其他四项内容来说，判断标准不好把握，课题组建议对于该项内容以案件结论是否正确来进行衡量。对于程序质量的两项内容，虽然均有相应的明确规定，但对于该部分，课题组认为，不应只简单看表面上的程序是否符合法律规定，更应看实际程序是否合理、适当。例如，一审公诉案件中关于延长 15 日审查期限的审批，不能只看其是否在 1 个月的审限内完成延长期限的审批，还要看该延长是否合理、必要。如果在 1 个月的审限内，承办案件的员额检察官没有进行实质审查，导致期限即将用尽而申请延长并获得审批，则该延长应为程序不当。另外，对于程序质量的考核，还应结合《人民检察院案件流程监控工作规定（试行）》的相关内容进行评价，以日常监控与专项监控的结果作为考核依据。

对部门和条线办案质量进行评价时，应以最高人民检察院下发的《检察机关案件质量主要评价指标》为考核依据。不同地区、不同层级的检察院应当跟实际工作情况对考核指标进行取舍，既要全面体现各部门、各条线的办案实绩,也要体现本地区特定时间段内工作发展目标和重点、难点。为了使考核更具客观性、真实性,并体现出司法办案的规律与趋势,建议用前两年度平均指标为考核基数,而非仅凭当年各项数据进行考核。考核指标数字的绝对化给指标增设合理区间。

3. 办案效率

效率,从管理学定义上来说有两层含义:一是指单位时间完成的工作量;二是指最有效地使用社会资源以满足人类愿望和需要。作为办案效率来说,显然是指第一层含义,即单位时间完成的办案量。江苏省检察机关在办案效率得分计算上,采取的是对办案强度、业务类型和个体参与度等因素进行综合计算的方法,并设计了四维计算公式:办案效率得分＝办案强度系数(件数分＋嫌疑人数分＋卷宗册数分)×罪名系数×业务类型系数×个体参与度。江苏省检察机关的效率计算方法综合考虑了影响办案效率的多种因素,有一定的借鉴意义。通过前述办案数量的分析,可以明确的是,办案效率评价中的办案量,指的是总的办案强度,而非表面上的办案数。我们认为,对办案效率的评价,应用每名员额检察官的总办案强度除以其累计办案期限(每个案件的办案期限之和),这样体现的才是真正的办案效率。关于总办案强度的计算在前面已有详细阐述,在此不再赘述。

(1)关于计算方法。对员额检察官办案效率的计算可以采取加权计算的方法来进行横向比较。即将办案效率最高的员额检察官的办案效率换算为100分得出加权系数,其他员额检察官的办案效率均乘以该系数即得到其他员额检察官在办案效率这一方面的分值。

(2)设定合理区间值。可以对办案效率设定指标区间,参照最高人民检察院的要求、其他省区市的平均值和本地区实际,确定一个合理指标区间。取一个相对较低的值,作为下限值即达标值,选取最高的值为上限值,上限值可视为监控值,检察官的办案效率指标值处于上下限值之间的,应当认为处于合理区间。指标值在合理区间以下的,根据加权法计算得分,或按比例进行扣分。办案效率超出上限值的,可按比例进行加分,作为奖励。

(3)加强办案效率值的监控。结合检察业务应用系统预警提示功能,对办案效率指标值接近下限值的个案进行流程监督。要对系统内流转的所有类型案件进行全面巡查预警提示。对办案效率指标值接近下限值的案件,及时对承办人进行预警,并通过对办案数据和指标量化综合分析,自动生成反映案件办理数量、质量与效率的信息分析指标及时发送给检察长,便于检察长通过系统掌握办案的概况和趋势,为管控办案效率、增强决策的科学性和准确性提供参考。

4. 办案效果

"案－件比"这一概念，被不少检察机关称为衡量司法办案质效的"GDP"。这一概念的提出，为检察机关积极适应新时代检察工作需要，科学衡量办案质效，反映司法业务运行情况，努力为人民群众提供优质检察产品、法治产品提供了精准的评价导向。换言之，这一概念，是对检察机关司法办案政治效果、法律效果和社会效果的全面衡量，同时也对员额检察官的司法办案效果给出了评价公式。因此，对每名员额检察官的办案效果，可以以案－件比进行评价。吉林省检察机关为优化"案－件比"，对办案提前介入、"两退三延"提出要求，对提前介入引导侦查效果好的业绩考核时加分，无正当理由退回补充侦查和延期的累进减分，同时明确对必须"两退三延"又不宜减分的一些特殊经济案件，提高审批层级，但不做减分处理。我们认为，案－件比也可以采取加权计算的方法，将比值最低的员额检察官的案－件比换算为100分得出加权系数，其他员额检察官的办案效率均乘以该系数即得到其他员额检察官在案－件比这一方面的分值。当然，目前关于案－件比的计算公式，只有刑事检察业务的指标比较明确，其他各业务条线还需尽快探索出符合本业务条线司法办案实际的案－件比公式。

另外，关于办案效果方面，还应将"案件办结率""风险防范""网络舆论引导"等指标列入考核内容。其中，"网络舆论引导"这一指标是按照最高人民检察院《关于组织开展检察机关网络舆论引导纳入司法责任制配套改革试点工作的通知》要求设定的，旨在将员额检察官参加网络舆论引导工作纳入业绩考核。员额检察官未按相关要求开展网络舆论引导工作引发舆情的，或者舆情发生后应对不力、效果不佳的，应酌情对其业绩考核予以减分。具体来说，包括接案阶段、办案阶段和案后阶段三个方面。

接案阶段：员额检察官接收案件伊始，应认真查找所办理案件可能存在的实体法律问题、舆情炒作隐患及社会风险点，对案件舆情风险等级进行评估研判，评估研判失误一次酌情减分。经评估，如所办案件属于敏感案件，员额检察官应主动联系沟通新闻宣传部门，提供依法办理、引导、稳控的评估意见，详细列出实体办理可能存在的舆情炒作点，并协同做好网络监测，积极参与制定舆情应对处置方案。如评估所办案件属于一般性案件，员额检察官可自行决定不启动沟通联系程序，处置方案不妥当一次酌情减分。

办案阶段：办案过程中，员额检察官应落实"三同步"工作要求，一旦出现负面舆情炒作，应根据所掌握案件办理情况编写《"三同步"工作依法办理预案》《"三同步"工作社会面管控预案》，主要内容包括实情概要、实情风险点、依法办理要求，以及检情概要、社会风险点、社会面管控需求和落实措施等，未按照规范步骤操作一次酌情减分。员额检察官应积极参与所办案件引发舆情反映问题的实体核查与依法依规处理，按照所在检察院党组工作要求和任务分工，参与回应口径和新闻发布稿撰写、跟帖评论拟定及网评文章、深度解读文章和释法析理文章撰写等，未完成一次酌情减分。员额检察官应根据舆情应对引导工作需要，按照所在检察院党组的统一安排，在必要时接受新闻媒体采访，发出专业、权威声音，澄清社会误解、压制负面炒作，推卸工作一次酌情减分。

案后阶段：案件办结后，员额检察官应根据案件具体办理和社会风险情况，评估是否需要继续开展相关舆论引导工作。如属于敏感案件或引发舆情案件，应填写《"三同步"工作效果评估表》，未完成一次酌情减分。

需要注意的是，检察机关还有两个综合业务部门——法律政策研究部门和案件管理部门。这两个部门员额检察官的司法办案工作具有特殊性，目前，通过检察业务应用系统能够提取的数据相对较少，不能客观反映其员额检察官的司法办案情况，因此，对于这两个部门的员额检察官的司法办案业绩考核需在充分考虑其司法办案特殊性的基础上，与十大业务部门的司法办案工作进行比较，单独制定标准。

另外，在业绩考核实际操作时，经常遇到系统外办案如何考核的问题。目前大部分地区都按照司法责任制改革要求，由检察业务应用系统随机分案，必要时指定分案，检察官承办的案件主要通过业务应用系统分发和流转。但特殊情况下也有系统外运行的情况，比如上级机关交办、下级院业务部门的个案请示、检察建议审核、指导性案例审查报送等。对于系统外办案，也应该设定适当的分值，否则对检察官办案业绩的评价也不会完全客观。需要注意的是，系统外办案由于没有经过系统确认，需要进行人工审核，为保证考核的客观公正，检察官在填报办案量时必须逐案报送印证材料，所有办案环节及形成的文书都应形成卷宗存档备查。

（四）考核结果的反馈和运用

千般规定，重在落实。再完善的制度，如果在执行环节打了折扣，也达不到预期的目的。从内蒙古自治区三级检察机关以往年度的考核来看，均不同程度地存在执行打折扣的问题，或者程序被简化，或者内容被压缩，或者干脆实行平均主义。在结果运用方面，大部分地区仅停留在兑现业绩工资方面，而在干部交流、培训、提拔、晋升等方面则没有充分体现。这些问题的存在，都使考核失去了意义。因此，在今后的司法办案业绩考核中应重点关注如何不打折扣地落实考核制度，以及建立健全配套的办案业绩考核结果运用制度，使办案业绩考核制度真正发挥其应有的作用。

关于司法办案业绩考核制度的作用，可以概括为四个方面。一是压力传导作用。通过考核，将最高人民检察院对于检察工作，特别是检察业务工作的要求，通过考核，逐级传导至每一个部门、单位及每一名检察干警，引导大家主动担当尽责，积极创新创优，营造干事创业的良好氛围，不断提升检察工作质效。二是攀高望远作用。通过考核，引导干警开阔眼界，跳出检察看检察，提升认知水平，树立高远目标，努力在高层发出检察声音，不断扩大检察机关影响力。三是体现客观作用。在设定考核内容、考核标准时要在坚持客观的前提下，立足岗位职能，从实际出发，引导组织和个人遵从规则，在公平竞争的基础上，考出群众公认的结果，形成考核强有力的鼓励先进、激励后进的导向作用。四是树立正气作用。在客观公正的考核前提下，强化考核结果运用，以考核为抓手，在干部选用、奖励惩戒等环节深入应用，鼓励检察干警不甘落后、力争人先的精神。同时通过考核避免人浮于事、任人为亲的不良现象，最终形成整个单位良好的争先创优工作氛围，发挥出考与用的合力。第四种作用和考核结果的反馈与运用密切相关，如果考核结果的反馈不及时、不真实，考核结果的运用不合理、不权威，那么就会直接影响考核的意义和价值。

考核结果的反馈，要特别注意两个方面：一方面，要及时反馈给被考核者个人，不仅要让被考核者个人了解自己的考核结果，应告应知考核结果的依据、考核过程，还要让其了解到自己得失分情况与差距，对被考核者存在异议的内容，应在合理范围内进行解释说理，让被考核者心悦诚服地接受考核结果。另一方面，要真实准确地将考核结果反馈给院党组及相关的组织人事部门，在院党组及相关组织人事部门进行人事调整、任免的时候作为客观评价的依据。

考核结果的运用应区分为四个层次：一是最直接、最广泛的层次，也就是与司法办案绩效奖金挂钩，绩效考核奖金分配坚持向一线办案人员倾斜，体现工作实绩，按考核档次适当拉开差距，将考核"优"等次的奖金额度适度提高，切实提高"优"等次的含金量，最大限度调动广大干警的积极性、主动性。二是将考核结果作为教育培训的参考依据。通过考核要查找各部门、各条线、不同人员工作中存在的问题，有重点、有针对性地就检察官

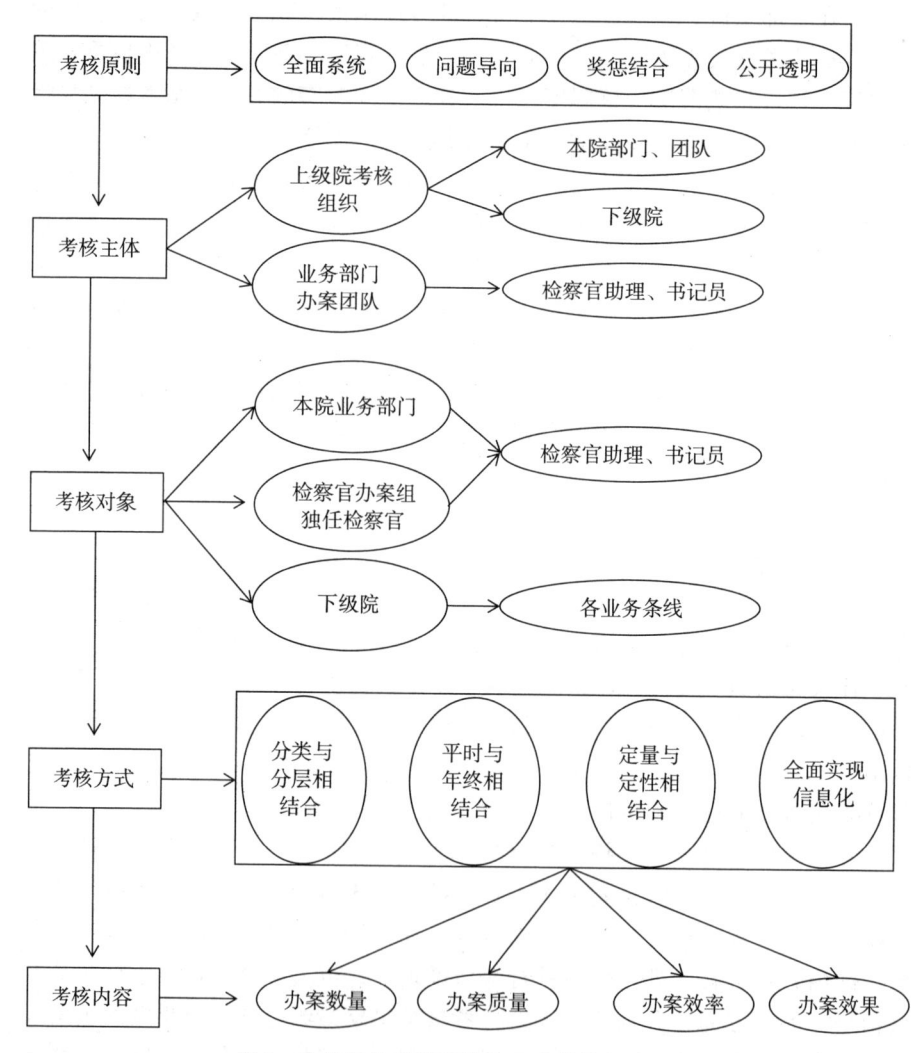

图 2 内设机构改革后检察办案考核制度构想

办案中的薄弱环节专门组织培训,针对短板加强继续教育。同时,安排各业务条线业绩考核靠前的检察官担任培训教师,以"检察官教检察官"模式分享其办案经验和业务学习心得。这既是对考核优秀检察官的鼓励,也能让考核指标落后的检察官有针对性地获取办案经验,增强实战能力。三是将考核结果计入司法业绩档案,作为员额检察官等级管理及员额退出的重要依据。一方面,在员额检察官按期晋升及择优晋升时,作为其是否应当晋升的前提条件；另一方面，对于存在严重司法办案过错的员额检察官，应按规定及时执行退出机制。通过考核结果在这两方面的运用，使员额检察官能上能下、能进能出，而非一朝入额、终身无忧。四是将考核结果与干部使用相挂钩，明确考核结果作为干部提拔使用、职级升降、评先评优的依据。一方面，对于业绩考核靠前、品德兼优的人员应重点培养、优先提拔使用，真正实现选能选优、贤者居之；另一方面，对于存在重大办案责任的人员，在干部提拔使用、职级升降、评先评优时应实行一票否决或末位淘汰，避免出现德不配位、智小谋大等情形。这样才能真正体现出考核的公平公正性，发挥体现客观、树立正气的作用，实现奖优罚劣的价值。

检察权运行监督机制完善研究*

贵州省人民检察院课题组**

任何国家权力在运行过程中都要受到监督与制约,这是现代社会权力不被滥用的保障。检察权作为一种国家监督权,同样要受到监督与制约。这两个概念虽然常被一并使用,但法学理论界普遍认为监督与制约并不是同义反复。首先,法理学观点认为,制约与监督不能等同,监督具有统一性、突然性和可选择性。制约是权力分工、职责分工之后国家机关之间的权力约束关系①。其次,刑事诉讼法规定人民法院、人民检察院和公安机关分工负责、互相配合、互相制约。诉讼法学观点认为,这里的制约是一种双向行为,只

---

* 本文系 2020 年度最高人民检察院检察理论研究一般课题"检察权运行监督机制完善研究"(项目批准号:GJ2020C02)的研究成果。

** 课题主持人:傅信平,贵州省人民检察院党组书记、检察长。课题组成员:宋强,贵州民族大学法学院院长、博士生导师;付文利,贵州省人民检察院研究室副主任;范思力,贵州省人民检察院检察官助理。

① 葛洪义:《"监督"与"制约"不能混同——兼论司法权的监督与制约的不同意义》,载《法学》2007 年第 10 期。

能在参与诉讼各部门相互发生工作联系、衔接，处在互动过程时才能发生作用，这种互动作用是彼此之间的。① 在诉讼进程中，前者是后者存在的前提条件，后者是前者发展的必然结果。② 基于以上共识，法学理论在探讨一系列以防范检察权滥用为目的的监督机制时一般会限缩其外延，避免与制约机制相混同。简言之，检察权运行监督机制应是仅以一方主体意志为主的单向活动，不涉及多种权力互相牵制制衡的状态。理论上认为检察权运行监督机制一般包括内部监督机制和外部监督机制。内部监督机制主要指检察系统内以控权为目的的各种工作流程、规范和制度。有学者提出，其主要包括落实办案纪律责任、案件质量评查、检务督察、内部纪检监察、执法规范化建设等。③ 也有学者认为，检察权内部监督机制包括专职部门对其他部门权力行使合法性的审查，以及上级检察机关对下级权力行使合法性的审查。④ 外部监督机制更多来源于现行法律规定，既包括检察机关自身推动建立的制度机制，也包括国家专门推动建立的其他权力监督制度机制。目前，以检察权为对象的外部监督机制一般包括人大监督、监察监督、审计监督、党委政法委执法监督、人民监督员监督以及社会舆论监督等。本文讨论的外部监督机制以检察机关自行推动建立的制度机制为主，比如，人大代表联络制度、人民监督员制度、检务公开制度等。在监督领域和对象方面，检察权运行监督机制主要针对办案活动和检察办案人员。意识形态、公用经费、工作作风、公车管理、干部选拔任用等非业务领域以及针对非检察办案人员的各项监督管理制度机制不在本文的讨论范围之内。

一、检察权运行监督机制规范化建设的历程

从法学视角看，自 1949 年《中央人民政府最高人民检察署试行组织条例》出台以来，检察制度发展几经波折，其间还发生过中断，可以说是"三落三起"。⑤ 有一段时期，检察权并没有完全按自身工作需要来运行，同

---

① 周理松：《公检法三机关互相制约与人民检察院对刑事诉讼的法律监督》，载《法学评论》1997 年第 1 期。

② 樊崇义：《法律监督职能哲理论纲》，载《人民检察》2010 年第 1 期。

③ 杨圣坤：《检察权内部监督的调整与发展——以检察官办案责任制改革为背景》，载《时代法学》2014 年第 6 期。

④ 单民、薛伟宏：《检察权监督制约机制研究》，载《人民检察》2012 年第 17 期。

⑤ 王松苗：《检察史的新闻阅读》，中国检察出版社 2011 年版，第 41 页。

时由于缺乏法制保障和内部规则指引，当时检察机关执法办案的监督更多靠政治监督、党纪监督。直到 1979 年通过人民检察院组织法（以下简称组织法）后，检察机关才开始随着国家法制的健全逐步提升法治方式在规范检察权运行中的分量。以 1996 年 3 月第八届全国人大第四次会议通过的《国民经济和社会发展"九五"计划和 2010 年远景目标纲要》明确"依法治国，建设社会主义法制国家"为标志，国家正式宣布将法治作为治国理政的手段，法治建设正式上升为国家发展战略。作为国家政治制度的组成部分，政治大环境的变化有助于我们找到检察工作发展的关键历史坐标。本文试图以 1996 年作为此次研究的历史起点，透过各种理论观点、制度设计、实践探索，梳理和分析检察权运行监督机制规范化建设的历程，以期从中得到启示。

（一）检察权运行监督机制规范化建设的实践探索（1996 年至 1998 年）

1978 年 12 月党的十一届三中全会后，中国开始确立实行对内改革、对外开放的政策。改革开放十几年后，国内形势开始发生一些新变化。一方面经济建设形势喜人，另一方面贪腐现象出现。一手抓改革开放，一手抓打击各种犯罪活动，惩治腐败已成为这一时期国家的重要任务。为落实党中央的决策部署，最高人民检察院在这一时期先后确立"严格执法，狠抓办案""严格执法，狠抓办案，加强监督"方针，将查处贪污贿赂犯罪作为这一时期检察工作重点。一个佐证便是，在 1996 至 1998 年最高人民检察院工作报告中，查办贪污贿赂案件情况均作为报告的第一部分内容并占据较大篇幅。同时，为适应和执行修改后的刑事诉讼法，检察机关进行了内设机构改革①，各业务部门分工更加明晰、办案程序也各不相同，一些在办案中出现的不规范甚至违法犯罪问题要靠新的监督模式——完善工作规范来解决。比如，1996 年刑事诉讼法修改实施后，仍有少数检察机关不按法定程序办案。有的以办案为名，长期占用发案单位财产；有的违反"收支两条线"的规定，截留、坐支、挪用甚至私分扣押款物；有的甚至将应逮捕、起诉的犯罪嫌疑人做罚款处理，以罚代刑。② 这一时期以规范侦查权运行、督促检察人

---

① 参见《关于地方各级人民检察院机构改革意见的实施意见》（高检发〔1996〕16 号）。
② 参见最高人民检察院《关于认真贯彻执行中共中央、国务院〈关于治理向企业乱收费乱罚款和各种摊派等问题的决定〉的通知》（高检发〔1997〕16 号）。

员依法办案为重点,检察权运行监督机制规范化建设开始法治意义上的初步探索。

1. 该时期检察权运行监督机制规范化建设的特点

第一,以侦查权运行为重点建立内部监督机制。在加大职务犯罪侦查力度的同时,由于侦查权运行带有主动性、扩张性、隐秘性等特征①,相较其他检察职权滥用可能性更高,因此也一直备受最高人民检察院关注,各时期围绕侦查权运行的内部监督机制建设力度也最大。该时期为规范立案环节,制定《关于要案线索备案、初查的规定》等规定,将不同类型案件的线索备案、初查权限进行划分,适当限缩下级院侦查权限。为规范扣押物品管理,制定《人民检察院立案侦查案件扣押物品管理规定(试行)》等规定,首次将保管、使用扣押物品权力从侦查部门剥离,发挥其他部门的日常监督作用。制定《关于完善人民检察院侦查工作内部制约机制的若干规定》等规定,将审查逮捕、审查起诉与侦查职能分离,内部监察督察与侦查职能分离。发挥刑事检察部门对侦查部门的侦查监督功能,监察部门对侦查部门人员违纪违法的调查追究功能。另外,还建立了专门针对侦查部门负责人的定期轮岗制度等。

第二,建立上级检察院对下级检察院检令执行的内部监督机制。虽然1979年组织法就已经明确上下级检察机关之间的领导关系,但在具体工作中实现领导关系则是一个缓慢的历史过程。由于当时地方的条块关系、财政事权与支出责任还没有理顺,导致上级检察机关的政策、指令、决定有时不能得到下级检察机关的坚决执行。有的下级检察机关对上级的指示、决定、批复敷衍塞责、故意拖延,甚至顶着不办、公然违抗。② 为有效解决这一问题,1998年最高人民检察院建立了一系列监督工作机制。一方面在全国范围内组织开展执法大检查。由上级检察机关负责对下级检察机关案件办理情况进行抽查检查、评估评价,丰富上级检察机关的业务领导方式。另一方面出台《人民检察院错案责任追究条例(试行)》《对违法办案、渎职失职若干行为的纪律处分办法》等规定,丰富上级检察机关的监督措施,增强业务监督的针对性。根据最高人民检察院1999年工作报告显示,1998年上级检察机关在执法大检查中对3773件有问题的案件进行了纠正,对729名犯罪嫌疑人超期羁押问题进行了纠正,清查处理了全部涉案暂扣款。

---

① 卞建林、张可:《侦查权运行规律初探》,载《中国刑事法杂志》2017年第1期。
② 参见最高人民检察院《关于坚决纠正有令不行有禁不止行为的通知》(高检发〔1995〕10号)。

第三，自觉畅通各级人大代表、社会各界对检察工作的外部监督渠道。随着1979年废除党委案件审批制度①，各级人大及其常委会、各级人大代表对检察机关履职的监督有所加强。比如，个案监督曾一度成为地方实践探索的热点，地方人大及其常委会有时会对检察机关办理个案的合法性进行审查。1989年时任全国人大常委会副委员长彭冲在全国人大常委会的工作报告中指出："人大如果对法院、检察院处理的特别重大的案件有意见，可以听取法院、检察院的汇报，也可以依法组织调查，如确属错案，可以责成法院、检察院依法纠正或处理。"② 为配合人大个案监督，最高人民检察院还曾出台规定，要求各级检察机关在支持抗诉、提出抗诉时向同级人大常委会报告。③ 不过在1999年全国人大内务司法委员会向全国人大常委会提出的《关于对审判、检察机关重大违法案件实施监督的决定（草案）》因广泛争议中止审议后，直到2006年各级人民代表大会常务委员会监督法也没有确立个案监督制度，个案监督并没有成为法律明确的监督手段。除此之外，为保障人大代表顺利开展视察、调查、评议等监督工作，检察机关还采取了一系列措施畅通人大代表对检察工作的监督渠道，规范代表意见办理答复程序等。④ 在加强社会监督方面，检察机关也采取了案件办理回访、设立意见箱、举报电话等方式自觉接受社会监督。⑤ 值得一提的是，这一时期最高人民检察院正式在全国实行检务公开，虽然初期公开局限于职责、规定、程序、公民权利义务等法律条文内容⑥，但这无疑具有开创性历史意义。

2. 该时期检察权运行监督机制的总体评析

以今天眼光看，1996年至1998年建立的一系列旨在监督检察权运行的工作机制，其规范性、操作性、全面性、合理性上都还有所欠缺。比如，在加强内部监督机制建设时，对专职部门的监督职能、监督重点、专业性要求

---

① 参见中共中央《关于坚持保证刑法、刑事诉讼法切实实施的指示》（中发〔1979〕64号）。
② 谢小剑：《人大对司法案件监督的前世今生》，载《甘肃政法学院学报》2014年第5期。
③ 参见最高人民检察院《关于抗诉案件向同级人大常委会报告的通知》（高检发〔1995〕15号）。
④ 参见《最高人民检察院与全国人民代表大会代表联系工作管理办法（试行）》（高检发办字〔1998〕7号），最高人民检察院《关于进一步加强同全国人民代表大会代表联系接受监督的通知》（高检发〔1998〕10号）。
⑤ 最高人民检察院《关于弘扬检察职业道德热情为群众服务主动接受社会监督的几项规定》（高检发办字〔1998〕12号）。
⑥ 参见最高人民检察院《关于在全国检察机关实行"检务公开"的决定》（高检发〔1998〕29号）。

不够重视也没有达成共识①，导致监督范围涵盖太广，业务监督、政治监督、纪律监督之间的界限不明。在接受人大监督过程中，一些检察人员还认为应将个案办理是否合法交由人大决定。② 这些问题的出现除了因检察权运行监督机制刚步入法治轨道，思想还不够统一，各种制度设计还有待时间检验，也还受限于当时各项法律制度还不完备，没有形成合理分工、相互补充、协同高效的权力运作体系。虽然这一时期的工作机制整体较为粗放，但这些探索还是为今后很多监督机制的设计理念、工作方向、工作重点奠定了基础、指明了方向。比如，当时强调外部监督和内部监督并重的思路，基本奠定了今后加强自身监督机制的设计格局。发挥上级对下级办案的控制、评价作用，增强检察工作透明度，主动接受人大监督等工作方法也得以一直延续，逐步成为日后加强自身监督的重要抓手。总体来看，在法制不够健全、法律意识还未普及的大环境下，检察机关一开始就坚持用法治思维和法治方式回答"谁来监督监督者"这个问题，是这一时期检察权运行监督机制规范化建设的闪光之处。

（二）检察权运行监督机制规范化建设的延续发展（1999年至2002年）

以中国顺利加入WTO为标志，中国经济发展进入了新阶段。国内市场体系建设全面展开，宏观调控体系不断完善，财税、金融、流通、住房和政府机构等改革继续深化。开放型经济迅速发展，商品和服务贸易、资本流动规模显著扩大。③ 面对国内经济发展的良好势头，党中央审时度势，要求政法机关一方面要继续加大严打整治力度，整顿维护社会经济秩序，另一方面还要发挥教育、管理和综合治理的作用④，更有效地化解各种社会新矛盾。这一时期，全国检察机关按照"公正执法、加强监督、依法办案、从严治检、服务大局"的方针，在惩治和预防腐败、积极参与"严打"专项斗争、维护司法公正方面发挥了重要作用。在充分履职的同时，最高人民检察院还

---

① 王尽忠、陈辉：《检察机关内的监察部门行使监督职能的调查与思考》，载《检察理论研究》1996年第3期。

② 叶沁、常广星、正光、海军：《试论人大对行政检察的监督》，载《政法论丛》1997年第2期。

③ 参见《全面建设小康社会，开创中国特色社会主义事业新局面——在中国共产党第十六次全国代表大会上的报告》。

④ 中共中央文献编辑委员会：《江泽民文选》（第三卷），人民出版社2006年版，第210页。

积极借鉴世界各国先进司法经验,制定《检察改革三年实施意见》,推出一系列旨在提升工作能力、维护司法公正、切实保障人权的改革举措,并将改革检察权运行监督机制作为内容之一。检察权运行监督机制改革在当时成功遏制了检察干警滥用权力现象。根据最高人民检察院2003年工作报告显示,全国检察干警违纪违法逐年减少,从1998年的7‰下降到2002年的1.4‰。

1. 该时期检察权运行监督机制规范化建设的特点

第一,1996年至1998年建立的各项内部监督机制进一步细化。这一时期的内部监督机制,继续延续原先的设计思路和关注重点加以丰富和完善。比如,由上级检察机关主导的执法大检查得以继续坚持并不断扩大范围。最高人民检察院2002年工作报告显示,1999年至2001年全国共自查和交叉检查55万多起案件。最高人民检察院仍继续加强侦查权的内部监督,制定《关于检察机关反贪污贿赂工作若干问题的决定》《关于加强和改进控告申诉检察工作的决定》《人民检察院扣押、冻结款物管理规定》等规定完善举报控告、涉案财物监管、侦查监督、审查起诉等环节对侦查权运行的监督。制定《人民检察院监察工作条例》,规定各级检察机关监察部门有错案责任追究的执法监察职责,细化内部监督的方式、程序、范围、效力。制定《检察机关办理案件必须严格执行的六条规定》等规定,进一步细化各业务条线检察人员的办案责任。

第二,监督主诉检察官行使权力成为这一时期地方检察机关内部监督机制建设的重点。1999年,最高人民检察院先后召开试点工作座谈会、专家论证会总结主诉检察官办案责任制试点经验。2000年,最高人民检察院先后下发《关于在审查起诉部门全面推行主诉检察官办案责任制的工作方案》《关于在民事行政检察部门推行主诉检察官办案责任制的意见》,正式推行主诉检察官办案责任制。主诉检察官办案责任制作为一项21世纪初检察机关大胆尝试与国际通行做法接轨的改革举措,是这一时期对检察工作模式产生较大影响的改革举措。相应的,在放权的同时如何监督主诉检察官行使权力也是这一时期的热点问题。各地在探索主诉检察官办案责任制时也建立了一些配套监督机制。比如,四川省检察机关采取备案审查、办案动态抽查、定期述职报告、出庭跟踪考核等措施,加强检察长、副检察长、部门负责人对主诉检察官的监督。① 上海市检察机关探索建立主诉检察官督导制,制定

---

① 万春:《改革,为了司法更公正——对四川省刑事检察改革的调查与思考》,载《人民检察》2002年第8期。

《主诉检察官办案责任制督导条例》，在全市范围内抽调检察人员作为督导员，从选任、办案、培训、考核、奖惩等方面开展督导。①

第三，逐步建立健全自觉接受社会舆论监督的工作机制。这一时期检察机关继续深化检务公开，建立了检察工作情况通报制度②，规范了检务公开工作的程序③，设立了新闻发言人，定期召开新闻发布会，主动与媒体建立了常态化的工作联系机制，使舆论监督具备了一定可行性。在最高人民检察院 2001 年工作报告中，就历史性地专门介绍了最高人民检察院与中华全国新闻工作者协会开展的"公正执法基层行"活动，邀请了 150 多个中央和省级新闻单位深入 350 多个基层院实地采访，揭露和批评执法不严、执法不公现象。除此之外，检察机关还积极探索将各业务条线办案过程向社会适当公开，部分案件接受社会公众评议。最高人民检察院先后制定《人民检察院办理民事行政抗诉案件公开审查程序试行规则》《人民检察院办理不起诉案件公开审查规则（试行）》《人民检察院刑事申诉案件公开审查程序规定（试行）》等规定，创新性地在办理案件过程中设立双方现场陈述、听证、辩护人参与等程序，将倾听意见、证据开示、阐述理由等过程适当公开，并聘请听证员参与办案决策。以今天眼光看，公开审查可以说是一项极具司法民主色彩的改革举措。

2. 该时期检察权运行监督机制的总体评析

在严打和反腐败斗争中，检察权有效运行，同时在推行主诉检察官办案责任制后，检察机关有了分散行权的空间，承办检察官的自主权得到一定程度加强，学术界对检察权规范运行的讨论也开始出现。④ 1999 年至 2002 年的最高人民检察院工作报告中，也将部分检察干警有特权思想、霸道作风作为工作中存在的问题，并提出要加以解决。当时围绕如何加强检察权运行监督进行的实践探索，形成了一些成果，具有一定成效。其间提出的观点、抛出的问题，直到今天也还具有参考价值。比如，公开听证的扬弃、案件信息公开的程度、司法与舆论的关系、放权给承办检察官后如何监督、不规范办案行为如何整治等问题，都成为之后不断推动检察权运行监督机制发展的动因。这一时期检察机关响应国家开放政策，学习借鉴了大量国外司法文明成

---

① 林仪明：《新中国公诉制度史——以上海检察机关的实践为中心》，上海人民出版社 2020 年版，第 52 页。
② 参见最高人民检察院《关于建立检察工作情况通报制度的通知》（高检发办字〔1999〕5 号）。
③ 参见最高人民检察院《关于"检务公开"具体实施办法》（高检发研字〔1999〕1 号）。
④ 宋伟、赫银钟：《论检察权的滥用及其法治》，载《法学》1999 年第 9 期。

果,检察人员的思想理念、知识储备得到了更新,从上到下都认为,检察制度未来有必要进行一系列设计和改造,以适应经济全球化、中国市场经济体制改革的需要。① 总体来看,1999 年至 2002 年各项监督机制的规范化建设,为下一步形成符合 21 世纪检察工作规律的自身监督体系奠定了基础。

(三)检察权运行监督机制规范化建设的初成体系(2003 年至 2007 年)

自 2003 年以来,国内社会主义市场经济体制日趋完善,社会主义物质文明、政治文明、精神文明建设和党的建设不断加强,综合国力大幅度提高,人民生活显著改善,社会政治长期保持稳定②,基于这一形势判断,国家对政法工作的要求,也从严厉打击违法犯罪,逐渐转变为要求妥善处理各类社会矛盾,服务和谐社会建设。比如,2004 年中央政法工作会议明确提出,实行"宽严相济的刑事政策"。2005 年中央政法工作会议进一步阐明,宽严相济的刑事政策,是要对刑事犯罪区别对待,做到既有力打击和震慑犯罪,维护法制的严肃性,又尽可能减少社会对抗,化消极因素为积极因素,实现法律效果和社会效果的统一。③ 相应的,这一时期检察机关除了实现国家意志,还要重视社会观感和舆论反应,一些内部外部监督机制建设也因此注入了社会参与元素。同时,检察机关执法办案时对程序正义的要求也愈加明显。

1. 该时期检察权运行监督机制规范化建设的特点

第一,内部监督机制建设的重点更突出。检察机关建立健全内部监督机制时,一直容易出现的问题就是业务监督功能的泛化。检察机关内部的党纪监督、审计监督、作风监督、廉政监督等,常与业务监督相互交织。随之而来的就是责任类型的混同,纪律责任、违法责任、办案责任、廉政建设责任等责任,在同一类事件中难以区分。执法过错的追责范围,甚至被其他法律和纪律完全覆盖,错案责任追究制度容易失去适用价值。④ 该时期以社会主义法治理念为指导,在总结过去执法大检查经验的基础上,最高人民检察院组织开展了规范执法行为专项整改,并以此为契机突出了内部监督机制对办

---

① 参见最高人民检察院《关于印发〈检察工作五年发展规划〉的通知》(高检发〔1999〕4 号)。
② 参见中共中央《关于构建社会主义和谐社会若干重大问题的决定》。
③ 高铭暄:《刑法体现宽严相济刑事政策》,载《人民日报》2015 年 8 月 28 日,第 7 版。
④ 杨复晗、赵伟:《〈检察人员执法过程责任追究条例〉解读》,载《人民检察》2008 年第 5 期。

案程序、案件实体质量的约束作用,强化了执法行为与责任人之间的联系。比如,修订《检察人员纪律处分条例》《执法过错责任追究条例》,将处理结果没有错误但程序违法的情形纳入责任追究范围,合理界定执法过错责任与其他责任类型的区别。制定《人民检察院讯问职务犯罪嫌疑人实行全程同步录音录像的规定(试行)》《人民检察院扣押、冻结涉案款物工作规定》等规定,加强职务犯罪侦查活动的内部监督。强化上级检察院的执法办案监督作用,将刑事赔偿确认案件拟作不确认、直接受理侦查案件撤销、不起诉的审批权限上收至上级检察院。① 与纪检监察工作相区别,推行检务督察制度。检务督察重点针对执法中存在的不规范问题,包括枪支、警械、警车使用是否规范,不批捕、不起诉、撤销案件质量是否存在问题等。②

第二,将监督案件作为落实内部监督的一项重要工作。主诉检察官责任制改革,给检察工作带来的思想冲击是全方位的,其中之一就是各地对以检察长、副检察长、部门负责人为主的"三级审批制"进行了各种反思。比如有观点认为,在一个单位内部,"三级审批制"并不能真正起到监督承办检察官的作用,部门审核、领导审批的监督往往流于形式,各部门均是代表检察长意志,依靠相互制约保证案件质量也容易被有意淡化。③ "三级审批制"容易重"长官意识"轻"法律意识"。④ 既然不能依赖行政化的模式监督检察官办案,又该如何加强监督?为解决这些问题,最高人民检察院陆续制定《关于加强案件管理的规定》《检察机关职务犯罪侦查部门办案质量考评办法》等规定,从整体、系统的角度,指导各地将监督案件分为业务数据的考评、办案流程的监督、个人办案情况的考评三个层次。各地也围绕三个层次开始探索。比如,有的地方探索设立专门的业务管理机构负责案件质量、办案流程的监督⑤;有的地方探索建立检察人员执法档案,重点记录个

---

① 参见《关于人民检察院办理刑事赔偿确认案件拟作不予确认决定报上一级人民检察院批准的规定》(高检发刑申字〔2005〕1号)。《关于省级以下人民检察院对直接受理侦查案件作撤销案件、不起诉决定报上一级人民检察院批准的规定(试行)》(高检发办字〔2005〕15号)。

② 参见最高人民检察院《关于完善检察机关监督机制促进公正执法情况的报告》。

③ 陈聪:《检察机关内部监督制约制度的构想与实践——福州市检察机关"检务督察"制度改革之思考》,载《国家检察官学院学报》2005年第3期。

④ 苏志广、张永杰:《建立检察权内部制约机制的思考》,载《国家检察官学院学报》2006年第1期。

⑤ 罗昌平:《论建立专门的检察业务管理机构》,载《法治论丛》2007年第6期。

人办案工作情况，强化对检察权行使过程的记录和监督①；有的地方制定了办案质量考评标准，规定了各业务条线考核的加减分值②。

第三，侦查权外部监督机制建设取得重要突破。过去对侦查权的监督主要靠内部监督机制，对此理论上一直有所质疑。比如，认为侦查权的监督主体跟监督对象是同一个机关，以内部监督机制为主控制侦查权，不太符合现代刑事诉讼制度侦、控、辩、审外部分离，相互制约的通行做法。③ 为切实防止和纠正职务犯罪侦查中的执法不公问题，最高人民检察院从 2003 年开始试行人民监督员制度，探索引入社会公众监督侦查活动。先后制定《关于实行人民监督员制度的规定》《关于人民监督员监督"五种情形"的实施规则（试行）》等规定，明确检察机关从社会各界选任的人民监督员，可对职务犯罪侦查过程中拟作撤案、不起诉处理和犯罪嫌疑人不服逮捕决定的"三类案件"，以及立案不当、超期羁押、违法搜查扣押、不依法给予刑事赔偿和检察人员违法违纪办案等"五种情形"提出监督意见，检察机关负责核查纠正。到 2007 年底，全国已有 86% 的检察机关试行了人民监督员制度，人民监督员监督案件达 21270 件，其中不同意办案部门处理意见 930 件，检察机关采纳 543 件。④ 人民监督员制度跳出了检察机关在内部寻求职务犯罪侦查权监督路径的惯性思维，改变了检察机关侦查权封闭运行的状态，是一项具有中国特色的制度创新举措。

2. 该时期检察权运行监督机制的总体评析

经过长期坚持和提炼总结，到 2007 年最高人民检察院向全国人大常委会作《关于完善检察机关监督机制促进公正执法的报告》时，以规范检察权运行为主题，检察机关正式将各项监督机制作内部外部、纵向横向、执法活动与执法人员的划分，就监督机制和制约机制进行了区别。其中，内部监督机制包括执法活动的经常性监督、执法活动的专项监督、检察队伍监督；外部监督机制包括人民群众监督、人大监督；纵向监督机制包括上级检察机关监督、人大监督等；横向监督机制包括流程监督、人民监督员监督等；执

---

① 刘剑刚、曹志刚：《建立检察人员执法档案拓展内部监督工作领域》，载《中国检察官》2007 年第 2 期。

② "案件质量保障制度研究"课题组：《论检察机关案件质量保障制度的发展与完善》，载《华东政法学院学报》2004 年第 4 期。

③ 赵旭光：《检察机关自侦案件侦查监督论》，载《莱阳农学院学报（社会科学版）》2004 年第 3 期。

④ 刘方：《新中国检察制度史概略》，法律出版社 2013 年版，第 317 页。

法活动监督包括逮捕工作专项检查、公诉案件质量专项检查等；执法人员监督包括检务督察、绩效管理、建立执法档案等。制约主要表现为与公安机关、人民法院等国家机关之间的权力制衡关系。该报告对各项监督机制的梳理、归纳、总结，标志着检察权运行监督机制规范化建设已形成一条符合检察工作规律的发展路径，各项监督机制能相互补充呼应，基本形成了一套逻辑自洽，运转顺畅的自身监督体系。这一时期的努力也取得了令人满意的成效。据 2008 年最高人民检察院工作报告显示，全国检察人员违纪违法被查处人数从 2003 年的 424 人下降到 2007 年的 207 人，检察官利用职权贪赃枉法、徇私舞弊的，从 2003 年的 277 人下降到 2007 年的 92 人。在此之后，检察权运行监督机制规范化建设基本围绕该体系展开。

（四）检察权运行监督机制规范化建设的巩固完善（2008 年至 2013 年）

随着全面建成小康社会目标的临近，作为小康社会的重要指标之一，法治建设开始进入一个快速发展时期。党的十七大报告明确提出，这一时期政治建设的目标之一就是依法治国基本方略深入落实，全社会法制观念进一步增强，法治政府建设取得新成效。到 2011 年 3 月 14 日，在第十一届全国人民代表大会第四次会议上，全国人大常委会工作报告正式宣布中国特色社会主义法律体系已经形成。2012 年，刑事诉讼法、民事诉讼法等一批重要法律进行了较大幅度修订。这一时期法治建设的力度和广度使司法工作的地位得以更加凸显，社会各界对规范检察权运行有了更为清晰明确的要求。为回应社会期待，最高人民检察院出台《关于贯彻落实〈中央政法委员会关于深化司法体制和工作机制改革若干问题的意见〉的实施意见——关于深化检察改革 2009—2012 年工作规划》，正式将强化自身监督机制建设提高到与强化法律监督制度机制建设同等重要的位置。与此同时，网络信息技术的快速发展应用也为检察机关拓展自身监督的深度和广度提供了可能。

1. 该时期检察权运行监督机制规范化建设的特点

第一，案件管理部门正式作为检察机关的内部监督专职部门。2003 年《关于加强案件管理的规定》出台后，各地在探索办案流程监督、案件实体质量监督过程中逐渐意识到，必须专门成立一个监督机构，尽可能同步嵌入所有办案流程中，按照"事前防范、事中约束、事后控制"的理念集约管理所有案件,对办案流程实行适时动态监控。① 随后,在总结各地案件管理工作模式的基础上,最高人民检察院在《"十二五"时期检察工作发展规划纲要》中,正式选择将设置专门案件管理机构作为案件管理改革的路径,并在2011年成立案件管理办公室。据最高人民检察院2013年工作报告显示,到2012年全国已有2667个检察院成立案件管理机构。案件管理部门的成立,延续了自身监督体系对监督执法人员和监督执法活动的划分,案件管理部门的监督针对的是"事",即办案程序是否规范,案件实体质量是否存在问题、办案是否超期等。同时,案件管理部门对办案人员没有处分权限、不负责核实违法责任等设定,也意味着按组织实施主体划分,内部监督机制已能清晰地划分为案件管理机制与检务督察机制两大类。

第二,研发统一业务应用系统引发了内部监督工作技术的变革。无论是上级检察机关的监督还是案件管理部门的监督,过去一直面临制度设计初衷不能完全付诸实践的问题。比如,上级检察机关监督的随意性较大②,对下级院办案情况大多采取听汇报、抽查等方式随机监督,覆盖面始终不够。很多地方的案件管理部门监控办案流程仍要靠办案人员提供书面材料和填录表格③,信息不对称甚至不真实情况难以避免。为解决上述问题,最高人民检察院在考察总结国内先进发达地区办案系统信息化建设经验的基础上,按照"统一规划、统一标准、统一设计、统一实施"的要求,从2012年试点开始,逐步在全国推行统一业务应用系统。该系统包含信息填录、文书制作、业务流转、业务监管、统计管理等功能,通过程序操作系统使办案程序客观物理化、非人格化,排除了执法人员任意选择办案流程的可能。④ 统一业务应用系统打破了部门、上下级之间的信息壁垒⑤,为案件管理部门流程监控提供了平台。2014年1月1日,统一业务应用系统正式在全国运行,实现了对全国四级检察机关所有执法办案活动的全程、统一、实时、动态管理和

---

① 郭祖祥、张一薇:《检察机关案件管理机制改革刍议》,载《重庆交通大学学报(社会科学版)》2011年第6期。

② 高继明:《加强检察机关执法办案自身监督制约机制的思考》,载《中国检察官》2009年第7期。

③ 柴俊华、付贵根:《检察机关内部监督工作机制刍议》,载《山西省政法管理干部学院学报》2013年第3期。

④ 卞宜良、许娟娟:《检察机关统一业务应用系统的程序机理与功能完善》,载《西南政法大学学报》2014年第6期。

⑤ 姜琪、从鑫莎、徐凯:《依托统一业务应用系统提升案件管理水平》,载《人民检察》2014年第17期。

监督。①内部监督技术变革，在一定程度上解决了一些靠更新理念无法解决的操作难题，为完善检察权运行监督机制提供了新的方法论。

第三，侦查权运行监督机制规范化建设得以延续加强。该时期侦查权仍是最高人民检察院规范的重点。比如，再次修订《人民检察院扣押、冻结涉案款物工作规定》，每年组织全国范围内的专项检查，健全和规范违法违规扣押冻结和处理涉案款物长效机制。制定《关于办理直接立案侦查案件安全防范工作及责任追究暂行规定》，制定"十个依法、十个严禁"②，职务犯罪侦查工作责任界定更加严格。会同公安部制定《关于在看守所设置同步录音录像讯问室的通知》，继续加强同步录音录像硬件建设。继续加强上级检察机关监督力度，制定《关于省级以下人民检察院立案侦查的案件由上一级人民检察院审查决定逮捕的规定（试行）》，将基层检察机关逮捕权与侦查权进行外部分离，进一步回应社会各界对检察机关集侦查权、批捕权和起诉权于一身，权力相对集中，缺乏有效外部制约的问题。③修订《人民检察院刑事诉讼规则（试行）》，限制地市级检察机关指定侦查管辖权，将职务犯罪案件的撤案、不起诉、指定居所监视居住的审批权限上收至上级检察机关。制定《关于实行人民监督员制度的规定》，扩大人民监督员的选任范围，调整优化监督范围。将程序启动权交由上级检察机关，避免地方"运动员选裁判员"的弊端。可以说，1996年以来检察机关以权能分离为路径，监督规范自身侦查权的探索与努力从未中断，侦查权与其他检察权能一体化集中行使的情形一直在减少。

---

① 曹建明：《最高人民检察院工作报告——2014年3月10日在第十二届全国人民代表大会第二次会议上》，载《中华人民共和国全国人民代表大会常务委员会公报》2014年第2期。

② "十个依法、十个严禁"是指：一是坚持依法初查，严禁未经检察长批准擅自接触被调查对象，并以任何方式违法限制、剥夺其人身自由。二是坚持依法在法定时间讯问、询问，严禁违反法律规定在其他场所进行讯问、询问。三是坚持依法文明讯问、询问，严禁采用刑讯逼供等非法方法讯问犯罪嫌疑人、被告人，或采用暴力、威胁等非法方法获取证人证言、被害人陈述。四是坚持依法传唤、拘传犯罪嫌疑人，严禁未经批准、无法律手续传唤、拘传，或以连续传唤、拘传的方式变相拘禁犯罪嫌疑人，或超过法定时限连续讯问犯罪嫌疑人。五是坚持依法执行送押制度，严禁在办案工作区或其他办案场所留置已经决定拘留、逮捕的犯罪嫌疑人。六是坚持依法提审、还押，严禁将在押犯罪嫌疑人提押到办案工作区等场所讯问。七是坚持依法看管，严禁为获取犯罪嫌疑人供述，唆使、放纵他人对在押犯罪嫌疑人进行殴打、虐待。八是坚持依法调查取证，严禁违法勘验、检查和搜查、扣押，发生有伤风化、侵犯当事人人身权利和合法财产权利等行为。九是坚持依法理性办案，严禁为片面追求办案业绩而采用刑讯逼供等非法方法侦查取证。十是坚持依法独立公正办案，严禁受任何个人的授意、干涉或者挟私报复，对涉案人员刑讯逼供、暴力取证。

③ 朱孝清：《检察权监督制约制度化》，载《今日中国论坛》2010年第5期。

2. 该时期检察权运行监督机制的总体评析

2014 年,最高人民检察院时隔多年再次以加强自身监督为主题,向全国人大常委会作《关于人民检察院规范司法行为工作情况的报告》。报告就过去几年来检察机关开展自身权力监督制约规范化建设情况进行了回顾和总结。总体来看,检察权运行监督机制规范化建设,在原有体系上得到了巩固完善。比如,在权力配置方面更加科学。按照党中央对国家权力内部运行机制的部署①,该时期检察机关内部权力配置基本形成了决策权、执行权、监督权相互制约又相互协调的格局。从机构设置就可以看出,检察机关在设立辅助决策部门(主要为办公室、政工部门和研究室)、执行部门(主要为办案部门和后勤保障部门)的基础上,专门设立了监督部门(主要为案件管理部门和检务督察部门)。同时编撰修订《检察机关执法工作基本规范》,在形式上基本做到办案各环节有章可循、有规可依。权责不对应,有权无责的制度机制漏洞基本杜绝。同时,以研发统一业务应用系统为契机,借助各种信息技术手段基本确保上下级检察机关信息对称。各种监督措施能够借助各种信息平台迅速传导到基层一线,办案流程不再无迹可寻,司法责任核实更加精准。另外,以人民监督员、检务公开为抓手的监督机制规范化建设在这几年继续优化,检察权运行的封闭性持续减弱,检察机关与社会各界的互动逐渐常态化,得到了社会广泛认同和信任理解。2008 年至 2013 年检察机关一系列强化自身监督的举措,使检察权运行更加规范透明,社会对检察机关的尊重和法治期待也日渐提高,这些均为下一步党中央决策部署深化司法体制改革营造了良好的法治环境和社会氛围。

(五)检察权运行监督机制规范化建设的改革创新(2014 年至 2020 年)

按照党中央的决策部署,2014 年至 2020 年成为落实全面依法治国战略,保障按期实现全面建成小康社会奋斗目标的冲刺阶段。以党的十八届三中、四中全会分别通过《中共中央关于全面深化改革若干重大问题的决定》《中共中央关于全面推进依法治国若干重大问题的决定》为起点,党中央决定对检察权再度进行大范围的体制性、结构性调整。7 年间,检察机关先后

---

① 党的十七大提出,建立健全决策权、执行权、监督权既相互制约又相互协调的权力结构和运行机制。党的十八大提出,要确保决策权、执行权、监督权既相互制约又相互协调,确保国家机关按照法定权限和程序行使权力。

经历司法体制改革、国家监察体制及纪检监察派驻机构改革、司法体制综合配套改革、政法领域全面深化改革、司法责任制综合配套改革等一系列顶层设计，仅十八届三中、四中全会涉及的司法体制改革任务就有131项。① 检察职能有了深度调整，检察权的运行模式也发生了重大变化，形成了刑事、民事、行政、公益诉讼等职能并行的法律监督总体布局。作为检察制度有机组成部分的检察权运行监督机制也受到了影响，一些延续至今的工作机制必须中断或重构。比如，围绕规范侦查权运行的信息公开机制、人民监督员制度、审批备案机制等。与此同时，按照中央政法委安排部署，最高人民检察院陆续出台了一些开创性监督机制，一些新的司法制约监督机制也正在酝酿。②

1. 该时期检察权运行监督机制规范化建设的特点

第一，以案件管理部门和检务督察部门为实施主体的内部监督机制得到了丰富和加强。结合 2014 年至 2018 年连续 5 年规范司法行为专项整治工作形成的经验，最高人民检察院专门建立了一批工作机制以丰富案件管理部门的监督措施。比如，制定《关于开展检察官业绩考评工作的若干规定》，明确案件管理部门的业绩评价职责，突出业绩对办案人员行为的规范指引作用。制定《人民检察院案件流程监控工作规定（试行）》《人民检察院刑事案件办理流程监控要点》，强化案件管理部门的程序监督职能。制定《人民检察院刑事诉讼涉案财物管理规定》，突出案件管理部门对涉案财物处理的监督。制定《人民检察院案件质量评查工作规定（试行）》，强化案件管理部门的案件质量管控职责。另外，最高人民检察院还单独或与其他部门联合制定了一系列指引检察人员主动规范办案行为，自觉防止检察权不当使用的规定③，进一步为检务督察部门开展内部监督工作提供了方法、路径、抓手。制定《人民检察院检务督察工作条例》《人民检察院司法办案廉政风险防控工作指引》《人民检察院司法责任追究条例》等规定，明确检务督察部

---

① 陈卫东：《司法体制综合配套改革若干问题研究》，载《法学》2020 年第 5 期。

② 汤瑜：《加快推进执法司法制约监督体系改革和建设　全面提升执法司法公信力》，载《民主与法制时报》2020 年 8 月 29 日，第 1 版。

③ 比如，出台《关于加强执法办案活动内部监督防止说情等干扰的若干规定》（高检发纪字〔2014〕6 号）、《关于进一步规范司法人员与当事人、律师、特殊关系人、中介组织接触交往行为的若干规定》（高检发纪字〔2015〕6 号）、《关于对检察机关办案部门和办案人员违法行使职权行为纠正、记录、通报及责任追究的规定》（高检发〔2015〕16 号）、《关于建立过问或干预、插手检察办案等重大事项记录报告制度的实施办法》（高检发〔2019〕10 号）等文件。

门是检察机关专司内部监督的综合业务部门,负责督察法律和上级决定执行情况、指导防控司法办案廉政风险、追究司法责任等。值得一提的是,该时期两个部门的工作机制,与一些外部监督机制开始有了一定程度的衔接。比如制定《人民检察院案件信息公开工作规定(试行)》,借助案件信息公开平台拓宽媒体舆论监督渠道。制定《关于建立法官、检察官惩戒制度的意见(试行)》,指导各省组建检察官惩戒委员会及其办事机构,打通内部司法责任追究与检察官惩戒的衔接渠道。

第二,部门负责人案件审核权经历"否定之否定"。与其他检察改革任务的持续性相比,从2000年开始的主诉检察官办案责任制改革可以说一直处在进行时,后续的"升级版"——主任检察官办案责任制改革、检察官办案责任制改革仍沿着之前的既定路径探索。多年的持之以恒使得突出检察官办案主体地位的理念已深入人心,不可逆转。司法责任制改革开始后,各地检察官行使权力的自主性很快得到加强,学界也对此予以支持。相应地也出现了废除部门负责人案件审核权的声音。比如,有观点认为,应让办案检察官获得独立办案的权力,审核虽然是监督制约机制,但从司法活动的特质来看弊大于利。① 认为主任检察官和部门负责人不应再对案件进行审核。② 受此影响,2015年最高人民检察院制定的《关于完善人民检察院司法责任制的若干意见》中没有明确部门负责人的审核案件职责。2017年制定《关于完善检察官权力清单的指导意见》时也强调:"基层人民检察院业务部门负责人的审核权原则上应当严格限制并逐步取消。"不过随着认罪认罚从宽制度的建立,"捕诉一体"工作机制的调整,以及一系列放权后带来的监督制约难题,单靠检察官联席会议为检察官提供参考意见显然难以满足现实需求。在这样的背景下,部门负责人的案件审核权得以回归。最高人民检察院先是在2019年《人民检察院刑事诉讼规则》中规定,需报请检察长决定的事项和需要向检察长报告的案件,应当先由业务机构负责人审核。后续制定《人民检察院办理认罪认罚案件监督管理办法》等规定时也专门明确部门负责人的案件审核职责。

第三,自觉接受社会舆论监督的机制建设向纵深推进。在进一步深化人

---

① 董玉庭:《检察机关去行政化审批模式改革探析》,载《吉林大学社会科学学报》2015年第6期。

② 李军等:《厘清检察官权力清单相关问题——以部分试点单位权力清单的比较为视角》,载《人民检察》2016年第24期。

民监督制度改革过程中,受国家监察体制改革影响,在检察机关侦查权范围大幅缩减的情况下,人民监督员制度面临适用上的困境。为此,最高人民检察院制定《人民检察院办案活动接受人民监督员监督的规定》,将人民监督员参与办案活动的范围,由原来的侦查活动拓展至所有业务条线,监督的范围也由侦查措施拓展至公开审查、公开听证、出庭支持公诉、巡回检察、检察建议等工作。从2019年8月至2020年8月数据看,人民监督员监督件次数达14298次①,已超过2013年至2017年人民监督员监督案件数量的总和(9241件),人民群众参与检察办案活动的深度和广度,得到了明显加强。不仅如此,在汲取过去公开审查经验的基础上,最高人民检察院还制定了《人民检察院审查案件听证工作规定》,明确将听证作为审查案件的工作方式,进一步削弱了检察办案的封闭性。一些容易产生争议的案件,得以借助听证会较为完整展示检察官"内心确信"的形成过程。同时开通中国检察听证网,将听证案件进行网上直播,进一步畅通了社会舆论监督检察官办案的渠道。2020年1月至9月,最高人民检察院对13件案件组织了听证会,地方三级检察院对16354件案件组织了听证会。其中,基层检察院占87.8%;省级检察院、市级检察院占12.2%。②

2. 该时期检察权运行监督机制的总体评析

对于历史学而言,在所有历史事件中,越近的事件越难评价。现在评价该时期监督机制规范化建设似乎为时过早。不过比较起来,该时期相较其他阶段时间跨度最长,经历的体制性变革也最多,各种检察权运行监督机制的严密程度、开放程度、理性程度、科技程度较以往都有明显加强或提升,各项机制之间还有了一定程度的衔接互动。在推进国家治理体系和治理能力现代化进程中,检察权运行监督机制除继续实现防范权力滥用、提升司法公信力等功能性目外,还正以一种务实的态度向世界表达出一个有别于西方司法文明的中国特色社会主义司法文明,比如采取建立过问或干预、插手检察办案等重大事项记录报告制度,保障依法独立公正行使检察权,有别于西方以"三权分立"保障司法独立。采取听证、公开审查、网上直播等方式有序地将舆论监督嵌入检察办案的决策、管理、监督各环节,彰显全过程的人

---

① 孙凤娟、刘亭亭:《意见就是"令箭" 监督既实又"刚"——〈人民检察院办案活动接受人民监督员监督的规定〉实施一年来》(下篇),载《检察日报》2020年10月27日,第2版。

② 张璁:《在最高检统一部署下,各级检察机关积极开展检察听证工作——让司法公正"看得见听得到"》,载《人民日报》2020年11月5日,第19版。

民民主①，有别于英美法系以陪审制为主彰显司法民主的做法。检察机关一系列正在起步的改革创新既是对过去经验的继承和发扬，又是一种不同于西方国家的新做法，体现了中国检察工作的道路自信与制度自信，值得持续观察和深入研究。

在梳理检察权运行监督机制规范化建设历程时可以发现，1996年至2020年的发展主线大体以检察一体、权力制约、绩效管理等理论为指导，在检察机关层面形成了以上级监督为主导的工作思路，在内设机构层面形成了以案件管理部门和检务督察部门为主的专司监督主体，在检察人员层面形成了以办案绩效评估为主的质效控制模式。各时期工作机制的落实，最终要落脚到检察系统组织结构的调整，比如权限配置、部门设置、岗位设计、人员划分等。检察机关自身监督体系的形成应以2007年最高人民检察院《关于完善检察机关监督机制促进公正执法的报告》为标志，此后基本延续该体系框架。从1996年至2020年形成的以检察权运行监督机制为主题的理论研究成果看也是如此。目前，国内以检察机关自身监督体系为主题已大体形成了一种研究范式。这种研究范式主要涉及三个领域：一是不断揭示现行监督机制蕴含的原理或规律；二是不断用理论阐述或实例论证现行监督机制的合理性或科学性；三是不断提出优化细化监督机制的建议。除非该研究范式因现存知识体系核心受到挑战而发生改变②，比如发现某种监督机制没有存在的必要、发现一种监督机制无法解决的滥用权力现象、论证优化细化监督机制后没有产生任何有益的效应等，否则目前检察机关自身监督理论的研究范式也不会发生重构式改变。也正因如此，本文主要也是从完善角度探讨分析检察权运行监督机制。

二、完善检察权运行监督机制的路径与方法

从新中国检察制度的历史源头看，作为一种以现代化检察制度为模板改造引进的制度，其发展至今所伴随的一系列权力滥用风险都只不过是中国从传统国家转向现代化国家历程中的一个缩影。更好地控制检察权，促进司法公正也只是未来建设社会主义现代化国家要实现的众多目标之一。因此，完善检察权运行监督机制的路径必然不能脱离中国推进国家治理体系和治理能

---

① 辛向阳：《人民民主是一种全过程的民主》，载《光明日报》2020年5月29日，第13版。
② [美]托马斯·库恩：《科学革命的结构（第四版）》，北京大学出版社2012年版，第55页。

力现代化的基本发展路径,既要不断破除固有体制机制弊病,构建更加系统完备、科学规范、运行有效的制度体系①,又要增强制度执行能力,将国家制度优势更好转化为国家治理效能。② 在方法论上,顶层设计与基层探索有机结合,良性互动已经被证明是 2013 年至今全面深化改革成功取得成效的有效手段之一。③ 检察官办案责任制改革就是最生动的例子,从过去检察系统自行探索到党中央层面主导设计,一系列体制性机制性障碍得以顺利突破,做成了想了很多年、讲了很多年但没有做成的事。破解监督检察权的难题同样如此,既要靠中央顶层设计为检察权自身监督机制赋权增能以破除系统性、结构性障碍,也需要基层探索先行先试,以点带面破解固有思维,以创新推动发展。

(一)完善现行检察权运行监督机制的遵守和执行

在破解"内卷化"困境的方法论上,公共管理、社会学、经济学等学科均有自己的见解。比如,有观点认为破解"内卷化"的方法,一是在宏观上实现资源分配的空间转移,二是在中观上建立权力性质的转变,三是在微观上形成利益协调的有效途径。④ "去内卷化"要投入新生产要素,从注重量的增加转为注重投入效率,从突出局部发展转变为全域协调发展,从关注总量增长转变为速度、质量和效益的协调。⑤ 虽然监督机制投入数量呈增长趋势却没有带动检察人员违纪违法人数呈下降趋势是本文"内卷化"分析的表征,但结合检察工作的发展需要,各项监督机制与时俱进地设立与完善对秉持科层制惯性的检察机关而言仍必不可少。有学者将这种以制定文件实行治理的方式形象地称为"文件治国",通过开会讲话的方式以及文件记录和传达的方式来实现党和政府的高效运转成为中国共产党成功的一条重要

---

① 洪向华、张杨:《论国家治理体系和治理能力现代化的五重维度》,载《大连理工大学学报(社会科学版)》2020 年第 3 期。
② 温祖俊、王春玺:《论国家治理体系和治理能力现代化的核心要义——习近平关于国家治理现代化的重要论述探析》,载《广西社会科学》2020 年第 5 期。
③ 服务中央决策系列选题研究小组:《中国全面深化改革述评:2013—2017 年》,载《改革》2017 年第 10 期。
④ 董向芸:《结构功能主义与内卷化理论视域下云南农垦组织改革研究》,南开大学 2012 年博士学位论文,第 231 页。
⑤ 邓小海、云建辉:《我国乡村旅游产业"去内卷化"动力机制研究》,载《商业经济研究》2020 年第 19 期。

经验。① 所以，检察权运行监督机制投入如何"去内卷化"，首先要解决的不是模式而是路径，即各项监督机制如何更好地被全体检察人员严格遵守和熟练掌握；无论上下级还是内外部，监督主体如何更好地执行关于自身监督的规定、标准、要求、程序，实现监督机制的功能和价值追求。具体而言：

一是为便于检察人员遵守监督机制，可适当调整文件的制发方式。结合当前各项监督机制投入边际效用递减的现状，一方面，可适当减少各级检察机关制定监督机制总量，压缩无效、冗余、重复监督机制存在的空间，尽量避免因各级规范性文件制发泛滥、叠床架屋、标准不一，造成全国检察人员知晓、掌握、遵守困难。比如，能否除最高人民检察院、省级人民检察院继续有权制定全国、全省范围内通用的自身监督规范性文件外，各地市级检察院、基层检察院原则上不再制发专门的自身监督规范性文件，定期向上级报告贯彻落实情况即可。同时，各省级人民检察院应遵循检察一体化精神，从维护检察权统一正确实施的角度致力于消除本辖区内检察人员遵守规定的差异化现象，尽可能减少省内市与市之间、县与县之间因经济、文化、社会等地方发展因素造成的理解遵守差异。另一方面，基于上下级检察机关业务分类管理指导的现状，为避免各部门检察人员理解遵守过于偏狭，不够系统，建议最高人民检察院延续编撰修订《检察机关执法工作基本规范》的有益经验，打破部门界限，定期对全国范围内现行有效的各项监督工作机制统一汇编、统一部署，便于全国检察人员系统地知晓、学习、遵守。待时机成熟、条件允许，检察机关还应将编撰后的文件汇编向社会公开发布，便于社会公众依据规定内容监督检察办案。

二是可将搭配文书、批注案例作为增强自身监督规定条文执行力的重要补充。目前，检察机关已成立专司自身监督职责的内设机构，比如，案件管理部门、检务督察部门、综合业务部门等。但负责监督部门在督促、保障、推动规定落地落实，处理滥用检察权现象时，仍面临抽象规范条文转化使用不够统一、严谨、规范，对监督部门的自由裁量权没有一定限制等问题，一旦负责监督的部门处理不当容易虚置规则，架空程序。从《人民检察院刑事诉讼规则》等司法解释执行情况看，将各种条文内容具体转化各种制式的文书，增强条文在实务中操作性是一条过去延续至今的有益经验。虽然类似《人民检察院刑事诉讼规则》等规定条文繁多，动辄几百上千条，但由于规定中大量操作性、程序性条文内容可直接搭配制式法律文书，文书中各

---

① 张学博：《文件治国的历史观察：1982—2017》，载《学术界》2017年第9期。

种需要填写的内容再借助检察业务应用系统转化为统一格式、标准,使得检察人员对这些条文理解适用的难度大大降低。目前,最高人民检察院、各省级人民检察院在制定监督工作机制时,也会附有一定数量的文书,可这些文书在条文对应性上远远不够,而且部分条文在制定时过于偏向法律条文体例,表述过于原则,难以转化为文书,相应也就难以转化为统一、格式化的系统操作。当然一些实体性规定,如认定责任的情形、职责的列举等,可以参照最高人民法院、最高人民检察院发布指导性案例的做法,以案例的形式彰显价值追求、实现政治考量、限制自由裁量、统一监督尺度。[①] 具体可先从最高人民检察院制定的监督工作机制做起,在条文拟定时优先以操作性规则为主,规定不简单追求法律体例,不一定非要有原则性、宣示性规定。规定中的条文内容能以文书形式体现的尽量搭配新文书;对不能搭配文书的,可以考虑修改条文内容,使之具备转化条件,或是结合条文内容,以列举案例的形式作为批注,便于各地理解和适用。

(二) 全面推进检务公开,自觉接受社会媒体舆论监督

阳光是最好的消毒剂,公开是治疗司法腐败的良药。党的十八届四中全会从全面推进依法治国的高度,强调保证公正司法、提高司法公信力,保障人民群众参与司法,构建开放、动态、透明、便民的阳光司法机制,推进检务公开。一直以来,检察机关均十分重视检务公开工作。2015 年,最高人民检察院印发了《关于全面推进检务公开工作的意见》,并提出了"着力推动检务公开工作从侧重宣传的一般事务性公开向案件信息公开转变,从司法依据和结果的静态公开向办案过程的动态公开转变,从单向宣告的公开向双向互动的公开转变,更好地保障人民群众对检察工作的知情权、参与权、表达权和监督权,不断提升检察机关亲和力、公信力和人民群众满意度"的明确要求。

但客观来说,从近几年的实践来看,新时代检察机关检务公开工作,离上述"三个转变"的明确要求,还存在一定差距,尤其是在案件信息公开方面,检察机关如何进一步提高应对与引导媒体舆论的能力,是健全完善检察权运行外部监督的重要问题。

既然检察办案想更贴近人民群众,获得社会层面广泛的理解和支持,那么在主动向公众阐明自己想法意图的同时,就必然得接受案外广泛社会主体

---

① 梁宇菲:《案例指导制度研究》,吉林大学 2017 年博士学位论文,第 24 页。

的各种评论，无论这些评论是否偏激、正面、客观。比如，案件信息公开、公开听证、公开审查等活动一旦开展，必然会引发知情人或媒体对案件是非曲直的讨论评说。从司法的功能看，虽然司法处理的首先是私人之间的案件，首要的功能是解决纠纷，提供的是面向当事人的"私人产品"，但司法处理的个案在一定程度上也具有公共的性质，司法也会担负"规则之治"的功能，也会提供面向社会的"公共产品"。① 在司法与社会的互动关系中，案件在舆论面前也不再是一种个人的"私事"，其背后代表的社会现象、价值判断经由媒体放大后变成了一个公共事件。当前理论和实践中对是否公开检察办案信息仍有各种疑虑，比如个人信息的保护，办案活动的保密、媒体报道造成工作被动等。其实从近年来媒体关注报道的一系列典型检察案件看②，引发舆情的原因大多与公开信息不真实、不主动、不及时、不全面甚至缺失、不作为有关，化解舆情则大多与信息公开的真实、主动、及时、全面密不可分。因此，有必要改变现在检察机关依职权公开案件信息模式"一家独大"的现状，应参照政府信息公开的做法，逐步引入依申请公开案件信息模式，即允许媒体（包括自媒体）向检察机关申请公开案件信息，直到形成依职权公开与依申请公开并重的案件信息公开模式。

国外对司法机关依媒体申请公开信息已有类似制度设计。比如欧洲理事会部长委员会《关于媒体与司法关系的建议》中提出，当新闻工作者合法地向司法机关或警察获取正在进行的刑事案件信息时，这些部门应客观公正地向所有提出同样要求的记者提供信息。③ 国内也有类似司法工作机制，比如最高人民法院《关于人民法院接受新闻媒体舆论监督的若干规定》第5条规定："新闻媒体因报道案件审理情况或者法院其他工作需要申请人民法院提供相关资料的，人民法院可以提供裁判文书复印件、庭审笔录、庭审录音录像、规范性文件、指导意见等。如有必要，也可以为媒体提供其他可以公开的背景资料和情况说明。"借鉴国内外各种经验，检察机关除继续对涉及未成年人个人信息、商业秘密、国家秘密等信息不公开外，对已经具备纳入公开听证、公开审查条件尤其是可以网上同步直播的办案活动，应允许媒体根据新闻报道需要申请检察机关提供相应案件信息。当然，是否提供仍然

---

① 王庆廷：《论司法对民意的分类回应》，苏州大学2018年博士学位论文，第52页。
② 相关案例来源参见最高人民检察院新闻办公室：《检察机关"三同步"工作案例汇编》，中国检察出版社2018年版。
③ 杨益航：《论司法公正与媒体报道之关系》，中国政法大学2020年博士学位论文，第131页。

由检察机关决定并予以答复说明。同时，为增强检察人员公开案件信息的主动性，可将案件信息公开落实情况纳入检务督察、检察官业绩考评、案件质量评查等内部工作机制监督范围，形成"公开不当要追责，不依法依规公开更要追责"的氛围。在追责问责机制完善方面，应适时修订《人民检察院案件信息公开工作规定（试行）》，细化列举检察人员不依法公开案件信息、无正当理由拒绝媒体申请公开案件信息等违规违纪情形，便于与《检察人员纪律处分条例》等规定衔接配套。还可建立社会公众对案件信息公开工作的投诉、举报机制，媒体报道检察人员办案过程中滥用权力的核实反馈机制等并向社会公布便于公众使用。

与此同时，在国家还没有立法将媒体明确为保障公民知情权、参与权、表达权、监督权的载体和平台的情况下[1]，检察机关还是要适当区分媒体舆论与群众舆论，既不要将媒体舆论等同于群众舆论，也不要忽视媒体舆论对群众舆论的影响力。针对媒体关于检察办案的不当报道，最好通过法治思维和法治方式予以解决，检察机关在职能范围内的实践探索也可以为今后国家立法提供有益经验和生动样本。由于检察职能大多是通过参与诉讼活动实现，因此对媒体的不当报道可尽量减少运用行政管制、公开反驳等方式干预。具体可借鉴美国、加拿大以及欧洲诸国做法，尽量通过诉讼方式去降低媒体不当报道对检察办案的负面影响。比如，认为媒体不当报道对当事人合法权益造成损害的，可采取支持起诉的方式为当事人依法维权提供帮助。检察官个人认为媒体不当报道对自己名誉、隐私造成侵害的，单位应支持其提起民事诉讼、刑事自诉维护自己合法权益。媒体对案件的不当报道若经网络传播干扰了网民接受真实信息的基本权利[2]，增加了互联网企业管理信息传播的运营成本与国家的社会综合治理成本，检察机关可据此探索通过公益诉讼维护国家和社会公共利益。发现媒体报道泄露依法不公开审理案件中不应当公开的信息时，检察机关可根据造成的后果决定是否按刑事诉讼程序追究其责任。但实践中，笔者认为检察机关对媒体不当报道的处理还是要以审慎克制为先，在舆论监督面前仍要秉持客观公正立场，要以维护、营造敢说真话、敢讲事实、敢揭黑幕的舆论监督环境作为检察机关与媒体相处的基本出发点，准确判断意识形态斗争与人民内部认识分歧的界限，冷静分析新闻报道艺术与炒作博眼球的区别，注意辨别媒体资讯中的真实客观信息与片面主

---

[1] 刘海贵、庚继光：《传媒保障公民权利"入法"探析》，载《新闻界》2012年第10期。
[2] 陈堂发：《以公益诉讼治理虚假新闻》，载《新华日报》2020年8月18日，第18版。

观信息，善于从媒体报道中发现检察办案中存在的问题。

（三）检察系统内部应更理性地全面使用信息技术监督检察办案

进入21世纪后，人类正处于以计算机应用为代表的第五次信息技术革命，信息技术对各行各业工作理念、方式的影响显而易见，不可逆转。处于这样的时代，检察办案不可能也无法拒绝信息技术变革带来的便利条件。不过正如前几次信息技术革命的迭代过程一样，计算机应用引发的信息技术进步也不可避免地会经历起步、成长、成熟、衰退。在试图借助信息技术监督检察办案时也应遵循这一基本规律。从目前检察机关信息技术应用情况看，一些前沿技术本身还处于起步阶段，在用于监督检察权时仍显稚嫩。比如，大数据技术应用。按麦肯锡全球研究院（MGI）报告对"大数据"的定义：大数据是指大小超出了传统数据库软件工具的抓取、存储、管理和分析能力的数据群。① 与金融、征信、物流等行业相比，目前检察机关可使用的数据在规模上还远未达到传统数据库软件工具无法处理的海量，也未达到可实现多元"数据碰撞"的开放连通程度。正如有学者所言："与其他领域强调基础技术突破与创新不同，司法场景的技术运用更应该在技术成熟之后并充分评估技术影响之后再进行。那种原创技术创新可以在其他领域内充分试点，但在司法领域则应该持有审慎的态度。"② 对于大数据、人工智能、区块链等新兴信息技术，检察机关应持关注重视态度，认真观察对比这些信息技术在最类似检察工作场景里的发展应用情况，了解其市场化程度。若将上述前沿技术用于辅助办案决策、指引办案人员行为、评价办案结果是否公正，在无法确定会带来什么后果以及没有为这些后果做好准备之前，即便要探索也应先从综合业务管理而不是办案环节开始。比如，现阶段推广应用的全国检察机关重大事项填报系统，就是从检务督察角度加强内部相关监督信息线索的统一、高效流转。部分地方试点的检察官业绩考评信息化建设，也是从内部评估检察官办案质效，增强业绩奖惩管理科学性的角度探索。对直接影响案件走向、关系案件当事人权利义务调整、决定司法责任轻重大小等方面的信息技术探索应用，还是应当保持适度审慎，最好"成熟一项使用一项，

---

① ［美］麦肯锡：《麦肯锡大数据指南》，王霞、庞昊、任鹏译，机械工业出版社2016年版，第5页。

② 王禄生：《大数据与人工智能司法应用的话语冲突及其理论解读》，载《法学论坛》2018年第5期。

社会普及一项使用一项"。与此同时，一些已经成熟的信息技术，比如在线办案、远程视频、自动抓取数据、移动互联互通、办案流程监控、电子卷宗等信息技术的应用，则要克服科层制的思维定式、怕被束缚手脚的私心、官僚化的工作习惯等主观障碍。现阶段，检察机关应尽快与社会层面信息技术应用普及程度保持同步，不断拓展成熟技术的业务应用的范围和工作场景，提供更多外部监督力量可介入的信息接口，继续削弱检察办案的封闭性，提高上下级办案流程交互介入的效率，提升各级检察机关内部业务监督管理的流程化、格式化、标准化水平。

从世界各国检察制度设计理念看，通过法律规定检察官的权限范围或通过法律明确检察官的客观公正义务，是检察系统内部防止检察长的不当指令的通行做法。① 遗憾的是，我国法律并没有明确在检察系统内部如何防范各级院检察长的不当指令。虽然2019年修订的《检察官法》第5条规定"检察官履行职责，应当以事实为根据，以法律为准绳，秉持客观公正的立场"，但法律、司法解释对客观公正的要求主要是从检察权外部运行规律上强调②，并未涉及检察权内部运行规律。与国外法律强调的客观公正义务还包含检察官为了履行客观义务可以不服从检察指令，检察上级不得违背检察官客观义务命令承办检察官为或者不为一定行为等内容不同③，目前我国法律并未明确允许检察官可以拒绝执行检察长的不当指令，反之一般情况下检察官还有立即执行的义务。④ 因此，现阶段规制检察长对检察官的不当指令，目前只能依靠检察机关制定的自身监督工作机制。比如，效仿世界各国要求检察指令应当书面并附理由，检察指令应当向社会公开等。⑤ 具体可以借鉴过问或干预、插手检察办案等重大事项记录报告制度将"全体检察人员变被动接受监督为主动参与监督"的设计理念，通过信息技术手段强化

---

① 参见樊崇义、吴宏耀、种松志编著：《域外检察制度研究》，中国人民公安大学出版社2008年版。
② 比如《人民检察院刑事诉讼规则》第3条规定："人民检察院办理刑事案件，应当严格遵守《中华人民共和国刑事诉讼法》以及其他法律的有关规定，秉持客观公正的立场，尊重和保障人权，既要追诉犯罪，也要保障无罪的人不受刑事追究。"
③ 杜磊：《论检察指令权的实体规制》，载《中国法学》2016年第1期。
④ 比如《公务员法》第60条规定："公务员执行公务时，认为上级的决定或者命令有错误的，可以向上级提出改正或者撤销该决定或者命令的意见；上级不改变该决定或者命令，或者要求立即执行的，公务员应当执行该决定或者命令，执行的后果由上级负责，公务员不承担责任；但是，公务员执行明显违法的决定或者命令的，应当依法承担相应的责任。"
⑤ 杜磊：《检察指令的程序性规制》，载《国家检察官学院学报》2016年第4期。

检察系统内部对检察长权力的监督。

一是区别于审核审批意见,将检察长(包括分管副检察长)对检察官办案行为(包括证据事实认定、法律及司法政策适用、证据收集补充、释法说理等随时可介入办案流程的实体性行为)的指令嵌入所有办案流程,并生成格式化指令文书备案。可借鉴全国检察机关重大事项填报系统模式,在检察业务应用系统中增设检察官补录检察长口头指令功能并予以留痕和适度保密。同时规定检察官不能以检察长有口头指令或已经以其他方式,记录检察长口头指令作为申辩自己无责免责的理由,倒逼检察官在检察业务应用系统中记录检察长口头指令,逐步减少检察长发布口头指令的空间。二是在检察业务应用系统中增设情况上报环节。检察官认为检察长(包括分管副检察长)指令不当时,为防止造成严重后果,在继续执行时可自主选择是否将该情况直接通过系统秘密上报给上级院检务督察部门。同时规定检察官发现检察长(包括分管副检察长)指令不当时不报告应承担相应责任。三是在设计业绩考评系统时可将检举检察长不当指令属实的检察官的业绩档案进行专门标注,并将查阅权限开放给上级检察机关检务督察部门或政工部门。当该检察官发生岗位调整、调离、处分、不按期提拔晋升、考评不合格、不称职等人事情况时可通过系统直接预警提示上级检察机关。另外,对于检察长(不包括副检察长)亲自办理的案件,可以在检察业务应用系统及其他相关信息系统中专门增设特别流程。比如,省以下检察院检察长办理的案件在自行决定前,可先发送给上级检察院所在业务条线分管副检察长审核。基层检察院检察长(包括副检察长)的案件办结后应将案件所有信息的查阅权限开放给本院所有干警及上级检察院。

(四)将检察权运行监督机制更好融入党和国家监督体系

如何加强权力监督从来就不是一个单纯的法律问题,必须综合政治、经济、社会、文化等多种视角综合研究。作为国家监督权组成部分的检察权,其本身就在国家权力配置中承担监督职能,如果仅就其运行特征分析很容易陷入"监督者监督监督者"的逻辑死循环。很多局限于检察权内部监督命题的研究成果,本质上就是上述死循环逻辑在检察机关内部的演绎。比如,套用上级检察机关监督下级检察机关的逻辑设计各种监督机制,那么最高人民检察院谁来监督?设置检务督察部门监督其他业务部门,那么检务督察部门的业务活动又由哪个部门监督?检察委员会作为办案组织时,其履职办案谁来监督等。在难以厘清上述关系的情况下,就容易将权力监督与权力制约相混淆。所以检察权运行监督机制的实际状况一直就不是一种自我循环的封闭状态,各种制度机制一直在有意无意与其他外部工作机制衔接贯通。这也与我国国家机构权力分工的逻辑相通。比如,我国宪法从来不遵循机构、权力和职能之间的一一对应关系,而是根据合理分工原则灵活处理,将国家机构的创设与具体的权力配置区别开来,将权力分工与权力混合同时作为充实国家机构职权的必要手段。① 中共中央《关于坚持和完善中国特色社会主义制度、推进国家治理体系和治理能力现代化若干重大问题的决定》(以下简称《决定》)也提出,坚持和完善党和国家监督体系,强化对权力运行的制约和监督,以党内监督为主导,推动各类监督有机贯通、相互协调。因此检察权运行监督机制与其他外部监督工作机制相衔接,并不是为了改变检察权的权能和属性,主要还是服务于坚持和完善党和国家监督体系。

第一,厘清检察机关检务督察部门与检察官惩戒委员会各自的职能定位。虽然 2019 年修订的检察官法规定检察官惩戒委员会办事机构设在省级检察院,随后《人民检察院检务督察工作条例》明确由省级检察院检务督察部门承担本级检察官惩戒委员会日常工作,但检务督察部门本身负有调查核实、收集证据材料的职责,一旦进入惩戒工作程序,其立场是以需要追究检察官责任为前提②,而检察官惩戒委员会预设的立场是客观公正,并不是"有罪推定"③。既然在惩戒程序中检务督察部门和检察官惩戒委员会立场不同,就有必要在制度设计上予以区别。一方面,检务督察部门作为程序启动、组织调查、材料提交部门,应理顺检察系统内部工作流程,确保需承担司法责任的检察官能顺利进入惩戒程序,防止纪检监察程序与惩戒程序混同,或直接以处分替代惩戒。省级检察院检务督察部门应负责指挥、指导、

---

① 陈明辉:《论我国国家机构的权力分工:概念、方式及结构》,载《法商研究》2020 年第 2 期。
② 比如《人民检察院司法责任追究条例》第 24 条规定:"调查终结后,认为检察官存在违反检察职责的行为需要追究司法责任的,按照检察官惩戒工作程序,报检察长批准后提请检察官惩戒委员会审议,由其提出构成故意违反职责、存在重大过失、存在一般过失或者没有违反职责的意见。"《关于建立法官、检察官惩戒制度的意见(试行)》规定:"惩戒委员会审议惩戒事项时,有关人民法院、人民检察院应当向惩戒委员会提供当事法官、检察官涉嫌违反审判、检察职责的事实和证据,并就其违法审判、检察行为和主观过错进行举证。当事法官、检察官有权进行陈述、举证、辩解。"
③ 比如《关于建立法官、检察官惩戒制度的意见(试行)》规定:"法官、检察官惩戒工作,应当坚持党管干部原则,尊重司法规律,体现司法职业特点,坚持实事求是、客观公正,坚持责任与过错相适应,坚持惩戒与教育相结合。"

组织下级检察院责任部门开展本院检察官滥用办案权力的线索收集、调查核实等工作。省级检察院检务督察部门对省以下检察院检察官违纪违法案件处理情况要定期督察，发现应追究司法责任却没有转为惩戒程序的予以及时纠正，需要向下级院派驻纪检监察组解释、协调、沟通的，上级检察院检务督察部门可会同本院派驻纪检监察组一同开展工作。另一方面，检察官惩戒委员会运转应符合现代裁判程序的构造原理。在组成人员上排除现职检察官担任检察官惩戒委员会委员。如果为实现惩戒委员会的专业性，确需有检察背景的人参与其中，也要以退职检察官为选择对象。① 在审议程序上可允许当事检察官委托律师、法学专家作为代理人代为辩解、举证。另外，惩戒委员会可参照诉讼法确立的非法证据排除规则，在审查事实的同时判断省级检察院提交证据材料的合规性。为体现公平，还可适当提升认定司法责任的证明标准。

第二，统筹推动党委政法委与检察机关各自的案件质量评查工作机制深度衔接。应该说，目前党委政法委与检察机关各自工作机制都可以通过对方的工作机制加以补强，这是推动两者深度衔接的一个基本思路。在统筹推动监督范围的衔接上，党委政法委在制定本年度本地区执法监督工作计划时可预先征求检察机关的意见，将检察机关案件质量评查工作计划一并纳入考虑，避免时间、人员、监督案件类型上的冲突。针对现阶段要求检察长、副检察长、检察委员会专职委员带头办案的要求，以及检察机关案件评查难以解决本单位评查人员"既当运动员又当裁判员"的现状②，党委政法委组织开展执法监督时可将评查检察长、副检察长、检察委员会专职委员甚至业务部门负责人所办案件作为重点，相应检察机关可将此类案件交由党委政法委或上级检察机关评查即可。在统筹推动组织衔接上，党委政法委以评查组的形式评查检察机关案件时，可不再抽调检察人员参加。若评查组形成的意见与检察机关评查意见不一致时，党委政法委可召开联席会议，邀请评查组专家与负责评查的检察官一起研究讨论，共同拿出意见。在评查结论转化运用衔接上，党委政法委的评查结论可不单纯纠结于个案好坏评价，尽可能反映检察机关办案中的普遍性、倾向性问题，如组织领导、制度建设、队伍管理等方面存

---

① 赵信会、林琳：《论司法责任制下的检察官惩戒》，载《河北法学》2018年第8期。
② 王体功：《检察机关案件质量评查机制的完善与发展》，载《人民检察》2019年第12期。

在的问题,以督促单位整改的方式推动结论转化运用。① 检察机关的案件评查结论则尽可能针对检察官个人,如指出个人办案理念、办案作风、能力素养存在的问题,并将结论作为评先选优、等级晋升、绩效考核的重要依据。

第三,增强人民监督员参与监督检察办案的广度和深度。一般而言,一个社会从传统到现代的转型,其最为突出的特征当是以"市民社会"的形成为标志而建立起以"权利"为核心的话语体系。② 作为一项以保障权利为主基调的司法制度,人民监督制度设立的首要目的应是保障广大公民监督司法的权利得以实现,让广大人民群众在监督检察办案中感受到公平正义。在这一过程中检察机关是客体,人民监督员是主体。《决定》中也明确要求,通过完善制度保证人民在国家治理中的主体地位。从人民监督员实行现状看,目前全国人民监督员数量还远未达到广泛汲取民意的程度,上级检察机关有必要会同司法行政部门推动扩大人民监督员的数量,尽可能降低选任门槛,创造便利条件,让更多公民有意愿、有机会参与监督检察办案。比如,借助信息化手段为公民申报人民监督员提供便捷操作渠道,尽可能简化申报手续;简化人民监督员年度考核的程序和内容;加强线上培训力度;发动农村社区、大中型企业、大专院校的力量组织推荐热心公民报名等。检察机关可借鉴联络人大代表、政协委员的工作经验,采取多种方式打消公民申报人民监督员的顾虑,主动为人民监督员履职提供便利条件。同时,检察机关可商各级司法行政部门逐步降低法律专业人员、公职人员参与比例,让各行各业、各社会阶层符合选任条件的人员能至少有一次机会近距离接触了解检察办案,提出自己的意见建议。长远来看,扩大人民监督员数量,让全国一定规模、一定比例的公民有机会监督检察办案既是一次进行普法教育、培养公民权利意识的好机会,也有利于扩大人民监督员的社会影响力,为下步细化立法保障提供更丰富的实践样本。

另外,相较人民陪审员参与庭审数量③,检察机关接受人民监督员监督

---

① 比如《中国共产党政法工作条例》第 34 条规定:"党委政法委员会在统筹推动政法单位开展常态执法司法规范化检查中,对发现的政法单位党组(党委)及其成员不履行或者不正确履行职责,或者政法干警执法司法中的突出问题,应当督促加大整改力度,加强执法司法制度建设,保证全面正确履行职责。"

② 王荔:《当代中国司法民主问题研究》,吉林大学 2012 年博士学位论文,第 114 页。

③ 2020 年,全国各地法院人民陪审员共参审民事案件 514.2 万余件,刑事案件 102.4 万余件,行政案件 42.8 万余件。参见乔文心:《发布人民陪审员法实施中若干问题的答复——全国现有人民陪审员总数达到 33.6 万余人》,载《人民法院报》2020 年 10 月 20 日,第 1 版。

的案件数量还有很大提升空间。其实,无论是有影响的大案,还是案情简单,法律适用清楚的小案都关系民生,都可以邀请人民监督员参与监督,就是这些"小案"、就是这些"天大的案件"——老百姓身边发生、大量民间纠纷中产生的案件,最能让人民群众感受到公平正义。① 反之,随着检察开放日、检察官以案释法、检察官进校园等活动的逐步落实,长远看人民监督员没有必要再被邀请参加与检察办案无直接关联的活动。人民监督员在监督方式上也有改进空间。比如,可将"案-件比"的理念应用于人民监督员监督检察办案,即把贯穿诉讼的多项业务活动联系在一起②,以监督一个案件全流程为导向,让人民监督员有机会完整监督一个案件所有办理环节,对任何一个办案环节都可以发表自己的意见建议。比如,刑事案件人民监督员可以从审查逮捕流程开始介入,一直持续到案件程序终结。公益诉讼案件可以从立案受理开始介入,一直到相关单位和人员落实检察建议、判决裁定为止。有条件的地方还可以邀请人民监督员参加检察官联席会议、案件汇报等内部决策活动,让其更清晰地了解决策过程。

结　语

建立健全检察权运行监督机制本质上就是一种检察机关对司法公平正义的自我追求。以辩证唯物主义的视角审视司法机关的自我追求,可以说,并不存在一种社会公众不接受的司法公平正义,也不存在一种脱离形式束缚的实质司法正义,以此类推,包容个案非正义的普遍司法正义也不可能存在。同理,完善检察权运行监督机制也没有形式与实质的区别,不存在包容任何一名检察人员脱离约束的制度弹性。实践中出现的各种问题更多并不是因为现行检察机关自身监督体系逻辑不够严密,各项办案工作要求不够明确,更多是在执行操作层面还缺乏实践智慧,还不够贴近办案一线实际情况,还不符合国家发展和社会形势变化的大背景。

---

① 王俊:《时隔11年,最高检再次以该主题开会有何深意?》,载新浪网,https://news.sina.com.cn/c/2020-10-14/doc-iiznctkc5474866.shtml,2021年1月27日访问。

② 董桂文、郑成方:《"案-件比":新时代检察机关办案质效的"风向标"》,载《人民检察》2020年第11期。

检察机关办案模式研究[*]

"检察机关办案模式研究"课题组[**]

一、检察机关"三级审批制"的特征和问题

(一)我国司法责任制改革前检察机关的办案模式及其特征

一是没有独立的办案组织。在三级审批制办案模式中,检察官、业务部门负责人、检察长或者检察委员会都不是独立的办案组织,而是三者共同在司法办案中发挥作用。首先,由检察官审查证据、认定事实并提出如何适用法律对案件作出处理决定的意见。其次,由业务部门负责人对检察官办理案件的全部内容进行审核,并提出审核意见报检察长审批。业务部门负责人作

---

[*] 本文系2018年度最高人民检察院检察理论研究重点课题"检察机关办案模式研究"(项目批准号:GJ2018B05)的研究成果。

[**] 课题主持人:高景峰,最高人民检察院法律政策研究室主任;张小玲,中国人民公安大学法学院教授、博士生导师。课题组成员:李先伟,最高人民检察院第六检察厅二级高级检察官助理。

为中间环节,审核过程中同意检察官意见的,报检察长审批;不同意检察官意见的,则有权改变检察官意见后报检察长审批。最后,由检察长对检察官意见予以审批或者或者提请检察委员会审批。因此,从办案组织形式的角度分析,检察官、业务部门负责人和检察长或者检察委员会只是检察机关办理案件过程中的一个环节,都不是独立的办案组织,三者共同配合才最终完成对案件的办理。

二是检察官、业务部门负责人、检察长或者检察委员会司法办案的职责权限不清。检察机关的司法办案活动,大概可以分为证据审查、事实认定和法律适用三类。在不同的办案模式中,检察官、业务部门负责人、检察长或者检察委员会在办理案件中发挥的作用可以分为两种情形:第一种情形是参与司法办案的证据审查、事实认定和法律适用。在这种情形中,如果检察官的证据审核或者事实认定出现了错误,业务部门负责人、检察长或者检察委员会在审批过程中都应当在职责范围内予以纠正;对于适用法律同样如此。第二种情形是对某项司法办案活动负责,比如由检察长或者检察委员会决定的案件,检察长或者检察委员会对作出的决定负责;检察官对汇报的案件事实负责等。三级审批制办案模式即属于第一种情形,即检察官、业务部门负责人、检察长或者检察委员会都参与证据审查、事实认定和法律适用。

三是三级审批制办案模式适用于检察机关办理的所有案件。众所周知,检察机关办理的案件存在着复杂与简单之分。对于检察官办理的重大、疑难、复杂案件,业务部门负责人、检察长或者检察委员会行使监督管理权甚至是决定权是符合实际的。特别是在检察官整体队伍素质参差不齐的背景下,案件由部门负责人审核、检察长批准,能够保证法律适用的准确性。[①]但是,即使对于简单案件甚至适用简易程序的案件,在三级审批制办案模式中也需要业务部门负责人的审核和检察长或者检察委员会的审批。

(二) 司法责任制改革前检察机关办案模式的主要问题

有学者认为,我国检察机关可谓最具有司法权的检察机关,但办理案件实行的三级审批制采用典型的行政运作机制。承办责任与决定权的完全分离,不符合检察权运行规律。[②]表面上看,这种说法似乎有一定的道理,其实不尽然。课题组分析认为,三级审批制办案模式在我国实践过程中出现的

---

① 参见杜磊:《检察官办案责任制改革探索》,载《环球法律评论》2015年第3期。
② 参见龙宗智:《检察官办案责任制相关问题研究》,载《中国法学》2015年第1期。

主要问题主要有以下方面。

一是逐渐不适应检察官队伍整体素质提高的现实。1995 年 7 月，我国开始实施检察官法，从法律制度上保证检察官素质的提高。① 特别是检察人员分类管理制度改革以及检察官员额制改革后，检察官队伍的职业化、专业化建设得以落实。② 随着我国检察官队伍整体素质的提高，在大部分案件，特别是在简单案件中，无论是业务部门负责人的审核还是检察长的审批重要性都不断下降。

二是可行性逐渐下降。随着经济社会的发展，人均办案数量的地区不均衡问题日益突出。比如，浙江省某市侦监部门从 2013 年的 150 余人、人均办案 120 余件上升到 2016 年的 170 余人、人均办案 140 余件。案多人少突出的部分基层院侦监部门人均办案量长期保持在 230 余人、人均办案 170 余件以上。③ 对于案件数量大的检察院来说，检察长甚至业务部门负责人不可能对所有的案件行使实质上的审批权或者审核权；只能选择性地对部分重大、疑难、复杂案件行使审批权或者审核权。

三是在部分案件中难以准确认定司法责任。所有经过三级审批制办理的案件，卷宗材料基本上是相同的，即案件卷宗里面都有部门负责人审核以及检察长审批或者检察委员会讨论决定手续。事实上，冤错案件的发现往往要经过好多年。但是，多年后发现冤错案件时，面对卷宗中基本相同的手续，在部分案件中难以分清业务部门负责人是否行使了实质性的审核权以及检察长是否行使了实质上的审批权。

二、检察机关办案模式改革的主要内容

（一）确立检察机关办案组织

最高人民检察院《关于完善人民检察院司法责任制的若干意见》（以下简称《检察院若干意见》）第二部分"健全司法办案组织及运行机制"和第三部分"健全检察委员会运行机制"确立了独任检察官、检察官办案组、检察长、检察委员会四种办案组织形式。

---

① 参见程荣斌：《检察官素质的保证》，载《人民检察》1995 年第 6 期。
② 参见张步洪：《2015 年检察改革综述》，载《人民检察》2016 年第 4 期。
③ 参见魏开෭：《浅议检察机关"案多人少"的应对之策——以 A 市检察机关侦查监督部门为例》，载《法制与社会》2018 年第 8 期。

一是确立检察机关的办案组织。《检察院若干意见》第4条规定,根据履行职能需要、案件类型及复杂难易程度,实行独任检察官或检察官办案组的办案组织形式。由此,《检察院若干意见》明确独任检察官和检察官办案组是基本办案组织形式。顾名思义,独任检察官就是1名检察官作为办案组织。检察官办案组由两名以上检察官组成,可以相对固定设置,也可以根据司法办案需要临时组成,其负责人为主办检察官。由于《检察院若干意见》第4条的上述规定,容易让有些人误以为检察机关的办案组织仅仅包括独任检察官和检察办案组织。其实,《检察院若干意见》第6条规定检察院直接受理立案侦查的案件,决定初查、立案、侦查终结等事项由主办检察官或独任检察官提出意见,经职务犯罪侦查部门负责人审核后报检察长(分管副检察长)决定;第7条规定诉讼监督等其他法律监督案件,独任检察官、主办检察官在职权范围内对办案事项作出决定,但以检察院名义提出纠正违法意见、检察建议、终结审查、不支持监督申请或提出(提请)抗诉的由检察长(分管副检察长)或检察委员会决定等。这两条规定,已经明确检察长、检察委员会也是行使办案事项决定权的办案组织。检察长作为办案组织,行使的司法办案职权是对独任检察官、检察官办案组办理案件的重大办案事项作出决定。这与检察官办案组中的主办检察官不同。检察长既可以作为办案组织,负责决定重大办案事项,也可以作为检察官办案组中的主办检察官,组织、指挥检察官办案组办理案件。这是司法责任制改革对检察长直接办理案件的基本要求。另外,《检察院若干意见》第三部分关于检察委员会讨论决定的规定,也明确了检察委员会属于办案组织的性质。

二是明确办案组织的组成。通过以上分析,我们知道司法责任制改革后检察院司法办案的基本组织形式是独任检察官和检察官办案组,检察长和检察委员会是特殊的办案组织形式。最高检察院检察长由全国人民代表大会选举产生,副检察长、检察委员会委员由检察长提请全国人大常委会任免;地方各级检察院检察长由本级人民代表大会选举,报上一级检察院检察长提请本级人大常委会批准。副检察长、检察委员会委员由检察长提请本级人大常委会任免。可见,检察长、检察委员会作为办案组织,其组成人员是由法律明确规定的。所以,我们通常说的检察院办案组织的设置,主要是指独任检察官和检察官办案组这两种办案组织的设置。检察官办案组包括临时办案组和相对固定设置的办案组。对此,各地在司法实践中可以根据办案的实际需要设置不同的办案组织。《检察院若干意见》规定独任检察官、检察官办案组承办案件时,配备必要的检察辅助人员。但是,在司法实践中检察辅助人员是否一定要固定配备给办案组织，则需要根据具体情况决定。目前，有的地方正在探索对检察辅助人员实行相对集中管理，检察辅助人员在编制、行政管理上独立于办案组织，临时奉派承担个案办案组织的检察辅助事务。

三是检察机关办案组织与法院办案组织的重大差异。检察院办案组织与法院审判组织相比，有相同的地方，也有不同的地方。最高人民法院2015年发布的《关于完善人民法院司法责任制的若干意见》（以下简称《法院若干意见》）明确了法院的审判组织。《法院若干意见》第4条规定法院的基本审判组织包括独任法官和合议庭。其中，独任法官与独任检察官的办案组织形式基本相同，都只能由1名法官或者1名检察官组成。合议庭与检察官办案组的组织形式相比，虽然在组成人数上都是多于1名法官或者检察官，但是由于审判权与检察权运行方式的不同，检察官办案组作为检察院的办案组织形式，在人数上只要求2名以上检察官即可，并没有要求必须是单数或者双数。法院的合议庭组成人员数量则必须是3人以上的单数；且一审法院合议庭可以由法官组成，也可以由法官与人民陪审员组成。检察官办案组则只能由两名以上检察官组成。法院审判组织除独任法官和合议庭以外，还包括审判委员会和赔偿委员会。但是与检察院相比，检察长是办案组织，而法院院长不是审判组织，这同样是由检察权与审判权不同的运行规律决定的。根据《法院若干意见》第6条和第10条规定，独任法官、合议庭审理案件，除合议庭根据规定提交审判委员会讨论决定的以外，分别由独任法官直接签署以及由合议庭成员签署。法院院长对独任法官和合议庭的审判不是领导权，而是监督权。根据《检察院若干意见》规定，检察长对检察官的办案活动行使的是领导权。对于独任检察官、检察官办案组办理的案件，重大办案事项由检察长决定；对于检察官在职权范围内对案件作出的决定，检察长有权予以改变。这是检察长与法院院长在权力行使中的重大区别。

（二）明确办案组织的职责权限

一是在普通案件中建立合一制办案模式。所谓合一制办案模式即是将法律规定的人民检察院的司法办案职权明确为由检察官单独行使的一种新型办案模式。在这种办案模式中，司法办案的所有职权完全由检察官行使。首先，《检察院若干意见》将审查逮捕、审查起诉案件的办案事项决定权明确为由检察官行使。《检察院若干意见》第5条规定，"审查逮捕、审查起诉案件，一般由独任检察官承办，重大、疑难、复杂案件也可以由检察官办案组承办。独任检察官、主办检察官对检察长（分管副检察长）负责，在职权范围内对办案事项作出决定"。由此,《检察院若干意见》将对审查逮捕、审查起诉案件作出决定的权力明确为由检察官在职权范围内行使。在这种办案模式中,检察官办理审查逮捕、审查起诉案件并作出决定;在检察长、业务部门负责人不行使监督管理权的前提下,检察官行使了办案的全部权力。其次,《检察院若干意见》将诉讼监督等其他法律监督案件中的部分办案事项决定权明确为由检察官行使。《检察院若干意见》第7条规定,"诉讼监督等其他法律监督案件,可以由独任检察官承办,也可以由检察官办案组承办。独任检察官、主办检察官对检察长(分管副检察长)负责,在职权范围内对办案事项作出决定"。由此,《检察院若干意见》将对法律监督案件作出决定的部分权力明确为由检察官行使。《人民检察院组织法》第29条规定,检察长可以将部分职权委托检察官行使,可以授权检察官签发法律文书,从法律上正式确立了合一制办案模式。在合一制办案模式中,检察官既具体承办案件,也在职权范围内对案件作出处理决定,从而实现了"办案者与定案者"的统一。这种办案模式适用于检察机关办理的大部分案件。在这种办案模式下,检察委员会、检察长、检察官在具体案件的职权是清晰的;以后出现冤错案件需要追究司法责任的,一般情况下完全由检察官承担。

二是在重大疑难复杂案件中建立分离制办案模式。所谓分离制办案模式是《检察院若干意见》创造和人民检察院组织法确立的另外一种新的办案模式。在分离制办案模式中,检察官具体承办案件的过程中在职权范围内审查证据、认定事实,并对此负责;检察委员会或者检察长对办案事项作出处理决定并对此负责。需要特别明确的是,在这种办案模式中,检察官承办案件的办案事项决定权由检察长或者检察委员会行使的,检察官对案件提出处理意见仅供检察长或者检察委员会参考,由检察长(副检察长)或者检察委员会作出决定并负责[①];检察官对提出的处理意见将不承担司法责任。首先,《检察院若干意见》在人民检察院直接受理立案侦查的案件中建立了分离制办案模式。《检察院若干意见》第6条规定,"人民检察院直接受理立案侦查的案件,一般由检察官办案组承办,简单案件也可以由独任检察官承办。决定初查、立案、侦查终结等事项,由主办检察官或独任检察官提出意见,经职务犯罪侦查部门负责人审核后报检察长(分管副检察长)决定"。

---

① 参见最高人民检察院司法体制改革领导小组办公室:《〈关于完善检察官权力清单的指导意见〉的理解与适用》(下),载《检察日报》2017年5月25日。

由此，《检察院若干意见》明确，在人民检察院直接受理立案侦查的案件中，案件的承办权和决定权是分离的。① 其次，《检察院若干意见》在法律监督案件的部分办案事项中建立了分离制办案模式。《检察院若干意见》第 7 条规定，在诉讼监督等其他法律监督案件中，"以人民检察院名义提出纠正违法意见、检察建议、终结审查、不支持监督申请或提出（提请）抗诉的，由检察长（分管副检察长）或检察委员会决定"。在推进检察官办案责任制过程中，考虑到以检察院名义提出（提请）抗诉、提出纠正违法意见、检察建议等决定权的行使涉及当事人的重大利益，且涉及与法院、侦查机关等其他国家机关之间的关系，上述权力仍应当由检察长或检察委员会行使。同时，对于主要涉及检察权在检察院内部配置的以人民检察院名义提出终结审查、不支持监督申请的决定权，考虑到实践中一些地方案件量大，人员素质较高，有放权的需要和条件，可以由省级人民检察院在权力清单中确定是否委托检察官行使。② 从适用范围上看，检察机关办理的大多数案件属于普通案件，由检察官在职权范围内作出决定；只有少数案件属于重大、疑难、复杂案件，由检察长在职权范围内作出决定或者由检察长提请检察委员会讨论决定。基于检察机关办理案件的现状，可以认为司法责任制改革建立了合一制办案模式以主和分离制办案模式为辅的混合制办案模式。

《人民检察院组织法》第 33 条 "检察官可以就重大案件和其他重大问题，提请检察长决定。检察长可以根据案件情况，提交检察委员会讨论决定。检察委员会讨论案件，检察官对其汇报的事实负责，检察委员会委员对本人发表的意见和表决负责" 的规定，从法律上确认了分离制办案模式。分离制办案模式实现了 "办案者与定案者的分离"。

三是明确了合一制办案模式向分离制办案模式的转换。一般情况下，在合一制办案模式中办理的案件由检察官在职权范围内对案件作出决定。考虑到司法实践的复杂性，对于检察官在职权范围内作出决定的案件，检察长（副检察长）应当有权进行监督。检察长（副检察长）对检察官办理的案件进行监督的过程中，不同意检察官对案件的处理意见的，应当明确相应的处理机制。为此，《检察院若干意见》第 10 条第 1 款规定，"检察长（分管副

---

① 国家监察体制改革后，2018 年的刑事诉讼法为检察机关保留了部分职务犯罪侦查权（参见陈光中、肖沛权：《刑事诉讼法修正草案：完善刑事诉讼制度的新成就和新期待》，载《中国刑事法杂志》2018 年第 3 期），故《检察院若干意见》的这一改革举措仍有适用的空间。

② 参见最高人民检察院司法体制改革领导小组办公室：《〈关于完善检察官权力清单的指导意见〉的理解与适用》（上），载《检察日报》2017 年 5 月 24 日。

检察长）有权对独任检察官、检察官办案组承办的案件进行审核。检察长（分管副检察长）不同意检察官处理意见，可以要求检察官复核或提请检察委员会讨论决定，也可以直接作出决定"。据此，《检察院若干意见》建立了两类处理机制。第一种处理机制仍然维持了合一制办案模式，即检察长（分管副检察长）可以要求检察官复核。检察官复核后，既可以维持对案件原来的处理意见，也可以改变对案件原来的处理意见。无论检察官是否改变对案件处理意见，都是检察官在职权范围内对案件作出决定。根据相关法律规定和我国的国情，检察长领导检察院工作；与检察长（副检察长）相比，检察官一般处于弱势地位。当检察长（分管副检察长）要求检察官复核时，事实上已经表明其不同意检察官对案件的处理意见。为了避免检察长（分管副检察长）滥用要求检察官复核的权力，《检察院若干意见》从两个方面对这一问题进行了规制。一方面是不提倡检察长（分管副检察长）行使要求检察官复核的权力。为此，《检察院若干意见》第39条规定，"检察官根据检察长（副检察长）的要求进行复核并改变原处理意见的，由检察长（副检察长）与检察官共同承担责任"。另一方面也是第二种处理机制，即建立了合一制办案模式向分离制办案模式的转换。需要明确的是，《检察院若干意见》第10条规定的"检察长（分管副检察长）有权对独任检察官、检察官办案组承办的案件进行审核"只适用于合一制办案模式而不适用于分离制办案模式。因为在分离制办案模式中，检察官负责审查证据和认定事实，但对案件作出处理是检察长或者检察委员会的职权。就此而言，根本不存在检察长（分管副检察长）不同意检察官对案件的处理意见的问题。在合一制办案模式中，当不同意检察官处理意见，《检察院若干意见》更鼓励检察长（分管副检察长）提请检察委员会讨论决定或者直接作出决定。检察长（分管副检察长）无论是提请检察委员会讨论决定还是直接作出决定，事实上都将案件的决定权从检察官手中拿走，从而实现了合一制办案模式向分离制办案模式的转换。

有学者从检察官权力来源的角度讨论了授权制和分权制办案模式。该学者认为，就检察长与检察官的权力分配，可大致区分为分权制和授权制两种类型。分权制是确认检察长作为检察首长的决定权和检察业务管理权的同时，确认每个检察官都是检察权的载体，在检察权行使上具有相对独立性。授权制是指法律将检察权赋予检察长，检察长通过组织和运作检察机构授予检察官执法权，检察官对检察长负责。在授权制中，检察官也有一定的独立性和决定权,但其性质属于检察长的授权,必须接受检察长的指令。① 需要说明的是,本文讨论的合权制办案模式和分权制办案模式是针对司法权运行模式而言的,不涉及二者中的检察官权力来源问题,因此,分离制办案模式完全不同于该学者所说的分权制办案模式。

(三) 规范检察长、业务部门负责人的监督管理责任

关于检察长的监督管理责任,司法责任制改革一直予以规范。《检察院若干意见》第10条规定,"检察长(分管副检察长)有权对独任检察官、检察官办案组承办的案件进行审核。检察长(分管副检察长)不同意检察官处理意见,可以要求检察官复核或提请检察委员会讨论决定,也可以直接作出决定",明确了检察长的监督管理责任。但是司法责任制改革关于业务部门负责人的监督管理责任的规定,有一个发展变化的过程。

一是司法责任制改革中监督管理责任出现的问题。司法责任制改革以检察官员额制为前提,员额内检察官在司法一线办案,并对办案质量终身负责。改革以后,检察官应按照权力清单确定的职责权限划分办理案件,行使司法办案职权。为充分调动检察官的办案积极性,突出检察官的主体地位,明晰权力和责任,落实"谁办案谁负责,谁决定谁负责"的改革目标,《检察院若干意见》第19条没有规定业务部门负责人对检察官司法办案的监督管理责任。上述规定本身没有什么问题,但忽略了我国各地实际情况的差异,导致司法责任制改革前期出现了两种不良倾向。第一种倾向过分突出检察官独立办案,忽视检察长、业务部门负责人的监督管理责任。其主要理由是司法责任制改革实行"谁办案谁负责,谁决定谁负责",凡是没有明确由检察委员会、检察长决定的重大、疑难、复杂案件,都由检察官在职权范围内作出决定。第二种倾向则是检察长、业务部门负责人承担了过重的监督管理责任。一些检察官利用"重大、疑难、复杂案件"的相对模糊性,在司法办案中不愿意承担责任,将普通案件也提请检察长决定。

二是业务部门负责人监督管理职责的完善。基于司法实践中出现的问题,最高人民检察院2017年3月28日印发的《关于完善检察官权力清单的指导意见》(以下简称《指导意见》)在强调检察官独立办案的同时,开始规范业务部门负责人的监督管理责任。《指导意见》第8条第1款明确,省级检察院和地(市)级检察院业务部门负责人的审核权可以根据实际情况

---

① 参见龙宗智:《检察官办案责任制相关问题研究》,载《中国法学》2015年第1期。

适当保留。对保留的业务部门负责人的审核权，也进行了严格的规范，使其既真正起到审核把关作用，也让业务部门负责人对其审核负责。《指导意见》第8条第2款明确，业务部门负责人审核不能直接改变检察官的决定或要求检察官改变决定；业务部门负责人不同意检察官对案件的处理决定的，可要求检察官复核，召开检察官联席会议讨论或报检察长（副检察长）审核或决定。上述制度设计较好地体现了《检察院若干意见》"坚持突出检察官办案主体地位与加强监督制约相结合"这一改革的基本原则；规定业务部门负责人应对监督管理行为负责，体现了对自己行为负责的改革精神。《人民检察院刑事诉讼规则》（以下简称《刑诉规则》）完善了业务部门负责人的监督管理职责。《刑诉规则》第6条第2款规定，"业务机构负责人对本部门的办案活动进行监督管理"，"业务机构负责人可以主持召开检察官联席会议进行讨论，也可以直接报请检察长决定或者向检察长报告"。由此，完善了业务部门负责人对本部门检察官的办案活动进行监督管理的职责和行使监督管理职责的方式。

三、司法权的运行模式

我国学界对检察权的定位，主要有行政权说、司法权说、双重属性说和法律监督权说等不同观点。[①] 行政权说认为，检察权不具有司法权的终局性、中立性、独立性、消极被动性四个显著特征。[②] 双重属性说认为检察权兼具司法和行政的双重属性。所谓司法性主要指两点，一是独立判断和裁决，二是以适用法律为目的；所谓行政性则主要体现于上命下从的纵向关系，以及追求行为本身的目的，只是将法律当作行为的框架。该学者认为，双重属性说因得到多数国家和学者的认可而成通说。[③] 法律监督权说认为检察权作为法律监督权是一元的而不是多元的，其理论基础是分权制衡论，宪法基础是人民代表大会下的"一府两院"制及检察机关性质的界定。[④] 司法

[①] 参见童兆洪：《司法权概念解读及功能探析》，载《中共中央党校学报》2004年第2期。

[②] 参见陈卫东：《我国检察权的反思与重构——以公诉权为核心的分析》，载《法学研究》2002年第2期。

[③] 参见龙宗智：《论检察权的性质与检察机关的改革》，载《法学》1999年第10期。

[④] 参见石少侠：《论我国检察权的性质——定位于法律监督权的检察权》，载《法制与社会发展》2005年第3期。宪法于2018年修正后，人民代表大会下的"一府两院"已经修改为"一府一委两院"。

权说的基本论据是检察权与审判权的"接近度"以及检察官与法官的"近似性"。德国教授洛克信称,检察官具有法律守护人的地位,对检察官及对法官而言,事实的查明与法律的判断,应依同一目标行事,因此,此乃二者相提并论的有力论证。① 总体上,上述观点都有一定的道理,作者也分别进行了相应的论证。为了避免不必要的重复,笔者从权力内容即从审查证据、认定事实和适用法律的角度,采纳检察权为司法权说,并以此为基础探索司法权的基本权能及其运行模式。

(一) 司法权的基本权能

尽管司法权的各项权能之间存在一定的交叉,但总体上可以分为证据审查权、事实认定权和适用法律权。

一是证据审查权。在刑事诉讼、民事诉讼、行政诉讼中,证据都具有基础性地位,除法律有明确规定外,提出请求或者主张的一方应当提出证据加以证明,法官则审查其证据以决定是否采纳。"现代刑事诉讼要求控方应当承担证明犯罪嫌疑人、被告人有罪的证明责任,犯罪嫌疑人、被告人及其辩护人不承担证明自己无罪或有罪的证明责任。"② "在现代民事诉讼中,最基本的社会关系是当事人和司法裁判者之间的关系。"③ 这种最基本的社会关系,尤其体现在事实认定的过程中。在民事诉讼中,法院认定事实的过程,除自认和事实推定外,主要就是当事人举证和法官"自由心证"的过程。辩论原则作为民事诉讼法基本原则之一,实际上规范的是民事证据法的内容,即将提出裁判基础的事实材料由当事人来收集的一种原则。④ 检察官在刑事诉讼活动中,主要以警察在侦查活动或者监察官在调查活动中取得的证据为基础,在职权范围内作出决定或者提出相应的处理意见报请检察长决定。⑤ 因此,检察官在刑事诉讼中的重要职权即是审查证据以决定是否采纳。检察官无论是向法院提起刑事公诉要求法官判处被告刑罚还是作出不起

---

① 转引自林钰雄:《谈检察官之双重定位》,载《刑事法杂志》第 42 卷第 6 期。
② 参见顾永忠:《刑事辩护的现代法治涵义解读——兼谈我国刑事辩护制度的完善》,载《中国法学》2009 年第 6 期。
③ 参见张卫平:《民事诉讼:关键词展开》,中国人民大学出版社 2005 年版,第 6 页。
④ 参见[德]罗森贝克等:《德国民事诉讼法》(上),李大雪译,中国法制出版社 2007 年版,第 524 页。
⑤ 参见龙宗智:《评"检警一体化"兼论我国的检警关系》,载《法学研究》2000 年第 2 期。根据我国监察法的内容,笔者增加了监察官调查收集的证据。

诉决定，都必须以证据为基础。同理，在民事行政诉讼监督活动中，检察官的主要履职之一，即是审查相应的证据，以决定如何进行民事行政诉讼监督。

二是事实认定权。法官在裁判案件的过程中，对事实的认定需要以证据为基础，此即诉讼中的证据裁判原则。① 法官如此，检察官在办理案件的过程中也是如此。以证据为基础对案件事实进行认定，特别是在证据保持不变的前提下，如何使证据的"拼接"更贴近待证案件事实，提高对案件事实认定的准确率，一直是学者希望解决的问题。② 尤其是在疑难案件中，在给定的证据不变的情况下，不同的办案主体会"拼接"出不同的案件事实。在多数案件中，法官和检察官对整个案件事实的认定不是依据某一个证据进行的，而是在全部证据的基础上，经过综合分析而进行的。事实认定可以分解为个别待证事实的认定与待证事实的整体认证。前者较为简单；后者则极为复杂，往往同时使用归纳、演绎、类推等多种思维方法。对全部证据的综合评判不是对单个证据评价的简单相加，而是对全部证据进行全面的分析综合，判断证据之间在内容上是否符合逻辑、有无前后矛盾，还要结合司法认知、推定、自认、举证责任、证明标准等。法官需要对能否证明待证事实，能够在多大程度上证明待证事实，能否形成相对完整的证明链条进行综合判断。③

三是适用法律权。在案件事实已经确定的情况下，对案件事实进行定性并依据法律对当事人的权利义务关系作出判决或者处理，完全属于法官和检察官的职权。"'汝给吾事实，吾赐汝法律'的古老法谚也即传递着这样的原理"。④美国联邦最高法院审理的案件基本不涉及认定案件事实，在绝大多数案件中完全以下级法院认定的案件事实为基础。正因为如此，美国联邦最高法院法官对口头辩论的态度不一：道格拉斯大法官采"案件胜负由口头辩论决定"的立场；苏特大法官在最高法官任职第一年中5%—10%的案件其想法因口头辩论而改变；首席大法官沃伦认为口头辩论"并没有很强的

---

① 参见邵明：《论民事诉讼证据裁判原则》，载《清华法学》2009年第1期。
② 参见郭华：《庭审案件事实认定程序规则研究》，载《法学杂志》2008年第1期。
③ 参见夏伟忠：《事实认定的进程分析》，载《法律适用》2010年第10期。
④ 参见［日］高桥宏志：《民事诉讼法：制度与理论的深层分析》，林剑锋译，法律出版社2003年版，第366页。

说服力"；霍姆斯大法官很少认为其有意思而经常在这个时候打瞌睡。①

在事实已经固定的情况下，不但有可能存在相互冲突的法律规则，而且还有可能根本不存在可以适用的法律。其原因在于，"没有任何规范、法律或法典可能如此明确和完备，以致仅允许只有一种'正确的'解释"。②因此，司法过程中"法官的角色其实更加艰难、更加复杂，并且与传统学说所揭示的相比，他们更多地对其活动负责。选择……还意味着不仅运用抽象逻辑的论证，而且运用经济学、政治学、伦理学、社会学以及心理学论证"。③此时，适用法律权实际上已经演变为发展法律权。

（二）司法权的三种运行模式

课题组认为，世界范围内司法权运行有三种模式。

一是一个办案组织行使完整的司法权。在世界范围内，由一个办案组织在一审程序中行使完整司法权的情形属于常态。也就是说，一个案件的证据审查、事实认定和法律适用完全由一个办案组织负责。总体上，除中国大陆外，这主要分为两种情形。第一，在大陆法系中，由一个审判组织在审理同一个案件中行使完整的司法权是公认的事实。在这种情形中，即使有陪审员参加审理，其仍然与法官一起共同构成一个审判组织。④第二，在英美法系中，在没有陪审团审理的一审案件中，由法官作为一个审判组织行使了整体的司法权。⑤正是由于一个办案组织在一审程序中行使完整司法权的情形属于常态，导致许多人误以为这是司法权运行的唯一模式，并对司法权的其他

---

① 参见［美］享利·J. 亚伯拉罕：《司法的过程》（第七版），泮伟江等译，北京大学出版社2009年版，第227页。

② 参见［意］莫诺·卡佩莱蒂：《比较法视野中的司法程序》，徐昕、王奕译，清华大学出版社2005年版，第266页。

③ Pekelis, "The Case for a Jurisprudence of Welfare," in Law and Social Action: Selected Essays of Alexand H. Pekelis 1, 8~15 (M. R. Konvitz. 1950). 转引自［意］莫诺·卡佩莱蒂：《比较法视野中的司法程序》，清华大学出版社2005年版，第13页。

④ 参见汤维建：《论民事诉讼中的参审制度》，载《河南省政法管理干部学院学报》2006年第5期。

⑤ 参见程汉大、李培锋：《英国司法制度史》，清华大学出版社2007年版，第354—356页。

运行模式提出了批判，典型者即是学界对"审者不判、判者不审"的批判。①

二是两个以上的办案主体分别行使司法权。事实上，在世界范围内，无论是在一审程序中还是在二审程序中，两个以上的办案主体在同一个案件中分别行使司法权的不同权能都属于常态而不是例外。第一，一审程序中法官与陪审团分别行使不同的权力。在英美法系的一审程序中，在由陪审团参与审理的一审案件中，法官与陪审团在同一个案件中分别行使了司法权的不同权能；且陪审团行使的权力不断地发生变化，直到今天固定为认定事实权；法官行使审查证据权、适用法律权。② 第二，二审程序中的法官仅行使部分司法权甚至只行使适用法律权。在美国，上诉法官的审理主要集中于"来自下级法官的事实冻结记录"和上诉律师"预先限制、突出和拟定的措辞"。③ 在这种上诉审模式中，上诉审法官的审判权以一审法官采信的证据为基础进行认定事实，甚至主要是在一审法官认定案件事实的基础上适用法律。大陆法系的上诉审则可以分为两种类型，一种是续审制，另一种是事后审查制。在事后审查制中，上诉审法官不进行独立的"证据认定"，而是从一审的资料出发，来检查原判决的事实认定和法律适用的妥当性问题。日本和德国均对续审制进行了改革，将对事实的审理重点放在第一审。④ 遗憾的是，虽然有学者认识到了一审程序中法官与陪审团分别行使不同的司法权以及二审程序中的法官不行使证据审查权甚至不行使事实认定权，但极少有学者从司法权的分别行使的角度予以论述。相反，前述学者对"审者不判、

---

① 参见左卫民、周长军、陆贤刚、吴卫军：《法院内部权力结构论》，载《四川大学学报（哲学社会科学版）》1999年第2期；苏力：《基层法院审判委员会制度的考察及思考》，载《北大法律评论》1998年第2辑；贺卫方：《关于审判委员会的几点评论》，载《北大法律评论》1998年第2辑；陈瑞华：《正义的误区——评法院审判委员会制度》，载《北大法律评论》1998年第2辑；肖建国、肖建光：《审判委员会制度考——兼论取消审判委员会制度的现实基础》，载《北京科技大学学报（社会科学版）》2002年第3期；洪浩、操旭辉：《基层法院审判委员会功能的实证分析》，载《法学评论》2011年第5期；王文建：《司法现代化与审判委员会制度改革》，载《人民论坛》2013年第11期；张洪涛：《审判委员会法律组织学解读——兼与苏力教授商榷》，载《法学评论》2014年第5期。

② 参见［美］杰克·H.弗兰德泰尔等：《民事诉讼法（第三版）》，夏登峻等译，中国政法大学出版社2003年版，第473页以下。

③ 参见［美］卡尔·N.卢埃林：《普通法传统》，陈绪纲等译，中国政法大学出版社2002年版，第29页以下。

④ 参见［日］新堂幸司：《新民事诉讼法》，林剑锋译，法律出版社2008年版，第628页。新堂幸司在书中使用的是"事实认定"，但称其为"审查证据"更准确。

判者不审"提出批判。

三是不同的办案主体混同行使司法权。在上述两种运行模式中，行使司法权同一项权能的办案主体是唯一的。由于职权相对清晰，当案件发生错误时，能够相对准确区分不同办案主体的责任。与这两种模式存在重大差异的是，我国检察机关长期以来普遍实行三级审批制办案模式。在三级审批制办案方式中，依上命下从的管理机制分承办、审核与决定三个环节，决定权集中于检察长，具有典型的行政化特征。① 在这种办案模式中，由检察官审查证据、认定事实并提出适用法律的意见，部门负责人审核后，报检察长审批或者检察长提请检察委员会讨论决定。这种办案模式既不同于一个办案组织在同一个案件中行使完整的司法权，也不同于两个以上办案主体在同一个案件中分别行使不同司法权，而是参与办案的各个主体，在审查证据、认定事实和适用法律上都发挥了一定的作用。

如果说不同的办案主体混同行使司法权导致各办案主体的职权不清，从而难以认定其职责权限，那么，"办案者与定案者的合一"和"办案者与定案者的分离"在世界范围内属于普遍现象。由此，我们应当对司法亲历性理论进行反思。

四、司法亲历性

目前关于司法亲历性的理论研究很少。有观点认为，司法亲历性是指司法人员应当亲身经历案件审理的全过程，直接接触和审查各种证据，特别是直接听取诉讼双方的主张、理由、依据和质辩，直接听取其他诉讼参与人的言词陈述，并对案件作出裁判。司法亲历性除了"亲身经历、亲力亲为"的意思外，还有其特有的内涵：一是司法亲历是司法人员身到与心到的统一；二是司法亲历是司法人员亲历与人证亲自到庭的统一；三是司法亲历是审案与判案的统一；四是司法亲历是亲历过程与亲历结果的统一、亲历实体与亲历程序的统一。在对司法亲历性的概念作出界定之后，该观点同时对司法亲历性的适用范围作出如下界定：一般来说，在一审、二审、再审等不同审级中，主要适用范围是一审；在一审的普通程序、简易程序、特别程序等不同程序中，主要适用范围是普通程序和特别程序，特别是这两种程序中事实有争议、被告人不认罪的案件；在一审程序中，主要适用范围是庭审；在

---

① 参见龙宗智：《检察机关办案方式的适度司法化改革》，载《法学研究》2013年第1期。

庭审认定案件事实和确定法律适用这两项任务中，主要适用于认定案件事实。总之，事实有争议、被告人不认罪案件的一审庭审中的事实认定，是司法亲历性最主要的适用范围。从内容上看，上述司法亲历性内涵与适用范围的分析表明，二者显然是冲突的。该观点也承认"单独解决法律适用问题不一定实行严格的亲历"①。结合司法权的基本权能，司法亲历性的适用范围实际上更为狭窄。

（一）司法亲历性的适用范围分析

一是司法亲历性适用于部分证据采信。在诉讼史上，如何评价证据的立法模式有法定证据制度与自由心证制度。法定证据制度企图将审查判断证据的权力统一收归于立法者，对证据资格、证明力及其大小以及案件事实的审查认定的权力尽可能通过法律规范作出规定，压缩甚至剥夺法官的裁量权，以达到统一司法的目的，使司法更好地服务于统治者。自由心证制度作为法定证据制度的反面，则是将证据审查判断权力回归于案件裁判者，认为在事实认定层面上应当最小化对法官的约束，以发挥裁判者的主观能动性，使他们灵活判断具体情形下的案件事实，以实现事实的准确认定，从而达到案件处理的实质公正。自由心证制度和法定证据制度之间最重要的区别将在法律关于证据审查判断的领域得到直接体现，但在现代法律制度下，两种证据制度并非泾渭分明，既不存在最初自由心证制度产生时法官完全无须法律约束的绝对自由，也不存在法定证据制度下的对证据证明力与事实认定标准的完全硬性规定。② 2019 年 10 月最高人民法院修改《关于民事诉讼证据的若干规定》之后，我国民事证据制度朝"自由心证"悄然迈进。③ 在刑事诉讼中，学者则继续呼吁中国引入自由心证，并确立证据自由及证明力评价制度，强调法官的裁判义务，适度降低刑事证明标准，赋予法官必要的职务保障。④ 既然对证据的评价采纳自由心证制度，有观点认为，从事法庭审判的法官必须亲自直接从事法庭调查和采纳证据，直接接触和审查证据；证据只

---

① 参见朱孝清：《司法的亲历性》，载《中外法学》2015 年第 4 期。
② 胡学军：《静水深流：我国民事证据制度朝"自由心证"的悄然迈进》，载《南大法学》2021 年第 1 期。
③ 胡学军：《静水深流：我国民事证据制度朝"自由心证"的悄然迈进》，载《南大法学》2021 年第 1 期。
④ 施鹏鹏：《刑事裁判中的自由心证——论中国刑事证明体系的变革》，载《政法论坛》2018 年第 4 期。

有经过法官以直接采证方式获得才能作为定案的根据。① 学者在肯定自由心证的同时,也认识到法定证据制度能够保障不同的法官在相同的条件上形成同样的心证,当法官素质有待提高或参差不齐时,法定证据制度具有遏制法官不负责任的独断的效果。② 正因为如此,学者在讨论"争辩性"案件时,往往指的是那些因证词是口头和相互冲突的案件。那些因事实认定出现错误的案件,也往往是证人出现问题的案件,而完全没有讨论客观性证据。③ 学者在批判审判委员会讨论决定案件时,特别是审判委员会听取案件承办人汇报案件情况时,批判的重点之一即是人的陈述需要亲历法庭审判。④ 事实上,对于物证、书证、视听资料等客观性证据而言,亲历法庭审判的法官与在法庭之外评价上述证据的审判委员会委员相比,并不具有任何优势。因此,司法亲历性的适用范围,应当主要适用于证人证言、当事人陈述等可变性证据,而不宜适用于那些客观性证据。

二是认定事实不要求司法亲历性。有学者认为,司法与医生给病人治病相类似。法官与医生一样,其作出准确判断的前提是了解客观情况。医生要接触病人,深入病房,并且详细了解病情,在此基础上,才能够制定出正确的治疗方案。因此,医生不应当仅仅依靠听取病情汇报就作出判断。法官更是如此,其要作出准确的判断,不仅需要查询证据,而且要亲自参加庭审,认真听取当事人的庭审辩论。⑤ 事实上,在病理资料已经确定的情况下,专家比普通医生能得出更为可靠的诊断结论;这也是"专家会诊"制度存在的价值。在日常病理诊断工作中,对于疑难病理诊断,下级医院的医生为减少误诊发生,常把病理切片送上级医院请病理学专家会诊。作为会诊的专家,既没有亲力亲为,又没有深入病房、接触病人;但是,通过对病理切片的分析,仍然能够纠正下级医院医生的误诊。与此类似,在证据已经固定的情况下,法官对案件事实的认定并不具有绝对的权威。学者认为,法官对事实的认定是依据各种经验法则,或是通过评价各种证据来推定事实,或是通过间接事实来推定直接事实的过程。法官对事实的认定应当能够获得一般具有常识者的大致认同。如果法官认定事实的判断过程根本无法获得一般的认

---

① 参见朱孝清:《司法的亲历性》,载《中外法学》2015 年第 4 期。
② 参见[日]新堂幸司:《新民事诉讼法》,林剑锋译,法律出版社 2008 年版,第 389 页。
③ 参见杰罗姆·弗兰克:《初审法院——美国司法中的神话与现实》,赵承寿译,中国政法大学出版社 2007 年版,第 17 页以下。
④ 参见樊崇义主编:《诉讼原理》,法律出版社 2004 年版,第 337 页。
⑤ 参见王利明:《法官与医生》,载《当代贵州》2015 年第 32 期。

同，进而被视为不符合常理，那么就不能说是合法的事实认定。①

正因为如此，我国刑事诉讼法、民事诉讼法中的二审程序在部分案件中确认了认定案件事实不需要司法亲历性，即二审法院不需要开庭审理，法官可以在一审法院采信证据的基础上认定案件事实。《刑事诉讼法》第234条第1款和《民事诉讼法》第176条第1款表明，不是所有的二审案件都需要开庭审理。另外，《刑事诉讼法》第253条第2项规定的刑事再审事由是"据以定罪量刑的证据不确实、不充分、依法应当予以排除，或者证明案件事实的主要证据之间存在矛盾的"；《民事诉讼法》第207条第2项规定的民事再审事由是"原判决、裁定认定的基本事实缺乏证据证明的"。以上都是在证据不变的情况下，后来的办案主体对原裁判的事实认定提出了疑问。由此表明，在案件事实证据不变的前提下，后来的办案主体即使依据以前办案主体采信的证据，仍然可以对案件事实作出认定不同甚至是完全相反的认定，并据此启动审判监督程序。因此，我国刑事诉讼法、民事诉讼法的上述规定表明，认定案件事实并不要求司法亲历性。

三是法律适用不要求司法亲历性。在案件事实已经固定的前提下，法律适用要解决的不仅仅是确定适用的法律条文这一个问题，而是包括案件如何适用法条、如何定性、如何处理这三个方面。由于案件定性和处理都要以确定法条为前提，因而简称为"法律适用"。因此，法律适用要解决的最根本的是案件如何处理最为妥当、最能取得好的法律效果和社会效果的问题。法律适用需要重点考量的主要是案件事实与法条之间的关系，案件处理与政治、经济、社会、国防、外交等方面的具有明显的外在性关系，跟事实认定主要斟酌案件内部证据与证据之间的关系所体现的内在性形成明显区别。这种外在性决定了审判委员会确定法律适用并不怎么违反司法亲历性。② 事实上，审判委员会决定法律适用完全不违反司法亲历性；由此，"审者不裁、裁者不审"并不违反司法亲历性。

正因为如此，在案件事实完全不变的前提下，上诉法官或者再审法官有权以适用法律错误为由推翻原判决。我国《刑事诉讼法》第253条第2项规定的再审事由是"原判决、裁定适用法律确有错误的"，《民事诉讼法》第207条第6项规定的再审事由"原判决、裁定适用法律确有错误的"即是证明。

---

① 参见［日］新堂幸司：《新民事诉讼法》，林剑锋译，法律出版社2008年版，第386页。
② 参见朱孝清：《司法的亲历性》，载《中外法学》2015年第4期。

（二）司法权的分割行使

司法亲历性适用范围的有限性以及检察机关分离制办案模式的确认，直接提出了检察机关办案模式涉及的司法权的分割行使。所谓司法权的分割行使，是在办理同一个案件的过程中，审查证据权、认定事实权和适用法律权分别由不同的办案组织行使，各个办案组织分别对自己的办案行为负责。与三级审批制办案模式中司法权不同权能的混同行使相比，我国司法权的分割行使使得检察官、检察长或者检察委员会在办理同一个案件的过程中"各管一段"，清晰地划分了各自权力边界，从而为真正做到"谁办案谁负责，谁决定谁负责"奠定理论基础。

人民检察院组织法之所以从法律上确认重大办案事项由检察长作出决定以及重大、疑难、复杂案件由检察委员会讨论决定，其理论依据即是司法权的分割行使以及检察长、检察委员会综合素质高于普通检察官。对于前者，本文已经完成了初步的证明。现代法治国家普遍设立上诉制度，以求上级法院的法官通过审级制度实现对下级法院法官错误裁判的救济[①]；这一制度的理论假设，显然是上级法院法官的综合素质特别是适用法律能力高于下级法院法官。检察长、检察委员会的综合素质高于普通检察官这一理论依据，在法理上即类似于上诉制度和审级制度。我国检察官队伍的整体素质表明，检察长的总体素质确实优于普通检察官。当然，正是由于上诉制度的存在，以及随着法官检察官员额制的深入推进，特别是检察官办理的一审案件中，适用分离制办案模式的案件数量应当适当减少，尽量扩大合一制办案模式的适用范围。

（三）司法权的可监督性及其范围

凡是适用司法亲历性的，都不具有可监督性。如前所述，司法亲历性适用于部分证据的审查，因此，在适用司法亲历性审查证据时，司法权即不具有可监督性。[②] 特别是对言词证据提供者察言观色，获取陈述人神态、表

[①] 杨知文：《现代司法的审级构造和我国法院层级结构改革》，载《华东政法大学学报》2012年第5期。

[②] 需要说明的是，对案件事实的认定需要综合各种证据。在综合各种证据认定案件事实时，也可能否定法官、检察官依据亲历性原则采信的证据。从这个角度看，依据亲历性原则采信的证据也具有相应的可监督性。但是，如果案件事实的认定完全依赖唯一的亲历性证据，则此类亲历性证据不具有可监督性。

情、语调、动作等生动的信息,才能辨明个中的真假、是非与曲直,并进而对案件事实作出准确的认定。① 在这种情形下,监督者因缺乏亲历性,不可能对法官采信证据的司法活动作出准确的判断。

但是,以证据为基础认定案件事实和以事实为基础适用法律并不强调要适用司法亲历性,因此在证据已经固定的前提下,法官或者检察官认定案件事实和适用法律都具有可重复性。换句话说,在证据已经固定的前提下,职业法律人对案件事实的认定以及适用法律对案件作出处理结果应当能够形成共识。同时,司法采信客观性证据是否符合法律规定或者常理,也应当在法律职业人中形成共识。正是由于上述理由,不以司法亲历性为基础的司法活动才具有可监督性。基于上述考量,《检察院若干意见》第10条规定,检察长(分管副检察长)审核检察官办理的案件,不同意检察官处理意见,可以要求检察官复核或提请检察委员会讨论决定,也可以直接作出决定,此即为司法责任制改革关于检察长(分管副检察长)对检察官司法办案的领导权。

改革后,检察长对检察官司法办案活动的领导权与三级审批制办案模式也完全不同。在三级审批制办案模式中,检察长本身即处于办案环节的最终一环(检察委员会讨论决定的案件除外)。从制度上看,除检察委员会讨论决定的案件外,所有的案件处理决定最终都是由检察长作出的;实践中,无论检察长是否实际上对案件作出处理决定,检察长都要对案件的处理决定以及案件事实负责。

司法责任制改革后,对于检察官适用合一制办案模式办理的案件,检察长与检察官之间对于办案活动的职权范围是清晰的。首先,检察长对检察官办理的案件没有行使审核权的,案件由检察官办理并负责。其次,检察长对检察官办理的案件行使审核权,但没有改变检察官对案件的处理决定的,案件也由检察官办理和负司法办案责任;因此而发生错案等情形的,检察长负监督管理责任而不是司法办案责任。最后,检察长对检察官办理的案件行使审核权,并改变检察官对案件的处理决定,检察长对改变的处理决定负责;检察官对未改变的部分负责。司法责任制改革后,对于检察官适用分离制办案模式办理的案件,检察长与检察官之间对于办案活动的职权范围也是清晰的:案件事实和证据由检察官负责,对案件作出的处理决定同检察长负责;对于检察官负责的案件事实和证据,检察长不因对案件作出决定而负责;在

---

① 参见朱孝清:《司法的亲历性》,载《中外法学》2015年第4期。

案件事实和证据没有问题的前提下,对于检察长对案件作出的处理决定出现问题的,检察官同样不负责任。

五、完善检察机关办案模式的建议

为深化我国检察机关司法责任制改革,对完善检察机关办案模式提出如下建议:

(一) 进一步厘清主办检察官与组内检察官之间的职责权限

根据《检察院若干意见》第18条和《人民检察院组织法》第28条的规定,主办检察官作为办案组负责人组织、指挥办案组办理案件。关于如何处理主办检察官与组内检察官在司法办案中的关系,目前的司法实践还没有较好的答案。《检察院若干意见》第18条规定,主办检察官在职权范围内对办案事项作出处理决定或提出处理意见。据此,组内检察官对检察官办案组办理的案件,显然只有承办权而没有处理决定权。因此,除了应当由检察官亲自完成的事项外,组内检察官的角色类似于检察官助理,实际上只是辅助主办检察官办理案件。有观点认为,主办检察官应主要通过审阅而非审批对承办检察官办案工作进行监督,监督的内容应着重于调查的事项是否遗漏、法律适用是否统一,不应涉及承办检察官的具体办案意见。[①] 在司法实践中,产生了主办检察官监督组内检察官司法办案的现象。为此,《指导意见》第9条规定,"在固定设置的检察官办案组中,组内检察官可以作为独任检察官承办案件,在检察官权力清单确定的职权范围内对办案事项独立作出决定。主办检察官对组内检察官作为独任检察官承办的案件不行使办案事项决定权,也不行使审核权"。《人民检察院组织法》第34条"检察官对其职权范围内就案件作出的决定负责"的规定,宜理解为包括主办检察官和组内检察官都有职权对案件作出处理决定。如果这样理解,组内检察官与主办检察官事实上可以形成合作关系,而不是领导关系;显然又与主办检察官组织、指挥办案组办理案件之间存在一定的紧张关系。因此,如何准确界定主办检察官与组内检察官的司法办案职权,已经成为检察机关新办案模式中一个重要的问题。

---

① 参见桂万先、杨吉高:《检察办案组织的内涵、类型及其运行机制——以司法责任制改革背景下检察办案组织构建为视角》,载《人民检察》2016年第15期。

(二）进一步明晰独任检察官、检察官办案组与检察长、检察委员会办案的范围

《检察院若干意见》和人民检察院组织法规定了各类办案组织的司法办案职权，但是也留下了一些中间地带需要明确。首先，应当进一步明确独任检察官和检察官办案组办理案件的范围。司法实践中，案件数量大、办案压力大的检察机关，一般积极推行独任检察官办理案件，而忽视了案件的复杂程度；相反，那些案件数量和办案压力均不大的检察院，对这一问题则采取较为宽松的立场。同时，省级检察院甚至包括最高人民检察院办理的案件也有简单的，应当由独任检察官办理；相反，基层检察院办理的有些案件则需要由检察官办案组办理。比如，上海市三级检察院超过80%的审查逮捕案件以及超过93%的提起公诉案件都是由检察官在职权范围内作出决定的①；某省检察官权力清单真正下放直接由检察官行使的审查批准逮捕、起诉等案件处理决定权为68项，仅占全部职权的22.4%②。不同检察院之间对检察官放权幅度之差异明显过大。因此，如何相对准确地界定独任检察官、检察官办案组办理案件的范围，还需要在司法实践中进一步探索。其次，相对明确重大办案事项和重大、疑难、复杂案件的范围。在司法实践中，对于什么是重大办案事项和什么是重大、疑难、复杂案件没有相对统一的标准，导致有些本来应当由检察官在职权范围内决定的案件，由于检察官怕承担责任而报请检察长决定；有些本来应当由检察长或者检察委员会决定的案件，由于各方面的原因，地方少数检察机关却让检察官作出决定。

（三）细化检察官与检察长、检察委员会之间的办案事项范围

需要明确的是，审查证据、认定事实是否完全属于检察官职权范围的事项？还是检察长、检察委员会委员发表的意见也包括审查证据、认定事实？有理由认为，检察长作出决定和检察委员会委员发表的意见及其表决也应当涵盖审查证据、认定事实。主要理由就是2018年同时修改的人民法院组织法关于审判委员会和人民检察院组织法关于检察委员会的规定存在重大差异。人民法院组织法规定审判委员会的职能之一是"讨论决定重大、疑难、复杂案件的法律适用"，而人民检察院组织法规定检察委员会的职能之一是

---

① 参见王光贤：《检察官权力清单制度实施及其完善——以上海市检察机关为样本》，载《上海政法学院学报（法治论丛）》2017年第4期。

② 参见王玄玮：《检察官权力清单制度实施状况与完善》，载《人民检察》2018年第9期。

"讨论决定重大、疑难、复杂案件"。由此，审判委员会讨论决定重大、疑难、复杂案件时，应当在合议庭认定案件事实的基础上讨论决定其法律适用，而不得讨论决定其证据审查和事实认定；检察委员会讨论决定重大、疑难、复杂案件的，则应当涵盖证据审查、事实认定和法律适用。由此，检察官与检察长、检察委员会在部分重大、疑难、复杂案件中可能同时行使审查证据、认定事实的职能。因此，对于检察长决定或者检察委员会讨论决定的重大、疑难、复杂案件，如何准确界定检察官、检察长、检察委员会行使的职责权限，需要结合具体案件分析。

"案-件比"质量评价指标研究[*]

董桂文[**]

"案-件比"一词最早出现在2020年1月9日最高人民检察院印发的《检察机关案件质量主要评价指标》中。在这一规范性文件构建的指标体系中,"案-件比"居于核心和引领地位。2020年5月,"案-件比"正式向社会推出,被各界形象地比喻为"司法办案质效的GDP"。实际上2019年7月,"案-件比"作为一个评价指标就开始在检察机关内部适用。"案-件比"的基本逻辑是通过对当事人的"案子"与"案子"进入执法司法程序后形成的"案件"之间的数量对比关系分析,来衡量办案质效。目前,在检察机关内部,"案-件比"已经成为自我加压、自我评价、自我管理的重要指标,更成为引领检察工作尤其是审查逮捕、审查起诉工作的"指挥

---

[*] 本文系2020年度最高人民检察院检察理论研究重点课题"'案-件比'质量评价指标研究"(项目批准号:GJ2020B18)的研究成果。

[**] 课题主持人:董桂文,安徽省人民检察院党组副书记、副检察长。课题组成员:郑成方,最高人民检察院案件管理办公室业务数据管理处副处长,三级高级检察官助理;吴真,上海市人民检察院案件管理办公室四级高级检察官。

棒"。深入研究"案-件比",尤其是厘清"案-件比"的法理基础、具体内容、适用情况、价值作用等,都具有十分重要的理论和实践意义。

一、"案-件比"提出的背景

（一）以人民为中心的发展思想是"案-件比"提出的肥沃土壤

党的十八大以来,习近平总书记多次强调以人民为中心的发展思想。以人民为中心的发展思想,贯穿于习近平新时代中国特色社会主义思想的各个方面,包含着一些列相互联系、相辅相成的思想和观念。检察机关作为国家的法律监督机关,当然要坚持以人民为中心的发展思想,无论过去还是将来,人民性都是检察权的根本属性,以人民为中心是检察机关执法办案之本。这就要求检察机关要将人民群众的中心地位体现在工作的方方面面,需要一个与人民群众司法感受相关联的评价指标体现检察业务活动的质量和效率。

（二）社会主要矛盾的变化是"案-件比"提出的时代呼唤

党的十九大报告指出,我国社会主要矛盾已经转化为人民日益增长的美好生活需要和不平衡不充分发展之间的矛盾。我国社会主要矛盾的变化是关系全局的历史性变化,中国特色社会主义进入新时代,我国发展处于新的历史方位。新时代体现出新特点、新特征,其中最明显的就是人民群众在民主、法治、公平、正义、安全、环境等方面有更高水平、更丰富内涵的需求。人民群众不仅希望在每一起案件中感受到公平正义,而且期望公平正义来得更加及时、更加高效,这些都为政法机关提出了新任务、新要求。就检察机关来讲,不仅要向人民群众提供更加优质的司法产品、检察产品,而且要提供得更加及时、更加精准,让正义由不缺席向不迟到提升。检察机关迫切需要有一个评价指标对人民群众新时代新需求予以正面回应。

（三）重大司法改革是"案-件比"提出的实践需要

司法人员的分类管理改革,是司法体制改革的核心,检察院员额制改革之后,按照员额制检察官不超过39%的标准,一线办案人员减少,在案件量逐年增加的情况下,急需提高办案效率;"捕诉一体"改革是重大办案模式变革，一名检察官既负责审查逮捕又负责审查起诉，理论上能够提高办案质量和效率，但实践中还需要具体引导；内设机构改革突出专业化建设、促进专业能力提升，但如何促动检察官更新办案理念，是面临的新课题。面对这些司法改革的现实挑战，司法实践需要一个科学的评价指标引领办案活动。

（四）部分业务活动的粗疏是"案－件比"提出的问题导向

根据目前法律、司法解释规定，检察机关可能参与的刑事业务活动有50余项。这里面既有像审查逮捕、审查起诉等主体业务活动，也有像退回补充侦查、延长审查起诉期限、撤回起诉、上下级院的交办移送等围绕主体业务活动而开展的其他业务活动。统计数据反映，这些围绕主体业务活动而开展的其他业务活动数量很多、工作量很大，但是不少情况下，当事人对此的感受和评价并不好。根据实地调研发现，这些业务活动有的没有开展必要，有的有开展必要却无实际效果，有的纯属因工作不到位而引发，比如有些退回补充侦查的提纲仅一行字完事，名为退查实为借用时间，到期后公安机关也原封不动又送回检察机关，出现了程序空转、实体不变的问题；还有的释法说理草草了事，让对方不能信服，直接引起了不必要的复议、复核、申诉等。正是由于这些粗疏的业务活动，增加了办案环节、延长了办案时间，降低了当事人的感受，研究提出一个科学的评价指标，向问题开刀，挤掉这些业务活动中的"水分"势在必行。

（五）传统评价指标的落后是"案－件比"提出的内生动力

对检察机关业务活动的评价指标一直都有，但随着时代的发展，有些指标已经变得不合时宜，比如过去的评价指标往往重数量轻质量、重实体轻程序，这与新时代人民群众对司法产品质量、效率的更高需求已经不相适应，急需提出新的反映业务活动质量、效率的指标。当然传统指标中也有反映办案质量和效率的指标，比如反映审查逮捕案件质量的不捕不诉复议复核率、捕后案件不起诉率；反映审查起诉案件质量的，无罪判决率，法院退回率；反映审查起诉办案效率的审结率；等等。不可否认这些指标在评价某一项业务活动时很有价值，但是这些指标分散于审查逮捕、审查起诉的各项具体业务活动中，反映的只是某一项业务活动的质量或效率，指标的分散性和单一性不能够从整体上、宏观上反映刑事办案活动的质效，另外由于这些指标过于细微、专业性过强，也不符合信息化时代下标示需要简单、快捷、方便的要求，所以需要一个反映检察办案质效的综合评价指标。

顺应新时代的呼唤，站在国家治理层面，"跳出检察看检察"，以人民群众对司法业务活动的实际感受为出发点和落脚点，以全力提升检察官的政治素养、业务素养、职业道德素养为内生动力，以为人民群众提供更优、更实的检察产品为最终目的，最高人民检察院提出了"案－件比"评价指标。

二、"案－件比"的基本问题

从目前检察机关对"案－件比"的适用来看，主要用于评价检察机关办理审查逮捕、审查起诉案件的质量和效率。检察机关作为国家法律机关，在审查逮捕、审查起诉过程中，可能参与的刑事诉讼活动很多。比如，张三将李四打伤，公安机关以涉嫌故意伤害罪对张三立案侦查，自此启动了一起刑事案件的办案程序。首先公安机关可能提请检察机关对张三批准逮捕，检察机关批准逮捕后，公安机关继续侦查；如果检察机关不批准逮捕，公安机关可能提出复议，检察机关维持原决定，公安机关还可能向上级检察机关提出复核，张三和李四对检察机关的批捕（不批捕）决定还可以进行申诉。对于检察机关批捕的案件，公安机关一般要 2 个月内侦查终结，如果不能按期侦查终结，根据案件的复杂程度，经过批准，可以 3 次延长侦查羁押期限。公安机关将案件侦查终结后，移送检察机关审查起诉。

检察机关收到公安机关移送审查起诉的案件后，一般要在 1 个月内作出是否起诉的决定，复杂的案件可以延长审查起诉期限 1 次，时间为半个月。如果检察机关认为证据不足，可以将案件退回公安机关补充侦查 2 次，每次退回补充侦查后，重新计算审查起诉期限，也可以重新延长审查起诉期限。检察机关作出起诉决定后，案件就进入法院的审判阶段。如果检察机关作出不起诉决定，公安机关可能提出复议，如果检察机关不改变原决定，公安机关还可能向上级检察机关提出复核，当事人可以提出申诉。

案件进入法院审判阶段后，检察机关还可以撤回已起诉的案件，也可以向法院建议延期审理，法院也可以将案件退回检察机关。一般案件，法院的审理期限是 2 至 3 个月，复杂案件还可以延长 3 个月。法院经过审理后，作出一审判决。对于一审判决，被告人可以上诉，检察机关可以抗诉，从而进入二审程序，二审作出的判决为终审判决。当事人对生效判决不服，可以申诉；法院也可以自行启动再审程序；检察机关可以启动审判监督程序提出抗诉。经过法院再次审理的案件，如果推翻原生效判决结果，比如有罪改为无罪，当事人可以申请国家赔偿。

从上述办案环节可以看出，根据我国法律有关规定，司法机关办理一起犯罪案件，一般会经历刑事侦查（含审查逮捕活动）、起诉、审判三个大的环节。就检察机关的办理环节来说，在各界比较熟悉的审查逮捕、审查起诉活动之外，还可能会经历诸如对不批捕案件或者不起诉案件的复议复核、对不批捕、不起诉案件的申诉和审查起诉阶段的退回补充侦查、延长审查起诉期限以及起诉后的撤回起诉等20多项业务活动，而每一项业务活动，都有相应的办案期限。当然，根据实际情况，一起刑事案件可能经历上述多数程序，也可能仅经历部分程序。如果张三故意伤害案将上述20多项业务活动都经历一遍，即使各业务活动之间无间隔时间，总体诉讼时限也可长达4年以上，这样的时间跨度无论是对当事人还是办案机关，都是沉重的代价和成本。毋庸置疑，法律上规定这些业务活动，都是为了查清案件事实，确保准确追诉犯罪，切实保障人权，但是如果每一个环节都将工作做到极致，这当中有些业务活动是可以不发生或者少发生的，比如检察机关作出的不批捕决定适用法律正确、释法说理到位，就可能不会引起公安机关的复议复核或者当事人的申诉；再如，检察机关前期引导公安机关侦查工作做得好，就不必要再进行退回补充侦查。就是为了减少这些不必要的办案环节，检察机关创设了"案–件比"评价指标。

（一）"案–件比"的概念

"案–件比"是指发生在人民群众身边的案，与案进入司法程序后所经历的有关诉讼环节统计出来的件相比，形成的一组对比关系。简单地说，就是"案"的数量与"件"的数量所作的一个对比。张军检察长将"案"与"件"的关系形象地比喻成"源"与"流"的关系。指出无论"流"经哪里、千折百回，"源"还是那一个。当事人一案，无论经过办案机关多少程序环节、被统计为多少"案件"，而对当事人来说还是他的一个"案子"。司法机关不仅要保证"流"得快、"流"得顺畅，还要力求不分"流"、少发"叉"。

1. "案"是什么？是指发生在人民群众身边的案，也就是我们通常说的有一个案子在法院、在检察院等，比如张三故意伤害案。

2. "件"是什么？就是司法机关在办案过程中，在统计上作为一个个"案件"数量来统计的案件。在不同的司法机关，针对同一个当事人的同一个"案子"，一般都会根据该案进入司法程序后所经历的有关诉讼环节、各项业务活动情况而统计为多个"案件"。也就是说,"件"数一般都远远多于当事人自己认为的在司法机关的那一个"案子",比如公安机关将张三故意伤害案移送检察机关审查起诉,检察机关作出不起诉决定,公安机关对此提出了复议和复核。复议、复核就是针对张三故意伤害案在检察机关产生的更多的业务活动,统计为2件,这也就是"案-件比"中的"件"。

3. "案-件比"是什么?是"案"与"件"相对比并将"案"的数量取为1时,所形成的一组对比关系,即案:件。前者为"案",后者为"件",不能简单地将其看作一个比值。把"案-件比"界定为"案子"与"案子"经历的有关诉讼环节统计出来的件相对比,是为了表述方便而进行的概括性描述。

4. "案-件比"说明了什么?"案-件比"中"件"数越高,说明"案"经历的业务活动越多,办案时间越长。

5. "案-件比"的价值取向是什么?在保证质量的前提下,"案-件比"越低越好,也就是"件"数越少越好,越多越不好,这是"案-件比"指标预先设定的价值取向。这里引申出来一个问题,什么样的对比关系最好。"案-件比"预先设定了一个理想状态为1∶1,即检察机关受理1起刑事案件,通过1次终结性业务活动,就结束这起案件的诉讼,这就是理想状态。这里同样有一个前置条件,就是除了终结性业务活动,如果有必经环节,与终结性业务活动合并为1,也同样形成1∶1的理想结果。比如上面提到的张三故意伤害案,如果检察机关作出不起诉决定后,公安机关、当事人都认可,不提出复议、复核或申诉,这起案件也就算终结了,这样就是1∶1的理想状态;如果检察机关起诉到法院后,法院作出有罪判决,有罪判决为终结性业务活动,提起公诉为必经环节,两者合并为1,也形成了1∶1的理想状态。在计算"案-件比"时可以看出,首先将"案"的基准数纳入了"件"的集合,其目的就是形成1∶1的关系,这里的前"1"为"案",后"1"实为各种终结性诉讼活动。

6. 设定"案-件比"的目的是什么?"案-件比"作为一个办案质效指标,从其价值取向可以看出,设定"案-件比"的直接目的就是尽量减少"件",也就减少不必要的办案环节,避免程序空转,挤压检察业务活动中的水分,提高检察机关的办案质量和办案效率,让正义不缺席,也让正义不迟到;中端目的在于引导检察官在每一个办案环节将工作做到极致,从而提高检察官的政治素质、业务素质、职业道德素质;终极目的在于为人民群众提供质效更优的检察产品,提升当事人的司法感受,满足新时代人民群众在民主、法治、公平、正义、安全、环境等方面有更高水平、更丰富内涵的需求，实现习近平总书记提出的"努力让人民群众在每一个司法案件中感受的公平正义"的目标。

（二）目前"案-件比"评价指标的适用领域

2020年，最高人民检察院印发的《关于"案-件比"指标测算使用说明》中，提到了民事检察、行政检察的"案-件比"，其中民事检察以受理的民事生效裁判监督案件数量作为"案"的基准数，"件"的集合中，除了"案"的基准数外，选取不服民事生效裁判监督复查纠正受理案件数。2014年最高人民检察院下发的《民事行政检察厅与控告检察厅办理民事行政检察案件第二次座谈会议纪要》（以下简称《纪要》）规定："当事人不服人民法院作出的生效判决、裁定、调解书，申请检察机关监督，同级人民检察院受理审查后作出不支持监督申请决定，当事人认为该不支持监督申请决定存在错误的，可以向上一级人民检察院申请复查一次。"当事人申请复查的案件，在一定程度上说明上一阶段作出的决定存在瑕疵或者工作没有做到位，未能实现案结事了，宏观上可以认定为多余的"件"，故纳入"案-件比"中"件"的观测范围。行政检察"案-件比"也做了类似设计。

"案-件比"作为案件质量评价指标体系中的一个通用指标，可以适用于刑事检察、民事检察、行政检察、公益诉讼检察。但是，对于检察机关的审查逮捕、审查起诉工作确实与其他业务工作的办案动力源有所不同，审查逮捕、审查起诉往往属于被动办案，立案监督、侦查活动监督、民事监督、行政监督更属于主动办案，两类办案活动的区别比较明显：一是在办案驱动力方面。被动办案只是公检法办案中的一个环节，案子从公安机关进来，最后移送到法院，办案人员必须走完审查逮捕、审查起诉等例行程序，办案人员的驱动力主要来自外界，容易产生拖延心理，需要用"案-件比"进行督促。主动办案需要检察人员主动推进办案进程，办案的驱动力来自内部，具有寻找线索、调查取证、推进诉讼进程的积极性，拖延的可能性不大。二是在对当事人的影响方面。被动办案属于过程办案，双方当事人都希望尽快得到诉讼结果，诉讼的拖延、延迟会对当事人带来很大煎熬。主动办案大多是救济办案，针对的是诉讼结果已经明确的案件，比如民事检察、行政检察针对的是法院已经作出判决的案件，当事人正是由于对已有的结果不服，更多地希望救济程序走下去，程序即便增多了，当事人也是认可的，负面情绪不大。三是在多余程序的挤压空间方面。被动办案既有必经程序也有非必经程序，其中的非必经程序容易成为"案－件比"的"件"。主动办案需要办案人员层层推进，基本上都是必经程序，很少产生"件"，"案－件比"的适用空间有限。

综上可以看出，刑事检察中的审查逮捕、审查起诉工作与民事、行政、公益诉讼检察的动力源不同，用同一指标同一趋势去评价好坏不太妥当。根据当前"案－件比"评价指标的各种预先设置，普遍将"案－件比"适用于刑事检察中的审查逮捕、审查起诉工作。当然，这并不排除在其他检察工作适用"案－件比"，这还有赖于对"案－件比"扩展理解。

（三）刑事检察中"案"与"件"的选择

1. "案"的选择

《关于"案－件比"指标测算使用说明》中将检察机关受理的审查逮捕案件数与扣除经过审查逮捕环节的审查起诉案件数之和作为"案"的基准数。这就是说，针对检察机的办案情况而言，最能反映一个时期发生在人民群众身边的刑事案件是检察机关受理的审查逮捕案件和审查起诉案件，但二者有很大一部分是重合的案件，即逮捕后移送审查起诉的案件，因此将检察机关受理的审查逮捕案件数与扣除经过审查逮捕环节的审查起诉案件数之和作为"案"的基准数就基本反映了是一个时期发生在人民群众身边的"案子"。

2. "件"的选择

《关于"案－件比"指标测算使用说明》中，选取了16项业务活动形成"件"的结合，后来又改为15项，分别是不批捕申诉、不批捕复议、不批捕复核、一次延长审查起诉期限、二次延长审查起诉期限、三次延长审查起诉期限、一次退回补充侦查、二次退回补充侦查、不起诉复议、不起诉复核、不起诉申诉、撤回起诉、法院退回、检察机关建议延期审理、国家赔偿。

对于一起刑事案件的诉讼活动，根据目前法律、司法解释所规定的检察机关可能参与其中的刑事业务活动除了前述的20余项，还有30多项，合计有50余项。这里面既包括像审查逮捕、审查起诉等检察机关被动受案的活动，也包括像对侦查活动监督这样的主动办案活动，既包括像决定起诉、决定不起诉这样必然经过的诉讼环节，也包括像对不起诉决定申诉这样非必然经过的诉讼环节；既包括像对不批捕、不起诉决定复议复核这样的诉讼环节，也包括像退回补充侦查、延长审查起诉期限这样的业务活动，等等。为什么选择了前面15项作为"件"的考察对象，主要暗含了5条选取标准：

一是这项业务活动是基于审查逮捕、审查起诉工作而引起。检察机关的法律监督权体现在刑事检察中,包括批捕、起诉等业务活动,也包括对侦查、审判等活动开展的诉讼监督业务,如前所述,批捕、起诉以及与之相关的业务活动一般理解为因公安机关移送案件而被动开展的业务活动;诉讼监督活动一般理解为检察机关主动开展的业务活动,两类业务活动开展的驱动力不同,目前纳入"件"集合的业务活动主要是基于审查逮捕、审查起诉工作而引起的业务活动。

二是这项业务活动不是刑事诉讼的必经程序。检察机关参与的诉讼活动,有些是必经程序,比如提起公诉、不起诉,公安机关移送审查起诉案件后,检察机关必须作出类似决定。但是,从"案-件比"的价值引导上讲,"件"是被重点挤压或者说减少的对象,所以必经环节不是"案-件比"考察的对象,而像作出起诉决定后又撤回起诉、作出不起诉决定后公安机关提出复议、复核等反映那些必经环节质量的业务活动,才是"案-件比"考察的对象,从统计数值上讲,必经程序数值体现了该项工作的"量",非必经程序数值体现的是某项工作的"质",所以必经程序未纳入"件"的集合。

三是这项业务活动原本可以减少或者避免发生,但因前一个环节未将工作做到极致而产生。比如,检察机关作出不批准逮捕决定的同时,应该进行释法说理,如果释法说理到位,公安机关或者当事人也就容易接受了这一决定,案结事了;如果释法说理不够全面、清晰甚至不批捕决定错误,就很难让公安机关或者当事人不信服,从而提出复议、复核、申诉,这类复议、复核、申诉就是本可以减少或避免发生、却由于工作没做到极致发生的"件"。

四是这项业务活动主要反映检察机关办案质量或者效率。由于检察机关处于刑事诉讼的中间阶段,前面承接公安机关的侦查活动,后面对接法院的审判活动,所以参与的刑事诉讼活动较多,但在"件"的选择上,坚持了刀刃向内原则,仅选取了直接反映检察机关办案质效的业务活动。

五是这项业务活动会影响诉讼期限。这主要从缩短诉讼时间上考虑,比如退回补充侦查、延长审理期限等都会造成诉讼时间的延长,因此纳入"件"的集合。有些业务活动虽然产生了程序上的流转,但并不延长诉讼时间,比如向上级检察机关的请示报告等,就没有纳入"件"的集合。

这五个标准是一个相互联系、相互补充的整体,共同形成了"件"的选取标准。不可否认,无论设定何种标准,检察机关开展的纳入"件"范围的业务活动或者办案环节，都有法律依据。但是，如果上一个环节将工作做到极致，能够避免和减少下一个环节发生的，就应该尽量避免或者减少，从而提升当事人的司法感受，节约司法资源。至于将工作做到极致仍无法避免的环节，不是"案－件比"负面评价的对象，"案－件比"的导向是挤掉那部分能够避免或减少的"件"，所以这里的"件"被赋予了特殊含义。

（四）"案－件比"体现的诉讼法学理念、原则

"案－件比"就是尊重并把握司法规律，着眼实体与程序并重，在确保"案子"实体公正前提下，努力做到程序不反复、少折腾，最大限度地减少人为增加"案件"。这是在更高层次上追求程序公正与实体公正相统一。深入思考"案－件比"，就会发现"案－件比"体现了很多诉讼法学的理念、原则。

首先，程序的设定不等于程序的滥用。樊崇义教授在由理念走向制度：完善以"案－件比"为核心的检察办案质效评价体系一文中，专门阐述了这个问题。黄风教授翻译的《论犯罪与刑罚》一书中指出："推迟刑罚尽管也给人以惩罚犯罪的印象，然而，它造成的印象不像是惩罚，倒像是表演。"诉讼程序是当事人与司法机关发生一系列诉讼活动的过程，诉讼活动的进行需要一定的时间，即诉讼期限，而诉讼期限是法律根据诉讼活动的规律进行的科学预设，对办案期限的严格遵守是法律正当程序的外在表现。考虑到法律在实施过程中可能面临的复杂情况，立法在对办案期限预设的过程中进行了一些例外性的规定，如刑事诉讼中的退回补充侦查、延长审查起诉期限等，但如果对这些例外规定进行过度使用，则有违法律的正当程序理论，且有权力滥用之嫌。因此，诉讼程序的正当进行，应以摒弃一切不必要和不正当的耽搁为基本前提。从这个层面来看，"案－件比"评价指标在规范检察办案的正当性上，符合法律正当程序理论的内在要求。

其次，效率是程序价值、正义的重要组成部分。陈光中教授曾把刑事诉讼的价值概括为秩序、公正和效益。效益价值既体现为以最少的司法资源投入换取最大量刑事案件的办理，也就是提高诉讼效率，降低诉讼成本，也包含了刑事诉讼活动在实现秩序和公正方面达到最佳的社会效果；陈瑞华教授将程序正义的基本构成要素归纳为程序的参与性、裁判者的中立性、程序的对等性、程序的合理性、程序的及时性和程序的终结性，及时性体现的就是诉讼活动不能过于拖延和迟缓，否则不仅会导致案件的结案周期大大延长，诉讼成本大大增加，而且会因此导致当事人长时间处于待确定状态，其利益

和命运则也无休止地处于不确定的状态,陈瑞华教授在其刑事诉讼前沿问题一书中还专门提到,如果迟来的正义仍然属于"实体正义"的话,那么这种实体正义的晚到所带来的则是程序上的非正义。"案-件比"的一个重要作用就是让正义及时实现,完全契合程序价值和程序正义中的法治精神。

最后,程序正义是实体正义的重要保障。法学理论界一般认为,程序正义理念下的程序价值可以分为内在价值和外在价值。刑事诉讼程序的内在价值主要是指诉讼程序本身具有的品质和价值标准,经陈瑞华教授最先提出后,也逐渐被理论界接受。但是,程序价值的外在价值也就是刑事诉讼程序在形成公正裁判结果中的作用价值或者说工具价值,这里强调的程序对实体公正的价值作用,应该说是理论界、实务界最为推崇的刑事诉讼程序的价值作用,"案-件比"表面看是减少不必要的办案环节,隐含的核心要义是将每一个诉讼环节的工作做到极致,恰恰说明了对程序正义的重视,所以最终体现的还是通过程序正义实现实体正义,更好地发挥程序正义对实体正义的保障作用。

(五)"案-件比"的重要意义

从"案-件比"的概念和内涵来看,其作用和意义体现在以下几个方面。

1. "案-件比"的导向性使其成为"多余"业务活动的"挤压器",具有精准的引导作用

一个评价指标是否科学合理,最重要是看该指标是否符合目标设定,是否能够为实现目标发挥指挥棒作用。"案-件比"将1∶1设定为理想状态,1之外的"件"数越少越好,"件"的选择以人民群众的司法感受为首要原则,必然引导各级检察机关在保证办案质量的前提下,积极降低"件"数,通过挤压诸如退回补充侦查、延长审查起诉期限等15类业务活动的次数,减少办案环节、缩短办案周期、减少当事人讼累,从而实现办案政治效果、法律效果、社会效果的有机统一。

从课题组调研情况看,各地检察机关积极采取措施,努力降低"件"数。过去有部分本没有延长审查期限或退回补侦必要的案件而作了延期或退补,退补后案件基本原样送回,造成程序空转。"案-件比"指标运用后,适用延期和退补更加规范、严格,程序空转现象得到遏制。某基层院检察官在接受媒体采访时说,当地"案-件比"大幅下降,其中退查率下降了59.68%。退查率为何下降这么多?这源于在"案-件比"指标引导,源于当地建立了"捕后跟踪、边审边补、案件分流、风险防控、业绩考核"等

一整套工作机制，推动当地检察机关"案-件比"持续优化。

2. "案-件比"的引领性使其成为业务管理的"指挥棒"，具有纲举目张的管理价值

最高人民检察院印发的检察机关案件质量主要评价指标，涵盖"四大检察""十大业务"主要案件类型、主要办案活动、主要诉讼流程，共计51组87项。"案-件比"在这一指标体系中居于核心地位并发挥引领作用，与其他指标一起，相互牵制、相互平衡，共同反映办案活动的数量、质量、效率、效果。同时更要看到，"案-件比"对这一体系中不捕复议/复核率、退回补充侦查率等刑事检察指标的包含作用，尤其是"件"的集合中既包含延长审查起诉期限等直接反映办案时长的指标，也包含当事人申请国家赔偿等直接反映办案质量的指标，实现了效率与质量的兼顾，可以用一个指标从总体上反映一个院、一个部门、一名检察官的办案质效，这都凸显了"案-件比"的独特性和引领作用。"案-件比"势必成为上级检察院对下级检察院办案活动运行态势判断，各级院检察长开展业务管理的指挥棒。

从课题组调研情况看，"案-件比"指标运用后，检察官办案方式明显改变，工作作风更加主动，改变过去文来文往的做法，审查中发现问题随时与侦查机关沟通，大大减少徒增的"件"数。某位基层的一线办案检察官就讲，对于退回补充侦查措施，过去是能适用即适用，现在则是如果能在审查起诉期限内解决的，则尽量不退回补充侦查。确需要退回补充侦查的，以前少数检察人员会简单地以"事实不清、证据不足需要继续侦查取证"为由退回，但现在会撰写详尽的补充侦查提纲，退回公安机关后还要继续跟进，随时了解补充侦查进展情况，大大提高了办案质量和效率。

3. "案-件比"的综合性使其成为更新理念、深化改革的"助推器"，具有明显的溢出效应

"案-件比"是一个综合指标，把贯穿刑事检察的多项业务活动联系在一起，聚合后的放大效应明显。比如，"件"的集合中纳入了不捕、不诉的复议复核数量，不批捕、不诉的申诉数量，必然推动办案检察官牢固树立"双赢多赢共赢"的理念，强化释法说理和沟通能力；再比如，将退回补充侦查、延长审查起诉期限、法院退回、国家赔偿等纳入了"件"的集合，必然引导检察官在审查逮捕阶段，就开始强化对侦查工作的引导，继而在整个诉讼活动中加强监督，整体上提高案件质量，也必然引导检察官积极适用认罪认罚从宽制度尤其是其中的速裁程序，从而减少退回补充侦查、延长审查起诉期限次数，这就更好地推动了新机制新制度的落地、落实，引导检察

官在刑事诉讼活动中发挥主导作用。不言而喻,"案－件比"的溢出效应是非常明显的。

课题组调研发现,"案－件比"指标推出后,监察及公检法机关之间沟通互动更加频繁,协作配合与监督制约更加有力,有助于形成惩罚犯罪、保障人权、依法办事的合力。许多基层检察人员反映,现在公安更主动也更愿意接受检察提前介入、引导侦查,因为他们切实体会到了侦查质量和办案效率提高的好处。同时,许多基层公安人员也反映检察机关对公安工作更支持更主动。某地公安分局一名大队长指出,过去提请批捕或移送起诉的大多数案件,检察人员很少与公安沟通,往往是快到期了直接作出不捕或退补决定,导致公安人员想补证也来不及。现在,公安与检察人员的联系渠道特别畅通,无论什么诉讼阶段、是否在工作时间,都可以随时与检察人员沟通论,大大便利了侦查工作,加强了与公安机关的配合。

4."案－件比"的开放性使其成为反映各层级司法办案质效的"风向标",具有广泛的适用空间

最高人民检察院党组提出,"案－件比"是一个开放性概念,不仅可以对检察机关办案质效进行评价,如果合理调整"案"与"件"的集合,还能从宏观上反映整个政法机关办案质效甚至整个国家司法资源投入情况。比如,扩容"件"的集合,"案－件比"能够一定程度上反映整个司法机关刑事诉讼工作质效。除了前文提到的纳入"件"的15种业务活动,再加上延长侦查羁押期限的案件数,就能够从一个侧面反映公安机关的办案质效;再加上抗诉数,法院发回重审数、法院自行再审数等,就能够从一个侧面反映法院办理刑事案件的质效。这样测算出的"案－件比"数值,可以从宏观上观测刑事司法业务的工作质效。

继续扩容"件"的集合,"案－件比"可以反映国家对一个时期刑事案件司法资源的投入情况。"件"的集合中,还可以将一个时期的刑事申诉案件、控告案件、检察机关的立案监督案件、侦查监督案件、审判监督案件纳入其中,这时求出的"案－件比"数值,就能够从一个侧面反映政法机关对一个时期发生的刑事案件司法资源投入的多少问题。

课题组调研发现,有些地方的政法委书记已经看到这一指标的重要价值,比如河南某地的政法委书记就提到,"案－件比"将倒逼检察机关更加注重提高办案质效,同时推动公安机关、检察机关、审判机关共同实现"三个效果"的统一,对社会治安综合治理和平安创建起到积极推动作用。河北省某地政法委副书记也提到,"案－件比"进一步压实了检察机关的主

导责任，使检察机关的法律监督贯穿诉讼全过程，从引导侦查到走向法庭，联动侦查机关、审判机关，有助于构建维护司法公正的"双赢、多赢、共赢"格局。

5."案－件比"的人民性使其成为检察为民的新抓手，具有很好的社会价值

"案－件比"的直接作用或效果，就是引导检察官在办案过程中减少办案环节，缩短办案时间，让发生在人民群众身边的案件能够及时案结事了，满足不同社会群体的司法需求。从犯罪嫌疑人或者被告人的角度讲，让所涉诉讼及早盖棺定论，可以减少讼累；从被害人的角度讲，让受到的侵害能够从法律上及时确认并予以补偿，及早弥补创伤；从社会大众层面讲，让犯罪及时得到惩处，回应社会关切，能够及时发挥惩治犯罪的预警、教育和引导功能。可以说，"案－件比"发挥的引导价值是检察机关落实以人民为中心发展思想的最直接体现。

《检察日报》的一篇报道中就体现了这一价值，黄某是一起危险驾驶案中的嫌疑人，在接受媒体采访时说到，没想到案件会不起诉，更没想到不起诉决定来得这么快，因为检察机关的高效率，前后只用了7个工作日，我的生活、工作没受到任何影响，非常感谢。如果按照以往的办案惯例，不起诉案件办理的程序相对都比较长，因为要经过补充证据、充分听取各方意见、反复衡量社会危害性大小、综合研究、请示汇报等多个环节。

三、对"案－件比"的准确理解与适用

"案－件比"概念提出后，在检察系统引起强烈反响，也吸引了许多专家学者的关注。比如，检察日报从检察长怎么看、检察官怎么看、当事人怎么看、律师怎么看等多个角度，对"案－件比"进行全面研讨。中国法学会的张文显主任、中国政法大学的范崇义教授、中国人民大学的田宏杰教授、西南政法大学的胡兴建教授、社科院的莫纪宏研究员等对"案－件比"进行了深入的研究。同时，北京、江苏一些检察人员对"案－件比"也发表了不同的看法，从调研情况看，一些地方检察机关在适用"案－件比"的过程中也存在一些不合理的做法。充分理解张军检察长提出的科学管理指标重在科学应用。课题组认为，对"案－件比"指标，应当理性理解、客观评价、科学适用，任何忽视"案－件比"重要意义的观点都是片面的，任何一味拔高"案－件比"作用的观点也是片面的，任何违反规律地降低

"案-件比"的做法更是片面的。

（一）"案-件比"挤压的是非必经程序，并不影响必经程序的适用

有人提出，检察机关办案的"件"都是法定的，不能人为限制应当适用的法律程序。这种观点是"想当然"地、单凭字面的理解，没有深入地理解其本意，尤其是未理解"件"的内涵和限制条件，混淆了非必经程序与必经程序的区别，得出的结论自然是站不住脚的。

课题组认为，"案-件比"中的"件"是指"案"进入司法程序后经历的有关诉讼环节，而不是所有环节。必经环节不是"案-件比"评价的对象，合法合规合理的业务活动也不是"案-件比"挤压的对象。"案-件比"引导的重点是，减少因上一个环节未将工作做到极致，而引起的不必要的办案环节或者业务活动。对于"件"，要理解清楚两个方面的问题。

一方面，必经环节不是"案-件比"评价的对象。比如，一起故意杀人犯罪案件经历以下诉讼环节：公安侦查→检察机关批捕→检察机关起诉→法院判决有罪，被告人认罪服判不上诉，检察机关不抗诉，罪犯服刑，案件诉讼终结。这个案件的"案-件比"应该是1∶1，而非1∶4。进一步说，这个案件在检察机关经过一次批捕、一次起诉而被定罪结案，这个案件的处理对于检察机关而言，应该没有比这更为理想的状态了。既然是最理想的状态，那么在检察环节的"案-件比"也应该是1∶1，而不是1∶2。换句话说，在对"案-件比"理想状态是1∶1的前提界定下，诉讼程序中的一些即使把前一个环节工作做到极致，也不可避免的、必经的法定环节，是不能作为"件"叠加计算的，这样的环节再多，也不是"案-件比"的评价对象。

另一方面，关于"件"的特殊性，前文已经提到了5条标准。预先设定这样的标准，实际上就是将负面评价的"件"限制在一个较小范围之内，从而保障当事人的正当权益、保证检察官客观真实地追诉犯罪、保障人权。这绝不是人为限制应当适用法律程序，而是引导检察官将每个诉讼环节的工作做得更好。我们对"件"不能笼统地或者片面地理解，尤其是在"件"作为负面评价的对象上，不能将其大而化之地理解为所有办案环节。

（二）"案-件比"既是宏观指标也是微观指标，但作用机制并不相同

个别检察人员反映，对整个地区、整个条线"案-件比"的评价，并

不能反映个体检察官的办案质量,对检察官办案活动的指导针对性不强。这种观点混淆了宏观指标与微观指标的关系,用宏观指标结果直接评价微观案件,自然不具有针对性。

课题组认为,"案-件比"既是宏观指标也是微观指标,既能评价某个地区、某个条线的办案情况,也能评价某个检察官、某个案件的办理情况,但作为宏观指标和微观指标的适用机制并不相同。一是在宏观层面,"案-件比"主要反映一种办案趋势。最高人民检察院通报的几次"案-件比",实际上都是基于数据分析下的一种趋势判断。面对全国检察机关海量的办案数据,最高人民检察院统计分析全国或者各省级院的"案-件比",只能将纳入"件"范围的所有业务活动一并计算,从而进行大数据分析,因此得出的"案-件比"结果是一个趋势判断,是一个宏观指标。包括其他上级检察院统计分析本辖区内检察机关的"案-件比"时也是同样情况。在这种情况下,"案-件比"只是反映出整个地区办案情况存在的倾向性、普遍性问题,服务院领导宏观调度、指导检察业务活动,并不评价这个地区具体的个案情况,用总体"案-件比"对应个案评价并不精准。二是在微观层面,"案-件比"当然可以评价个体。因为降低"案-件比"最终要落实到每一个案件的办理全过程,离不开各业务部门,更离不开法定检察办案组织——检察办案组、主办检察官。"案-件比"就是要把全国、各省、各市、各县区办案质效情况与不同办案条线、不同级别检察机关及每一检察官个人办案质效都能清晰表达出来,通过比较鉴别,激励"比学赶帮超",以此促进检察官把监督办案的基本功练扎实,以"工匠精神"办好每一起案件。只是因为个案的千差万别,评价个体要与评价整体时有所区别。比如,在评价一名检察官的工作时,可以对"件"做一些区分,看是工作做到极致因客观原因而发生的,还是因工作不到位而造成的,这可以让检察官作出说明,并辅之相关的证明材料,经审查后,在计算"件"时该扣除的予以扣除。另外,不同的案件类型难易程度也不一样,具体检察院内部开展评价、分析时也有必要予以区分。

所以说,"案-件比"既是一个宏观指标,也是一个微观指标,在运用过程中,要将二者有机结合起来。"案-件比"办案管理指标在宏观上,把整个检察监督、办案过程甚至整个司法过程的质效做到一目了然;微观上,重在引领检察官追求办案的最佳质效,最大限度地减少那些因工作粗疏导致的办案环节增加、办案时间延长等形式上的所谓"公正",实质上的谁都不负责任、谁也没有责任问题。

（三）"案－件比"的理想数值是"1∶1"，但实际数值会发生动态变化

课题组调研发现，个别检察院在落实"案－件比"指标时，机械地理解"案－件比"的理想状态，把"1∶1"作为最优指标，在"案－件比"已经很低的情况下，仍然要求大幅减少，引起一线办案人员的反感。这种做法其实是混淆了理想指标与实际指标的关系，不顾实际办案情况，把理想指标作为实际指标，结果"欲速则不达"。

设定"案－件比"质效管理机制的目的是提升办案质量、效率、效果，不能机械理解和执行。"案－件比"重点评价对象是那些本不必要发生的冗余办案环节。因案件本身特点和特殊情况，已做到极致却依然发生的退查，不应作负面评价。"案－件比"绝不是单纯要效率！如果机械追求案件比值更低，导致办案质量不高、效果不好，必定会致案件反复，引发新的办案程序，最终拉高"案－件比"。课题组认为，"案－件比"的理想状态是"1∶1"，这是在许多限制条件下产生的。实际办案千差万别，机械地把"1∶1"作为最优指标是片面的，也是违背"案－件比"设计的初衷。一是不同的外部环境、案件类型、复杂程度等客观因素，都会对"案－件比"产生影响。比如，经济类、涉众类犯罪的"案－件比"一般高于普通犯罪；共同犯罪、集团犯罪的"案－件比"一般高于单独犯罪；侦查能力较低地区的"案－件比"一般高于较高地区；发案较多时节的"案－件比"一般高于较少时节；等等。用"1∶1"的理想状态要求所有类型的案件，不符合实际情况。

二是不同的"案－件比"区间，需要不同的应对举措。"案－件比"较高的地区和条线，反映出办案质量存在问题。通过降低"案－件比"，能够挤压多余程序，提高办案质量。一旦"案－件比"降低到一定程度，特别是接近"1∶1"的状态时，不宜再用"案－件比"的高低判断办案质量的优劣，而是具体问题具体分析，根据不同的案件类型采取不同的调控措施。比如对于重大复杂的案件，事实不清、证据不足，该退回补充侦查的肯定要补充侦查，该延长审查起诉期限的肯定要延长，该追捕追诉的肯定要追加，绝对不能因为要降低"案－件比"而影响办案质量。落实"案－件比"是要追求办案质量、效率、效果综合评价最优，绝不是简单的"比值"越低越好。

（四）"案-件比"是核心指标而不是孤立指标，需要和其他指标共同评价办案活动

课题组调研发现，一些检察官反映，自己花费很多精力办理的复杂案件，取得了很好的法律监督效果，但"案-件比"偏高，自己日常办理的简单案件，感觉并没有多少引领价值，但"案-件比"很低，认为"案-件比"的评价不尽科学。一些检察院在评价某地区、某条线、某类型办案质量时，主要通报"案-件比"数值，平时案件质量较高的院，"案-件比"的排名却并不靠前，与大家的直觉感受不尽一致。这些观点和做法都是没有准确理解核心指标与孤立指标的关系，把"案-件比"当作孤立指标，不可避免地在评价效果上产生偏差。

最高人民检察院确立的 87 项检察机关案件质量主要评价指标中，"案-件比"作为核心指标，起着统领作用。但"案-件比"不是一个孤立指标，需要与其他指标管理效果综合平衡，形成管理者希望的最佳办案效果。不能孤立地看待"案-件比"指标，要与其他指标结合起来共同评价办案质效。比如，在刑事检察中，将二次退回补充侦查作为"案-件比"的负面评价，有意见会认为，为了降低"案-件比"，一些不符合起诉条件该退回的案件也不退回了，这样会不会影响工作开展。其实除了"案-件比"指标，还会有其他指标来共同评价一个检察院、检察官的办案质效，如撤回起诉的情况、判决无罪的情况、上诉情况等，共同推动实现"有质量的效率和有效率的质量"的办案目标。

（五）"案-件比"是评价办案的指标，不能为降低"案-件比"干预检察官办案

课题组了解到，部分检察院为了降低"案-件比"，严格控制"二退三延"，有的要求最多只能退回补充侦查一次、延长一次，有的要求必须分管检察长审批。这些做法混淆了评价办案与介入办案的关系，回归到"三级审批制"传统审批模式，违反了司法责任制的要求。

课题组认为，"案-件比"是评价办案的指标，"案-件比"高了，说明办案可能存在问题，下一步就要全面诊断进行确诊，并开出药方进行治疗。一是在诊断环节，要综合判断检察官"案-件比"高的原因是什么，如果是办案人员责任心不强、办事拖沓、故意向侦查机关"借时间"，那就说明办案质量存在问题；如果是案情重大复杂，证据不足、事实不清，的确

需要补充侦查或者延长审查起诉期限,那就说明办案质量没有问题,该退补就要退补,该延长就要延长。在这个环节,"案-件比"主要发挥提示作用,案件质量是不是有问题,还需要综合判断。二是在治疗环节。根据司法责任制的要求,退回补充侦查、延长审查起诉期限属于检察官的权力清单,由检察官负责,并自主承担相应的责任。检察官即便在这方面出了问题,应当通过追究司法责任的方式予以纠正。不能违背司法责任制的要求,由检察长直接干预检察官办案,否则不利于区分司法责任,也不利于调动检察官办案的积极性。

四、"案-件比"存在的不足和完善建议

"案-件比"作为一个评价指标已经在检察机关广泛适用,并且得到了社会的充分认可。课题组经过研究和调研也发现,当前"案-件比"还存在一些不完善的地方。一是未能真正涵盖四大检察,民事、行政检察"案-件比"只是提出阶段,适用价值还不是很高,公益诉讼检察还尚未提出;二是"案-件比"中"件"的选取还不够精细,比如有些因客观原因而产生的"件"无法剔除;三是"案-件比"评价范围还过于狭窄,仅适用于评价检察机关的办案质效,等等。针对这些问题,课题组认为应该从以下几个方面进一步改进完善"案-件比"评价指标。

(一)进一步细化"件"的取值条件

根据《案件质量评价指标体系》,检察机关目前在适用审查逮捕、审查起诉"案-件比"过程中,尽可能考虑了办案的实际情况,对于因法律、司法解释改变而撤回起诉、因被告人不在案而被法院退回,直诉案件第一次退回补充侦查等,这些往往因客观原因造成与上一环节的办案质量关联不大的"件",在评价个人"案-件比"时作了扣减。但是对于像不捕、不诉的复议复核、延期审理等其他12类业务活动并没有扣减因客观原因而产生的"件",这需要在实践中进一步细化标准,扣除那些已经将工作做到极致不得已而产生的"件"。

(二)进一步拓展"案-件比"的适用阶段

目前"案-件比"主要通过"案"与"件"对比,对已办案件进行评价,属于事后评价。接下来,可以通过直接跟踪每一个具体在办案件,实时

反映个案的"案-件比"结果,当个案"案-件比"出现1:2、1:3、1:4、1:5时,分别用蓝色、黄色、橙色、红色进行预警,提醒承办人,案件的办案环节过多,及早提高办案质量和效率,降低"案-件比",由单独的事后评价变为事前引导与事后评价双轮驱动,这样能够更好地降低"案-件比",提高办案质效。

(三)进一步完善"案-件比"在民事、行政检察中的适用

"案-件比"指标设定的最直接目的,就是要用一个指标实现对办案效果的整体评价,这个指标通过办案环节的多少,既要从宏观上反映办案质量,更要反映出当事人的实际感受。具体到检察实践,就要从办案环节和办案时间两个维度思考,环节越多,时间越长,当事人感受越差。刑事案件,检察机关全程介入,事前、事中、事后均参与其中,并且很多环节检察机关是以"当事人"的身份代表国家提起公诉参与其中,环节多,必然会拉长办案时间,恰好用"件"的多少兼顾反映了时间的长短,"案-件比"很有意义。进一步思考,民事、行政监督案件在司法机关经历时间长,当事人有负面感受,这是什么原因造成的呢?主要不外乎以下几种原因:一是检察机关接受群众信访案件后,不管不问,造成群众重复信访;二是在检察机关内部部门之间、上下级检察院之间推来推去;三是检察机关民行部门受理后,不能按期办结,往往通过中止审查,造成案件无限期搁置;四是检察机关提出抗诉或者检察建议后,法院迟迟不作出决定;五是检察机关作出了错误的决定。

前文提到,因检察办案的驱动力不同,当前"案-件比"主要适用于审查逮捕、审查起诉工作。但不考虑动驱动力问题,用一个办案规模指标去评价办案数量,首先解决掉受理案件驱动力问题,再用"案-件比"直接去考量受理案件后的办案效率和质量问题,以及上述可能引起办案时限延长,当事人不满的问题,将检察机关与之有关的办案环节,纳入"件"的集合,也可以进一步完善民事、行政检察工作的"案-件比"。可以在现有基础上进行如下设计:

一是以民事、行政生效裁判监督、民事审判监督、民事执行监督之和作为"案"的基准数。

二是除了"案"的基准数外,另外可以累加以下5种业务活作为"件"。(1)民事、行政重复申诉移送本院其他部门的案件,选择重复申诉,主要考虑首次申诉并不给当事人带来讼累;选择了移送本院其他部门,主要

考虑与民事检察办案程序能够关联上。（2）检察机关内部的交办转办移送案件。上下级检察机关之间的交办转办移送，尤其是上级检察机关对下级检察机关的交办转办，尽管可能符合有关规定，但增加了当事人讼累，这里既包含了申诉阶段的交办转办移送，也包括民事诉讼监督受理时的上级院交办转办案件。（3）中止审理案件。依照《人民检察院民事诉讼规则》的规定，民事监督案件应当在3个月内审结并作出决定。不能按期办结的，不像审查起诉案件，可以退回补充侦查或者延长审查起诉期限，检察机关只能通过中止办理，来获取办案时间，这是实践中拉长民事检察中办案时间常用手段，可以纳入"件"的集合。（4）跟进监督案件。跟进监督主要针对人民法院审理民事抗诉案件作出的判决、裁定、调解书仍符合抗诉条件的；对人民检察院提出的检察建议未在规定的期限内作出处理并书面回复的；人民法院对检察建议的处理结果错误的。这个环节从当事人的角度，未必有负面感受，检察机关积极维护当事人的利益，但是增加了时长，没有在上一个阶段解决问题，从宏观的角度讲，还是没有能够及早做到案结事了，可以纳入观测范围。（5）复查纠正案件。复查纠正主要针对本院或下级院向法院或者有关机关、个人作出的监督意见。这类案件说明上一阶段作出的决定存在问题，可以纳入观测范围。

（四）进一步探索"案－件比"在公益诉讼检察中的适用

公益诉讼案件立案后，经历诉前程序、提起诉讼两个阶段。诉前程序为必经程序，不存在多余"件"的问题，但立案后，部分案件未进入诉前程序而终结审查，这类案件有的可能是客观原因造成的，有些可能是立案质量存在问题，对于未进入诉前程序而终结审查的案件可以纳入"件"的考察范围；提起诉讼作为诉前程序不能解决问题的后续程序，不宜作为"件"的考察范围，但是提起诉讼后，撤回起诉、法院未支持或者当事人上诉的案件，反映了检察机关提起诉讼的质量，可以纳入"件"的考察范围。所以公益诉讼检察的"案－件比"可以进行如下设计：

一是以反映公益诉讼办案起点的是立案案件，作为"案"的基准数。

二是除"案"的基准数外，另外可以累加以下5种业务活作为"件"。（1）以立案后未开展诉前程序而终结审查的案件（扣除因行政机关已履行职责而终结审查的案件）；（2）提起诉讼后撤回起诉的案件；（3）提起诉讼后，法院裁定不予受理（驳回起诉）；（4）判决驳回的案件；（5）当事人上诉案件。

（五）进一步拓展"案－件比"在检察机关之外的适用领域

当前"案－件比"主要用于评价检察机关的办案质效。在前文谈到"案－件比"重要价值时，提到通过扩容目前审查逮捕、审查起诉工作"案－件比"中"件"的集合，就可以评价整个公检法的办案质效。检察机关作为法律监督机关，担负着对公安、法院办案活动的监督职责，完全可以如前所述，将与之相关的业务活动纳入"件"的集合，去评价一个时期公检法机关的办案质效或者一个时期国家对刑事案件的司法投入情况。这也是履行法律监督职能的重要体现。

大数据视角下"智慧检务"建设基本理论与实施规划研究[*]

王禄生　缪存孟[**]

一、问题的提出

以 2017 年党的十九大报告明确提出"深化司法体制综合配套改革,全面落实司法责任制"为标志,我国司法体制正式进入综合配套改革时代。2019 年中共十九届四中全会再次重申"深化司法体制综合配套改革,完善审判制度、检察制度,全面落实司法责任制"。由此可见,司法体制综合配套改革将

---

[*] 本文系 2017 年度最高人民检察院检察理论研究一般课题"大数据视角下'智慧检务'建设基本理论与实施规划研究"(项目批准号:GJ2017C09)的研究成果。

[**] 课题主持人:王禄生,东南大学法学院教授,社会科学处副处长;缪存孟,最高人民检察院检察技术信息研究中心数据分析三处处长。课题组成员:罗玮,江苏省南京市鼓楼区人民检察院三级高级检察官;龚善要,东南大学法学院博士研究生;王爽,东南大学法学院博士研究生;孙慧芳,上海市人民检察院第二分院三级高级检察官。

会是新时期司法改革的重中之重。就检察系统改革而言，十八大后，通过检察官员额制、人员分类管理、检察官办案责任制、省级统管人财物等一系列调整部署，检察体制的框架性、支柱性的制度已经初步建立。然而，上述检察体制的基础性改革是在较短时间内完成的对检察体制的重大调整，在改革主干任务基本完成的背景下产生大量的配套需求。因此，检察体制综合配套改革的实质是对上一轮检察体制改革的"精装修"和"细化施工"。如在员额制改革中急需构建检察官员额动态调整与统筹管理等综合配套机制、在省级统管人财物改革中迫切需要设置人财物分配的科学标准、在检察官责任制改革中需要优化检察办案质量管理机制的综合配套，深入推进"智慧检务"建设。

知易行难。虽然有明确的综合配套改革方向，但要使相关改革由规划到落地则会面临不同程度的困境。原因在于，前文提到的诸多配套需求所指向的是检察工作量精准测算和办案质量精准评估，但传统粗犷化的考核范式难以有效应对新时期的精准化评估。值得注意的是，随着信息化、智能化技术的进步，以大数据为代表的前沿科学技术在"智慧检务"中的应用为上述困境的解决提供了全新可能。事实上，科学技术在政法工作中的重要作用已经得到国家顶层规划的认可。最高人民检察院印发的《2018—2022年检察改革工作规划》（以下简称《检察规划》）、《"十四五"时期检察工作发展规划》（以下简称《十四五检察规划》）等也对检察改革与现代科技的结合机制提出明确要求。据此可见，"十四五"期间检察大数据技术与检察体制综合配套改革的结合既是改革面临的迫切需要，也是时代创造的历史机遇。

二、检察体制综合配套改革的需求分析

（一）检察员额制改革的综合配套需求

在司法体制基础改革中，员额制改革被视为"基础性与制度性措施"，而完成员额遴选又被视为员额制改革过程中的前提性工作。因此，员额制改革的首要任务就是要实现员额检察官的遴选工作。在顶层规划与基层实践的共同努力下，截止到2017年1月底，全国27个省区市检察院均已完成员额检察官的选任工作，共产生入额检察官71476名。① 值得注意的是，尽管员额制改革已经取得了初步的成效，但改革推进中的短板也相继暴露，仍有进

---

① 刘婧：《撸起袖子促落实，推动改革见实效》，载《人民法院报》2017年2月14日，第1版。

一步完善的需要。从顶层的规划来看，针对员额制改革过程中所存在的短板，十四五期间，员额制的综合配套改革至少应包含以下三个方面：

第一，实现检察官员额的动态调整。员额制改革的目标是通过对检察官序列的再分类，遴选出一批业务素质好、综合能力强的员额检察官，实现司法人员的分类管理，促进检察官队伍的精英化、专业化建设。在此背景下，原有检察官队伍就需要设置限额比例实现人员分流。因此，遴选多大比例的员额检察官以及如何实现员额检察官比例在不同部门、不同地区之间的合理分配将成为首要解决的问题。依据中央的统一部署，员额检察官限定为司法系统内"中央政法专项编制"的39%。但需要说明的是，从顶层规划上看，39%的员额只是解决了遴选比例的问题，但对不同部门之间、不同地区之间的差异性并没有作出与之对应的配套规划。事实上，"一刀切"的限额设定就容易忽视地方的具体差异。与之类似，检察系统内部不同部门之间的员额配比也存在分配不均的现象，从前一阶段的改革路径来看，检察系统内部之间的员额配比主要以办理案件数量进行分配，但仅依靠单一的案件数量标准无法为部门之间的员额需求提供科学的依据。众所周知，检察机关内部机构之间的工作内容存在较大的差异，相同案件所消耗的时间与投入的精力都存在显著的差异，依据案件数量标准进行部门之间的员额配比极易造成同一机构、不同部门之间的忙闲不均。因此，随着改革的推进，检察官员额在不同区域、不同部门之间的动态调整也被提上日程，并成为员额制改革的重要配套需求之一。

第二，促进员额检察官遴选机制的优化。从改革初期的实践经验来看，员额检察官的遴选机制基本上是围绕着"考察+考试"的主线形式进行。其中，"考察"主要侧重于检察官的业务能力、政治素养等方面，"考试"则主要侧重于检察官的专业知识、理论素养等。需要指出的是，初期阶段的员额遴选在检察院系统里都预留了相当部分的空额，原则上并没有将所有员额比例用尽。例如，海南省检察院在过渡期内，全省共预留了169名员额。① 也就是说，随着员额制改革的进一步推进，下一轮员额检察官遴选将会陆续启动。但既有遴选机制尚不完善，下一轮遴选程序启动在即的背景下，如何确保考试的公正性、考核的科学性就成为新时期检察官员额制改革的重要配套需求。

---

① 王玉洁：《海南司法改革过渡期检察官选任结束，首批入员额检察官选出——806名检察官如何产生？》，载《海南日报》2015年6月18日，第A02版。

第三，员额检察官退出机制的优化。事实上，员额制改革的真正目标不应当局限于准入机制对检察官素质的筛选和对司法能力的提升，而在于员额身份机制对检察官积极性的调动和对司法活力的激励，由此实现司法权的依法独立有效行使，同时也有助于对现有人员产生鞭策作用，保持和提升队伍的素能水平，激发队伍的活力。[1] 在此背景下，作为激励工具的员额制需要在遴选与退出两个方面发挥积极效应：一方面，通过遴选机制选拔一批业务素质强、综合能力好的员额检察官，实现对积极性的有效调动；另一方面，通过员额退出机制引导部分员额检察官的有序退出，进而实现司法活力的提升。由此来看，员额制的设立应当以"有进有出"为目标导向。然而，在当前改革的实践过程中，员额检察官的遴选受到重视，而员额的退出机制则普遍并未取得预期成效。遴选与退出作为员额制改革的一体两面，在未来改革的实践中将处于同等重要的地位，因此，科学的员额退出机制的构建就也成为重要的配套需求。

（二）省级以下检察院人财物统一管理改革的综合配套需求

检察权的地方化与行政化一直以来都是我国司法体制改革中的痼疾。十八届三中全会之后，省级以下检察院人财物统一管理作为破除上述痼疾的重要抓手被赋予厚望。相关资料显示，吉林、湖北、广东、安徽等16个省份实现了省级财物统一管理，部分地区政法专项编制收归省级统一管理，根据人均办案量，在全省范围内统一调剂使用。[2] 需要指出的是，仅仅依靠"人均办案量"来对全省范围内人财物进行统筹管理的方案仍有待完善。

一方面，检察系统人财物的需求并不完全与人均办案量具有对应关系。省级以下人财物统一管理后，如何在省辖区内实现财物的科学分配是一个首要且无法回避的问题。从既有的改革实践来看，部分地区以案件数量为基准，通过"人均办案量"实现人财物的供需平衡。但需要指出的是，"人均办案量"并不能准确地反映基层司法系统的财政需求，也因此难以有效地达成供需平衡。原因在于，基层检察院对财政的需求至少可以分为两个基本维度：一个是被用于人员保障与日常经费需求；另一个是用于办案经费与业

---

[1] 龙宗智、符尔加：《构建合理、有效、协调的员额检察官退出制度》，载《人民检察》2017年第22期。

[2] 参见最高人民检察院在2017年11月向全国人大常委会提交的《关于人民检察院全面深化司法改革情况的报告》。

务装备。其中，办案经费与业务装备在整个财政支出中仅占少数。因此，以"人均办案量"为基准进行人财物的统筹分配可能会导致财政分配出现"以偏概全"的问题。除此之外，以案件数量为基准的衡量标准还有可能导致部分检察院出现人员保障经费与日常运作经费不足，进而引发新的问题。

另一方面，不同类型案件的办案投入可能存在根本性的差异。众所周知，不同区域、不同层级、不同类型案件在时间和精力的投入上存在差别，因此，案件数量对检察官工作量饱和度的影响只是诸多因素之一，而非绝对唯一因素。更为关键的是，检察官工作量的饱和度并非固定不变的静态值，而是一个动态过程，司法环境、资源配置等都可能对检察官工作量的饱和度产生影响。换言之，以单一的案件数量为基准，衡量检察机关人财物的分配并不具有科学性。除此之外，目前省以下检察院人财物的统一管理还受制于管理能力、管理资源等问题的影响，所试行的方式实为妥协式的有限管理。因此，如何科学地确定省域内检察系统人财物的统筹配置标准就成为检察体制综合配套改革的重要方面。从更广泛的意义上而言，全国范围内检察系统的人财物统筹管理也需要有效的分配机制。

（三）检察官办案责任制改革的综合配套需求

司法责任制的价值目标不是进行事后的追责，而是在于培养与遴选好的检察官，走检察官职业化、精英化道路①，进而提升案件办理的质量。因此，检察官员额制改革、省级以下检察院人财物统一管理以及检察官办案责任制改革就形成了以提升办案质量为核心的"三位一体"的立体化改革。在此背景下，检察官办案责任制改革的核心内容就涉及两个层面：一是通过办案模式的调整提升案件的审判质量。如通过员额制改革改变过去承办人办理、负责人审批办案的旧模式，赋予员额检察官在职权范围内独立对案件作出决定的权力。② 二是根据办案模式的变化调整办案责任的承担机制。原因在于，责任机制的形成基础就是办案机关所采取的组织形式，不同的组织形式对应不同的责任机制。③ 然而，从改革初期的实践路径来看，员额制改革的完成基本实现了办案模式的革新，但对责任承担机制的调整仍有进一步深化的需要。

---

① 金泽刚：《司法改革背景下的司法责任制》，载《东方法学》2015 年第 6 期。
② 龙宗智：《检察官办案责任制相关问题研究》，载《中国法学》2015 年第 1 期。
③ 龙宗智：《检察官办案责任制相关问题研究》，载《中国法学》2015 年第 1 期。

本质而言,司法责任就是司法权力行使者对案件办理所需承担的一种责任。但需要指出的是,广义上的责任包括事实认定错误、法律适用错误等在内的多种因素。因此,在诸多责任形式中,如果不对需要承担的责任进行类型化区分,那么则有可能导致司法权力行使者的责任承担范围不当扩大,并进而影响案件办理的质效。在此背景下,责任制改革的关键就是厘清司法意义上的错案范围,也即确定由哪些行为所引起的不当后果需要司法权力行使者承担。从改革初期的实践路径上来看,对于错案的认定并没有形成统一且行之有效的可推广经验,部分地区对错案标准的认定存在行为错案与结果错案之分。由此可见,构建一套科学的、可推广的错案认定机制不仅是司法责任制配套改革的重要内容,也是司法机制基础改革深化的需求所在。

除此之外,为提升办案质量而构建的问责方式也存在调整上的困境。目前阶段,主要存在追责程序不透明、问责标准普遍客观化和结果化倾向,忽视对主观过错的评价,司法问责存在泛化之势等固有缺陷。深化司法责任制改革至少需要在以下两个方面予以进一步的完善。一是促进问责程序的透明化,使得责任承担者的权利受到保障,处理的结果与过程得到监督;二是强化处理结果的精准性,避免责任承担的过度泛化。

概括而言,检察官员额制改革旨在放权于一线,赋予检察官相应的独立司法权,而司法责任制改革旨在强调权责相统一,使具有承办权的检察官"放权而不放任、监管不缺位"。因此,检察官责任制改革的进一步推进就必然涉及责任追究形式的深度调整,建立符合司法办案责任制需求的办案质量保障机制。这也是司法体制配套改革重要需求所在。

三、大数据技术辅助下的检察体制配套改革

就本质而言,上述检察体制综合配套改革的实际需求直接指向检察官工作量和办案质量的评估,但以案件数量和裁判结果为核心的既有评估体系难以回应司法体制综合配套改革阶段下的检察官员额动态调整、省以下检察院人财物的优化配置以及检察官办案责任的有效追究。由此,如何构建一套科学化、精准化的评估系统,就成为"十四五"期间检察体制综合配套改革的重要内容。

(一)大数据技术辅助检察体制配套改革的可行性

随着"智慧法院""智慧检务"建设的深入推进,大数据技术在司法领

域开始得到广泛应用，并取得了一定成效。在此背景下，大数据技术为辅助检察体制综合配套改革，实现检察官工作量与办案质量的科学化、精准化评估提供了全新可能。

  大数据技术在检察领域的应用虽然具有鲜明的时代气息，但并非"另起炉灶"式的新尝试。事实上，大数据与人工智能技术在检察领域的应用就是信息化建设在科技时代中的迭代升级，是智能时代司法信息化建设的重要组成部分。2016年9月，最高人民检察院发布《"十三五"时期科技强检规划纲要》，提出构建"感、传、知、用、管"五维一体的智慧检务应用体系，实现检务工作从数字化向智慧化的跃升。2017年6月，最高人民检察院印发《检察大数据行动指南（2017—2020年）》，则标志着我国检务工作已经从"数字检务""网络检务""信息检务"阶段正式步入"智慧检务"阶段。[①] 近年来，受益于互联网通信技术的迅速发展和应用数据的海量增长，数据挖掘、数据分析、图文声像识别等大数据技术也取得了显著的进步，并在金融、医疗、交通、城市管理等领域得到成熟应用。因此，将新型技术应用于检察领域，促进检察领域信息化建设的迭代升级不仅具有了现实的可行性，也具有时代的紧迫性。事实上，提升检察领域信息化水平，加速检察工作与新型技术的融合也得到中央政策的支持，从顶层规划的文本来看，将新型信息化技术应用于检察领域相继被写入《国家信息化发展战略纲要》《新一代人工智能发展规划》《检察规划》《十四五检察规划》等政策文件中。从此意义上看，利用司法大数据技术辅助检察体制综合配套改革，构建一套汇聚多元数据、多维评价于一体的检察官工作量与办案质量评价系统不仅具有实践基础，也顺应了智能化的时代发展潮流。

  除此之外，大数据技术在司法领域前期融合、实践所沉淀的技术积累也为检察体制综合配套改革提供了技术上的支撑。在"智慧法院""智慧检务"的建设过程中，大量大数据技术先后落地实践，一系列的技术应用不仅打开了大数据技术通往司法领域的大门，也为大数据技术在检察领域的深化应用提供了坚实的基础。基于前期的实践应用，司法大数据的技术研发路径也开始由通用领域的"平移"应用走向专门领域定向突破。[②] 如通过定向

---

  ① 雷磊：《中国特色社会主义智慧法治建设论纲》，载《中共中央党校（国家行政学院）学报》2020年第1期。
  ② 左卫民：《从通用化走向专门化：反思中国司法人工智能的应用》，载《法学论坛》2020年第2期。

化构建多频浮动案件权重测算模型可以实现由浅层的单一数量评估向深层的多维综合评估转变,进而为员额制改革成效评估与优化过程中存在的流程长、范围广、定性指标多、跨部门、跨庭室统一性难等问题提供解决的方案。通过对大数据聚类分析技术的应用,可以构建基于多目标加权合理量化的评估指标体系,实现机构设置运作和机构运行绩效两个方面的评估,进而解决检察系统人财物的统筹分配问题,实现人员经费与业务经费的合理化分配。

总体而言,通过大数据技术辅助检察体制配套改革既顺应了检察院信息化建设的时代潮流,也与当前大数据技术的发展水平相适应。借助大数据技术,辅助检察体制综合配套改革具有理论上与技术上的可行性。

(二)大数据技术辅助下的检察官工作量评估

在司法案件日渐增多,司法人力资源配置不匹配的语境下,有必要将司法优质资源向行使司法权的岗位倾斜,进而实现司法资源的优化配置[①],而司法资源优化配置的基础又依赖于对检察官工作量的考核。因此,考核结果就成为司法资源配置的重要参考标准。实践中,考核通常以办理案件的数量为核心而展开,一般而言,处理案件数量的多寡直接影响辖区内人财物的分配。然而,这种"计件制"的考察方式存在显著的问题。前文已经提及,案件的复杂程度随着审级、程序的不同而不同,不同类型的案件所投入的工作时间与精力也存在高度差异化。除此之外,即使是同一案件,处理时间与精力的投入也会因检察院内设部门之间工作内容的不同而有所差异。受制于传统技术条件的有限性,既有的评估系统只能对案件数量进行量化评估,但案件数量标准的量化无法对检察官工作的所有个案进行实时、动态与精准的复杂度评估。也正因如此,无法对检察系统的工作量进行跨地域、跨层级、跨部门、跨岗位的科学评估。试想,如果能够形成一套覆盖检察全流程、全领域的工作量精准评估体系,那么司法体制改革中员额动态调整、人财物资源省内统筹配置、员额检察官遴选考核中面临的科学标准缺失问题就可能迎刃而解。实际上,当前大数据技术的发展恰恰提供了这种可能性。

借助司法大数据等数字信息技术可以对检察官所有的办案内容在程序要素与实体要素两个维度进行实时、动态、精准的个性化评估。首先,现有大数据技术通过图(OCR)文(NLP)声(语音识别)像(视频识别)等底

---

① 徐汉明:《论司法权和司法行政事务管理权的分离》,载《中国法学》2015年第4期。

层技术可以跟踪办案涉及的程序环节,并自动化记录,包括出庭次数、出庭时长、讯问次数、讯问时长、讯问笔录字数等一系列程序要件可以通过大数据对办案系统的接入来实现。其次,现有的大数据技术还可以通过文书的数据挖掘技术实现对包括案件当事人数量、证据数量、抗辩的强度、法律关系复杂度等指标的挖掘,进而在实体层面展开对案件复杂程度的分析。依托这样一套覆盖实体与程序要求的大数据挖掘方案,可以构建精确到个案工作量差异的考核机制,由于既考虑了程序要素,也考虑了实体要素,一个跨地域、跨层级、跨部门、跨岗位的工作量考核标准就成为可能。最后,借助司法大数据等数字化信息技术还可以实现对检察工作量的个性化评估。通过大数据关联技术可以实现考核数据与检察办案人员相关联,做到指标个人定制化,并且根据考核办法的修订、内设机构的变化随时进行参数的调整,实现对每一位检察官精准的"司法画像"。[1] 由此可见,借助大数据技术可以实现对于检察官工作量的实时、动态、精准评估,为检察官员额制的动态调整和司法资源的优化配置提供更加科学的依据。

(三) 大数据技术辅助下的检察官办案质量评估

现代司法管理体制的规范化、制度化、科学化的必然趋势是实现司法权与司法行政事务管理权的分离[2],在此趋势下,弱化行政管理,强化内部司法监督将是必然选择,而办案质量的考核制度就是内部监管的利器与桥梁[3]。因此,对办案质量进行科学、精准的量化评估将成为主要内容。但检察实践中,对检察办案质量的科学化、精准化评估并非易事。正如前文中已经提及的那样,传统上办案质量的考核具有结果导向。如案件流程管理中只要案件在审限内办理完结(结果),即视为程序合规;案件只要没有出现无罪判决等特殊结果,即视为质量合格;案件只要发回重审或改判便视为错案,对案件承办人启动追责机制。但实际上,审限内完成的案件,并不必然是高质量的案件,可能的情况是办案时间远长于本院内其他检察官办理类似案件的时间。作出起诉决定或者获得有罪判决也并不意味着办案质量合格,事实上,司法公正的追求在于同案同诉、同案同判。发回重审或改判也许是

---

[1] 陶建平:《检察工作中运用大数据的价值》,载《人民检察》2018 年第 10 期。
[2] 徐汉明:《论司法权和司法行政事务管理权的分离》,载《中国法学》2015 年第 4 期。
[3] 佟晓琳:《运用办案质量考核机制加强检察业务管理的途径》,载《中国检察官》2010 年第 7 期。

由于对法条理解或事实认定的差异所致。然而，这种精确到个案办案流程的覆盖与办案结果的质量评价体系是传统信息化技术所无法实现的。检察院案管部门受制于资源的有限性，客观上也无法实现全样本案件的人工评查。假设能够实现对办理办案质量的全样本评估，那么前文提到的员额检察官退出员额机制、检察官遴选中的考核机制、检察官责任制等过程中一系列配套需求也将有望得到不同程度的解决。

实际上，现有大数据技术的发展已经使得上述监管的科学化、精准化有了实现的可能。实践中，对于办案质量的量化评估主要表现在两个方面：一个是对案件文书进行形式上的质量监督，防止文书出现格式性、文字性瑕疵。另一个是对案件的内容进行实质性监督，目的在于防止同案不同诉现象的发生。对于文书形式上的监督，可以借助自然语义识别技术、大数据关联技术实现文书的自我纠正和固定格式的自动填写，进而实现错误率的下降，避免文书瑕疵情况的出现。对于案件内容的实质性监督而言，量刑"偏离预警"系统的应用就是典型的例证。量刑"偏离预警"是依据人工智能算法对历史裁判中的量刑幅度与裁判的量刑幅度进行差异值比较，进而实现偏离预警。① 通俗来说，就是通过对海量历史案件的深度学习总结类似案件的办理时间、办理结果等要素，形成基于类案识别的办案质量评查规则。用技术话语来表达就是借助自然语言处理技术，计算机得以读懂电子卷宗和法律文书，再利用机器学习技术，应用神经网络分析，计算机进而能发现检察办案的一般规律。② 当一个检察官办案的情况和历史类案大致相同时，全流程不会感受到办案质量管理的存在；当一个检察官办案与历史类案有明显差异时，检察官仍然基于依法独立办案的要求享有决策权。但相应的办案质量管理部门则可以有针对性地对这些偏离的案件进行人工评估。从现有的技术来看，预警的案件并非都必然是存在质量问题的案件，但这样一种方式却大大提高了人工评估的针对性，也使得全样本办案质量评估成为可能。

四、大数据技术辅助检察体制综合配套改革的若干建议

（一）出台大数据与检察体制综合配套改革规划

没有信息化就没有现代化，现阶段司法信息化的建设就是把握好智慧法

---

① 王禄生：《司法大数据与人工智能开发的技术障碍》，载《中国法律评论》2018年第2期。
② 陶建平：《"智慧检务"建设的分析与展望》，载《中国检察官》2020年第1期。

治的建设方向。可以说，智慧法治表征着法治发展的未来方向。① 在此方向下，强化大数据智能技术在法治建设中的作用无疑是智慧法治建设的关键。因此，适时出台大数据与检察体制综合配套改革长期规划势在必行。需要说明的是，尽管最高人民检察院出台了《检察大数据行动指南（2017—2020）》《十四五检察规划》，但在综合配套改革的时代，既有的行动指南与发展规划不仅过于宏观，也尚未对未来阶段改革中的综合配套情形予以针对性关注。在此背景下，最高人民检察院可以出台大数据与司法体制综合配套改革的具体方案，确定综合配套改革阶段大数据技术应用的"三步走"战略。首先，指导各级检察院在初期阶段尝试依托科学技术展开司法体制综合配套改革，将通用领域应用成熟的大数据技术应用至检察体制综合配套改革过程中，构建多元化、多维度相融合的工作量和办案质量评估系统。其次，在技术运用的中期阶段，引导各级检察院构建具有针对性、专业性的评估系统，将技术研发的重点由通用领域的"平移"应用转移至检察体制综合配套改革场景中的定向突破，形成司法领域内的专有大数据技术，并在初级阶段的基础上进一步提升评估系统的性能，使之可以适应于区域内的不同部门、不同场景。最后，在技术运用的远期阶段，由最高人民检察院牵头推进评估系统的统一化，实现检察体制综合配套改革中的大数据技术应用与检察体制基础改革中的大数据技术应用相互汇通，形成全国范围内大数据技术应用的一体化。

（二）大数据技术的辅助应用要充分依托检察信息化的基础

检察体制综合配套改革中的大数据技术应用并非平地起高楼，更非白纸随意填写、规划，实践中司法技术部门不能动辄推倒重来，更换办案系统。事实上，在司法信息化1.0、2.0阶段已经分别实现了办公自动化、机关网络化。在最高人民检察院的推动下，检察信息化建设3.0已经启动，并已初步完成了业务的信息化。在此基础上，大数据技术在检察综合配套改革中的应用要充分依托既有的信息化建设的成果，实现更高起点的再出发。具体而言，这种信息化的依托需要把握好两个基本面。一是要充分认识到技术的先进性与推广成本之间的关系，在大数据技术的应用过程中找好最佳的结合点。二是要在既有的建设成果的基础上实现评估系统的优化升级，检察体制综合配套改革的大数据技术应用要充分吸收"智慧检务"建设中的积极经验与有益成

---

① 雷磊：《中国特色社会主义智慧法治建设论纲》，载《中共中央党校（国家行政学院）学报》2020年第1期。

果。以检察官工作量评估为例,部分地区已经试点并部署了基于案件权重系数为核心的量化评估系统,实现对检察官工作量多维度评估。因此,大数据技术在综合配套改革过程中的应用可以在此基础上进行迭代升级,实现对权重系数的优化,搭建符合自身需求的评估系统,而非各自为政,重新开始。

(三)检察大数据建设要充分认识到技术的有限性

大数据时代,数据留痕产生的规范效应与互联网本身的效率属性为智慧司法的建设提供了无限的可能,但同时需要注意的是,智能化数据技术并非尽美之物,技术本身缺陷要求在与司法结合的过程中保持必要的审慎。① 事实上,现阶段司法领域所提供的基础数据并不足以支撑人工神经网络、深度学习算法等前沿技术的深入应用。非结构化或半结构化的司法数据也难以支撑法律领域知识图谱的自动化、精准化构建,法律场景的关系抽取、实体抽取、属性抽取也难以实现。② 因此,各级检察院理应明确大数据技术在综合司法体制配套改革中的有所为与有所不为,树立大数据不能解决一切、智能并不能代表公平正义的司法技术观念。换言之,尽管可以借助司法大数据推动司法体制综合配套改革,实践智慧检务,实现司法现代化,但深化司法体制综合配套改革并非依赖一个信息化或大数据技术就可以全盘解决,司法大数据建设过程中要尤其避免片面的唯技术主义思潮。

总之,司法系统在推动大数据工作时,应紧密与司法体制综合配套改革以及与"十四五"规划的结合。明确信息化背景下,司法现代化与数字信息技术相结合的同时,依托大数据技术,总结办案规律、规范办案标准,完善类案推送、量刑预警、数据分析、办案瑕疵提示等功能,帮助检察官提高运用自由裁量权的能力和水平,促进司法现代化和法律适用相统一,彰显大数据在司法现代化进程中的科学价值。

---

① 王禄生:《司法大数据与人工智能开发的技术障碍》,载《中国法律评论》2018年第2期。
② 王禄生:《司法大数据与人工智能开发的技术障碍》,载《中国法律评论》2018年第2期。

新时代检察技术与检察机关
司法鉴定工作研究[*]

重庆市人民检察院第二分院课题组^{**}

目前，司法体制改革、监察体制改革、检察改革和检察机关内设机构改革已基本完成，在此新时代背景下，检察技术工作思想向何处统一、事业向何处发展、队伍向何处引领、检察技术部门如何定位、如何充分发挥职能作用、如何更深入有效地贯彻落实"科技强检"发展战略，全国上下均无统一的模式和相对成熟并可以效仿的范本，检察技术工作又一次面临严峻的挑战，检察技术部门职能和地位的再次确立和重新构建的探索，也成了当前不

---

* 本文系2019年度最高人民检察院检察理论研究一般课题"新时代检察技术与检察机关司法鉴定工作研究"（项目批准号：GJ2019C11）的研究成果。

** 课题主持人：邓发强，重庆市人民检察院第二分院党组成员、副检察长。课题组成员：蒲钢，重庆市人民检察院第二分院检察业务保障部主任，副主任医师；任海新，重庆市人民检察院第二分院研究室主任；张楠，重庆市人民检察院第二分院检察业务保障部调研员；唐千雅，重庆市人民检察院第二分院检察官助理；林国强，重庆市人民检察院第二分院检察官助理；隆革新，重庆市人民检察院第二分院检察业务保障部副主任；任惠华，西南政法大学教授。

可回避的重大问题。正确分析和认识检察技术在诉讼法律监督活动中的地位和职责范围，不仅有利于检察技术的健康发展，更是有助于整个检察事业的兴旺发达。

一、检察技术的定义及工作范围

对于何为检察技术，至今没有准确定义。其他国家也没有专门使用"检察技术"这个概念，而是更倾向于将检察技术的内涵等同于技术侦查。因此，检察技术是我国检察工作中所特有的概念，是为了适应检察工作需要，借鉴公安机关的刑事技术而建立，并随着检察事业的发展而发展的。

过去普遍认为，广义的检察技术工作既包括技术检案，也包括信息化工作。这是因为检察技术部门职能主要包括两部分：一是法律监督职能，主要通过办理检验鉴定、技术性证据审查等检察技术案件来体现；二是信息化保障职能，主要由现代科学技术作为支撑。这两个没多大关联的领域就因为都包含"技术"两个字被硬生生地捆绑在一起，交由一个部门负责。[①] 但是随着数字化、网络化、智能化的飞速发展，以及智慧检务工程的深入推进，信息化工作所占比重和所起作用日渐凸显，大家逐渐形成共识，将信息化从检察技术中剥离，部分省市院也将信息化从检察技术部门中独立，单独设立一个信息化部门。因此，本文所研究的检察技术工作主要包括检验鉴定、技术性证据审查、技术协助、现场勘查，不涉及信息化工作。

二、检察技术办案情况

（一）检察技术机构现状

随着司法体制改革的推进，检察技术部门被确定为综合保障部门。检察机关内设机构改革后，基层院不再设立检察技术科，仅在办公室或其他部门保留技术岗位，主要负责信息化工作。省级院和市级院（以重庆为例）检察技术部门则和法警部门合并成立检察业务保障部。很多检察院对检察技术工作重视程度不够，普遍认为检察技术只是承担信息化建设、提供技术支持

---

① 孙学利、曹广强：《试论制约检察技术工作科学发展的问题和对策》，载《法制与社会》2012年第12期。

的后勤保障部门，而忽视了它的司法属性，检察技术部门对技术性证据审查和监督的职能已到了可有可无的境地。

(二) 检察技术人员现状

1. 人才流失严重

据最高人民检察院统计，2019年全国共注销鉴定机构12家，注销鉴定资格525人；2020年全国共注销鉴定机构2家，注销鉴定资格563人。以重庆市为例，2017年共有各门类鉴定人134人，2020年仅剩80人，近3年注销鉴定资格54人，人才流失率40.3%。以重庆市院司法鉴定中心为例，2017年共有鉴定人员22人，近3年自愿放弃鉴定人资格5人，退休2人，人才流失率31.8%。物证类（文件检验、痕迹检验，以下简称文检痕迹）更是目前仅剩2人，该鉴定门类面临被注销的风险。[①]

2. 人才"断档"严重

除电子证据、声像资料等新兴门类外，其他传统鉴定门类如法医、司法会计、物证类鉴定人员普遍年龄结构偏大，不少老同志未来三五年就面临退休。而专业技术人才培养不仅周期长、成本高，还因为职级待遇、晋升渠道等问题多年来得不到解决，一直都存在引不进、留不住的问题。以法医为例，由于专业知识极强，跨专业培养难度极高，一般要求至少具备医学专业本科（学时5年）以上学历。可高校毕业的大学生大多选择高福利高待遇的医院，鲜有愿意选择检察机关的。几年后，法医类技术性证据审查需求量大和无人审查的矛盾将进一步彰显。

3. 琐事多亮点少

随着科技强检工作的不断推进，近几年工作网建设、远程提讯系统建设、统一业务应用系统2.0版部署上线、分级保护测评、国产化替代等信息化工作任务繁重，但这些工作都是在最高人民检察院和市院统一部署下进行的机械化操作，虽然工作量很大，但是技术含量低，发挥不了主观能动性和创造力，难出亮点。内设机构改革后，基层院不再设立检察技术科，仅在办公室保留一两名技术人员。该人员往往身兼数职，不仅要参与办公室的安全

[①] 参见《人民检察院鉴定机构登记管理办法》第9条："申请鉴定机构资格，应当具备下列条件：（一）具有检察技术部门单位建制；（二）具有适合鉴定工作的办公和业务用房；（三）具有明确的鉴定业务范围；（四）具有在业务范围内进行鉴定必需的仪器、设备；（五）具有在业务范围内进行鉴定必需的依法通过计量认证或者实验室认可的检测实验室；（六）具有三名以上开展该鉴定业务的鉴定人；（七）具有完备的鉴定工作管理制度。"

保密、文字材料、会务安排等工作，还要负责日常信息化建设、维护等工作，实在忙于应付。信息化工作难出亮点，又没有时间和精力参与办案，导致技术人员很难立功受奖。技术岗位缺乏吸引力，检察人员不愿流入，不少技术人员通过司法考试申请调职其他岗位，有的甚至调离检察系统。

（三）检察技术办案现状

根据最高人民检察院《关于2017年度全国检察技术人员办案情况的通报》和《2019年检察技术办案情况通报》，梳理统计出全国检察机关2017年至2019年检察技术案件数据如下[①]：

表1 2017—2019年全国检察技术案件统计

年度	案件总数	技术性证据审查	检验鉴定	技术协助	现场勘查	同步录音录像
2017	102069	59726	11878	29866	599	60035
2018	194599	81464	8300	104018	817	9987
2019	212960	81880	7939	119818	3323	8787

表2 2017—2019年技术性证据审查案件分门类统计

年度	案件总数	法医	文检痕迹	电子数据	司法会计	声像资料	微量物证	其他专业
2017	59726	41203	3693	4898	2218	979		6735
2018	81464	76439	1702	1298	361	279	22	1363
2019	81880	78021	1014	1262	292	165	4	1122

---

① 按照《关于2017年度全国检察技术人员办案情况的通报》和《2019年检察技术办案情况通报》的描述，技术案件总数均不包含同步录音录像数量。2018年的技术案件数据，根据《2019年检察技术办案情况通报》中各项数据对比2018年上升或下降的百分比计算得出。2020年的技术案件数据，本文成稿时尚未公布。

表3 2017—2019年检验鉴定案件分门类统计

年度	案件总数	法医	文检痕迹	电子数据	司法会计	声像资料	心理测试	微量物证	其他专业
2017	11878	3406	3226	2776	1762	241			467
2018	8300	2350	2913	1758	552	248	280	98	101
2019	7939	1885	2921	2029	399	284	295	14	112

表4 2018—2019年技术协助案件分门类统计①

年度	案件总数	法医	文检痕迹	电子数据	司法会计	声像资料	心理测试	微量物证	其他
2018	104018	12332	1453	12813	4006	29208	1641	9	42556
2019	119818	15304	1226	14586	3699	33046	626	17	51314

对以上四个表格进行分析，得出当前检察技术案件呈现以下特点：

1. 案件类别分布变化大

检验鉴定和同步录音录像大幅萎缩。2019年，办理检验鉴定7939件、同步录音录像8787件，对比2017年分别下降33.16%、85.36%。而且检验鉴定案件数的下滑不是某一个鉴定门类的数据下滑，是几乎所有鉴定门类的整体下滑。对比2017年和2019年各门类的鉴定案件数据，作为"主力军"的法医、文检痕迹、电子数据、司法会计鉴定案件数分别下滑44.66%、9.45%、26.9%、77.36%。技术性证据审查、技术协助、现场勘查则呈现持续增长趋势，且带动案件总数的持续增长。2019年办理技术性证据审查81880件、技术协助119818件、现场勘查3323件，对比2017年分别上涨37.09%、301.2%、454.8%。

2. 技术性证据审查"偏科"严重

2019年法医类技术性证据审查案件数比2017年上涨89.36%，且占所有门类技术性证据审查案件总数的95.29%。2019年文检痕迹类、电子数据类、司法会计类技术性证据审查案件数，对比2017年分别下降72.54%、

---

① 最高人民检察院《关于2017年度全国检察技术人员办案情况的通报》仅公布出2017年技术协助案件总数，未进行分门类统计。

74.23%、86.83%，且三类技术性证据审查案件总数仅占全年技术性证据审查案件总数的3.14%。技术性证据审查变成法医类的"独角戏"。

3. 案件录入不规范

目前案件统计以检察机关统一业务应用系统登记案件为准，案件录入不规范势必会对数据的真实性带来影响。比如，检察业务应用系统案卡信息中的"涉及专业"是最高人民检察院根据当前全国检察机关司法鉴定中心和鉴定人所具备的鉴定资质设置的，其专业门类设置应当也是齐全的，而从事鉴定和技术性证据审查工作的技术人员又要求具备相应的专业鉴定资质，这就意味着在填报时应当是有专业门类可选择的。但在表2和表3中发现存在大量的"其他专业"，说明存在部分技术人员未规范填报，选择正确的"涉及专业"的情况。此外，最高人民检察院《关于2017年度全国检察技术人员办案情况的通报》中指出，经大数据平台数据与鉴定人登记管理系统数据碰撞发现，2017年存在无鉴定资格的664人办理技术性证据审查案件，无鉴定资格512人办理检验鉴定案件的情况。

4. 案件录入标准不统一

在对重庆所有技术案件数据分析时发现大量技术案件名称相同，经调研了解，是由于缺乏统一的录入标准，导致对于"一案多人多证据"的情况，有的院以"案"为单位录入，有的院以"人"为单位录入，有的院则为了体现工作量、突出案件数量，以"证据"为单位录入。此外，对于技术协助的理解也各院不一，存在不录入体现不了技术人员的工作量，录入又无所适从的问题。以表4数据为例，"其他"类技术协助占技术协助的近一半，电子证据和声像资料技术协助也快速增长。这说明，随着智慧检务的不断推进，加上新时代公益诉讼检察工作的持续深入，对于技术协助的需求在持续增大。但技术协助的相关规定则明显滞后，对于诸如无人机驾驶、现场照相、摄像、水质和土壤的简单取样等工作，究竟是属于检察业务应用系统中应当录入的技术协助案件，还是属于一般保障类的信息化技术协助，缺乏明确的统一的规定加以界定和区分。这也导致检察技术人员在技术协助中找不到"办案"参与感，对于技术协助在理解上也大相径庭，有的将其归为电子数据技术协助，有的则将其归为声像资料技术协助，大部分则干脆不填或归为"其他"。个别院还存在将远程提讯、远程视频接访的技术保障、光盘的技术处理等也作为技术协助录入系统的情况。

5. 个人工作量差别较大

最高人民检察院《关于2017年度全国检察技术人员办案情况的通报》

指出，2017年全国检察机关共有各级检察技术人员5737名，但全国前100名人均办案量是全国人均办案量的11.76倍，占到总办案数的20.51%。办案量在10件以内的人数接近一半，少部分人的较大办案量抬高了整体人均办案量水平。

此外，根据重庆市院发布的《关于2020年1—12月全市检察机关检察技术办案情况的通报》，2020年本市检察机关受理的检察技术案件呈现出以下特点：（1）从案件类型看，以技术性证据审查和技术协助为主，占比分别为55.10%、35.14%；从专业门类看，以法医为主，占52.92%；从服务对象看，刑事检察和刑事执行检察共占56.95%，公益诉讼检察占比10.88%。[①]（2）近3年技术办案数量相对稳定，基本实现四种案件类型、六大技术门类案件、四大检察业务的全覆盖。（3）公益诉讼技术支持工作发展迅速，在全国率先建成公益诉讼快速检测实验室，快速检测、无人机航拍、卫星遥感及大数据分析研判等技术在公益诉讼办案事件中作用日益突出。（4）各案件类型和专业门类发展不均衡，大多集中在技术性证据审查和技术协助等类型案件和法医门类，其他如同步录音录像类型案件和司法会计、电子数据等门类的技术性审查较少。同时，重庆市三级检察机关在受理的技术性证据审查委托案件中，出具不同意见书的占1.95%，其他意见意见书占5.47%，两者合计占7.42%。[②] 这说明原鉴定意见错误或有瑕疵的比例较高，充分体现出技术性证据审查在监督纠错方面发挥了作用，支持检察官办案在监督纠错方面取得成效。

三、推动检察技术转型发展的路径

新时代下要想解决当前检察技术工作遇到的瓶颈，需要检察技术积极转型、调整思路，变"被动配合、保障、协助"为"主动协作"，变"服务侦查"为中心为"服务四大检察"为中心，努力实现"检察技术"向"技术检察"转型。这既是顺应改革新形势，应对新机遇新挑战的创新举措，是提高技术性证据的公信力，确保办案质量的重要保障，也是重新构建检察技

---

① 参见重庆市人民检察院《关于2020年1—12月全市检察机关检察技术办案情况的通报》（2021年1月13日）。

② 参见最高人民检察院检察技术信息研究中心《关于2020年度检察技术办案情况的通报》（2021年1月20日）。

术部门职能,明确检察技术人员法律角色定位和职责范围的必然要求。

(一) 夯实制度基础,推动"检察技术"转型

我国三大诉讼法规定的证据种类中,技术性证据占据了近一半①,可见技术性证据对案件的最终处理可以起到至关重要的作用。顺应新形势新要求,应当由"检察技术"向"技术检察"转型,突出其检察属性。故必须明确审查主体,强化技术性证据审查监督。为杜绝因检察官专业知识限制而导致移送审查的随意性,防止冤假错案发生,建议制定相应法律政策规范,将技术性证据审查纳入考核,变技术性证据审查的"被动受理"为"强制审查",确立检察技术人员对技术性证据审查的主体身份,规范技术性证据应当委托审查的范围和条件,赋予技术性证据审查意见证据资格。② 具体规定相关程序和适用情形,对确有必要进行审查的情况予以细化明确,如对死刑案件强制进行技术性证据审查。

1. 突出检察技术的"检察"属性

以审判为中心的刑事诉讼制度改革以及司法责任制改革,客观上对证据审查判断提出了严格的要求和责任追究制度。这是推动检察机关开展技术性证据审查工作的积极因素,因此应当牢牢把握历史时机,发挥职能优势,推动建立完善技术性证据审查制度,充分体现检察技术的司法业务属性。

具体到办案中,"检察"属性必然体现在对证据的审查能力上。与其他言词证据一样,技术性证据也存在错误或虚假的可能。技术性证据审查监督是服务于诉讼的一种专门性活动,其作用是从科学的角度帮助司法机关确认证据。目前,检察机关在各个诉讼阶段,都在对技术性证据进行审查和监督。在侦查监督阶段,检察技术对公安机关报送案卷中的技术性证据进行必要审查,是对公安机关出具的技术性证据进行监督,是履行法律监督职能的必然要求。在公诉阶段,检察技术部门主要是对公诉部门提供的技术性证据的合法性、科学性、客观性、规范性进行审查和监督,与公诉人配合,从技术性证据角度支持国家公诉。在采取取保候审强制措施和保外就医等刑罚执行阶段中,主要是为申请取保候审的犯罪嫌疑人、保外就医的服刑人员的病

---

① 《刑事诉讼法》第50条规定的八类证据中的鉴定意见,勘验、检查、辨认、侦查实验等笔录,视听资料、电子数据。《民事诉讼法》第66条规定的八类证据中的视听资料,电子数据,鉴定意见,勘验笔录。《行政诉讼法》第33条规定的八类证据中的视听资料,电子数据,鉴定意见,勘验笔录、现场笔录。

② 王昌奎、王勍视:《应赋予技术性证据审查意见证据资格》,载《人民检察》2014年第24期。

情及提供的证明进行审查，不符合条件的，坚决不能取保候审和保外就医，是对监狱、看守所等监管部门正确、有效地行使刑罚执行权进行监督。在控告、申诉及民行检察阶段，常常涉及技术性证据方面的问题，检察技术部门运用专业知识，对案件中的技术性证据进行审查和监督，从而使控申、民行检察业务部门实现其检察监督职能。

因此笔者认为，新形势下检察技术工作创新的关键应是实现由"检察技术"向"技术检察"的转型，更多地突出其"检察"而非"技术"属性。检察技术部门负责对诉讼环节中所涉及的技术性证据进行审查和监督，行使对技术性证据的监督权力，防止权力滥用，自觉把检察技术工作融入各项检察业务中去，站在法律监督的高度对技术性证据进行审查监督，积极发挥检察技术在侦查监督、诉讼监督和刑罚执行监督环节上的技术监督职能作用。当然这种审查监督不是凌驾于其他鉴定机构之上的监督，而是通过参与诉讼，按照一定的程序，依法进行的监督。

2. 转变技术性证据审查的"被动性"

目前技术性证据未从案件证据中单列，审查的主体也未明确规定为专业资质人员，而是由检察官一并审查。启动技术性证据审查，源于检察官在审查案件相关技术性证据时认为有"必要"才发起的委托，不具备强制性。而检察官由于缺乏相关专业知识，对"必要"的理解也往往因人而异，极易导致带有一定的随意性和个人色彩。实践中，很多检察官只想通过技术咨询消除疑惑才进行委托，或者仅口头技术咨询，不免出现不少其实应委托而未委托的情况，成为执法不规范、不公正的隐患。以 2019 年为例，全国检察机关共受理技术性证据审查委托 81880 件，出具审查不同意见书 1372 份，占 1.68%，其他意见意见书 4020 份，占 4.9%，两者合计占 6.58%。这意味着平均每 15 个委托的技术性证据审查案件里，就有 1 件原鉴定意见错误或有瑕疵。因此为杜绝冤假错案发生，应当变技术性证据审查的"被动性"为"强制性"，参照同步录音录像规定上升至刑事诉讼法层面的历程[①]，出台文件明确技术性证据应当委托审查的范围和条件，并对检察业务应用系统进行针对性优化。

3. 明确技术性证据的审查主体

检察改革后，实行员额检察官对案件终身负责制，技术性证据与其他证

---

① 2012 年刑事诉讼法修改前，讯问犯罪嫌疑人实行同步录音录像只是检察机关内部的一项规定，刑事诉讼法修改后，将同步录音录像上升至法律层面。

据一样，交由检察官一并审查。只有当检察官启动技术性证据委托审查程序后，鉴定人员才能成为技术性证据审查的主体，与检察官一并审查，但最终仍由检察官决定是否采纳。如果鉴定人员审查有误，检察官又采信，导致案件错误，责任由谁来负？如果鉴定人员审查有误，检察官未采信，鉴定人员是否需要承担责任？如果技术性证据对案件起关键性作用，检察官应委托而未委托，或者鉴定人员审查正确，但是检察官仍不予采信怎么办？可见，技术性证据审查监督主体不明确，势必带来审查监督的随意性，责任也无法明确，案件质量也不能得到切实保证。那么谁更适合作为技术性证据审查的主体呢？

从现行法律规定来看，我国宪法将法律监督职能是赋予检察机关的，而不是赋予给检察机关内部某个具体职能部门的，职能部门是按检察机关履行法律监督职能的需要而设立的，实质上是一种内部的分工。2006年最高人民检察院制定的《人民检察院文证审查规则（暂行）》第2条规定："文证审查是检察技术部门履行法律监督职能，由具有相应资格的专业技术人员运用专门知识，根据案件承办部门的委托，对技术性证据的合法性、科学性、客观性、规范性等进行审查的专门性活动。"《人民检察院刑事诉讼规则》第259条规定："办理审查逮捕、审查起诉案件，可以询问证人、被害人、鉴定人等诉讼参与人，并制作笔录附卷。询问时，应当告知其诉讼权利和义务。询问证人、被害人的地点按照刑事诉讼法第一百二十四条的规定执行。"最高人民检察院在《关于贯彻〈全国人民代表大会常务委员会关于司法鉴定管理问题的决定〉有关工作的通知》中明确提出："各级检察技术部门要围绕'强化法律监督，维护公平正义'的检察工作主题，着眼于提高检察机关法律监督能力，加大对批捕、公诉工作中技术性证据的审查力度，积极开展文证审查工作，为检察机关履行法律监督职能提供技术保障。"可见，检察技术部门从事技术性证据审查工作更合适、更专业，理应成为技术性证据审查的主体。

从司法实践来看，对检察机关14类自侦案件中的技术性证据进行收集、固定和检验鉴定，对公安机关移送的刑事案件中的技术性证据进行审查监督，必要时对公安机关在侦查阶段作出的鉴定进行重新鉴定，对民行抗诉、申诉、刑罚执行监督中的技术性证据进行审查监督或重新鉴定，在检察诉讼环节中，凡是涉及技术性证据的地方，都有检察技术对技术性证据审查监督的身影，这是由检察机关的诉讼监督的特点决定的；无论哪个机关出具的技术性证据，都有可能被检察技术部门审查，这是由我国的诉讼制度所决定的。

从知识结构来看，随着现代科技的飞速发展，犯罪活动智能化、高科技化的特点也日趋突出。面对新形势，检察技术人员需要从证据学的角度审查技术性证据的客观性、关联性、合法性，并对公安、社会鉴定机构所提供的技术性证据进行实体、程序两方面的审查和监督。这就要求检察技术人员不仅要具备一定的法律知识，还需要具备相应的专业技术知识。检察技术作为检察机关的一项专门业务，通过各种专业技术门类渗透于检察监督的各个环节之中，它的职能作用是其他检察业务部门无法替代的，也是其他司法机关的技术部门不可取代的。

因此，检察技术部门作为技术性证据审查监督的主体来开展技术性证据的审查监督，是检察机关履行法律监督职能的重要手段，是检察机关不可或缺的重要业务工作。检察技术不应是法律监督的"配角"，而应是对技术性证据进行审查监督的"主角"，是行使技术性证据审查监督权力的专门的检察监督部门。技术性证据审查监督权应当是一种独立的检察监督权的形式，它的这种审查监督不代表任何部门和个人的利益，而是站在国家诉讼的高度对技术性证据进行审查监督，直接关系到检察机关的执法能力、执法水平和办案质量。

4. 强化对鉴定机构的外部监督

鉴定意见作为重要的技术性证据之一，现在绝大部分由司法行政管理机关统一登记管理的鉴定机构（主要是面向社会的中介机构和公安机关的鉴定机构，公安机关的鉴定机构也是在司法局登记注册的）完成。各鉴定机构没有上下级之分，鉴定意见效力完全相同。检察机关对公安机关的侦查活动依法行使法律监督职责，但对社会鉴定机构缺乏有效监督。作为市场化运作方式、有营利性质的社会鉴定机构，出于能力、条件或受利益驱动等原因，在同一案件中多头鉴定、重复鉴定的情况屡有发生。这种鉴定意见不统一甚至完全相反的情况，给检察机关造成了极大的困惑，就算鉴定意见送检察技术部门进行审查，也无法从源头上解决问题，最多就是要求重新鉴定，对原鉴定机构和原鉴定人的监督手段和措施也相对乏力。而且其他的鉴定机构再做一次鉴定，再收一次鉴定费，就是给当事人再增加一次经济负担。

在司法鉴定实践中，司法行政管理机关作为司法鉴定机构的管理者，对社会鉴定机构的监督限于行业自律管理和其内部组织的一年一度的案件评查。如果不建立起有力的监督机制，不堵住监管漏洞，上述鉴定乱象还会发生，司法鉴定公信力将受到质疑。检察机关作为国家的法律监督机关，从职能出发在诉讼活动中对其他司法鉴定机构出具的技术性证据进行监督，是与其在刑事诉讼中所处的地位是相符的，是合法有据的，是作为法律监督机关应尽的义务。

检察机关应积极探索，主动与司法机关沟通协调，共同探索建立社会鉴定机构信息共享和监督机制，随机抽查社会鉴定机构已办案件，对多次出具有错误或瑕疵的技术性证据的机构和人员进行法律督察、发出检察建议，从而对司法鉴定机构和人员进行有效外部监督，改变社会鉴定机构监督仅靠行业自律和案件评查的现状。

5. 明确技术性证据审查意见书的法律效力

技术性证据审查意见书是检察技术部门根据案件承办部门的委托对相关技术性证据的合法性、科学性、客观性、规范性进行审查而形成的文书。换言之，它必然是伴随着鉴定书、检验报告、分析意见书等技术性书证而产生的。刑事诉讼法明确将鉴定意见规定为八种证据之一，司法实践中将检验报告结论、分析意见结论视同为鉴定意见已成惯例。但技术性证据审查意见书似乎尚未获得同等地位，是否作为证据使用和是否予以采信由检察官、法官决定。本文认为，技术性证据审查工作实际上是检察机关履行检察权的一种方式，是关乎检察机关能否规范执法的重要保障。技术性证据审查工作离不开原来的鉴定。从概念上讲，鉴定是鉴定人受托运用其掌握的自然科学知识回答、解决案件侦办过程中需要解决的专门性问题的活动；技术性证据审查是审查人在诉讼环节受托运用其掌握的自然科学知识对原鉴定等书证解决专门性问题是否恰当进行衡量的一种特殊鉴定活动。技术性证据审查和鉴定有相同之处：同样要回答、解决案件中要解决的专门性问题。因此，技术性证据审查意见书应从立法的高度被规定为鉴定意见的一种"表现方式"，是具备相应鉴定资质和专业能力的检察技术人员针对案件中的技术性证据出具的一种检察机关所特有的鉴定意见，应明确在整个诉讼过程中可以作为证据使用。①

（二）发挥检察技术人才队伍的关键性作用

无论是检验鉴定、技术性证据审查，还是技术协作，都离不开具有专业技术知识的人的能力和经验。将检察技术业务全部交由社会鉴定机构或者外聘专家，是不利于检察技术长远发展的，更会制约司法监督、影响司法公信

---

① 笪俊彪、叶林：《文证审查意见书的证明效力》，载《中国检察官》2008 年第 8 期。

力。然而检察技术又具有专业性强、替代性低、保密性高、培养周期长等特点，因此检察技术要想长远发展，关键在于"人"，要让技术专家和高校优秀毕业生都乐意来、愿意留，切实解决当前检察技术人员"老龄化""断档"等问题。

1. 明方向，定规划

大到国家小到企业，要想发展好，都离不开明确的方向和正确的规划，同样检察技术要想长远健康发展，也需要明方向，定规划。一是建议最高人民检察院尽快恢复重建检察技术厅，只有根壮才能枝繁叶茂；二是各级检察院领导要高度重视检察技术工作，消除重科技、重设备、轻人才的错误观点，同时重视检察技术的司法属性，消除检察技术部门仅是设备维护部门的错误观点，防止检察技术边缘化；三是建立有效机制切实解决堆积已久的技术人员职级、职称、晋升、待遇等问题，畅通晋升渠道，提升检察技术人员的职业荣誉感和归属感；四是针对技术协助需求增长的新要求，尽快明确技术协助案件的范围，提升检察技术人员在技术协助中的"办案"参与度；五是针对日常运维保障烦琐、技术人员身兼数职的现状，建议最高人民检察院检察技术信息研究中心统一制定信息化外包机制，明确可以外包的范围和职责，将检察技术人员从日常设备维护中解放出来，让专业的人干专业的事。

2. 优化技术资源配置

专业技术能力是检察技术的"硬实力"，也是也是检察技术人员的立身之本。检察技术工作门类多、要求高，很多都是在诉讼中亟待解决的关键性问题。特别是在当今信息时代，案件中涉及的技术性证据类型众多，涉及的专业也纷繁复杂，技术与法律、实务交织在一起，审查工作量巨大，但由于技术资源分配不均，很多院专业门类和技术人员明显不足。如要各级检察机关配齐所有的专业门类和足够的人员，显然是不现实的，也是永远无法实现的。同时，对技术性证据的审查监督又是检察机关应尽的义务，是必须进行的，是不能因为检察技术力量不足就放弃的。因此，为确保对技术性证据的审查监督不留漏洞和空白，除外聘专家外，还需要整合技术力量，优化技术资源配置。要建立机制有效整合技术资源，将鉴定机构、鉴定人员、技术案件受理办理等整体纳入省级院，实现省级院对全省、直辖市检察技术人、财、物的集中管理，切实解决抽调难、委托院与抽调干警所在院出差标准不一、抽调干警办理技术案件和所在院的工作时间冲突等问题，并参照员额检察官模式推行鉴定人轮案、分案、考评、考核、奖励、追责等制度。充分发挥现有人才辐射带动作用，提升检察技术工作整体水平。要发挥鉴定专家引领、示范作用，建立现有人才带新进人才的模式，加大培训力度，进一步壮大充实检察技术队伍，提升技术人员的能力和水平。

3. 优化技术门类设置

建立检察技术协作配合机制，培养专业化人才队伍。对于办案中较为常见的，以公益诉讼为例，确有必要培养一支检察机关内部的环境资源人才队伍。但是由于环境污染涉及门类众多，各级检察院配齐所有门类鉴定人缺乏现实可能性。故可以以省、直辖市为单位，整合优化技术资源，针对性设立环境检测门类，培养或招录一批具备相关专业知识的技术人才。同时，建立全国检察机关环境资源技术人才共享互补机制，互联互通。法医、司法会计、文件检验、痕迹检验、电子证据等技术门类设置是根据业务需求从无到有的。随着检察机关公益诉讼工作的不断强化，对技术性证据取证、鉴定提出新的要求，公益诉讼将成为检察技术新的增长点。但在实际工作中，现有检察技术队伍缺乏环境污染方面的专业人才和专业知识，现有技术性证据主要以相关监测部门出具的鉴定报告为主，可这些部门往往又是公益诉讼案件中被监督的对象，其出具报告的真实性、客观性就有待考证。因此，培养一支检察机关自己的环境资源人才队伍是必要的，但是配齐所有门类同样也是不现实的。对此，可以省、直辖市为单位，充分运用大数据分析，找准所在地区环境污染高发问题，针对性地设立门类，并下定决心、花大力气培养或招录一批具备相关专业知识的技术人才，同时建立全国检察机关环境资源技术人才共享互补机制，实现双赢。现如今各门类的发展显然失衡，务必对新兴技术予以扶持。检察技术辅助办案不应局限于传统范围，而要在更多方面发挥更大作用。可推进检察大数据中心和能力开放平台建设，加大对新兴技术和网络信息化的硬件投入，加强大数据、人工智能、区块链等新技术应用，通过实训提高技术人员运用新技术审查证据的能力。

4. 探索建立检察技术官

积极探索"检察技术官"制度，发展多检种并肩作战。检察人员分类改革的目的在于实现分条线的专业化、精英化人才培养，要消除重设备轻人才、技术等于设备维护的观念，强化对检察技术司法属性的重视。如同公安系统因不同业务需求设立不同警种，可通过增加检察机关内部的职员类型、直接为检察官配备辅助人员的方式来发展"多检种联合作战"模式[1]。以日

---

[1] 万毅：《三个特征凸显检察制度发展的东亚模式》，载《检察日报》2016年3月29日。

本检察技官制度为例，其在检察厅下设检察技术官，受检察官指挥，掌管技术。本文认为，作为检察辅助人员的一类，在设立检察技术官时，应选择具有专业知识的人才，由其负责技术相关事务，辅助检察官办案，弥补检察官在技术方面专业知识的欠缺。其与现有业务检察官既有联系又有区别——共同之处在于都对诉讼环节中的证据进行审查监督并实行终身负责制，区别在于技术检察官只针对案件中的技术性证据进行审查。为切实解决当前检察技术人员"老龄化""断档"等问题，建议探索建立技术检察官制度，设立技术检察官和技术检察官助理岗，通过"以案实训"的方式发挥好技术检察官"传帮带"作用，帮助年轻检察技术人员快速成长。同时，建立健全技术检察官的职级管理和专业技术任职资格评定制度，畅通检察技术职称职级晋升渠道，进一步提升检察技术人员的职业荣誉感和归属感。

基层检察院建设综合评估研究[*]

上海市宝山区人民检察院课题组[**]

习近平总书记指出,"全面推进依法治国是一个系统工程,是国家治理领域一场广泛而深刻的革命。……要把全面推进依法治国的工作重点放在基层……加强基层法治机构和法治队伍建设"。[①] 基层检察院处于司法办案、服务人民的第一线,是检察事业高质量发展的根基所在。自 1998 年以来,最高人民检察院为加强基层检察院建设,通过确定指导思想、工作指引、示范激励等一系列措施,其中包括 2011 年起推行的基层检察院建设抽样评估制度,着力引导基层检察院树立以检察业务为中心,以司法规范为基础,以改革创新为动力,全面加强基层基础工作,有效推进了基层检察院的健康持

---

[*] 本文系 2020 年度最高人民检察院检察理论研究一般课题"基层检察院建设综合评估研究"(项目批准号:CJ2020C08)的研究成果。

[**] 课题主持人:董学华,上海市静安区人民检察院党组书记、检察长。课题组成员:王戬,华东政法大学教授;李英,上海市人民检察院政治部办公室副主任;程喆、吴楠,上海市宝山区人民检察院政治部副主任;杨宏亮、潘晓清,上海市宝山区人民检察院第六检察部检察官。

[①] 参见《习近平谈治国理政》(第二卷),外文出版社 2017 年版,第 124 页。

续发展。2020年10月召开的全国基层检察院建设工作会议暨第七届全国先进基层检察院表彰大会，提出了推动基层检察工作高质量发展的一系列举措，旨在遵循基层检察院建设客观规律，为基层检察院建设和发展注入新的动力，更好服务"十四五"时期经济社会发展大局。因此，有必要研究构建一套以基层检察院建设综合评估为方式的目标管理机制，进一步加强和促进新时代基层检察院高品质建设、高质量发展。

一、基层检察院建设综合评估的定义与价值

（一）综合评估的定义

评估，其基本含义是评价、估量、测算。[1] 评估是价值认识和判断的思维过程[2]，是一门科学、一个特殊的专业[3]，是指衡量人物或事物价值的活动，存在于社会生活的各个方面，在社会各个运作层面上对活动主客体起着方向引导与调整的作用，主要应用于经济社会领域。实践中往往将评估与考评、考核、评价等概念混用，其界线不是很清晰。目前，关于基层检察院建设评估的研究很少。根据评估的一般含义和相关的评估学理论[4]，可以对基层检察院建设综合评估做以下定义，即基层检察院建设综合评估是根据一定的价值标准，采用一定的方法，对基层检察院的发展境况、工作基础、司法办案及其效果，以及与基层检察院相关的各种条件因素的价值判断过程。它是科学判断基层检察院建设成效，夯实检察工作根基，确保检察事业高质量发展的必然要求。这一定义主要包含了三个基本含义：

第一，强调综合评估的本质在于"价值判断"。人民检察院是国家的法律监督机关，基层检察工作是一种社会实践活动，基层检察院建设的质量状况，直接关系到检察工作能否满足社会的政治、经济和文化等发展的需要，能否满足人民群众日常增长的司法公正和司法保障的需要，这就是基层检察

---

[1] 参见"百度百科"，https://baike.baidu.com/item/评估，2020年9月27日访问。
[2] 参见刘巧茹、王哲：《浅议评估的定义》，载《河北工程技术职业学院学报》2003年第2期。
[3] 参见向可文：《呼唤评估软件》，载《国有资产管理》1997年4月8日。
[4] 目前，社会组织的评估理论主要有以下三种，即"3E"评估理论，侧重于根据价值判断的标准对社会组织的发展状态展开评估；"APC"评估理论等，侧重于根据价值和能力判断的标准对社会组织的发展状态展开评估；"3D"评估理论等，侧重于根据社会组织提供的具体服务或项目的问题阶段展开评估。参见王守文：《"SCC"理论：中国社会组织评估机制研究》，华中科技大学2013年博士学位论文。

院建设的内在要求和价值所在。基层检察院建设的价值判断，就是通过对影响这种价值实现的组织、社会因素在基层检察院建设过程中的作用和状态，以及对外化成效进行衡量，从而看它是否满足内生化要求和社会化需要的一种活动。

第二，明确综合评估的要素在于全面性和动态性。与经济领域中的综合评估活动相类似①，基层检察院建设综合评估的要旨在于"综合"，综合与分析相对，是思维把事物的各个部分联结成一个整体加以考察的方法。② 因此，基层检察院建设的综合评估必须坚持以下两点：一是全面的观点，即应立足于基层检察院建设的全局和整体，与其相关的各种条件因素都是评估的对象。这里的各种条件因素，应当是所评估基层检察院建设的各种软硬件条件因素，以及评估对象以外的与其密切相关的其他评估领域。包括基层检察院建设的内部支持条件和运行状况，以及外部的支持条件和感知因素等。二是动态的观点，即应以变化发展的视角，对基层检察院建设作出综合评估。不仅要认识基层院建设的过程和现状，更重要的是着眼于不足和未来，预测与引导基层院建设活动的发展变化，促使基层检察院建设始终沿着高质量发展的轨道运行。

第三，要求综合评估应按一定的价值标准和科学方法进行。价值判断离不开价值标准，这个价值标准是评估主体对评估客体对象进行认识和评估时所依据的准则。应把握并遵循综合评估的基本规律和通用方法，坚持定性与定量相结合，按照综合评估法的基本做法，将各个评估要素按照不同层次，分解成多个需评价的元素，并在同一基础或者同一标准上进行量化，量化指标可以采取确定权重、打分等其他方法，计算出每一评估元素的评估分，进而计算出综合得分。

（二）综合评估的价值

长期以来，以检察工作业绩考评为主的绩效管理手段，对于推进基层检察院建设和发展起到了积极的作用，并将继续发挥其促进争先创优的功能。而探索构建以"价值判断"为导向"基层检察院建设综合评估"体系，是

---

① 综合评估法，是由第三方的专业信用评估机构以定性分析为主、定量分析为辅，要求对评估对象作出全局性、整体性的评价。参见百度百科"综合评估法"，载 https://baike.baidu.com/item/综合评估法/8746216，2020 年 9 月 28 日访问。

② 参见搜狗汉语"综合"，载 https://hanyu.sogou.com/result?query=综合&mzid=70231006，2020 年 9 月 28 日访问。

基层院建设目标管理的一种制度创新,其价值主要体现在以下四个方面:

1. 综合评估是科学决策的重要依据

综合评估是对基层检察院进行宏观管理的主要手段,也是发现问题和不足的重要过程。综合评估工作犹如进行全面性"体检",可以准确把握某一基层检察院的整体状态及其在区域内的价值效能,可以把握一个评估周期内某一基层检察院的总体发展趋势,及时发现基层院建设运行中出现的个性及共性问题,总结基层院管理和运行的成功经验,为上级检察机关制订科学合理、切实可行的宏观管理政策提供科学依据。

2. 综合评估是深化指导的重要途径

综合评估是在设定的同一标准下进行的一种价值判断过程。落实建设规划,实现建设目标,不仅需要具体措施来推动,还需要定性定量指标来检验。综合评估制度的建立和实施,不仅使上级检察机关对基层检察院建设状况有了更加全面、客观和具体的了解掌握。同时,评估的过程也是上级检察机关指导工作的过程,一定价值标准下开展的综合评估工作,可以为上级检察机关提供统一遵循,更加精准化、精细化指导基层检察院建设工作。

3. 综合评估是整体提质的重要措施

基层检察院建设是检察机关的一项基础性、战略性工作。综合评估,不仅是对某一基层检察院或者所有基层检察院进行的"体检",而且也是对检察机关整个机体的"把脉问诊"。综合评估过程中形成的大量数据,不仅反映被评估基层院个体的情况,而且也一定蕴含着检察工作整体状况的相关性信息。因此,着眼于解决占全国检察院总数80%的基层院存在的共性或者突出问题,有利于检察工作整体工作的改进和基层院建设的高质量发展。

4. 综合评估是激励创优的重要手段

绩效考评往往具有很强的驱动性,而目标管理更具有导向性。综合评估旨在实事求是地肯定基层院在一个评估周期内取得的成绩和经验,并指出存在的问题和不足,客观地提出工作的改进措施和建议,明确下一步发展的方向。对于接受评估的基层院,也可以利用评估的机会,一方面认真地总结自身的成绩、经验和不足,另一方面可以根据评估意见,正确认识自己的差距,在此基础上,制订完善下一步创建规划,力争保持优势和长项,减少问题和短板,争取整体工作有新的更大提升和更优发展。

二、基层检察院建设综合评估指标设定的基本原则

建立一套体系完备、内容全面的基层检察院建设评估制度，应当确立有效的目标管理原则。基于对基层检察院建设综合评估定位和价值的认知，以及评估工作的一般规律特点把握，基层检察院建设综合评估指标设定以及评估工作的开展应当遵循以下原则：

（一）系统性原则

要实现对组织发展的综合评估，不仅仅是众多单一指标的简单累加，而是根据一定的机制或原则实现指标的系统化。① 基层检察院作为国家机构中的一个司法主体，处于司法办案一线，具有内外两个生态系统。其中，内部是主因，是决定建设质量的关键。而外部是次因，对基层院建设起着一定的影响作用。因此，开展基层检察院综合评估工作，必须根据系统学理论，既要把握评估的内在要素及主要方面，又要兼顾评估的外部因素和次要方面。构建的评估指标体系必须体现这种综合性和系统性，各个指标之间应当具有有机、有序的联系，从而对基层检察院建设状况形成综合全面的评估意见。

（二）科学性原则

评估指标的科学性是基层检察院综合评估的基本保证。所以，选取的指标应当能够全面、准确反映基层检察院及各项工作的基本内涵和特征。应力求定义准确清晰，数据的来源应权威可靠，处理的方法应规范科学。同时，按照定性和定量相结合的评估方法，所选取的指标尽可能都是可度量的，而且其数据能够通过某些特定方式取得，对理论上可行但若缺乏可靠数据来源或者支撑的指标，原则上应不予使用。此外，在确保评估指标稳定性和连续性的前提下，也可以适度选取有阶段性意义或者价值的变动指标。

（三）层次性原则

按照评估指标体系的一般构建方法，一个层次结构合理、衡量指标科学的评估指标体系，是全面有效地反映被评估对象现实状况和基本特征的实用

---

① 参见王守文：《"SCC"理论：中国社会组织评估机制研究》，华中科技大学2013年博士学位论文。

方法。基层检察院是一个"五脏俱全"依法设立的组织机体和司法单位,从组织结构、内部管理、工作运行等方面,都具有宏观、中观和微观层面的要素内容,而且各个部分又相互关联、相互制约。所以,开展评估工作、构建评估指标体系,需要将评估对象的各个评估要素按照类别层次划分。构建指标体系时,每一个类别应采用多个分项,包括若干指标,指标之间相互补充;每个层次同样如此,即上层指标应通过下层指标逐层细化,下一项目层的指标通过子项目层细化,子项目层的指标再通过原始指标层细化,做到层次分明,内容详实,不简单叠加,从而确保观测面的多样性和完整性。

(四)操作性原则

基层检察院建设综合评估指标体系的构建,应当从现实状况出发,充分考虑数据资料的可获得性。也即在统计上能够搜集得到所选指标的资料数据,或者在测评的路径方法上,能够根据某一指标进行度量和分析测定,只有将相应指标应用于具体的评估工作中才有其实际价值。在评估工作的组织管理及工作程序的设置中,也应考虑评估的便利性和客观性需求,既适度精简和优化评估流程,又善于运用检察机关现有的各项检察数据管理平台,以提高评估工作的效率和效果,增强综合评估的可操作性和权威性。

三、基层检察院建设综合评估的总体要求

(一)综合评估的目标定位

大力推进基层检察院建设是一项长期的战略任务,只有起点没有终点,只有更好没有最好。① 进一步加强新时代基层检察院建设,必须坚持以习近平新时代中国特色社会主义思想为指导,全面贯彻落实习近平总书记关于政法工作和政法队伍建设的重要指示精神,特别是关于基层基础工作的重要论述,坚持讲政治、顾大局、谋发展、重自强,坚持"稳进、落实、提升"检察工作总基调,坚持问题导向和目标引领相统一,坚持精准分类指导与客观目标引导相结合,牢牢把握革命化正规化专业化职业化发展方向,有效运用基层检察院建设综合评估制度,全面推进基层检察院建设上新台阶。

---

① 参见《推进基层检察院建设是一项长期的战略任务(卷首)》,载《人民检察》2004年第7期。

基于此，按照新时代检察工作发展的总体要求，根据基层检察院建设的特点和规律，以及新时代基层检察院建设的新内涵，应当将基层检察院建设的最高目标确定为"过硬"和"可靠、满意"，并作为综合评估的零级指标，为今后一个时期基层检察院建设确定目标、指明方向。其中，"过硬"是"体"，"可靠和满意"是"翼"，由此构建基层检察院建设的"一体两翼"目标，不断提高基层检察院建设工作的动能和水平。

"过硬"的基层检察院是新时代检察事业行稳致远的发展根基。有道是"万丈高楼平地起"，实践证明，我们党和国家工作最坚实的基础就在基层①，没有坚实的基础，检察工作就会出现严重问题。建设"过硬"的基层检察院就必须将习近平总书记提出的"政治过硬、业务过硬、责任过硬、纪律过硬、作风过硬"和政法队伍"革命化、正规化、专业化、职业化"等指示要求落实到实处，并贯穿于基层工作始终，真正以高度的政治自觉、法治自觉、检察自觉建强基层检察院，从而为依法公正、有效履行检察权提供坚强的组织保障。

"可靠和满意"的基层检察院是新时代党和人民对检察机关的期待与要求。基层检察院是直接面向人民群众的一线政治机关，拥有"一支党和人民信得过、靠得住、能放心"②的检察铁军，坚持以人民为中心的发展理念，在基层一线，强化"第一责任"，走好"第一方阵"，切实做到"对党忠诚、服务人民、执法公正、纪律严明"③，把"不忘初心、牢记使命"的制度落到实处，直接关系到党的执政基础和人心向背。坚持以"可靠和满意"检验基层检察院建设的质量和效果，才能增强基层检察院建设工作的责任感和使命感，推动基层检察院履行好宪法和法律赋予的神圣职责，努力让人民群众在每一个案件办理、每一件事情处理中都能感受到公平正义。

（二）综合评估的内容

多年来，检察机关围绕基层检察院建设和评估工作进行了有益的探索和实践，也形成了一些基本的评估内容、评估要素以及程序方法等。其中，

---

① 参见《罗干同志在全国检察机关基层检察院建设表彰大会上的讲话》，载《检察日报》2001年2月21日。

② 参见姜洪：《郭声琨在中央政法工作会议上强调：坚持和完善中国特色社会主义政法工作体系，为全面建成小康社会提供有力保障》，载《检察日报》2020年1月18日。

③ 参见《习近平向中国人民警察队伍授旗并致训词》，载《人民日报》2020年8月27日，第1版。

2011 年起开展的基层检察院建设抽样评估工作,主要围绕最高人民检察院制定的《2014—2018 年基层人民检察院建设规划》提出的深入推进基层检察院"执法规范化标准化、队伍专业化职业化、管理科学化信息化、保障现代化实用化"(简称"八化")的建设目标,从落实建设规划、实现建设目标的角度,确立的评估内容范围是上述对基层检察院建设"八化"目标,并以此为基础进行具体细化量化,由此开展基层检察院建设的成果验收,对全面推进基层检察院建设发挥了积极作用。

进入新时代,检察机关在继承和发展的过程中,也面临着不一样的形势环境、任务要求、工作内容等,需要我们在把握基本规律和基本内涵时,立足时代特征和发展要求,在继承和保持固有内容范围的同时,必须做到与时俱进,作出必要的充实调整。应当根据新时代检察机关所肩负的职责使命、最高人民检察制定的检察工作发展总体要求,围绕基层检察院建设所确立的"过硬""可靠和满意"最高目标,立足"价值判断"的综合评估模式,并在把握新时代基层检察院建设"变与不变"情势的基础上,可将基层检察院建设评估的内容范围确定为"政治坚定、业务优质、队伍专业、监管有效、保障有力"以及"社会评价"和"重点和创新工作",据此组合构成的一个结构紧密、内容完整的"5+2"评估内容范围,并作为综合评估的一级评估指标。

确定以上"5+2"评估内容范围,从总的架构来讲,包含了基层检察院建设内外两个循环系统,具有完整性。从基层检察院内部看,"政治坚定、业务优质、队伍专业、监管有效、保障有力"构成"五位一体",相互关联、缺一不可,是基层院固本强基、奋发自强的根本所在,较为全面反映了基层院建设的系统性要求;从基层检察院外部看,基层检察院是社会治理和公共管理活动中的重要主体之一,因此,"社会评价"主要评估执法的公信度和人民群众的满意度,是基层检察院建设成效的自然要求、必然结果和持续追求。而"重点和创新工作"的评估,主要应选择上级院重点部署、影响基层院建设品质或者社会普遍关注的若干事项的工作成效进行评估。

(三) 综合评估的工作要求

基层检察院建设综合评估不同于日常的业绩考评、企业对产品质量的检验,而是借鉴现代评估学理论,运用评估的基本方法而形成的具有检察特色的评估制度。作为一项科学制度的运行,开展基层检察院建设综合评估工作应把握以下基本要求:

1. 程序完备

正如司法程序对于司法公正的保障作用一样，完备高效的评估程序，是确保基层检察院综合评估工作有效开展的基本保障。一方面，应注重构建便捷、高效的评估程序，使评估工作既做到全面具体掌握基层院建设全貌，达到精准画像的目的，又防止给基层检察院增加不必要的负担，做到评估依据及评价数据的获取尽可能智能化，减少人工操作的份额与数量。另一方面，应注重启动评估的周密组织及工作管理。基层检察院建设综合评估不仅关系到一个基层检察院建设状况的综合评价，而且关系一个院所有干警的荣誉感和获得感；不仅关系到上级院的科学施策和宏观管理，而且关系到一个院的司法公信度和社会形象。因此应强调工作纪律，参与人员一定要严格按照程序和要求执行各项工作，严防程序执行中走样走偏。

2. 客观真实

评估的功能价值在于审视并掌握真实情况。参与评估的人员既应有忠于事实的职业良知，更应有忠于事实的意识和自觉，还应有发现真实的能力和水平。在实际操作中，不能先入为主，负责情况收集、数据分析、项目评价的评估人员应秉持实事求是的原则。保证评估的真实性，要求评估人员只负责收集数据和事实，而不负责对数据和事实的理论解释。同时，评估的科学性也集中体现在客观收集分析事实和数据的技术运用中。如果收集的数据与真实情况不符，运用数据的方式方法不合理，就会导致评估结论失真。

3. 综合研判

基层检察院建设综合评估工作过程中采集的数据，获得的样本及相关材料，只是评估工作的基础。注重对数据材料的综合分析和研判，是综合评估过程中的一个关键环节，也是检验综合评估工作特别是评估人员能力水平的一个重要因素。评估人员应牢固树立全局观念，善于运用系统思维、辩证思维等方法，努力提高分析研判的科学性精准度。对数据材料进行分析和研判，应当通过由点到面、由表及里、由内及外，要善于取舍综合，善于分清问题轻重大小，分清主流和枝节，分清哪些做法是创新、哪些工作是亮点、哪些问题是隐患、哪些是制度性机制性甚至是体制性系统性问题，从而得出客观公正、有理有据的判断结论。

4. 精准反馈

开展基层检察院建设综合评估的宗旨在于解决问题、改进工作，提高人民群众的满意度，提升检察执法的公信力。基层检察院建设综合评估工作是双向互动的过程，其中的重要环节就是将评估结果向有关方面及时反馈，包括过程性反馈和事后性反馈。过程性反馈是指向被评估的基层检察院反馈,即对于在评估过程中掌握的情况,特别是发现的主要问题及时向被评估检察院的检察长或者领导班子反馈评估的基本情况;事后性反馈是指向被评估检察院的上级检察院党组以及同级党委政法委的反馈,从而使上级检察院能够了解地方检察院或者本辖区被评估基层院建设的总体情况,特别是存在的突出问题。评估反馈应既见事,又见人,对于在综合评估中发现的严重弄虚作假、违法办案、冤假错案或领导干部重大违法违纪等问题或线索,应按规定报告并处理。

四、基层检察院建设综合评估指标的设置及相应数值

(一)五项基本内容评估指标的设置

评估指标的具体设置是基层检察院综合评估制度的核心问题,评估指标体系直接决定着评估的方向和评估的结论是否正确、科学和符合实际。评估指标的科学选取和指标体系的类型化构建是开展基层检察院综合评估的核心任务。每一个具体指标的设定,都能反映基层检察院在某一方面的价值状态,并由多项指标汇集构成评估标准体系,同时,这类评估指标的复合必须具有一定的集成价值和意义,进而才能够综合反映基层检察院发展的状态,从而实现对基层院这一复杂主体的简单呈现。考虑到基层检察院综合评估工作的研究及实施尚处于探索阶段,基层检察院建设综合评估指标体系的设置既不宜太过复杂,也不宜太过简单,应设置既能较为全面客观评估,又能便于操作的指标体系。应注意基层检察院建设评估与基层院工作特别是检察业务工作评估的异同,基层检察业务主要涉及公正、效率和效果等评估指标,而基层院建设的综合评估涉及的点更为广泛和全面,应当关注基层检察院的人、案、文化、管理及其运行的质量效率等综合要素。因此,基层院建设综合评估指标体系的构成必须体现全面性、整体性、系统性要求。

一般来说,科学系统的评估指标体系的结构至少包括三个层次,或者说包括三级以上的指标,但在实践中以三级指标为宜,因为四级以上指标比较复杂,容易影响评估工作的效率。如果确有需要,也可以根据评估实践实际情况细化为四级指标或五级指标。考虑到基层检察院建设综合评估实践刚刚开始,建议将其评估指标体系细化为三级指标为宜,这样简单明了,易于操作,有利于保证评估工作的有效开展。

1. 一级指标

在基层检察院建设评估指标体系中，一级指标为最高指标，具体包括上文所述的"政治坚定、业务优质、队伍专业、监管有效、保障有力"。应该说，这五项一级指标基本涵盖了基层检察院建设的政策要求和实践要素，内涵全面，外延周密，既符合基层院建设的基本规律和运行特征，又符合基层检察院建设综合评估的基本方向和时代要求。这五项一指标均属于关键性的要素，必须完成指标的量化和细化，以保证这些指标的可操作性。

2. 二级指标

二级指标是对一级指标的具体细化和量化，是对一级指标的进一步描述，并能涵盖一级指标的基本内容和核心要素。根据基层检察院建设的实际，可以将一级指标"政治坚定、业务优质、队伍专业、监管有效、保障有力"分别设置若干个二级指标：

一是将一级指标"A 政治坚定"细化为 5 个二级指标，即坚持党的领导、深化理论武装、建强基层组织、抓实意识形态工作、丰富检察文化。

二是将一级指标"B 业务优质"细化为 5 个二级指标，即做优刑事检察、做强做实民事行政检察、做好公益诉讼、提升办案质效、落实司法责任。

三是将一级指标"C 队伍专业"细化为 5 个二级指标，即加强班子建设、加强队伍专业建设、培养优秀领军人才、深化人员分类管理、落实从优待检政策。

四是将一级指标"D 监管有效"细化为 4 个二级指标，即加强纪律作风建设、优化司法办案规范、建全考核评价体系、完善内部监管机制。

五是将一级指标"E 保障有力"细化为 3 个二级指标，即提高科技运用能力、强化经费管理保障、落实装备配备标准。

3. 三级指标

三级指标是对二级指标的进一步细化。由于二级指标具有一定的抽象性和概括性，离开了三级指标的细化，二级指标便难以有可靠的事实支撑，更难以保证其评估的可行性和可操作性。一般来说，三级指标应该具体到评估对象重点评估内容的"要点"。按照这一要求，应当将基层检察院综合评估的 5 个二级指标进一步细化为若干个三级指标。

（1）对"A 政治坚定"5 个二级指标的细化

第一，坚持党的领导细化为：A1 建立并落实请示报告制度；A2 建立并落实民主集中制制度；A3 建立并落实党组一会一学制度；A4 全面贯彻落实上级指示精神。

第二，深化理论武装细化为：A5 建立并落实政治业务学习制度；A6 扎实开展"四史"等主题教育；A7 有效落实政治轮训；A8 全面开展教育整顿活动。

第三，建强基层组织细化为：A9 履行全面从严治党责任；A10 严格落实"一岗双责"；A11 严格执行基层组织工作条例；A12 党建与队建高度融合。

第四，抓实意识形态工作细化为：A13 严格落实意识形态责任制；A14 网络宣传正面积极；A15 检察人员网络行为规范；A16 网络舆情处置得当。

第五，丰富检察文化细化为：A17 开展尊崇职业荣誉教育活动；A18 创作检察题材文艺精品；A19 建立并落实"身边典型"选树机制；A20 健全并落实常态化表彰奖励机制。

（2）对"B 业务优质"5 个二级指标的细化

第一，做优刑事检察细化为：B1 有效把控"案－件比"核心指标；B2 有效适用认罪认罚从宽制度；B3 诉讼监督工作高质高效；B4 特殊检察工作高质高效；B5 羁押必要性审查工作高质高效；B6 控告申诉 7 日内答复率及案件息诉率高；B7 办案质量问题发生率低。

第二，做强做实民事行政检察细化为：B8 民事生效裁判（调解书）监督高质高效；B9 行政生效裁判（调解书）监督高质高效；B10 民事审判（执行）违法监督检察建议采纳率高；B11 行政（非诉）执行监督检察建议高质高效；B12 化解行政争议案件高质高效。

第三，做好公益诉讼检察细化为：B13 诉前检察建议整改率高；B14 对未整改案件提起行政公益诉讼高质高效；B15 民事公益诉讼支持起诉办案高质高效。

第四，提升办案质效细化为：B16 政治意识有效融入司法办案；B17 依法开展检察听证工作；B18 扎实开展司法援助工作；B19 发挥检察建议对基层治理的作用；B20 检察服务中心（12309）有效运行。

第五，落实司法责任细化为：B21 落实检察长列席审委会会议制度；B22 检委会议事决策规范；B23 优化检察官办案组织配置；B24 开展典型优质案例研究报送工作；B25 落实谁执法谁普法责任。

（3）对"C 队伍专业"5 个二级指标的细化

第一，建强领导班子细化为：C1 班子专业年龄结构合理；C2 领导带头示范办案；C3 干部选拔任用规范严格；C4 中层配备合理优秀。

第二，提升队伍专业本领细化为：C5 开展"1 带 N"业务导师带教工作；C6 组织各类业务岗位练兵活动；C7 有效利用"检答网"平台；C8 全面落实全员培训任务。

第三，培养优秀领军人才细化为：C9 培养国家级优秀领军人才；C10 培养省级优秀领军人才；C11 全面推行领导及干部上讲台；C12 积极参与人才智力交流合作。

第四，深化人员分类管理细化为：C13 规范落实检察官员额退出增补机制；C14 推行司法行政人员培养管理机制；C15 规范书记员配备和聘用制人员管理；C16 加强司法警察编队管理。

第五，落实从优待检政策细化为：C17 设立检察官保障委员会；C18 检察人员保障待遇执行到位；C19 严格落实带薪休假体检等制度；C20 有效落实履职安全保障机制。

（4）对"D 监管有效"4 个二级指标的细化

第一，加强纪律作风建设细化为：D1 落实与派驻纪检组定期研究会商制度；D2 全面落实"四责协同"制度；D3 开展经常性警示教育活动；D4 切实落实监督执纪问责工作；D5 落实队伍作风状况经常性分析研判机制。

第二，优化司法办案规范细化为：D6 检察官职权明确清晰；D7 院及部门领导监督管理权责明确；D8 严格落实检委会、检察官联席会议制度；D9 探索建立专业人员兼任检察官助理制度；D10 有效推进案件简繁分流。

第三，建全考核评价体系细化为：D11 健全对各类人员考评制度；D12 全面落实检察官业绩考评工作；D13 实行考评结果与等级晋升、选拔任用相挂钩；D14 严格执行执法过错责任追究制。

第四，完善内部监督机制细化为：D15 严格落实"三个规定"填报制度；D16 认真开展述职述廉、报告个人有关事项等党内监督制度；D17 加强办案全流程监控；D18 有效开展案件质量评查工作；D19 实行检察业务数据定期分析研判会商制度；D20 有效开展检务督察工作。

（5）对"E 保障有力"3 个二级指标的细化

第一，提高科技运用能力细化为：E1 信息技术人员配备及素能适度；E2 全国检察业务应用系统运维及时有效；E3 有效运用远程视频讯问办案；E4 推进案卷材料、人事档案数字化；E5 检察技术有效助力办案。

第二，强化经费管理保障细化为：E6 涉案款物管理规范；E7 国有资产管理精细规范。

第三，落实装备配备标准细化为：E8 业务装备配置规范有效；E9 "两房"建设符合要求；E10 有效落实机关安全保障工作。

以上对二级指标进行细化，共产生95个三级指标，当然，还可根据评估事项对具体指标在一定的比例内予以增减。如果确有需要，也可以根据评估实践及实际情况，将有些指标细化为四级指标或者五级指标。

此外，为提高评估的精准度和操作性，还应当对上述设置的三级指标或者说最底层指标进行必要的释义，就各项指标适用的材料范围、数据要求以及时间节点等作出说明。

（二）两项增设内容评估指标的设置

"重点和创新工作"，反映基层检察院某个时期或者一个阶段基层基础工作的推进落实和成效情况，具体事项的设定可以变动。以"重点和创新工作"为评估事项，可有效了解基层检察院贯彻落实上级院精神和要求的质量、效率、效果，具体掌握基层检察院抓具体工作的方法、章法以及管理状况，一般可以设定1至3项重点和创新工作，作为基层院重点评估的内容。① 其评估指标的设定应当根据重点工作的实际，按照质量、效率、效果、管理、运行等方面确定，每项评估内容的指标设置建议一般掌握在5至10个为宜。在具体运用中，"重点和创新工作"可以作为基层检察院建设综合评估的选择性事项，由主管基层检察院建设综合评估工作的领导机构，根据需要予以适用。

"社会评价"，是指基层检察院的司法公信力评估，主要从基层检察院内部发展、公共行为实现以及检察院与其他社会组织及人员关系处理等角度展开，重点评估的是基层检察执法的公信力和满意度。因此，此项工作应当采用公信力测评的方式，获取评估的相关数值。

（三）评估的基本分和权重值

基层检察院建设综合评估并不是纯检察业务的评估，也不同于经济领域中的资产类评估，评估对象的较多事项没有明显的数量关系，但具有质量或程度差异的因素特征，可直接量化的操作性并不强。按照评估的基本规律和方法，对于这种属于社会科学领域的评估对象或事项，一般应采用综合评估法和模糊综合评估法，尽可能做到把定性评价转化为定量评价，从而做到全

---

① 比如，上海市检察机关近年来开展的"一院一品"和"检察业务数据治理"两项重点工作考核，从综合评估的角度，将此类重点工作列入基层院建设综合评估的增设内容，可以大大提高对基层检察院相关工作的深度了解和细度评价。

部以数值得出具有可测量和客观性的数据性结果，再以评估数据的分析和阐述形成评价意见及理由。因此，开展评估之前，应当将评估指标的价值数据化。

一是评估指标的基本分值。根据评估的一般原理，为了便于数据的统计换算，一级指标不设定分值，其分值源于最底层指标换算得出的数值。可以将每个最底层评估指标的基本分设定为5分，开展评估时，由评估人员在每一个指标项的分值上限下（0≤5），按0、1、2、3、4、5，分6个分值对评估事项打分，特殊情况下，也可以允许评估人员在零分以下（-5≤0）打分，即打负分。基于此，由各最底层指标项的打分值汇总计算出各上一级评估项的总分数，进而取得各一级指标项的具体分值，再根据各一级指标项的权重比，换算出具体分值。比如，按照上述设置的95个三级底层指标，就可以知道其总的基本分是475分，如果一级指标"政治坚定"得满分的话，即其单项总分为100分，只要按照"政治坚定"的设定权重进行计算，就可以得出这一单项一级指标的最后得分。以此类推，只要获得五项各一级指标的最后具体得分并予以合计，就是五项一级指标最后总的评估分值。

二是个性指标分值的确定。在确定评估指标基本分值的基础上，必然要就某一指标针对具体事项进行分值评定。对此，实践中一般是由评估专员进行分值确定的，但也有采取先由评估对象自评，再由评估专员确定分值的方式。对于基层检察院建设综合评估的个性指标分值确定，应充分考量操作的便利性要求和客观性条件，同时，基层检察院建设评估更大层度上是一种自上而下的系统内自身机体的自评制度，因此，可以采取以自评或者自动采集数据为基础、上级主管部门评定为主、评估专员审定为辅的方式，来解决具体个性指标的分值确定问题。以上级主管部门为主进行评估分值的确定，主要考虑长期以来检察机关业已形成的以条线为主体的业务指导架构，各条线的上级院内部机关对基层院的工作动态、业务状况等相当了解，具有评估的绝对优势和现实条件。比如，司法办案类指标分值，可交由上级院案件管理部门通过检察业务系统采集的数据进行分值确定；政治建设和队伍建设类指标分值，可交由上级院政治部门在基层院自评的基础上进行分值确定。也可以将某一指标交由上级院某一内设机构为主、相关内设机构参与评估的方式确定分值，具体可以在制定评估指标释义中予以明确。

三是评估指标的权重分值。众所周知，采用多重指标综合评价某一事物或现象时，各项实际指标的重要程度并不完全一样，这就需要确定各指标的权重，为了保证评估的客观性，通常需要对不同的指标赋予不同的权数。应当坚持全面、重点、协调的原则，围绕基层检察院建设的核心目标，设定轻重均衡、导向明晰的权重比例。一般可以根据"政治坚定、业务优质、队伍专业、监管有效、保障有力"五项基本评估内容一级指标的重要程度,按照"10%、50%、20%、15%、5%"的比例确定权重。这一权重比的确定,以50%(业务优质)的最高比充分体现以检察业务为中心的价值取向,同时以10%(政治坚定)和20%(队伍专业)合占30%的比重,充分反映"人"这一要素在基层检察院建设中的重要性。此外,以15%(监管有力)和5%(保障有力)合占30%的占比,确定监督管理以及保障事务对基层检察院建设和有效运行的必要性。

此外,对于增设的两项评估内容,可以按照"20%"的总比例确定权重,其中,"重点和创新工作"可以按"10%"计算评估数值;"社会评价"可以按"10%"计算评估数值。其中,"重点和创新工作"项目下的指标设置及分值设定参照"五项评估内容"执行;"社会评价"则按照公信力评估得分,再以10%的比重计算出该评估项的具体分值。

五、基层检察院建设综合评估的等级设定和报告形成

按照层次分析法和模糊综合评估法以及上文阐述的评估计算方法,在经过定性定量到综合定量的数值评价后,需要对综合定量所产生的评估数值进行最后的定性分析,也就是进入评估的综合分析阶段,由此对所评估的基层检察院作出评估结论,这其中主要涉及两个方面的事项,即应否设定评估等级,以及如何设定等级;评估报告如何形成,应当具备的主要内容有哪些。

(一)评估等级的设定

虽然基层检察院建设的综合评估是基于事先构建的一套评估体系作出的,具有内容丰富完备、统一适用和程序规范的基础,但不可否认,社会科学领域的这种基于定性与定量相结合的价值判断,很难恰如其分、十分精准地用一定的数值进行衡量计算及作出排序,何况评估指标体系也不可能十分科学、完善,评估工作的各个环节的把握也不可能整齐划一,这些因素都将直接影响到评估的准确性,有时很难充分地反映基层检察院建设的真实状态,只能做到基本接近客观真实。

一是评估等级的设定方式。基层检察院建设综合评估结果不宜采用排序的方式确定,可以在仅限内部掌握的评估数值基础上,采取分类的方式,即将评估结果分为"优秀""良好""达标"和"不达标"四个等级,一般可

以在"优秀""良好""达标"间以前40%后20%的比例设定相应等级名额。当然,对综合评估的结果进行分类,其优点是可以有效地减少由于种种偏差产生的影响,使误差尽可能发生在两个类别的边界上,其余相应等级的基层院不改变类别的性质。对综合评估结果进行分类的不足是同一个等级类别中较好的没有得到荣誉上的鼓励,而同一个等级类别中较差的则得到了同样的鼓励。

二是个别评估情况下的等级评定。对于进行单个基层检察院建设综合评估的,可以由综合评估组织在参考基层检察院建设具体要求和评估数值的基础上,参照所在地区同类基层检察院建设的主要业务指标和队伍指标的数值,提出与上述四个等级相适应的评估等级。

三是特别情形下的等级评定。基层检察院建设综合评估并不是一种绩效管理方式,对于出现以下特殊情形的,应当根据综合评估的实际做具体处理,在评估指标的数值确定时予以体现:(1)领导班子成员在本院工作期间违纪违法受到党纪政纪处分的;(2)检察人员在本院工作期间因犯罪被依法追究刑事责任的;(3)由于刑讯逼供、违法取证或者其他执法过错发生错案,造成严重后果的;(4)由于违反规定或者失职,发生涉案人员自杀身亡等办案事故的;(5)在评估工作中弄虚作假,以及产生恶劣影响的其他情形的。遇有上述情形的,一般可以直接确定为"不达标"等级的评定方法处理,以体现对被评估院建设的否定性评价。

(二)评估报告的形成

基层检察院建设综合评估工作的最后,除了对整个评估工作进行全面总结外,应当按照"一院一评"的方式,形成各个被评估院的专项评估报告。具体应由评估组织依据相关评估数据以及调研收集的相关材料,在对评估数据进行信度和效度分析的基础上,汇总形成包含"基本状况、主要成效、突出问题、结论建议及数据材料等附件"内容的综合评估报告。综合评估报告应力求客观精准,既肯定成绩成效,又指出问题不足,以及改进和努力的方向。

基层检察院建设综合评估报告形成过程中,可以事先听取同级人大常委会、党委政法委的意见,经省级院党组审议通过后,向被评估院党组以及人大常委会、党委政法委反馈。

六、基层检察院建设综合评估的运行管理

（一）综合评估工作运行的组织管理

加强新时代基层检察院建设，基本责任主体是基层检察院，共同、更重责任主体是最高人民检察院、省级院、市级院。① 基层检察院建设综合评估是一项事关检察事业行稳致远的基础性、非常规性工作，推进和落实好综合评估工作既要上级院负起责任，又要基层检察院倾力而为。因此，需要各级院增强工作的责任感和使命感，加强对综合评估工作的组织领导。

一是在首要主体上，基层检察院建设综合评估工作应当由最高人民检察院、省级院、市级院的党组、检察长统一领导此项工作。

二是在组织方式上，可以采取由最高人民检察院统一部署、省市级院具体组织实施；也可以采取与巡视检查同步进行的方式开展；还可以采取由基层检察院先进行自我评估，再由上级院进行综合审核并开展抽查的方式实施。

三是在实施时间上，可以定期或者不定期开展。定期开展的，可以每2至3年开展一次评估工作。

四是在责任主体上，各基层检察院的党组、检察长是第一责任，应当高度重视综合评估工作，充分认识综合评估工作对基层检察院建设的促进作用，以积极推进基层检察院建设的有效行动和正确的姿态，接受上级院的综合评估，努力固本强基，全面加强基层检察院建设。

（二）综合评估工作的机构及人员配置

基层检察院建设是一项具有战略性意义的基础工作，基层检察院建设综合评估本身也是一项基础性综合工作。因此，亟须为工作运行明确和落实相应的机构及人员。

一是在组织机构上，各级院应由政治部门具体负责日常管理，并配置有效的人员力量具体承担相关工作事务。

二是在工作运行上，应当成立基层检察院建设综合评估工作专班，具体

---

① 邱春艳：《顺应时代之变，突出"六个抓实"，推动基层检察工作高质量发展》，载《检察日报》2020年10月15日。

负责评估工作的组织、协调、指导等工作。

三是在评估队伍上，应采取内外结合组建综合评估工作委员会，委员会成员应相对固定。可内聘各内设机构主要负责人和工作联络员，外聘具有评估工作经验的专家学者或者人民监督员作为评估成员，一般任期为3至5年，稳定的评估队伍，有利于熟悉和把握评估尺度，全面掌握综合评估的工作流程、环节和要求，确保评估工作的有效开展。

（三）综合评估工作的信息化运用

基层检察院建设综合评估工作实质上是一个基层检察院相关信息的收集、整理和统计分析过程，主要是运用现代的评估方法与技术，收集和整理全部评估信息，在确认这些信息的准确性和可靠性后，采取定性定量有机结合的方法，按照评估指标作出价值判断，形成评估数值和综合数据。为此，应善于运用现代信息技术，提高综合评估的质量和效率，减轻基层检察院不必要的负担，并使之具有集中性、针对性，形成定性定量分析及测量评估客体特征的客观依据。

一是探索建立基层检察院建设综合评估软件系统。利用信息技术开发专门用于基层检察院建设评估的一套软件系统，有利于促进评估的规范化，加快评估的进度，提高评估的质量，便于信息资源共享。基层检察院建设综合评估软件系统是一个复杂的系统工程，它既涉及各上级院的管理使用，又涉及各基层院的输入使用。因此，参考经济领域有关评估软件开发的经验和技术特点，基层检察院建设评估软件系统应当形成一个有机整体，能够实现对系统的宏观控制，达到灵活通用的目的，并建立必要的系统控制参数的生成和运行机制，在标准化代码的基础上能提供评估对象数据的积累、整理、归并，以及使用灵活方便、易学、人机界面友好等功能特点，并具有良好的扩充接口。

二是规范综合评估软件系统的应用及管理。评估软件的应用及管理，应充分体现评估的专业性，并能够极大限度地替代人工的评估操作，较好地完成基层检察院建设综合评估的各项任务。应强调应用管理人员的客观性义务和工作纪律，制定评估数据材料填入的基本要求，以确保评估数据和结论的客观真实。评估信息处理人员应当准确地将涉及基层院综合评估的数据材料，以及评估人员作出的评估指标得分进行分类、统计，填入相应的评估表格，做好评估软件执行的各项工作。

三是利用信息化应用系统提取业务、队伍等相关数据。基层检察院建设综合评估中涉及的检察业务数据以及检察队伍的相关数据，在开发基层检察院建设评估软件系统中，应建立与现有相关信息化系统的有效连接，确保评估所需信息数据的获取要求，实现从现有的检察业务应用系统提取诸如办案监督的数量、质效等有关数据信息；从现有的检察队伍管理系统提取诸如干部人员、学历状况、员额检察官数等基本信息，既为基层院减负，又有助于提高评估效能。

二、检察机关参与社会治理

"套路贷"犯罪司法适用
疑难问题研究*

彭文华**

截至 2020 年 1 月 30 日，在中国裁判文书网上以"套路贷"作为全文检索项检索，共释出 15584 篇判例。在这些判例中，与"套路贷"关联的刑事案件和民事案件占绝对多数，分别为 1070 例和 14115 例，占案件总数的百分比分别为 6.87% 和 90.57%。① 从发生区域来看，"套路贷"及其关联

---

* 本文系 2020 年度最高人民检察院检察理论研究一般课题"'套路贷'犯罪司法适用疑难问题研究"（项目批准号：GJ2020C39）的研究成果。

** 课题主持人：彭文华，上海政法学院刑事司法学院教授、博士生导师，刑事司法学院院长。课题组成员：叶良芳，浙江大学法学院教授、博士生导师；张勇，华东政法大学法学院教授、博士生导师；王骅，江苏省南通市人民检察院检察委员会委员；欧阳昊，上海市人民检察院第十检察部主任；罗开卷，上海市浦东新区人民法院副院长。

① 受检索项限制，需要说明两点：其一，所有不同案由的案件均包括不同程序的案件，因而可能存在同一案件在不同的审判程序中出现，造成同案重复计数现象。其二，不同性质的案件并非绝对泾渭分明。例如，有的案件以民事事由起诉，但在诉讼过程中发现新证据，表明可能是一件刑事案件，就有可能因驳回起诉而转为刑事案件。

案件在全国各省市自治区均有发生。特别是2018年后,"套路贷"及其关联案件呈爆发式增长。"套路贷"违法犯罪的出现,引起了司法机关高度关注,出台了不少相关司法解释和地方性指导意见。尽管如此,在具体认定时仍旧存在不少问题。例如,"在当前的司法实践中,却出现了一种以非刑法概念取代刑法规定的现象,典型的便是'套路贷'概念。一些地方的司法机关认为,只要有'套路'就是诈骗,只要是'套路贷'就构成诈骗罪"。① 从所检索到的有关"套路贷"的案件来看,各地司法机关认定"套路贷"犯罪时,在一些疑难问题上存在较大分歧,本文特择其典型者加以深入研究。

一、"套路贷"的民刑界限

(一)"套路贷"民刑界定之困惑

根据《关于办理"套路贷"刑事案件若干问题的意见》(以下简称《"套路贷"刑事案件意见》)规定,"套路贷"是相关违法犯罪活动的概括性称谓,既包括犯罪行为也包括违法行为(主要是民事违法行为)。如何界定"套路贷"的民刑界限,无疑是个难题。

"套路贷"民刑界定之困惑首先源自司法解释规定。根据《"套路贷"刑事案件意见》规定,"套路贷"与平等主体之间基于意思自治而形成的民事借贷关系存在本质区别,民间借贷的出借人是为了到期按照协议约定的内容收回本金并获取利息,不具有非法占有他人财物的目的,也不会在签订、履行借贷协议过程中实施虚增借贷金额、制造虚假给付痕迹、恶意制造违约、肆意认定违约、毁匿还款证据等行为。该规定并未有效厘清"套路贷"之民刑界限。主要原因在于:首先,"套路贷"犯罪基本借助民间借贷进行,行为人与被害人之间存在意思自治毋庸置疑。其次,认为民间借贷的出借人不具有非法占有他人财物的目的不客观,民间借贷纠纷一方基于非法占有目的并非鲜见,如恶意欠债不还就是如此。最后,将制造虚假给付痕迹、毁匿还款证据等作为民间借贷与"套路贷"犯罪的本质区别并不妥,因为民间借贷纠纷中行为人不履行给付义务或者拒不承认已发生的给付,从而制

---

① 张明楷:《不能以"套路贷"概念取代犯罪构成》,载《人民法院报》2019年10月10日,第5版。

造虚假给付痕迹、毁匿还款证据等也是客观存在的。

"套路贷"的民刑界定之惑，也反映在司法实践中。截至 2020 年 1 月 30 日，在笔者所检索到的 5951 份与"套路贷"关联的一审民事裁判文书中，涉及民转刑的判例共 1579 份，占比约为 26.53%。① 同样，在被司法机关认定为"套路贷"犯罪的刑事案件中，有不少案件就存在将民事违法行为认定为犯罪之嫌。例如，在陈某某诈骗案中，虽然存在"套路"，但所有"套路"均在被害人知情并自愿的情形下发生的，陈某某最终也并未完全根据"套路"确定的数额要求严某某还款。② 这样的"套路贷"很难让人与诈骗犯罪挂上钩。可见，司法实践对"套路贷"案件的民刑界分确实存在较大困惑。"由于民商事审判中事实查明手段的局限性，在个案中法官对于有明确的'借款合同'、有详细的'银行流水'，形成了证据优势的疑似'套路贷'犯罪行为，甄别难度建大。"③

需要注意的是，在地方司法机关出台的指导意见中，纷纷将"假借民间借贷为名""以民间借贷为幌子"作为"套路贷"犯罪的基本特征，而司法解释更是将"假借民间借贷为名""形成虚假债权债务"作为"套路贷"违法犯罪的基本特征，这是不符合事实的。在司法实践中，不少"套路贷"依托于合法、有效的民间借贷，并通过设置"套路"非法占有他人财物，而不是假借民间借贷之名形成虚假的债权债务达到非法占有他人财物的目的。例如，在某公司与赵某某纠纷案中，因 2018 年 2 月无约定的还款日期 29 日，赵某某便于 3 月 1 日还款，某公司遂认定赵某某违约并向赵某某主

---

① 1998 年 4 月 21 日最高人民法院颁布的《关于在审理经济纠纷案件中涉及经济犯罪嫌疑若干问题的规定》第 11 条规定："人民法院作为经济纠纷受理的案件，经审理认为不属经济纠纷案件而有经济犯罪嫌疑的，应当裁定驳回起诉，将有关材料移送公安机关或检察机关。"从裁判文书情况来看，司法机关发现可能涉及犯罪，一般会以该司法解释为据裁定驳回起诉。由此，凡在裁判文书中有引用该解释规定的"套路贷"民事案件，一般可认定为民转刑案件。笔者以"套路贷"作为全文检索项，选择"民事案件"与"民事一审"分别作为案件类型和审判程序检索项，以"关于在审理经济纠纷案件中涉及经济犯罪嫌疑若干问题的规定"作为法律依据检索项，在中国裁判文书网上检索到判例 1579 起。该数据也许非确切，但足以说明问题。

② 参见上海市奉贤区人民法院（2018）沪 0120 刑初 503 号刑事判决书。

③ 北京市第一中级人民法院：《民间借贷案件审判白皮书（2011—2018）》，第 17 页。

张严厉的违约责任。① 该案中，某公司只是利用合同的疏漏，以特定时间窗口为由擅自主张权益，乃至触犯刑法。但是，该案并不存在假借民间借贷之名形成虚假债务的事实。另外，"非法放贷"是"套路贷"违法犯罪的常见"套路"，很多时候非法放贷是借助高利贷谋取非法利益的，但高利贷显然不是假借民间借贷之名形成虚假债权债务。

（二）"套路贷"民事违法行为与"套路贷"犯罪的界限

一般情况下，界定"套路贷"民事违法行为与"套路贷"犯罪还是较为容易的。例如，作为民法与刑法均类型化的违法犯罪行为，只需根据行为的社会危害程度就可界定是民事违法行为还是犯罪。另外，民事违法行为与犯罪在很多方面存在本质区别，界定起来并不难。以民事诈欺与刑事诈骗为例，通常可从以下方面加以界分：一是主观目的。民事诈欺行为人只为骗取他人为一定的意思表示并产生法律效力，并不在意行为本身是否足以使自己非法占有他人财物。刑事诈骗行为人则无意于被诈欺人有此意思表示②，不在乎他人意思表示是否产生法律效力，只为骗取他人"自愿"交出财物并占有之。二是行为效果。民事诈欺在效果上只是导致被害人"自愿"接受不合理或者不合法的协议或者条款，不会直接导致被害人"自愿"将财产交付行为人。刑事诈骗则会直接导致被害人"自愿"将财产交付行为人。三是被害人受骗原因。成立民事诈欺不要求行为人的欺诈行为足以导致被害人陷入错误认识。成立刑事诈骗要求欺诈行为足以导致被害人陷入错误认识。四是被害人陷入错误认识的要求。成立刑事诈骗要求被害人足以陷入错误认识，因而被害人未尽谨慎义务，可致行为人免责。成立民事诈欺不需要被害人足以陷入错误认识，因而无需被害人尽谨慎义务，行为人不能据此免除民事责任。

---

① 赵某某因公司资金周转需要将一辆丰田凯美瑞车作为抵押，向某贷款公司借款7万元。双方约定，如赵某某在两个月内把本金归还，借款合同就终止，如不能归还，借款合同就继续。继续合同，赵某某要在每个月29日还款2900元，其中1000元作为归还本金，1900元作为归还利息。赵某某在如期履约20余期后，适逢2018年2月没有"29日"，便于3月1日在其银行卡中存入2900元，但某公司未予以扣款。3月2日早上赵某某发现其停在家门口附近的车子丢失，后联系某公司，得知因赵某某未按期归还欠款车子已被拖走，想要取回车子，需要支付拖车费4000元，违约金14000元（按70000元的20%计算），还要支付剩余欠款49000元。赵某某认为2018年2月无"29日"，自己在3月1日还款，不能算违约，某公司不能将其车辆拖走，更不能向其索取高额的拖车费、违约金。参见胡公枢：《"套路贷"的刑法规制路径》，载《人民检察》2018年第8期。

② 参见朱平山：《试论民事诈欺的法律性质》，《法学研究》1984年第6期。

实践中存在困惑的是，某些行为既符合相关民事违法行为的特征，也符合某种犯罪的特征，界定起来并不容易。"民事欺诈或者债务纠纷等场合，在外观上也常可能符合前述的这些客观要求。"① 在司法实践中，极为常见套路是出借人在贷款过程中，以行业规矩等为名，诱使被害人接受具有明显陷阱的条款，据此获取巨额非法利益。例如，行为人约定合理的借贷利息后，明确还本付息时间，在被害人到期无力履行的情形下，行为人同意宽限时间，但约定被害人若在宽限时间内还不能还本付息，需要加倍偿还本息。事实上，对被害人在规定时间内的偿还能力，行为人基本上是能推知的。对此，判例在定性上存在分歧：一种意见认为，既然行为人明知被害人到期无偿还能力，还诱骗被害人签订协议意图获取非法利益，对这种具有欺骗性且明显不公平的获取巨额非法利益行为，应认定为诈骗罪；另一种意见认为，被害人明知行为人意图获取巨额非法利益还自愿接受相关条款，一再深陷其中，就应该对自己的行为负责，行为人不应承担刑事责任。

第一种观点侧重行为本身，认为只要恶意制造陷阱非法占有他人财物的，无论是否明知被害人有无偿还能力，均应以犯罪论。当然，是否认定为诈骗罪，还需要结合行为性质加以具体分析。第二种观点与第一种观点之立场不同。该观点从被害人的角度出发，将被害人因素纳入对行为人归责的考量中，并作为必要时免除行为人罪责的理由。两种观点基于不同视角得出不同结论，各有其道理。不过，如果以被害人自愿接受相关条款作为排除犯罪性事由，那么司法实践中能认定为"套路贷"犯罪的将少之又少，因为绝大多数情况下被害人陷入"套路贷"均出于自愿。笔者认为，认定"套路贷"犯罪，应立足于行为，但也要考虑被害人意愿因素。对于被害人因素对行为定性之影响，德日刑法理论中的被害人信条学理论，英美法系国家刑法理论中的被害人谨慎义务等学说等，对此有较为充分的分析。

根据德国刑法理论，刑法信条学是为了努力要把在犯罪行为的理论中产生的全部知识，有条理地放在一个"有组织的整体"之中，探索新的概念和创建新的体系。② 众所周知，传统刑法理论主要围绕着行为人及其行为的事实判断与价值判断，展开对犯罪成立之构成要件该当性、违法性及有责性的研究。作为一种体系性研究方法，刑法信条学将被害人因素纳入犯罪论体系中，关注被害人在犯罪中的共同责任及其对违法的影响。被害人信条学的

---

① 付立庆：《财产损失要件在诈骗认定中的功能及其判断》，载《中国法学》2019年第4期。
② 参见王世洲：《刑法方法理论的若干基本问题》，载《法学研究》2005年第5期。

理论根据是刑法的最后手段性原则,该原则是德国基本法中的辅助性原则在刑法中的具体化,被害人信条学保证了最后手段性原则在刑法,尤其是犯罪构成要件解释中的具体化运用。① 根据被害人信条学理论,"被害人对自己法益的态度就具有重要性,在可以期待被害人保护自己的法益、回避实害结果的场合,即使被告人参与其中,也不应当承担罪责"。②

在英美法系国家,理论上主张不处罚虚假借口的观点可谓源远流长。19世纪美国法学家沃顿在其所著《美国刑法》(1846年版)就指出,在法律范围内的虚假借口,必须是关于当时存在事物的一种状态,而非关于以后存在的事物的一种状态。③ 在沃顿看来,被害人对事后的虚假借口需要承担责任,若因不慎而致使利益被侵犯,不能处罚行为人。在英美的司法实践中,以被害人未尽谨慎义务而免除行为人罪责的判例比比皆是。例如,在英国的雷克斯诉古德霍尔案(Rex v. Goodhall)中,被告承诺在未来某个时候付款而从一名商人那里获取肉类,但从未付款。陪审团裁定被告无意支付肉费为欺诈行为而判他有罪,法院推翻了该判决。法院的理由是,基于一般谨慎本可防止因违反被告口头承诺而造成损害,商人却未能谨慎行事,因而需承担损失。④ 在英美判例中,要求被害人承担谨慎义务的原因很多。例如,若不要求被害人承担谨慎义务,无异于激励被害人的轻信与无知,这是不妥的。"一个人在容易受骗的时候要自担风险,否则会鼓励狡猾的犯罪人去寻找轻信和无知的人。"⑤ 又如,在债务关系中,若不要求债权人承担应有的谨慎义务,在一定程度上赋予债权人生杀予夺的权利,因为他的很多明显轻率的行为会激励、诱使债务人"犯罪"。"被告承担责任,无论结果如何,都将把一件毁灭性武器交到不满或失望的债权人手中。"⑥

在被害人因素能影响定性的情况下,如何判断被害人自我保护的可期待性或者谨慎义务,便成为界定罪与非罪的关键。对此,理论上存在较大分歧。在德国,对行为人声称的某事项在何种程度上可使被害人陷入错误认

---

① 参见王骏:《论被害人的自陷风险——以诈骗罪为中心》,载《中国法学》2014年第5期。
② 张明楷:《刑法学中危险接受的法理》,载《法学研究》2012年第5期。
③ See Arthur R. Pearce, Theft by False Promises, 101 U. Pa. L. Rev. 967 (1953), p.968.
④ Bruce N. Proctor, "Marking the Line between Criminal Fraud and Commercial Misfortune: The Amendment of Vermont's Law of False Pretense", 7 Vermont Law Review (1982), p.127-128.
⑤ Notes and Recent Decisions, 43 Calif. L. Rev. 706 (1955), p.722.
⑥ Bruce N. Proctor, "Marking the Line between Criminal Fraud and Commercial Misfortune: The Amendment of Vermont's Law of False Pretense", 7 Vermont Law Review (1982), p.130.

识,从而对被害人不可期待,乃至需要行为人承担罪责的,理论上有可能说、很有可能说和极高度的可能性说。① 在日本,对于被害人因受骗而同意的场合能否认可同意的效果,存在主观真意说、动机错误说以及法益关系错误说三种不同学说。② 在英美法系国家,有学者认为"只有严重违反信义义务所造成的经济损失,才足以构成实施惩罚的理由"③。在我国学界,人们基本认可被害人因素对行为定性的影响,但对于何种程度上的危险、怀疑、同意或者自陷风险是行为人免责的依据,则存在不同见解。④ 总体而言,学界在判断上缺乏统一标准,但通常认为不可依赖单一判断。"这种从被害人自我保护可能性以及最后手段性原则出发的理论,其法理基础、所遭遇的各种批评以及发展现状足以说明,它无法单独地实现这一任务。"⑤

通过上述分析可知,在"套路贷"违法犯罪行为中,首先应当明确在被害人同意的场合,不能一律排除成立"套路贷"犯罪。那么,在何种程度上被害人同意才可以排除行为人的罪责呢?显然,这需要立足于我国民间借贷行业现状以及被害人自身因素等加以具体分析。在我国,中小企业融资难是众所周知的。民间借贷作为一种资源丰富、操作简捷灵便的融资手段,在一定程度上缓解了银行信贷资金不足的矛盾,促进了经济的发展。但是,民间借贷具有随意性、高风险性等特点,会不可避免地抬升中小企业融资的成本,致使我国民间融资利率水平本身明显偏高。因此,判断是否可期待被害人自我保护或者有没有尽谨慎义务,不能简单地以被害人相信"行业规矩"乃至反复接受畸高的利息、违约金等为依据。笔者认为,应当以被害人知道或者应当知道行为人实施的是"套路贷"违法犯罪作为判断标准。如果被害人知道或者应当知道行为人实施的是"套路贷"违法犯罪,仍然同意借贷而陷入其中,应当认为被害人自我保护具有可期待性或者有没有尽谨慎义务,不成立"套路贷"犯罪。否则,对行为人应以"套路贷"犯罪论处。需要注意的是,明知"套路贷"违法犯罪与明知有"套路"是两回

---

① 参见张明楷:《诈骗罪与金融诈骗罪研究》,清华大学出版社 2006 年版,第 115 页。
② 参见付立庆:《被害人因受骗而同意的法律效果》,载《法学研究》2016 年第 2 期。
③ Carlos Gomez-Jara Diez, Honest Services Fraud as a Criminal Breach of FiduciaryDuties: A Comparative Law Approach for Reform, 18 New Crim. L. Rev. 100 (2015), p. 103.
④ 参见张明楷:《刑法学中危险接受的法理》,载《法学研究》2012 年第 5 期;黎宏、刘军强:《被害人怀疑对诈骗罪认定影响研究》,载《中国刑事法杂志》2015 年第 6 期;付立庆:《被害人因受骗而同意的法律效果》,载《法学研究》2016 年第 2 期;王骏:《论被害人的自陷风险——以诈骗罪为中心》,载《中国法学》2014 年第 5 期;等等。
⑤ 车浩:《被害人教义学在德国:源流、发展与局限》,载《政治与法律》2017 年第 10 期。

事。客观地说，以"行业规矩"为由设定砍头息、畸高的利息、违约金等，均属于"套路"之一，被害人对此往往心知肚明。因此，明知有"套路"仍可成立"套路贷"犯罪，不能以此作为排除被害人的可期待性或未尽谨慎义务的理由。

鉴于民间借贷普遍存在"行规"，且借贷利率较高是不争事实，因而不能简单地以行为人设定"砍头息""较高的利息"等为依据，判断被害人是否尽谨慎义务。应当采取综合标准，即结合当地民间借贷"行规""砍头息"的占比、利息的超标程度、保险金以及服务费的占比等，加以整体判断。如果不符合或者明显超过当地"行规"的，可认定被害人未尽谨慎义务，不成立"套路贷"犯罪。例如，在司法实践中，以下两种情形不能认定为"套路贷"犯罪：一是借款人骗取借款后逃之夭夭。① 二是借款人恶意借款并以行为人实施"套路贷"为由向公安机关报案，达到不还借款目的。② 因为，被害人利用所谓的"套路贷"而向行为人借贷，恶意借款不还，致使行为人无法追偿欠款，被害人成为实际上的加害者，不能据此认定成立"套路贷"犯罪。

二、诈骗罪与黑社会性质组织犯罪的认定

通过对全国不同地方法院有关"套路贷"的一审、二审裁判文书进行分析，发现"套路贷"涉嫌罪名较多③，主要是由非法占有他人财物之手段多样性造成的。分析发现，各地对"套路贷"犯罪定性的分歧，主要体现

---

① 例如，2016年9月26日，刘某某以生意周转急需用钱为由向胡某借款人民币23万元，双方约定月息3%，并谎称以自有楼房产权证做抵押，并通过一些列操作获得胡某信任。借款到期后刘某某未偿还借款，胡某发觉被骗遂报案。后经公安机关立案侦查，杨某、胡某等团伙涉嫌"套路贷"犯罪。该案中，"套路贷"行为人胡某被被反"套路"成为受害人，"套路贷"的"被害人"刘某某反而成为行为人。参见黑龙江省肇东市人民法院（2019）黑1282刑初100号刑事判决书。

② 在原告郭某诉被告李某民间借贷纠纷案中，被告在答辩时称本案属于套路贷，应当移交相关机关处理，且不允许原告撤诉。在原告申请撤诉时，被告既不同意原告撤诉，也不要求继续审理，而是愿意自行向公安机关报案处理。最终，法院裁定驳回郭某的起诉。参见山东省临邑县人民法院（2019）鲁1424民初974号民事裁定书。该案中，李某明知道郭某可能存在"套路"嫌疑而借贷，在被起诉时举报行为人，且不允许郭某申请撤诉，完全不符合常理。可以说，李某意图骗取郭某财产的不轨意图昭然若揭。

③ 主要包括诈骗罪，组织、领导、参加黑社会性质组织罪，敲诈勒索罪，抢劫罪，寻衅滋事罪，聚众斗殴罪，非法拘禁罪，虚假诉讼罪，强迫交易罪，故意伤害罪，侵犯公民个人信息罪，非法侵入住宅罪等。

在诈骗罪与黑社会性质组织犯罪上。

(一)"套路贷"犯罪中诈骗罪之定性及其述评

"套路"本来就包含诈欺、蒙骗之意,在司法实践中,不少地方司法机关倾向于对"套路贷"犯罪以诈骗罪论处。例如,在上海市的 85 份"套路贷"犯罪一审刑事裁判文书中,认定构成诈骗罪的有 84 份,这表明上海市司法机关对"套路贷"犯罪定性主要考虑的是诈骗罪。① 在河南省的 28 份"套路贷"犯罪的一审刑事裁判文书中,有 24 份认定构成诈骗罪。不过,并非所有司法机关都倾向于对"套路贷"犯罪一诈骗罪论处。例如,在江苏省的 62 起"套路贷"犯罪的一审刑事裁判文书中,有 22 份认定构成诈骗罪。在天津市的 14 份"套路贷"犯罪一审刑事裁判文书中,只有 3 份认定为诈骗罪。在内蒙古自治区的 6 份判例中,无一认定构成诈骗罪。理论上同样如此。有观点认为,借款人是明知有"套路"还继续借贷的,不影响放贷人主观上以非法占有目的实施侵财行为,放贷人仍然可能成立诈骗罪。有观点认为,如借贷人对"砍头息"、违约金、保证金等均知情,系"自愿",则不构成诈骗罪。②

对"套路贷"犯罪以诈骗罪论处,应当说司法解释有一定的助推作用。《"套路贷"刑事案件意见》就规定,实施"套路贷"过程中,未采用明显的暴力或者威胁手段,其行为特征从整体上表现为以非法占有为目的,通过虚构事实、隐瞒真相骗取被害人财物的,一般以诈骗罪定罪处罚。不过,在笔者看来,若据此简单地将"套路贷"犯罪认定为诈骗罪,未免失之偏颇。理论上一般认为,"诈骗罪(既遂)的基本构造为:行为人实施欺骗性为—对方(受骗者)产生(或继续维持)错误认识—对方基于错误认识处分财产—行为人或第三者取得财产—被害人遭受财产损失"③。显然,"套路贷"犯罪未必尽然。在行为人是以民间借贷为基础,通过"砍头息"或较高违约金等,获取非法收益的场合,以诈骗犯罪论处就不妥。理由如下:

首先,不符合诈骗行为的构成特征。在司法实践中,之所以会将"套路贷"犯罪定性为诈骗犯罪,往往源自将"砍头息"或较高违约金等认定

---

① 其中判例数据的检索截止日期是 2020 年 1 月 30 日。下文所引用的不同省、市、自治区的"套路贷"犯罪判例数据,如无特别说明,均为截止 2020 年 1 月 30 日所检索到的数据。

② 参见涂龙科:《"套路贷"犯罪的刑法规制研究》,载《政治与法律》2019 年第 12 期。

③ 张明楷:《刑法学》,法律出版社 2016 年版,第 1000 页。

为诈骗所得财物。问题在于,行为人取得"砍头息"或较高违约金等非法收益,并非通过虚构事实、隐瞒真相的方式,而是在借贷时事先明确的。这种事先明确的行为,不属于虚构事实、隐瞒真相的行为。同时,被害人也没有陷入错误认识。在以民间借贷为基础的场合,由于行为人收取"砍头息"等在借贷协议中事先明确,不存在被害人因此陷入错误认识的可能性。另外,行为人先行将借款贷给被害人与诈骗犯罪本质特征不符。以民间借贷为基础,意味着行为人需要现行给付借款。此时,由于行为人事先将借款带给借款人,反而容易遭受财产损失,这种交付财产的方式与诈骗犯罪中被害人"自愿"交付财产之特征不符。

其次,不具有犯罪的实行化特征。众所周知,犯罪实行行为乃具有侵害法益危险的构成要件行为。"实行行为原本是作为构成要件之核心的行为,它必须具备每个构成要件中所描述的各构成要件要素……每个实行行为必须包含法益侵害之危险的内容。"① 缺乏实行化特征,意味着不可能会造成法益侵害,也就不能以犯罪论处。"砍头息"、肆意认定违约、恶意制造违约、毁匿还款证据等显然都不具有直接侵犯他人财产之现实危险,不会直接侵犯刑法法益,不具有犯罪实行行为性。一方面,在被害人不履行非法约定的情形下,若行为人不借助虚假诉讼、暴力、胁迫等非法手段,仅凭这类行为是不可能侵犯被害人财产利益的。另一方面,如果被害人明知约定非法却自愿履行,尽管在民事法上可能无效,但在刑法上属于自愿放弃财产权益的行为,难以认定为犯罪。事实上,只要行为人的"套路"并非虚增本金、虚假给付等假以民间借贷之名行诈骗之实的犯罪行为,均有可能属于民事违法行为。"基于真实意思并在协议签订及履行过程中不存在虚增本金、虚假给付等'套路'行为的民间借贷债权债务真实客观存在……"②

由上可知,对于行为人是以民间借贷为基础进行的"套路贷"犯罪,若通过"砍头息"、较高违约金等方式获取非法收益的场合,原则上不宜认定为诈骗罪。由于这种"套路贷"存在真实、合法的民间借贷关系,即使出借人设置各种"套路",但借贷人对此是知晓的。在不符合诈骗罪构成特征的情形下,刑法并无与之对应的类型化行为,认定为一般民事违法行为较妥。如果行为人采取刑法规定的类型化手段追偿"砍头息"、较高违约金

---

① [日]西原春夫:《犯罪实行行为论》,戴波、江溯译,北京大学出版社2006年版,第13页。
② 李军林、杨小丽:《民事诉讼中"套路贷"的发现界定和处理》,载《人民法院报》2019年12月5日,第7版。

等，则可以相应犯罪论处。司法实践对该类型为认定为诈骗罪，在某种程度上是刑法过分工具主义化的结果。"究其原因，是我国长期以来更加重视对社会整体利益的保护而相对弱化了对公民个人权利与自由的保护，以及习惯上认为刑法是有效维护国家政治安全和社会稳定的首要工具这一思维定式所造成的。"①

当然，若行为人基于非法占有目的，以民间借贷为幌子或者假以民间借贷之名，通过虚假的借贷协议（如根本未给付本金）等，骗取他人财物的，则完全符合诈骗罪的构成特征，应当以诈骗罪论处。另外，以民间借贷为基础进行的"套路贷"犯罪场合，要特别注意所谓的"砍头息"、较高违约金等与本金的比例。如果行为人意图通过象征性地给付本金，获取完全不成比例的"砍头息"、违约金等的，此种情形应当以诈骗罪论处。因为，此时行为人的目的不是为了建立民间借贷关系，而是为了骗取他人财物，其本质属于假以民间借贷之名的诈骗行为。总之，在对"套路贷"犯罪定性时，应当严格把控诈骗罪的适用，在惩罚诈骗犯罪以维护社会秩序的同时，应避免犯罪圈的不当扩大而伤及无辜，以衡平刑法之社会秩序维护机能与人权保障机能。"刑法的发展不能完全脱逸传统自由主义刑法理念的钳制，应努力实现刑法保护和保障机能的平衡和良性发展。"②

（二）"套路贷"犯罪中黑社会性质组织犯罪之定性及其述评

在"套路贷"犯罪中，行为人的目的是获得非法的高额回报，若要遂愿仅凭一己之力难以完成，故基本上依靠团伙力量，是为"套路贷"组织。"套路贷"组织利用团伙力量"讨债""逼债"，容易与黑社会性质组织犯罪混淆。从各地判例来看，对"套路贷"组织是否为黑社会性质组织，以及根据什么标准将之认定为黑社会性质组织，司法机关分歧较大。有的地区司法机关认定"套路贷"组织构成黑社会性质组织犯罪的比例较高，如在天津市 14 份及黑龙江省 23 份 "套路贷"犯罪的一审刑事裁判文书中，分别有 4 份和 7 份认定构成黑社会性质组织犯罪。有的地区比例极低，如在福建省的 30 份 "套路贷"犯罪一审刑事裁判文书中，只有 1 份认定构成黑社会性质组织犯罪。有的地区则无该类犯罪之定性，如上海市便无判例认定构成黑社会性质组织犯罪。

---

① 谢望原：《谨防刑法过分工具主义化》，载《法学家》2019 年第 1 期。
② 孙国祥：《新时代刑法发展的基本立场》，载《法学家》2019 年第 6 期。

根据《"套路贷"刑事案件意见》规定，符合黑恶势力认定标准的，应当按照黑社会性质组织、恶势力或者恶势力犯罪集团侦查、起诉、审判。由此可见，认定"套路贷"组织是否成立黑社会性质组织，需要厘定黑恶势力与非黑恶势力的界限。从一些地区司法机关的裁判文书来看，对何谓黑社会性质组织之认定较为笼统、含糊，并没有严格依照黑社会性质组织的判断标准来认定。例如，有判例在认定黑社会性质组织时指出："该组织所实施的违法犯罪活动，给多名被害人造成严重的经济损失和精神创伤，大部分被害人及其亲属在被侵害后，慑于该组织的势力和手段，不敢向公安机关报案。严重破坏了当地的经济、社会生活秩序，造成了恶劣的影响。"① 将给被害人造成严重的经济损失和精神创伤，以及被害人及其亲属不敢报案，作为黑社会性质组织的认定依据，是否妥当值得商榷。

众所周知，黑社会性质组织具有四大典型特征，即组织特征、经济特征、行为特征和非法控制特征。客观地说，在组织特征、经济特征与行为特征上，黑社会性质组织与犯罪集团等并无实质不同，非法控制特征才是界分两者的核心所在。"黑社会性质组织与一般犯罪团伙犯罪界分的关键在于，黑社会性质组织更多是通过非法控制社会秩序或者形成重大影响来谋取非法利益，而一般团伙犯罪只是破坏社会秩序，并没有意图非法控制社会秩序。"② 黑社会性质组织犯罪不管是通过暴力、威胁手段还是非暴力手段实施，其目标通常不是为了获得某一具体的利益或影响，而是为了在一定区域内或行业内形成非法控制或重大影响，严重破坏经济、社会生活秩序。③ 因此，判断某一犯罪组织是犯罪集团还是黑社会性质组织，主要取决于该犯罪组织是否具备非法控制特征。

那么，如何理解黑社会性质组织的非法控制特征呢？一般认为，"非法控制的实质是进行支配，不能形成对他人（团伙成员以及其他同类行业竞争者）的功能性支配、行为支配或意思支配，不能在相当程度上形成对社会秩序和合法社会管控权的冲击的，谈不上在一定区域或者行业内形成非法控制，也就不可能严重破坏一定区域或者行业的经济、社会生活秩序"④。因此，黑社会性质组织的非法控制特征具有两个典型特征：一是对他人形成功

---

① 参见天津市红桥区人民法院（2018）津0106刑初297号刑事判决书。
② 于冲：《黑社会性质组织与"恶势力"团伙的刑法界分》，载《中国刑事法杂志》2013年第7期。
③ 参见彭文华：《黑社会性质组织犯罪若干问题研究》，载《法商研究》2010年第4期。
④ 周光权：《黑社会性质组织非法控制特征的认定》，载《中国刑事法杂志》2018年第3期。

能性支配力、行为支配力或意思支配力；二是在相当程度上对社会秩序和合法社会管控权形成冲击力。

根据黑社会性质组织的非法控制特征，对一般的"套路贷"犯罪团伙，不宜认定为黑社会性质组织。主要理由在于，"套路贷"犯罪团伙难以对社会秩序和合法社会管控权形成冲击力。一方面，"套路贷"犯罪团伙所影响的公民个人范畴极为有限。实施"套路贷"犯罪的前提，是存在民间借贷关系或者假以民间借贷关系之名，这本身就具有较大的局限性。同时，许多情况下都是被害人主动找到行为人借贷，这使得行为人在某种程度上具有参与的被动性，故而其影响有限。此外，由于被害人多数基于现金需求或资金周转等原因借款，属于相对少数的群体，因而"套路贷"犯罪团伙势力所及范围有限。另一方面，"套路贷"犯罪团伙一般不会对行业形成非法控制。从司法实践来看，"套路贷"犯罪团伙基本上各自为政，不存在谁控制谁的现象，谈不上在一定区域或者行业内形成非法控制。

当然，如果"套路贷"犯罪团伙假以民间借贷之名，肆意强迫他人向自己借贷，通过种种"套路"虚假垒高债务谋取非法利益，并以暴力、胁迫等手段有组织地多次实施违法犯罪活动，从而对他人形成功能性支配力、行为支配力或意思支配力，并在相当程度上对社会秩序和合法社会管控权形成冲击力，完全可以认定为黑社会性质组织。客观地说，这样的"套路贷"犯罪团伙在司法实践中不能说没有，但较为罕见。

三、"套路贷"犯罪的罪数认定

在"套路贷"犯罪中，行为人往往需要一系列"套路"相互配合，才能实现非法占有他人财物目的。这使得"套路贷"犯罪通常涉嫌罪名较多，数个罪名交织在一起也不足为奇。此外，"套路贷"犯罪往往由前后不同阶段构成，不同阶段均可构成犯罪。种种原因，使得"套路贷"犯罪的罪数认定较为复杂。因此，需要准确界定"套路贷"犯罪的罪数。

（一）"套路贷"犯罪之罪数认定存在的问题

1. 判例在罪数认定上存在的问题

众所周知，"套路贷"犯罪最典型的特征，就是环环相扣的"套路"，即在行为方式上具有典型的复合性。如果对"套路贷"犯罪进行阶段性划分的话，可大致分为前后两个阶段。通常，如果前后两个阶段只成立单纯一罪，则不存在罪数问题。只有前后阶段均有犯罪成立，或者前阶段成立两个以上罪名，或者后阶段成立两个以上罪名，才存在罪数认定问题。在司法实践中，各地司法机关在认定"套路贷"犯罪的罪数形态时，存在较大的分歧。主要表现在两个方面：

一是罪名单复认定之差异。例如，在上海市的85份涉嫌"套路贷"犯罪的判例中，以一罪认定的有80份，以两个以上罪名认定的只有5份。在黑龙江省的23份判例中，以一罪认定的只有6份，其余均成立两个以上罪名。那么，这种罪名之单复是否客观反映实施情况呢？显然不是。例如，在苏某某诈骗案中，行为人除前期"套路"具有蒙骗特征外，后续还实施了滋扰、恐吓、虚假诉讼等行为，法院只认定构成诈骗罪。① 而在高某、蒋某1等敲诈勒索案中，行为人前期实施的"套路"具有蒙骗特征外，后续还实施了滋扰、恐吓、非法拘禁等行为，法院认定构成诈骗罪、敲诈勒索罪和非法拘禁罪。② 这表明，司法机关对罪名单复认定之不同，并非客观事实反映，而是在罪数认定上存在不同理解。事实上，在上海市的诸多判例中，行为人只实施诈骗行为的很少见，绝大多数都伴有后续的强行索要行为，如威胁、恐吓以及到工作单位、居住地滋扰、要挟等，以逼迫被害人偿还非法债务。因此，只认定构成诈骗罪，纯属司法机关在罪数认定上的个别见解使然。

二是对关联行为罪数认定上的分歧。在"套路贷"犯罪中，常见的套路是，行为人先前通过虚假债务协议取得索取债务的形式证据，后续通过威胁、要挟等方法索取非法债务。假如先前通过诱骗、蒙蔽获取非法债务凭据的行为构成诈骗罪，后续以威胁、要挟等方法索取非法债务的行为构成敲诈勒索罪，便会出现罪数认定问题。通过对各地区判例进行分析，发现对这种情况究竟认定为诈骗罪还是敲诈勒索罪，抑或是以诈骗罪和敲诈勒索罪实行数罪并罚，存在很大分歧。例如，在江苏省62份"套路贷"犯罪的一审刑事裁判文书中，单纯以敲诈勒索罪和诈骗罪论处的分别有27份和12份，以诈骗罪和敲诈勒索罪论处的有8份，以敲诈勒索罪与其他犯罪（诈骗罪除外）并罚论处的有9份，以诈骗罪与其他犯罪（敲诈勒索罪除外）并罚论处的有2份，以诈骗罪、敲诈勒索罪之外的其他犯罪论处的有4份。这意味着对于存在特定关系的前罪与后罪，在分别认定为诈骗罪与敲诈勒索罪的情

---

① 参见上海市宝山区人民法院（2019）沪0113刑初1030号刑事判决书。
② 参见上海市金山区人民法院（2017）沪0116刑初870号刑事判决书。

形下,究竟如何定性,江苏省司法机关之间存在一定分歧。不过,江苏省司法机关总体上是倾向于以敲诈勒索罪论处的,这与上海市司法机关绝大多数裁判文书以诈骗罪论有着截然不同的态度。

2. 司法解释相关规定的缺陷与不足

关于"套路贷"犯罪的罪数认定,司法解释也有过相关规定。2019年《关于办理非法放贷刑事案件若干问题的意见》(以下简称《非法放贷意见》)规定,为强行索要因非法放贷而产生的债务,实施故意杀人、故意伤害、非法拘禁、故意毁坏财物、寻衅滋事等行为,构成犯罪的,应当数罪并罚。不难看出,这一规定解决的是后续索债行为成立数罪情况下如何处罚的问题。即行为人为索取非法债务,实施了故意杀人、故意伤害、非法拘禁、故意毁坏财物、寻衅滋事等数行为的,应当实行数罪并罚。然而,对于造就不法债务的先前犯罪行为与实现非法债务的续后犯罪行为如何定性,《非法放贷意见》并未作出规定,这是造成司法实践在罪数认定上产生分歧的根本原因。

关于先前犯罪行为与续后犯罪行为的罪数认定问题,首先需要弄清楚先前犯罪行为的罪数与性质。从司法实践中的情形来看,"套路贷"犯罪中的先前行为若构成犯罪,往往成立一罪,且多为诈骗罪。这是因为,"套路贷"犯罪人通常使用的手段,如象征性地给付本金而获取不成比例的"砍头息"、违约金,或者通过虚假的借贷协议等,一般被认定为虚构事实或者隐瞒真相的诈骗行为。当然,也不排除先前行为构成数罪,或者成立诈骗罪外其他犯罪的情形。典型的就是黑社会性质组织实施诈骗的,则先前行为就构成组织、领导、参加黑社会性质组织罪和诈骗罪。通常情况下,"套路贷"犯罪的罪数问题,最典型的便是先前犯罪行为与续后犯罪行为的罪数认定问题。此外,在有平账行为且独立成罪的场合,"套路贷"犯罪行为人与平账人也存在数罪认定问题。在司法实践中,对后一情形下的罪数问题关注较少。即使处断也较为随意,一般单纯以一罪,即"套路贷"犯罪行为人与平账人各自构成的犯罪论处。因此,对这种情形的罪数认定也有必要加以讨论。

(二)先前犯罪行为与续后犯罪行为的罪数认定

1. 先前行为与续后行为均构成一罪的罪数认定

在造就不法债务的先前行为与实现非法债务的续后行为均构成一罪的场合,司法实践的处断可谓意见纷呈。有以前罪论处的,也有以后罪论处的,还有前后罪实行数罪并罚的。如前所述，在前罪构成诈骗罪、后罪构成敲诈勒索罪的场合，有判例认定构成诈骗罪①，有判例认定构成敲诈勒索罪②，还有判例认定构成诈骗罪与敲诈勒索罪实行数罪并罚③。那么，这种情形究竟成立一罪还是数罪呢？若成立一罪，是诈骗罪还是敲诈勒索罪呢？

笔者认为，这里首先要厘清先前诈骗行为与续后敲诈勒索等行为之间的关系。通常，"套路贷"犯罪团伙在实施犯罪时，具有一定的组织分工和运作流程，需要多人合作才能实现犯罪目的。例如，在王某某等敲诈勒索一案中，被告人王某某等注册成立两家公司实施"套路贷"活动，公司设置业务部、催收部等部门，分别负责寻找借款对象办理借款业务、对借款对象进行催收等工作。④ 可见，"套路贷"犯罪中的先前诈骗行为与续后敲诈勒索等行为密切联系，属于同一犯罪过程中的不同阶段行为。在刑法理论上，这样的两种行为之间的关系一般被认为是吸收关系。因为密切联系的数个相关犯罪行为属于实施某种犯罪的同一过程中或者是实施过程中伴随的，前行为可能是后行为发展的所经阶段，或者后行为可能是前行为发展的当然结果。⑤ 如此看来，先前诈骗行为与续后敲诈勒索等行为应成立吸收犯，只能依照吸收的罪名定罪处罚。

对于不同犯罪之间谁吸收谁，学理上有个总的原则，即高度行为吸收低度行为。"所谓高度行为吸收低度行为，是指从犯罪性质、犯罪情节、社会危害性程度和法定刑等各方面综合衡量，刑事责任大的吸收刑事责任小的。"⑥ 例如，对于先前诈骗行为与续后敲诈勒索行为，就应当以敲砸勒索罪论处。因为，根据司法解释规定，在同等数额的情况下，敲诈勒索罪的刑事责任较诈骗罪要大，因而敲诈勒索罪应当吸收诈骗罪。因此，在瞿某某等

---

① 参见上海市宝山区人民法院（2017）沪 0113 刑初 1232 号刑事判决书。
② 参见江苏省南通市崇川区人民法院（2018）苏 0602 刑初 355 号刑事判决书。
③ 例如，在邵某某诈骗、敲诈勒索一案中，邵某某伙同马某、恽某某等人开展非法放贷业务，在放贷过程中欺骗被害人签订包含"保证金""服务费""平台费"等虚高数额的借条，并采用"平账"、制造"违约"等方式骗取高额违约金，进而以恐吓、威胁、扣押车辆等手段向被害人进行敲诈勒索。江苏省溧阳市人民法院认定邵某某等人构成诈骗罪、敲诈勒索罪。参见江苏省溧阳市人民法院（2018）苏 0481 刑初 450 号刑事判决书。
④ 参见江苏省南京市中级人民法院（2019）苏 01 刑终 484 号裁定书。
⑤ 参见高铭暄主编：《中国刑法学》，中国人民大学出版社 1989 年版，第 223—224 页；陈兴良：《刑法适用总论》（上卷），法律出版社 1999 年版，第 705 页；黎宏：《刑法学总论》，法律出版社 2016 年版，第 329 页；等等。
⑥ 吴振兴：《罪数形态论》（修订版），中国检察出版社 2006 年版，第 312 页。

诈骗一案中，应认定为敲诈勒索罪而非诈骗罪。如果先前行为与续后行为分别是诈骗和非法拘禁的，考虑到"套路贷"诈骗数额往往较大，且非法拘禁罪为轻罪（最高刑为 3 年以下有期徒刑），那么诈骗罪应吸收非法拘禁罪，以诈骗罪论处。

不过，"套路贷"犯罪的先前诈骗行为与续后犯罪行为并非必然成立吸收关系，典型的便是诈骗罪与虚假诉讼罪。在司法实践中，行为人通过欺骗被害人取得形式上合法的借贷协议后，很多情况下会接着采取诉讼方式非法侵占被害人财产。根据司法解释规定，行为人单方或者与他人恶意串通，捏造身份、合同、侵权、继承等民事法律关系的，属于以捏造的事实提起民事诉讼，构成虚假诉讼罪。① 可见，"套路贷"犯罪行为人捏造身份、合同等民事法律关系骗取钱财的，不仅仅是诈骗罪的客观要件，也是虚假诉讼罪的客观要件。理论上，通常将此种情形的虚假诉讼称为诉讼诈骗。

对于诉讼诈骗是否以诈骗罪论，学界存在争议。如张明楷教授认为，"诉讼诈骗是三角诈骗的典型形式，应当以诈骗罪论处"。② 不过，在《刑法修正案（九）》增设虚假诉讼罪后，有学者认为对诉讼诈骗行为均应以虚假诉讼罪论处。③ 根据该观点，因诈骗罪与诉讼诈骗罪并不存在特殊竞合关系，故先行诈骗再以虚假借贷协议进行虚假诉讼的，亦应成立吸收关系。对此，张明楷教授认为，《刑法修正案（九）》增设虚假诉讼罪，并非因为诉讼诈骗行为不构成诈骗罪，而是因为没有骗取财物和骗免债务的行为不成立诈骗罪。他还以《刑法修正案（九）》草案形成与修改情况为由，说明增设虚假诉讼罪并不是对诉讼诈骗行为成立诈骗罪的否认。④ 显然，张明楷教授的观点更有说服力。笔者认为，"套路贷"犯罪的先行诈骗行为与后续虚假诉讼行为属于单纯一罪，应以诈骗罪论处。理由在于，后续诉讼诈骗与先行诈骗不应认定为两个完全独立的犯罪行为，因为其中的捏造身份、合同等民事法律关系骗取钱财的行为，既是诈骗罪的构成要件，也是虚假诉讼罪的构成要件。若认为两者完全独立乃至于成立数罪，那么就有重复评价之嫌。而且，诉讼诈骗侵犯他人财产权利已具备成立诈骗罪之客体要件，法院以判决

---

① 参见最高人民法院、最高人民检察院《关于办理虚假诉讼刑事案件适用法律若干问题的解释》第 1 条第 7 项。

② 张明楷：《论三角诈骗》，载《法学研究》2004 年第 2 期。

③ 参见杨兴培、田然：《诉讼欺诈按诈骗罪论处是非探讨——兼论〈刑法修正案（九）〉之诉讼欺诈罪》，载《法治研究》2015 年第 6 期。

④ 参见张明楷：《三角诈骗的类型》，载《法学评论》2017 年第 1 期。

方式处分当事人财产,影响的只是诈骗罪之既遂。①

2. 先前行为或后续行为成立数罪的罪数认定

先前行为或后续行为成立数罪的,主要包括三种情形:一是先前行为成立一罪,续后行为成立数罪;二是先前行为成立数罪,后续行为成立一罪;三是先前行为与后续行为均成立数罪。对这种情形,司法实践处断时较为普遍的做法是,将前罪与后罪实行数罪并罚。例如,在虞某等实施的"套路贷"犯罪中,先前行为被认定为诈骗罪,其后行为人还实施了抢劫和非法拘禁行为,法院以诈骗罪、抢劫罪和非法拘禁罪实行数罪并罚。② 笔者认为,这样定性无视"套路贷"犯罪中先前行为与后续行为存在特殊关系。

如前所述,由于"套路贷"犯罪中的先前行为与后续行为存在吸收关系,根据罪数理论不宜实行数罪并罚。正确的做法是,若有法律规定则依照法律规定定罪量刑,若无法律规定则将先前之一罪或者数罪并罚后的处罚,与续后之一罪或者数罪并罚后的处罚,按照吸收犯之高度行为吸收低度行为原则,以处罚较重的犯罪论处。例如,在前述虞某等"套路贷"犯罪中,应将先前的诈骗罪的处罚与续后的抢劫罪和非法拘禁罪并罚后的处罚,按照高度行为吸收低度行为的原则,确定最终如何处罚。若抢劫罪和非法拘禁罪并罚后的处罚较之诈骗罪的处罚要重,则以抢劫罪和非法拘禁罪实行数罪并罚便可。

当然,如果法律有明确规定的,依法律规定。例如,《刑法》第 294 条第 4 款规定,"犯前三款罪又有其他犯罪行为的,依照数罪并罚的规定处罚"。因此,当黑社会性质组织实施"套路贷"犯罪时,应对各罪实行数罪并罚。例如,甲参加黑社会性质组织并从事"套路贷"犯罪活动,先是诈骗犯罪,尔后又实施敲诈勒索罪、非法拘禁罪,则对甲应以参加黑社会性质组织罪、诈骗罪、敲诈勒索罪和非法拘禁罪实行数罪并罚。

(三)"套路贷"犯罪行为人与平账人的罪数认定

如前所述,直接平账人因平账而使"套路贷"犯罪行为人收取不法钱财,参与了"套路贷"犯罪之结果,应成立"套路贷"犯罪之共犯。同时,直接平账人有采取欺骗手段并与被害人签订不合法的借贷协议,不断垒高债务,骗取他人财物。此时,直接平账人实质上触犯了两个诈骗罪,即自己实

---

① 参见赵冠男:《"诉讼诈骗"的行为性质》,载《法学》2015 年第 2 期。
② 参见上海市闵行区人民法院(2017)沪 0112 刑初 1648 号刑事判决书。

施的诈骗罪和"套路贷"犯罪行为人实施的诈骗罪。对于"套路贷"犯罪行为人而言，由于其将债务转让给直接平账人，从而成就了其诈骗行为。因此，"套路贷"犯罪行为人也触犯了两个诈骗罪，即自己实施的诈骗罪和直接平账人实施的诈骗罪。如何理解直接平账人与"套路贷"犯罪行为人触犯的两个诈骗罪之间的关系？应当如何定性？

笔者认为，直接平账人与"套路贷"犯罪行为人虽然触犯两个诈骗罪，但事实上属于一行为触犯数罪名的法规竞合。理由在于：直接平账人是因平账行为而触犯两个罪名，"套路贷"犯罪行为人是因转账而触犯两个罪名，属于一行为触犯数罪名的情况。这与连续犯的基于同一或者概括的犯罪故意，连续实施性质相同的数个行为有所不同。因此，对于直接平账人与"套路贷"犯罪行为人触犯的两个诈骗罪，应按照法规竞合进行处罚。在具体处罚时，由于直接平账人与"套路贷"犯罪行为人的两个诈骗罪之间不存在普通法与特别法的关系，因而根据重法优于轻法的原则定罪处罚。

需要注意的是，直接平账人的平账行为属于"套路贷"犯罪行为人之诈骗罪的帮助行为，而"套路贷"犯罪行为人的转账行为属于直接平账人之诈骗罪的帮助行为。对于直接平账人与"套路贷"犯罪行为人而言，这种帮助行为与自己实施的诈骗罪相比，在轻重程度上可能有所不同。这是因为，直接平账人往往会成倍垒高债务，这意味着犯罪数额会成倍增加，从而使"套路贷"犯罪行为人之转账行为的处罚可能大于其所实施的诈骗行为的处罚。例如，若"套路贷"犯罪行为人诈骗数额为1万元，那么直接平账人可能会将债务垒高至10万元，则对诈骗10万元的帮助犯之处罚，可能较对诈骗1万元的实行犯处罚要重。此时，按照法规竞合之重罪优于轻罪原则，对"套路贷"犯罪行为人应当以平账人构成的诈骗罪之帮助犯论处。不过，平账行为作为"套路贷"犯罪行为人诈骗罪的帮助行为，其处罚不太可能重于直接平账人实施的诈骗罪的处罚，故对直接平账人以其实施的诈骗罪论处便可。至于直接平账人与间接平账人以及间接平账人与后续平账人的处罚，按照上述原则认定便可。

四、"套路贷"犯罪数额认定

"套路贷"犯罪针对的是财产，因而犯罪数额的认定对定罪量刑来说至关重要。由于"套路贷"犯罪有时会集民间借贷与犯罪于一体，且通常行为人会先向被害人给付本金，并通过平账等方式不断垒高债务，种种"套路"使得对犯罪数额的认定较之一般犯罪复杂。同时,司法解释对"套路贷"犯罪的相关规定,也给犯罪数额的认定带来一些变数。这使得如何认定"套路贷"犯罪数额成为问题。

(一)"套路贷"犯罪之犯罪数额与"套路贷"之犯罪数额

根据《"套路贷"刑事案件意见》的规定,在认定"套路贷"犯罪数额时,应当与民间借贷相区别,从整体上予以否定性评价,"虚高债务"和以"利息""保证金""中介费""服务费""违约金"等名目被犯罪嫌疑人、被告人非法占有的财物,均应计入犯罪数额。犯罪嫌疑人、被告人实际给付被害人的本金数额,不计入犯罪数额。该规定看似有道理,实则自相矛盾,且有将复杂的"套路贷"犯罪数额简单化之嫌,有必要加以分析和厘清。

该规定自相矛盾之处,在于利息计入犯罪数额而本金不计入犯罪数额。这意味着,"除了借款人实际收到的本金外,双方约定的利息不受法律保护,亦应当计入犯罪数额"①。"利息""债务""违约金"等与"保证金""中介费""服务费"等有着本质不同。后者具有典型的非法性,而前者如"利息"等具有法定与非法定之别。若否定利息的合法性,意味着法定利息不受法律保护,唯一的解释便是行为之犯罪属性,因为只有犯罪收益才无法定与非法定之分。但是,不将本金计入犯罪数额,表明是排除其非法性的。可见,利息计入犯罪数额而本金不计入,是自相矛盾的。此外,该规定明确"虚高债务"的非法性,在逻辑上自然推断出非虚高债务是合法的。既然肯定债务有不合法(虚高)与合法(非虚高)之别,缘何"利息"等不区分合法与不合法呢,可见其中的不协调。总之,司法解释在认定犯罪数额时,将利息、违约金等计入犯罪数额实质上肯定"套路贷"的整体犯罪性,将非虚高债务和本金排除在犯罪数额之外等于承认"套路贷"之部分犯罪性,明显存在自相矛盾。

笔者认为,认识到司法解释在财产性质认定上的自相矛盾后,在认定犯罪数额时就应当避免上述不合理现象,以维护司法的协调与一致。如前所述,"套路贷"并非纯粹犯罪,故而《"套路贷"刑事案件意见》中所谓的"'套路贷'犯罪数额"在理解时应当包含两层意思:一是"套路贷"犯罪之犯罪数额;二是"套路贷"之犯罪数额。

---

① 参见河南省宝丰县人民法院(2018)豫0421刑初264号刑事判决书。

"套路贷"犯罪之犯罪数额,乃"套路贷"作为犯罪涉及的犯罪数额,通常是指以民间借贷之名,行非法占有他人财物的犯罪之实的"套路贷"犯罪之犯罪数额。在此情形下,应肯定所有涉案财产的非法性,一切债务(包括非虚高债务)、利息、保证金、中介费、服务费、违约金等,均应计入犯罪数额。例如,甲、乙等人为被害人丙办理贷款100万元,欺骗丙在贷款100万元的协议上签字,并通过银行走账100万元。后来甲、乙等人又以收取保证金、服务费等名义,欺骗丙使其将100万元如数返还。其后,甲、乙等以借款协议为据向法院提起诉讼,要求丙偿还100万元欠款。该案中,行为人的犯罪数额应为100万元。

因"套路贷"存在民刑交叉的场合,涉案财产包括作为民事行为的财产和作为犯罪行为的财产,只有基于非法占有目的侵犯他人财产构成犯罪的场合,与犯罪直接相关的数额才能计入犯罪数额。换句话说,只有犯罪涉及的财产才能计入犯罪数额,民事行为涉及的财产不应计入犯罪数额。例如,甲借款20万元给乙,约定年利率30%。后甲恶意制造乙违约,要求乙支付违约金10万元,并通过暴力、威胁等手段逼迫乙给付10万元违约金。则涉案的犯罪数额应为10万元。从司法实践来看,在民刑交叉场合,关于"套路贷"犯罪数额主要存在以下两种情形:一是签订不合理的借款条款,如基于非法占有目的(如企图非法占有超高违约金),约定非法的违约金以侵犯他人财产的,应将意图非法侵占的财产(如超高违约金等)认定为犯罪数额。二是在履约过程中,以非法占有为目的,通过恶意违约或者恶意造成他人违约,并实施刑法规定的类型化行为占有他人财产乃至构成犯罪的,应将非法占有的财产数额认定为犯罪数额。

值得注意的是,在放"私单"的场合,要注意区别共同犯罪数额与个人犯罪数额。例如,在王某等诈骗案中,被害人潘某某被王某等人联手"套路"后因无法归还虚高的借款,王某又趁机利用自有的10万元资金向潘某某做私单,即借钱给其用于还账赚取1万元利息,等潘某某第二期借贷后又马上从潘某某处收回借款,仅一次换手又多侵吞了潘某某1万元的"利息"。[①] 该案中,王某及其辩护人提出利用自有资金向潘某某做私单赚取的1万元利息不应计入诈骗金额,法院以该1万元也被计入公司利润为由,认定为诈骗金额。客观地说,王某放"私单"收取的1万元利息计入犯罪数额不应存在问题,问题是到底应计入王某等人共同犯罪数额,还是只计入

---

① 参见杭州市上城区人民法院(2018)浙0102刑初353号刑事判决书。

王某的犯罪数额中。笔者认为，放"私单"所涉犯罪数额究竟是计入共同犯罪数额还是个人犯罪数额，应分别而论：若放"私单"为"套路贷"公司允许，且个人所收取利息等非法利益纳入公司利益统一分配，则应认定为共同犯罪数额；若放"私单"不为"套路贷"公司所知，且个人所收取利息等非法利益完全归于个人，并不纳入公司利益统一分配，应认定为个人犯罪数额。

（二）非法放贷数额的理解与适用

根据《非法放贷意见》规定，民间高利贷成立非法经营罪，影响定罪量刑的数额有两类，即非法放贷数额和违法所得数额。① 非法所得数额在很多犯罪中都存在，相对来说比较容易认定。特别是在"套路贷"违法犯罪中，厘清非法放贷数额后，可以说基本上就厘清了违法所得数额。因此，认定非法放贷数额，对于非法经营型"套路贷"犯罪的定罪与量刑而言意义重大。根据《非法放贷意见》，"非法放贷数额应当以实际出借给借款人的本金金额认定""以超过36%的实际年利率实施符合本意见第一条规定的非法放贷行为"之规定，可知决定放贷之非法性的是实际年利率超过36%，非法放贷数额在判断上以"实际出借给借款人的本金金额"为据。

《非法放贷意见》之所以规定实际年利率，是因为有时虽然约定年利率不超过36%，但行为人事先扣除手续费、管理费等，导致实际年利率可能超过36%。例如，行为人出借人民币50000元，约定年利率20%，但以行业规矩为由事先扣除介绍费、咨询费、管理费等10000元。根据《非法放贷意见》，"非法放贷行为人以介绍费、咨询费、管理费、逾期利息、违约金等名义和以从本金中预先扣除等方式收取利息的，相关数额在计算实际年利率时均应计入"，则实际年利率为 $(50000 \times 20\% + 10000) \div 50000 = 40\%$，超过36%，应认定为非法放贷。需要注意的是，《非法放贷意见》只规定扣除逾期利息，没有规定扣除约定利息即"砍头息"的情形，而这往往在司法实践中较为常见。笔者认为，既然逾期利息都属于实际年利率的计算依据，那么约定利息理所当然应作为实际年利率的计算依据。

至于《非法放贷意见》将实际出借给借款人的本金金额作为非法放贷

---

① 根据《非法放贷意见》的规定，个人非法放贷数额累计在200万元以上的，单位非法放贷数额累计在1000万元以上的，个人违法所得数额累计在80万元以上的，单位违法所得数额累计在400万元以上的，属于《刑法》第225条规定的"情节严重"。

数额，是值得商榷的。所谓实际出借给借款人的本金金额，是指"按照借款人实际能够完全支配和使用的借款金额"①。以实际出借给借款人的本金金额作为非法放贷数额，存在以下弊端：首先，司法实践中行为人实际出借的本金有时比较低，经过一系列的"套路"运作，致使债务成倍增长，由此获得超额非法利益。以实际出借给借款人的本金计算犯罪数额，无疑有放纵犯罪之嫌。其次，在具体计算利息、违约金等数额时，行为人均以最初协议出借额为计算依据。若以实际出借的本金计算非法放贷数额，会导致计算依据上的不协调。再次，从司法实践中的情形来看，行为人要求被害人偿还的放贷数额，往往都是走账数额等，而非实际出借给借款人的本金数额，因而以实际出借的本金数额作为非法放贷数额，不能揭示该类犯罪的社会危害性。最后，"套路贷"犯罪往往会出现多次平账而垒高债务的现象，若以实际出借的本金计算非法放贷数额，而不考虑平账数额等，对于计算续后非法放贷数额来说是不合理的。

---

① 朱和庆、周川、李梦龙：《〈关于办理非法放贷刑事案件若干问题的意见〉的理解与适用》，载《人民法院报》2019 年 11 月 28 日，第 6 版。

宽严相济刑事政策视阈下醉驾犯罪实证研究*

公安部道路交通安全研究中心课题组[**]

一、醉驾犯罪现象及其现状、特征、趋势

犯罪现象是一定历史阶段在特定国家或者地区存在的社会现象，其既具有可以通过犯罪统计表现出来的量的属性，在一定数量的犯罪集合之上，又以犯罪现象状况、结构、动态、后果等方式呈现出质的属性。① 全面掌握犯罪现象的客观表现，是正确评价犯罪现象、精准开展犯罪治理的前提和基

---

* 本文系 2019 年度最高人民检察院检察理论研究一般课题"宽严相济刑事政策视阈下醉驾犯罪实证研究"（项目批准号：GJ2019C38）的研究成果。

** 课题主持人：韩雪，公安部道路交通安全研究中心法规标准研究室副研究员。课题组成员：黄金晶、王晓兴、黄婷、赵司聪、杨洋、贾进雷、董亚威，均为公安部道路交通安全研究中心法规标准研究室干部。

① 参见王牧：《犯罪现象论研究》，载《当代法学》1992 年第 2 期。

础。通过对近年来各级执法、司法部门公布的数据和调研时了解到的情况进行分析，课题组发现，入刑后我国醉驾犯罪及由此引发的社会反应呈现出以下特点、趋势：

（一）醉驾犯罪的现状

2011年5月1日《刑法修正案（八）》施行以来，公检法三机关紧密合作、相互配合，严格执法、公正司法，合力惩治醉驾犯罪、防控醉驾行为，为压缩醉驾犯罪空间、预防醉驾犯罪发生贡献了力量。然而，与入刑时的立法预期和公众期待并不相符，近年来醉驾犯罪惩治的实际效果和发展趋势并不尽如人意。

1. 醉驾犯罪数量持续走高

犯罪数量是评价犯罪治理成效的一项客观指标，反映了犯罪现象发展变化的客观规律。入刑后，我国醉驾犯罪并未如预期那般出现数量减少并趋于稳定的拐点，反而呈现出增长趋势。

（1）醉驾犯罪数量呈现持续增长态势

从全国范围来看，在醉驾入刑前的2009年，全国公安交管部门共查处酒后驾驶案件31.3万起，其中，醉驾案件4.2万起。[①] 在2011年5月1日醉驾入刑后至2015年4月30日的4年中，全国公安交管部门查处的醉驾犯罪数量呈现出缓慢增长趋势。在入刑后的第五年，醉驾犯罪数量首次也是唯一一次出现小幅下降。2017年以后，醉驾犯罪查处数量迅速反弹。[②] 至2019年，仅前十个月全国就查处醉驾犯罪案件30余万起，10年间醉驾查处

---

① 参见《内司委关于道路交通安全管理工作的调研报告》，载中国人大网，http://www.npc.gov.cn/zgrdw/npc/xinwen/jdgz/2010-04/29/content_1571435.htm。

② 在此需要说明的是，由于官方统计口径和发布数据内容的差别，课题组在此并未采用同一时间标准对醉驾犯罪查处数据进行分析，2018年数据亦有缺失。虽然相关数据并不精准，但仍然在很大程度上反映了近年来我国醉驾犯罪的查处数量特征，各地醉驾查处数量亦可对全国的规律特征进行支持。相关数据参见张洋：《"醉驾入刑"一年间 从治理酒驾到惩治醉驾》，载《人民日报》2012年5月2日，第18版；《公安部交管局：醉驾入刑两周年 治理成效显著》，载中国政府网，http://www.gov.cn/gzdt/2013-05/02/content_2394368.htm；蒋菱枫《酒驾之"治"：法治中国之法治样本》，载《人民公安报》2014年10月20日，第1版；《正义的力量：醉驾之治》，载央视网，http://tv.cntv.cn/video/C10367/323952908d4b4a99b86dd9fc9fd17c96；王梦遥：《最高法：醉驾一律入刑有望松动 情节显著轻微者不予定罪》，载腾讯网，https://news.qq.com/a/20170513/001146.htm；《公安部交管局：今年查处危险驾驶涉案人员16万人》，载央视网，http://news.cctv.com/2017/12/02/ARTItsGk7V8YWCiJdp9PRwjH171202.shtml；《今年前10个月全国共查处酒驾违法行为170万起》，载新浪网，https://news.sina.com.cn/c/2019-11-30/doc-iihnzhfz2699975.shtml。

数量增长614.29%,酒后驾驶违法犯罪总量增长443.13%(见图1)。①

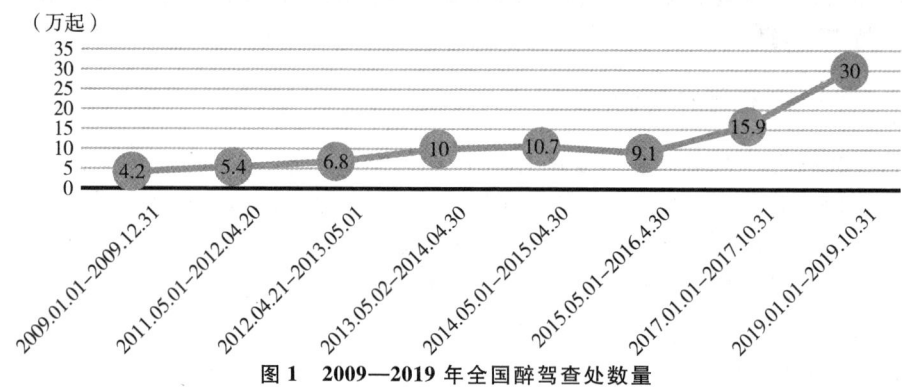

图1 2009—2019年全国醉驾查处数量

从各地公安交管部门通报的数据来看,绝大部分地区的酒驾、醉驾案件查处情况与上述全国的总体特征相符。以北京市为例,2011年5月至2016年5月,该市公安交管部门每年查处醉驾犯罪的数量较为稳定,此后出现了查处数量逐年增加并大幅上涨的发展趋势,至入刑后的第七年也即2018年5月,北京市醉驾查处数量已经比2011年增长了近3倍。② 在广东省,近年来酒后驾驶查处总量亦呈现出连续增长的态势。2012年至2019年,广东省酒驾、醉驾查处总量分别增长20.15%、67.81%、29.24%、34.73%、64.94%、45.83%、49.77%、11.20%(见图2)。③ 类似地,广西公安交管部门查处的酒驾、醉驾数量也呈现出逐年上升趋势,其中,酒驾案件查处数量从2011年的1376起增长至2018年的24313起,醉驾刑事案件查处数量从2011年的103起增长至2018年的4317起。④

在醉驾查处数量持续上升已经成为普遍趋势的形势下,也有部分地方出现醉驾犯罪查处数量下降并逐步趋于稳定的特点。较为典型的如四川泸州,

---

① 参见李珺:《今年前10个月全国共查处酒驾违法行为170万起》,载新浪网,https://news.sina.com.cn/c/2019-11-30/doc-iihnzhfz2699975.shtml。

② 参见华列兵、王蔚然:《醉酒型危险驾驶犯罪法律实务问题研究》,载《警学研究》2019年第1期。

③ 参见董柳、付怡:《醉驾入刑实施8年多,广东酒驾数量却越查越多,咋回事?》,载新浪网,http://k.sina.com.cn/article_5787187353_158f1789902000onxy.html;《今年以来广东查处酒驾醉驾12万余宗!终身禁驾名单新增42人》,载澎湃网,https://www.thepaper.cn/newsDetail_forward_5078335。

④ 参见马艳、唐志平:《广西持续重拳严整酒驾醉驾》,载《法制日报》2019年5月19日,第1版。

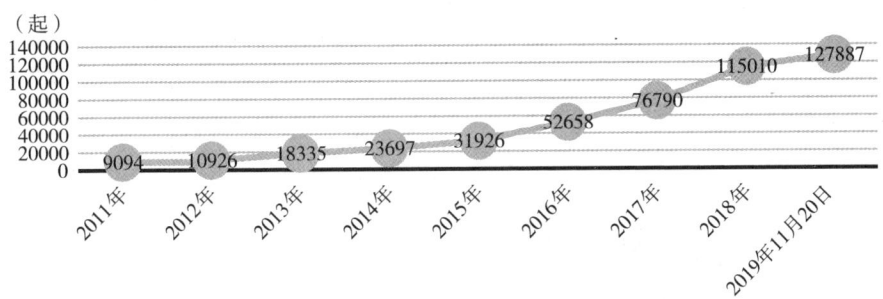

图 2 2011—2019 年广东省酒驾、醉驾查处总量

该市醉驾查处数量在连续 5 年上升以后，在 2016 年出现了下降拐点，2017 年和 2018 年的案件数量均略高于 2014 年、低于 2015 年。从 2019 年上半年的查处数据来看，在公安机关打击力度不放松的情况下，该市当年醉驾犯罪案件查处数量与 2017 年、2018 年基本持平。

（2）部分地方醉驾、二次酒驾案件占比持续走高

以天津市为例，2011 年 5 月 1 日至 2019 年底，该市公安交管部门查处酒后驾驶案件总量在连续 5 年增长后在 2017 年和 2018 年出现了短暂下降，而后 2019 年又迅速反弹。值得关注到，近年来，该市醉驾和二次酒驾的查处数量呈现出持续增长态势，在全部酒后驾驶行为中的占比也表现出波动上升的特点（见图 3、图 4）。①

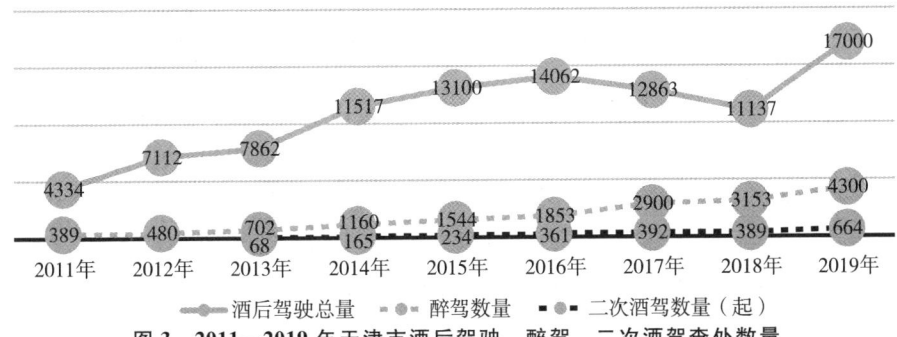

图 3 2011—2019 年天津市酒后驾驶、醉驾、二次酒驾查处数量

---

① 相关数据参见《醉驾入刑八年：天津酒驾规律与治理方式探索》，载搜狐网，https://m.sohu.com/a/325952946_776618；《天津 2019 年度查处酒驾醉驾 1.7 万起 "涉酒"交通事故发案率、受伤和死亡人数三下降》，载澎湃网，https://www.thepaper.cn/newsDetail_forward_5591057。

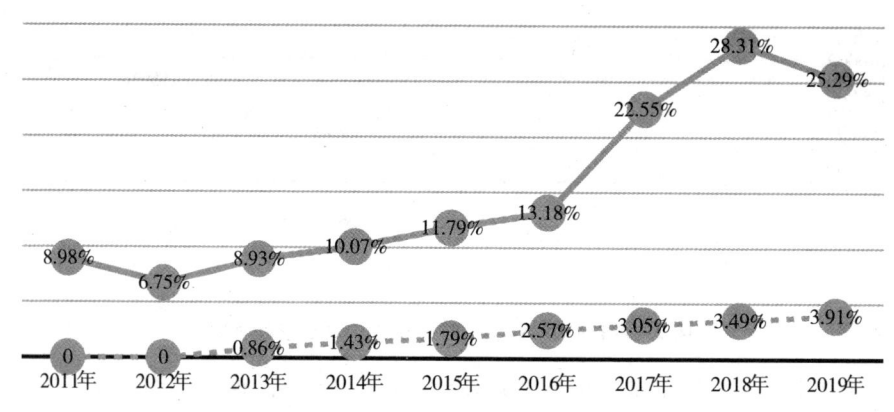

图 4 2011—2019 年天津市醉驾、二次酒驾在酒后驾驶中的占比

此外，营运车驾驶人、女性驾驶人等群体的醉驾数量在全部酒后驾驶中的占比提高同样值得关注。2019 年上半年，在全国公安交管部门查处的醉驾案件中，网约车、租赁车驾驶人酒后驾驶同比增幅分别达到 256.3%、33.6%，女性驾驶人酒后驾驶比例同比增加 29.9%。①2019 年 1 月 1 日至同年 12 月 19 日，湖南长沙公安交管部门的查处数据同样印证了一些群体出现酒后驾驶违法犯罪数量增加的趋势。据统计，该市当年查处酒后驾驶营运车辆案件 53 起，同比增加 47.22%；查处醉酒驾驶营运车辆案件 24 起，同比增加 200%；查处二次酒驾案件 450 起，同比增加 114.29%。② 上述数据增长表明，当前我国醉驾、二次酒驾的治理形势依然严峻，酒驾、醉驾在一些群体中有抬头趋势。

（3）醉驾犯罪案件在全部刑事案件中的占比显著提高

随着醉驾案件查处数量逐年增长，大量案件涌入刑事司法程序，醉驾犯罪已经跃居成为我国"第一大罪"。最高人民法院于 2019 年 7 月 31 日公布的当年上半年全国法院审判执行数据显示，在审结的全部刑事案件中，以醉驾为主要表现形式的危险驾驶罪已经超越盗窃犯罪，成为我国发案数量最

---

① 参见王克辉：《上半年全国查处酒驾醉驾超 90 万起》，载《人民公安报》2019 年 7 月 24 日，第 4 版。

② 参见王晗、肖强：《长沙交警今年查处酒驾 1.4 万多起 同比增加 131.11%》，载《湖南日报》2019 年 12 月 24 日，第 14 版。

多、占比最大的犯罪类型。① 最高人民检察院发布的《2019 年全国检察机关主要办案数据》同样显示，2019 年在检察机关办理审查起诉的案件中，危险驾驶罪的起诉人数高达 32 万余人，位居全部犯罪之首，占到全部起诉人数的 17.7%。② 在广东省中山市，早在 2012 年醉驾犯罪就已经成为该市首要犯罪类型，并连续 9 年居于该市刑事案件首位。截至 2019 年 7 月初，危险驾驶罪已经占到中山市检察机关受案总数的 37.5%，案件数占比再创新高。③ 在安徽省，自 2015 年起醉驾刑事案件数量已居该省法院系统审理的各类刑事案件之首。④ 在天津市和浙江省，近两年两地检察机关审结的醉驾案件已占到全部刑事案件总数的 1/4 左右。⑤ 醉驾犯罪案件数量的快速增长，进一步加剧了司法机关本就存在的案多人少的固有矛盾，对稀缺的司法资源提出严峻挑战。

2. 因酒后驾驶引发的道路交通事故数据喜忧参半

总体而言，醉驾入刑以来，我国因酒驾、醉驾引发的致人伤亡的道路交通事故明显减少，造成的人员死伤数量大幅下降。根据公安交管部门的统计，在醉驾入刑前的 5 年即 2006 年 5 月 1 日至 2011 年 4 月 30 日，我国平均每年因酒后驾驶导致的一般交通事故 6542 起，死亡 2756 人、受伤 7090 人；而在醉驾入刑后的 5 年即 2011 年 5 月 1 日至 2017 年 4 月 30 日，因酒后驾驶导致的一般交通事故的起数、死亡人数、受伤人数分别下降至 5962 起、2378 人、5827 人，下降比例为 8.9%、13.7%、17.8%。在较大级别以上交通事故方面，在醉驾入刑前的 5 年，全国年均因酒后驾驶导致的交通事故起数、死亡人数、受伤人数分别为 60 起、217 人、91 人；而在醉驾入刑后的 5 年，上述数字下降至 51 起、191 人、61 人，分别下降 15.3%、12.1%、

---

① 参见《最高法发布 2019 年上半年审判执行工作数据 新收案件数持续增长 结案数同比大幅增加 整体运行态势稳中向好》，载最高人民法院网站，http：//www.court.gov.cn/zixun-xiangqing-174372.html。

② 参见《2019 年全国检察机关主要办案数据》，载《检察日报》2020 年 6 月 3 日，第 4 版。

③ 参见《危险驾驶犯罪连续多年居中山刑事案件首位》，载微信公众号"中山检察"2019 年 7 月 18 日。

④ 参见关清、魏如冰：《安徽五年查处"醉驾"案 1.6 万余起》，载《人民公安报》2016 年 5 月 4 日，第 2 版。

⑤ 参见高锴、高军平、王魁：《市检察院举办专题研讨会 专家学者共议"醉驾型危险驾驶类案"》，载《天津政法》2019 年 9 月 9 日，第 2 版；《浙江省人民检察院工作报告——2020 年 1 月 14 日在浙江省第十三届人民代表大会第三次会议上》，载浙江新闻网，https：//zj.zjol.com.cn/news/1131617.html。

33.3%。① 2019年上半年，全国因酒驾、醉驾导致的伤亡事故数量和伤亡人数依然保持下降趋势，分别同比减少20.7%、20.4%。但同时需要引起警惕的是，同一时期，全国因酒后驾驶导致的非致人伤亡的一般交通事故数量同比增加了28.2%。② 一般交通事故的数量增长，一方面与2019年酒驾、醉驾查处数量高速增长有直接关系；另一方面也反映了因酒后驾驶导致的交通事故数量有反弹的可能。

此外，通过对相关数据进行分析，课题组发现，一定时期内，致人伤亡的道路交通事故数量的增减与公安交管部门查处力度的大小有直接关联。也即公安机关查处力度越大，严重道路交通事故的数量减少越快；公安机关查处力度削减，严重道路交通事故的数量便会迅速反弹。实际上，即便是在2011年醉驾入刑前，公安交管部门通过采取专项行动严查酒驾、醉驾行为，在一段时期内也发挥了有效减少致人伤亡的道路交通事故和伤亡人员数量的作用。以2009年公安交管部门在全国范围内开展的严厉整治酒后驾驶交通违法行为专项行动为例，自当年8月15日至12月初，全国因酒后驾驶引发的道路交通事故起数、死亡人数、受伤人数同比下降36.9%、41.6%和30.5%，大幅减少了因酒驾、醉驾引发的人员伤亡数量。③ 但当年高压打击的效果并不长久，很快就被重新抬头的酒驾、醉驾行为和事故增量所打破。当时公安交管部门通报的数据显示，在连续3个月的严厉打击后，2009年11月全国公安机关查处的酒后驾驶行为数量比10月增长了23.1%。④ 而在同年12月，因酒后驾驶导致的交通事故起数和伤亡人数也出现了反弹，仅北京市一地在12月15日至22日短短一周之内就发生了3起因醉驾导致的单方交通事故，共造成4人死亡。⑤ 不难看出，无论是醉驾入刑9年后的2020年，还是2009年专项行动的后半段，酒后驾驶始终是机动车肇事的重

---

① 参见韩丹东：《"醉驾入刑"七年带来哪些变化》，载《法制日报》2018年6月11日，第5版。

② 参见张贵峰：《理性解读上半年查酒驾"账单"》，载《嘉兴日报》2019年7月26日，第2版。

③ 参见徐伟：《公安部：全国3月余查处酒驾21.3万起 其中醉驾3.2万起》，载中国法院网，https://www.chinacourt.org/article/detail/2009/12/id/384941.shtml。

④ 参见蔡玉高、王骏勇：《回望2009："酒驾惨祸"警示录》，载公安部网站，https://www.mps.gov.cn/n2255079/n2255419/n2255428/c4087545/content.html。

⑤ 参见《公安部下发指导意见 健全酒驾查处长效机制 提高违法成本 加大综合治理》，载公安部网站，https://www.mps.gov.cn/n2253534/n2253535/c4128541/content.html。

要原因①，对之开展专项整治的一段时间以后，该类违法犯罪行为的查处数量、引发的道路交通事故数量就出现了严重反弹，这迫使我们不得不去反思短期高压打击、加大处罚力度的实际效果。

3. 对不同地区、不同群体的影响程度不一

经过10年来的治理，我国醉驾犯罪的地域性、群体性特征日趋明显，酒后禁驾意识在城市、公职人员、拥有本科以上较高学历的群体中日益深入人心，但在农村、非公职人员、本科以下学历较低的人群当中却并未发挥显著作用。有学者对醉驾入刑前后中国家庭追踪调查（CFPS）微观数据进行了统计分析，结果显示，醉驾入刑使得城市居民饮酒次数减少，对其中公职人员的影响最大，而对农村地区居民却并未形成较强的震慑作用。②

此外，醉驾入刑除直接改变了我国民众的生活习惯外，还对社会经济生活产生极大影响，最突出的表现是，催生了代驾行业的高速发展。据不完全统计，2011年5月至2016年，全国共有酒后代驾订单4.34亿单，仅2016年产生的订单就高达2.16亿单。③清华大学法学院公法研究中心团队于2017年发布的《代驾行业发展白皮书》推算，2016年因代驾减少酒后驾驶引发的交通事故350万起，使得83万人免受刑法制裁，减少财产损失高达462亿元。2019年9月，e代驾大数据中心发布的《2019年代驾数据形势报告》显示，截至当月，我国代驾使用人数已经超过1.2亿，订单总量突破10亿。④代驾行业的快速发展和业务量的迅速增长反映出驾驶人酒后拒驾的主动性在稳步提升，印证了入刑后"开车不喝酒、喝酒不开车"的观念正逐步深入人心。

（二）醉驾犯罪的特征

如上文所述，从宏观视角来看，我国醉驾犯罪呈现出犯罪数量逐年增

---

① 公安部交通管理局发布的统计数据显示，在2020年1月至10月全国涉及人员伤亡的道路交通事故中，有77.7%的伤亡事故是机动车危险驾驶肇事引起的。其中，因醉酒驾驶导致的事故数量位居第二，占比4.21%。参见《公安部通报十大危险驾驶行为》，载公安部网站，https://www.mps.gov.cn/n2254098/n4904352/c7556590/content.html。

② 参见王维维、吴晓露：《"醉驾入刑"对居民饮酒行为的影响——基于CFPS的实证研究》，载《浙江学刊》2017年第5期。

③ 参见韩丹东：《"醉驾入刑"七年带来哪些变化》，载《法制日报》2018年6月11日，第5版。

④ 参见庄德通：《从"应运而生"到千亿市场潜力 互联网代驾行业走过八年》，载《民主与法制时报》2019年11月24日，第2版。

长、由此引发的恶性道路交通事故数量减少、不同程度上影响各类社会群体的特点;从微观视角进一步加以刻画,醉驾犯罪已经形成较为明显的群体性、地域性、时间性特点。

近年来,公安机关查处的醉驾犯罪呈现出以下行为特征:

第一,行为人多处于中低度醉酒状态,血液酒精含量集中在200mg/100mL以下,特别是80mg/100mL—160mg/100mL的范围内。以辽宁省沈阳市为例,在该市所辖14个基层法院于2012年1月1日至2017年6月30日审结的3155件醉驾犯罪案件中,血液酒精含量在160mg/100mL以下的醉驾行为人占据被告人总数的71%,血液酒精含量在200mg/100mL以上的醉驾行为人占15%。① 同时,血液酒精含量在200mg/100mL以上的重度醉酒驾驶人比例有所下降。统计数据显示,2019年上半年,全国查处的此类严重醉驾行为同比减少12.9%,占醉驾总数的比例由2018年的18.2%下降至16.1%。② 此外,近年来,部分地方还出现了血液酒精含量在80mg/100mL以上的行为人增多、行为类型由酒驾违法向醉驾犯罪演变的趋势。以浙江省绍兴市为例,2013年至2016年4月,该市酒驾违法行为的月均案件受理量下降了24.54%,与此同时,醉驾犯罪案件的数量却上升了198.51%。类似地,该市越城区、袍江区、高新区酒驾违法行为的月均案件受理量下降了72.9%,而同一时期,越城区检察机关受理的危险驾驶刑事案件数量却上升了127.2%。③ 上述特征一方面表征出当前我国醉驾犯罪形势依然严峻,刑事案件数量有继续增长的苗头;另一方面重度醉驾数量的下降也在一定程度上反映了近年来各方为醉驾治理付出的不懈努力正在逐渐发挥作用。

第二,案发时间以夜间为主,22时至次日凌晨的深夜时段最为突出。这一方面与公安交管部门的查处时间直接相关,另一方面也符合我国国民的生活习惯。行为人往往在深夜时段已经酒足饭饱后踏上回家的归程,持续性的饮酒导致其血液酒精含量不断攀升、自控能力下降,此时,更容易放任醉驾行为的发生。2019年上半年公安机关查处的醉驾案件数据对此进行了印证。据统计,19时至凌晨2时,全国公安机关查处酒驾、醉驾案件58万起,占全部案件总量的64.3%。伴随查处力度的加大和查处时间的延展,

---

① 参见辽宁省沈阳市中级人民法院课题组:《醉驾案件审理中的法律问题——对沈阳市审结的3155起醉驾案件的实证分析》,载《人民司法》2018年第4期。
② 参见《2019年酒驾醉驾违法数据分析》,载《汽车与安全》2020年第1期。
③ 参见张芸、孙涓:《醉驾型危险驾驶刑事案件多发原因及司法防控》,载《人民检察》2016年第19期。

同一时期，13时至15时、8时至10时查处的案件数量同比增加21%、41.7%，分别为17.8万起、4.6万起。此外，一份上海的统计数据表明，以当地全年查处数据加以观之，酒驾、醉驾查获量最多的月份为1月、7月至10月；以一周为计算单位，周一到周日每日的查获数量较为均衡，工作日与双休日查获量差异不大。① 北京市朝阳区发布的醉驾白皮书显示，四成以上的醉驾案件发生在周末和节假日。② 实际上，仅从数据比例上来看，在北京市朝阳区，工作日与节假日、双休日的醉驾查获量之间的差距也并不显著。

第三，查获地以城市道路、公路为主。根据公安交管部门发布的统计数据，2019年上半年，全国城市道路查处的酒驾、醉驾案件共计51.4万起，占查处总量的57%。与此同时，公路查处数量大幅增长，达到38.7万起，同比增加54.1%。③ 值得关注到，近年来，城市郊区、农村地区乡镇道路成为醉驾犯罪新的增长点。以天津市为例，2019年1月至10月，该市6个城区查处酒驾2101起、醉驾836起；与之相比，环外十区的酒后驾驶查处数量显著提高，酒驾查处数量高达8228起、醉驾为2331起。④ 有论者对2018年4月至8月贵州省9个市州查获的2610起酒后驾驶案件进行分析，结果显示，在城乡接合部查获的案件数量占到全部案件总量的60.12%，乡村道路占8.85%，相比之下，城市主干道仅为31.03%。⑤ 醉驾犯罪表现出的上述地域特征，一方面与公安交管部门打击范围的扩大、查处触角的延伸直接相关；另一方面也显现出城郊、农村地区的醉驾治理难度在加大，未来很长一段时间都需要着重关注该区域的酒后驾驶治理问题。

第四，涉酒事故常发于深夜、郊区。上海市公安交管部门发布的数据显示，因醉驾引发的道路交通事故全年发案量较为均衡，工作日或双休日的发案量也较为平均。从时间范围来看，醉驾事故常发于夜间至次日凌晨时段，中饭或晚饭后偶发涉酒事故；从地域范围来看，车流稀少的远郊区道路是涉酒事故的高发区域。⑥ 此外，北京市丰台区人民法院的一份研究报告表明，

---

① 参见《2019年酒驾醉驾违法数据分析》，载《汽车与安全》2020年第1期。
② 参见徐伟伦：《建立危险驾驶行为数据库》，载《法制日报》2019年5月8日，第4版。
③ 参见《2019年酒驾醉驾违法数据分析》，载《汽车与安全》2020年第1期。
④ 参见何会文、焦轩、刘媛：《今年以来查处酒驾醉驾1.3万起》，载《天津日报》2019年11月4日，第7版。
⑤ 参见涂国章：《贵州酒驾现状及治理对策》，载《贵州警官职业学院学报》2019年第4期。
⑥ 参见《2019年酒驾醉驾违法数据分析》，载《汽车与安全》2020年第1期。

发生交通事故的概率与行为人血液酒精含量的高低有较为直接的关联。在该院 2011 年至 2013 年审理的醉驾型危险驾驶案件中，被告人血液酒精含量在 80mg/100mL—200mg/100mL 的共计 218 人，其中，发生交通事故的 128 人，占比为 58.7%；血液酒精含量在 200mg/100mL—300mg/100mL 的 63 人，发生交通事故的 47 人，占比为 74.6%；血液酒精含量在 300mg/100mL 以上的共 10 人，发生交通事故的 10 人，占比为 100%。① 由此不难看出，醉酒程度对行为人的判断和控制能力有较大影响，血液酒精含量在 80mg/100mL 以上的醉驾行为人引发道路交通事故的概率高达 63.6% 以上；当血液酒精含量提高到 200mg/100mL 以上时，道路交通事故发生的概率提高 22.8%，达到 78.1%。

（三）醉驾犯罪的发展趋势

第一，犯罪数量仍将呈现出持续增长的特点。《刑法修正案（八）》施行以来，我国醉驾犯罪数量持续走高是多方面因素共同作用的结果。首先，机动车保有量和机动车驾驶人数量持续高速增长。截至 2020 年 9 月，我国机动车保有量已达 3.65 亿辆，机动车驾驶人突破 4.5 亿人②，与 2009 年相比分别增长了 95.19%、125%③，十余年增长幅度近一倍。机动车驾驶人群体基数庞大。其次，醉驾犯罪的查获数量与公安交管部门的打击力度呈正相关关系。这与"渔网效应"的旨趣相符，也即一定时期内法网愈严密、查处的力度愈大，查获的犯罪数量也就愈多、犯罪黑数愈小。近年来，公安交管部门对酒驾、醉驾违法犯罪始终保持"零容忍"的严管高压态势，不断加大警力投入、增加路检路查频次、扩大检查覆盖面、提升查缉能力，有效提高了醉驾犯罪的发现查处比率。最后，更深层次的原因在于，我国数千年来积淀的"酒文化"。饮酒已经成为"一种固化的精神文化象征和流动的社会生活习俗"④。大部分地区酒风文化侵染严重，部分地区喝酒风气极盛，

---

① 参见张勇、董晓宇：《惩处醉酒驾驶行为　维护道路交通安全——北京市丰台区法院关于醉酒驾驶案件的调研报告》，载《人民法院报》2014 年 5 月 1 日，第 8 版。

② 参见《今年三季度新注册登记机动车 903 万辆　比去年同期增长 20.48%》，载公安部网站，https://www.mps.gov.cn/n2254098/n4904352/c7468373/content.html。

③ 据公安交管部门统计，截至 2009 年底，全国机动车保有量为 186580658 辆，机动车驾驶人为 199765889 人。参见《2009 年全国机动车和驾驶人数量增长迅猛　机动车增加 1669 万辆　驾驶人增加 1910 万人》，载公安部网站，https://www.mps.gov.cn/n2253534/n2253535/c4128718/content.html。

④ 杨兴培：《饮酒文化与犯罪现象》，载《检察日报》2011 年 11 月 4 日，第 6 版。

一些驾驶人员并未真正认识到饮酒后驾驶的严重违法性和社会危害性。可以预见，在公安交管部门打击力度持续不减、国民交通安全意识和法律意识有待进一步提升的情况下，我国仍将面临醉驾犯罪数量居高不下的严峻形势。

第二，群体性特征将更加凸显。应予肯定的是，经过近 10 年来的醉驾治理，我国国民的生活习惯和出行习惯已经悄然发生了改变，但不容忽视，受自身安全意识不高、法治观念淡薄、职业约束较少等因素影响，醉驾犯罪问题在一些驾驶人群体，如非公职人员中表现得还较为突出。随着醉驾治理进入深水区，该部分群体将逐渐成为精准化治理的管控重点。

第三，大城市将率先进入平稳增长期。虽然从查处数量上看，现阶段我国醉驾犯罪总量庞大，且仍将面临犯罪数量持续增长的巨大压力，但总体上处于合理和可控的状态。近年来，在公安机关打击力度持续不减甚至有所加强、检法司机关密切配合的形势下，成都、南京等大城市已经出现醉驾犯罪查处数量下降并趋于平稳或者增长幅度持续下降的趋势。如前文所述，有"酒城"之称的四川泸州自 2016 年以来醉驾犯罪查处数量即已基本稳定。有理由相信，随着治理的不断深入，越来越多的大城市将呈现出醉驾犯罪数量趋于稳定并渐次出现查处数量下降的发展趋势。与此同时，城乡接合部和农村地区将成为醉驾犯罪数量的主要增长点，对于上述地区应投入更多的执法力量和司法、社会资源。

第四，查获率将有所降低。在调研过程中，一线公安交警普遍反映，近年来公安机关通过设卡检查查获醉驾犯罪的难度明显增加、查获率显著降低，甚至出现过夜查一晚也"一无所获"的情形。广东深圳、贵州贵阳等地公安交管部门对查获到的醉驾人数与执法时进行排查的人数进行对比后也发现，近 3 年来本地区醉驾犯罪的查获率呈现出下降趋势。上述可喜的变化表明，经过入刑以来的持续打击，我国醉驾犯罪惩治在局部地区已初现成效。未来随着犯罪治理的推进和行为人逃避查处能力的提高，公安交管部门查获醉驾犯罪的难度将进一步加大，这对公安机关的执法能力和执法效能均提出挑战。

第五，关联犯罪将同步发生改变。近年来的醉驾犯罪治理对我国社会产生的最深刻的影响也是最显著的变化在于，因酒后驾驶引发的致人死亡、受伤的道路交通事故数量大幅减少，并保持持续下降趋势。受此影响，因醉驾导致的"交通肇事罪与以危险方法危害公共安全罪逐年减少"[①]。相信未来，

[①] 张明楷：《法益保护与比例原则》，载《中国社会科学》2017 年第 7 期。

伴随醉驾犯罪治理的日益深入，这一趋势特征将表现得更加明显，因醉驾导致的关联性犯罪的数量将持续降低。

综上所述，课题组认为，入刑10年来，经过行政、司法机关的不懈努力和通力合作，我国醉驾犯罪治理取得了相当成绩。但同时应当清醒地认识到，当前，我国醉驾犯罪查处数量仍然处于高位，并呈现出不降反升的特点，因酒后驾驶引发的一般道路交通事故数量也出现反弹趋势。这些特征均表明，现阶段我国醉驾犯罪惩治远远未达到立法预期的有效降低犯罪数量、预防和减少道路交通事故发生的美好愿景，也不足以说明"危险驾驶罪的出台是一个相当成功的立法范例，完全实现了预期的预防效果"①，甚至与立法者和公众赋予醉驾入刑的责任使命有所偏差。多年来国内外立法、司法实践均已证实，醉驾犯罪治理并非一蹴而就，而是具有长期性、艰巨性和反复性的特点，对于醉驾入刑及其治理成效应保持理性的认识和客观的态度。有鉴于此，在未来很长一段时间，我国对醉驾犯罪应采取更加积极的应对策略和更为高效的惩治手段，尽最大的努力来预防和减少醉驾犯罪以及由此而导致的道路交通事故的发生。

二、醉驾犯罪刑事政策的演进与现状

刑事政策是"国家或执政党依据犯罪态势对犯罪行为和犯罪人运用刑罚和有关措施以期有效地实现惩罚和预防犯罪目的的方略"，旨在通过指导刑事立法和刑事司法，科学合理地组织对犯罪的反应。② 新中国成立以来，我国的刑事政策历经了由"惩办与宽大相结合"到"严打"再到"宽严相济"的转变，既是不同时期党和国家不断探索犯罪治理政策、调整适应犯罪预防手段的演变历程的展现，也是我国治理能力科学化、现代化的充分彰显。现阶段，我国采取了宽严相济刑事政策，这既是党中央在构建社会主义和谐社会新形势下提出的一项重要政策，又是我国应予坚守的基本刑事政策。其核心要义为，"该严则严，当宽则宽；严中有宽，宽中有严；宽严有度，宽严审时"③。贯彻宽严相济刑事政策的总体要求是，"根据犯罪的具体

---

① 劳东燕：《风险社会与功能主义刑法立法观》，载刘仁文主编：《刑法修正评估与立法科学化》，社会科学文献出版社2018年版，第146页。
② 参见储槐植：《犯罪学的特性与功用》，载王牧主编：《犯罪学论丛》（第一卷），中国检察出版社2003年版，第224页。
③ 马克昌：《宽严相济刑事政策刍议》，载《人民检察》2006年第19期。

情况,实行区别对待,做到该宽则宽,当严则严,宽严相济,罚当其罪,打击和孤立极少数,教育、感化和挽救大多数,最大限度地减少社会对立面,促进社会和谐稳定,维护国家长治久安"①。宽严相济刑事政策蕴含的上述精神和提出的基本要求,在醉驾犯罪的刑事立法、刑事司法和刑罚执行的全过程均应予以贯彻、体现。

(一) 醉驾犯罪刑事政策的总体走向

入刑以来,我国醉驾犯罪刑事政策总体呈现出由严向宽再到探索宽严并济的发展走向。同时,伴随醉驾治理进入深水期,不同部门、不同地区对于醉驾犯罪采取的刑事政策出现了分化,不同执法人员、司法工作者和学者对于该问题也产生了异见。

1. 入刑初期的严厉政策

仅就刑事立法政策而言,醉驾入刑本身就是我国从严治理醉驾行为的充分体现,是对宽严相济刑事政策中宽中有严的贯彻。② 入刑伊始,严厉的刑事政策不仅展现于刑事立法之中,还直接体现在刑事执法、司法环节。这一时期,无论是最高立法机关还是最高司法机关,对醉驾犯罪均作出了最彻底的否定评价,采取了最严厉的处罚态度。为体现"法律对醉驾行为零容忍的司法精神",实现"醉驾一律入刑"③,立法机关在 2011 年配套修改道路交通安全法时,删除了原第 91 条对醉驾行为"处十五日以下拘留……并处五百元以上二千元以下罚款"的行政处罚规定,彻底斩断了对醉驾行为人进行行政人身罚与财产罚的可能,以彰显追究醉驾犯罪刑事责任的坚定立场。同一时期,公、检机关也各自申明了严惩醉驾犯罪的鲜明立场。公安部明确表态,"对经核实属于醉酒驾驶机动车的一律刑事立案"④,并以下发《关于公安机关办理醉酒驾驶机动车犯罪案件的指导意见》(公交管〔2011〕190 号)的形式,要求各地公安机关从严掌握立案标准、严格案件办理。最高人民检察院的相关同志也表示,对于公安机关移送的醉驾案件,经查明事

---

① 最高人民法院《印发〈关于贯彻宽严相济刑事政策的若干意见〉的通知》(法发〔2010〕9 号)。
② 参见袁彬:《用法治眼光看醉驾的刑法治理》,载《人民法院报》2013 年 4 月 29 日,第 6 版。
③ 参见黄太云:《〈刑法修正案(八)〉解读(二)》,载《人民检察》2011 年第 7 期。
④ 黄明健:《"各地警方对醉驾一律刑事立案"引发热议》,载《人民公安报》2011 年 5 月 19 日,第 4 版。

实清楚、证据确凿充分的,一律起诉。①此后,最高人民法院、最高人民检察院、公安部于2013年联合印发了《关于办理醉酒驾驶机动车刑事案件适用法律若干问题的意见》(法发〔2013〕15号),重申对血液酒精含量达到80mg/100mL的,"以危险驾驶罪定罪处罚"的要求,为入刑初期公检法三机关严厉打击醉驾犯罪提供了法律依据、奠定了坚实的基础。

直至2015年《刑法修正案(九)》实施,可以说,在醉驾入刑后的前5年,我国最高立法机关均表现出了对醉驾入刑立法模式的充分肯定,执法和司法机关也均采取了最为严厉的刑事司法政策。这一时期,公安机关不断加大对醉驾犯罪的查处力度,对符合立案标准的醉驾案件一律立案侦查;检察机关严格限制不起诉裁量权的适用,相对不起诉在本类案件中的适用率极低,个别省份的个别年份甚至全年只有1起相对不起诉案件②;法院以判处实刑为主,较少适用缓刑和免予刑事处罚,部分法院甚至进行顶格处罚。

2. 适用过程中的从宽取向

随着司法资源投入的不断增多与醉驾犯罪数量持续增长的矛盾逐渐显现,反思本类案件刑事政策的声音开始出现。以2017年最高人民法院发布实施《关于常见犯罪的量刑指导意见(二)(试行)》为标志,法院系统正式掀开探索醉驾犯罪从宽治理路径的序幕。该意见规定,对于醉酒驾驶机动车的被告人,情节显著轻微危害不大的,不予定罪处罚;犯罪情节轻微不需要判处刑罚的,可以免予刑事处罚。这就为缓刑、免予刑事处罚在醉驾犯罪案件中的适用及其比例的提高提供了明确的法律依据。需要提及的是,如前文所述,该意见一经发布,针对上述规定,就曾掀起过一阵热议。一些网站和微信公众号以"最高法:醉驾可以免刑了!"为题大肆宣传。对此,公众表现出较为强烈的反对情绪,网络评论几乎一边倒地认为,松动"醉驾一律入刑"将加深机动车驾驶人的侥幸心理,甚至可能使公安机关几年来治理醉驾的努力付诸东流,同时,以情节轻重判定醉驾入刑与否,只会"强化法院、交警的自由裁量权,增加权力寻租的风险"。③肯定的声音则多来自刑法学界,如有学者评价相关规定是"司法机关在经历了一番理论争议

---

① 参见邢世伟:《最高检:醉驾案证据充分一律起诉 不存在选择性》,载搜狐网,http://news.sohu.com/20110524/n308326946.shtml。

② 参见蔡巍:《"醉驾"不起诉裁量权的适用及完善》,载《苏州大学学报(哲学社会科学版)》2019年第5期。

③ 参见何勇:《醉驾量刑松动须慎重》,载《云南日报》2017年5月15日,第5版。

和经受实践检验后的一种合情合理的应有回归"①。上述分歧既展现了不同主体对醉驾犯罪治理所持的截然相反的态度,又在很大程度上影响了醉驾犯罪刑事政策的发展方向和路径选择。

如果说法院系统对醉驾犯罪案件采取的是自上而下的从宽处罚模式,那么检察机关寻求本类案件从宽处理的解决路径则是自下而上的。同一时期,四川、湖南等地检察机关分别制定了本地区的醉驾案件不起诉适用标准,浙江、重庆等地检察机关则联合公安机关、人民法院以印发办理醉驾案件会议纪要的形式明确不起诉制度的适用条件。以此为基础,上述地区检察机关对醉驾犯罪案件作出不起诉决定的比例呈现出逐年增长的趋势。

3. 现阶段和未来一段时期宽严并济政策的探索

遗憾的是,迄今为止,公检法三机关在如何统一醉驾犯罪案件的处罚标准、如何均衡"宽"与"严"的裁量尺度、如何实现宽严"相济"等问题上,仍未达成一致。由于缺乏统一的全国性的政策指导和司法文件对从宽、从严、相济的适用条件予以明确,各地不得不分别制定适用于本地区的起诉、审判标准,这就导致实践中不同地区间出现了司法裁量标准差异较大甚至极端严厉或过分宽纵的极端化倾向的问题。鉴于此,在现阶段和未来的很长一段时间,立法机关、执法机关和司法机关面临的一项重要任务均是,探索宽严相济刑事政策在醉驾犯罪案件中贯彻落实的基本方向和具体路径。值得关注到,以公检法三机关于2013年联合印发的《关于办理醉酒驾驶机动车刑事案件适用法律若干问题的意见》为基础,最高人民法院、最高人民检察院、公安部于2020年初联合草拟了《关于办理醉酒驾驶机动车刑事案件的指导意见(征求意见稿)》,旨在从顶层设计角度解决各地执法办案中存在的执法不规范和司法裁量不统一、不均衡的问题。相信该指导意见的正式出台将为进一步贯彻落实宽严相济刑事政策提供依据,以其出台为契机,未来我国醉驾犯罪治理将朝着治理更加精细化、方法更加科学化、手段更加多元化的方向迈进。

(二)醉驾犯罪治理中"严"的政策

刑事政策中的"严"既有严厉之意,又蕴含着严格的内涵。入刑以来,严厉处罚、严格执法的刑事政策始终是我国醉驾犯罪治理的主基调,贯穿于

---

① 参见杨兴培:《刑法实践应学会并做好"减法"功课》,载《上海政法学院学报(法治论丛)》2019年第4期。

立法、执法、司法的全过程,并体现在醉驾犯罪人的附随后果方面。

1. 法律规定中的"严"

立法是执法、司法的前提和依据。我国现行法律规范中有关醉驾犯罪惩治"严"的方面,既体现于指导醉驾案件办理的司法性文件中,又隐藏于处罚醉驾违法行为的行政法律中。

(1) 司法性文件中的"严"

目前,在全国范围内,指导醉驾犯罪案件办理的唯一一部司法解释是2013年由"两高一部"制定下发的《关于办理醉酒驾驶机动车刑事案件适用法律若干问题的意见》。由于该解释出台于醉驾入刑伊始,时值执法、司法机关对醉驾犯罪治理采取最严厉刑事政策的时期,因此,无处不体现出从严的基调。首先,该解释于第1条就开宗明义,申明醉驾一律入刑的坚决态度,即"在道路上驾驶机动车,血液酒精含量达到80毫克/100毫升以上的,属于醉酒驾驶机动车,依照刑法第一百三十三条之一第一款的规定,以危险驾驶罪定罪处罚"。其次,该解释在第2条明确列举了8种应予从重处罚的情节,即"造成交通事故且负事故全部或者主要责任,或者造成交通事故后逃逸,尚未构成其他犯罪的""血液酒精含量达到200毫克/100毫升以上的""在高速公路、城市快速路上驾驶的""驾驶载有乘客的营运机动车的""有严重超员、超载或者超速驾驶,无驾驶资格驾驶机动车,使用伪造或者变造的机动车牌证等严重违反道路交通安全法的行为的""逃避公安机关依法检查,或者拒绝、阻碍公安机关依法检查尚未构成其他犯罪的""曾因酒后驾驶机动车受过行政处罚或者刑事追究的""其他可以从重处罚的情形"。再次,该解释第3条、第6条分别对阻碍执法和逃避执法检查的处罚、认定标准进行了明确,其中"醉酒驾驶机动车,以暴力、威胁方法阻碍公安机关依法检查,又构成妨害公务罪等其他犯罪的,依照数罪并罚的规定处罚""犯罪嫌疑人经呼气酒精含量检验达到……醉酒标准,在抽取血样之前脱逃的,可以以呼气酒精含量检测结果作为认定其醉酒的依据""犯罪嫌疑人在公安机关依法检查时,为逃避法律追究,在呼气酒精含量检验或者抽取血样前又饮酒,经检验其血液酒精含量达到本意见第一条规定的醉酒标准的,应当认定为醉酒"。最后,该解释在第5条、第7条对公安机关严格执法、司法机关规范办理醉驾案件提出了要求。此外,值得一提的是,由于该解释制定于醉驾入刑初期,当时执法、司法经验尚不丰富,因此,该解释秉持了宜粗不宜细的精神,全文仅有短短7个条文,相关内容的概括性和原则性较强,远远无法满足纷繁复杂的实践需要。

伴随醉驾犯罪案件数量的持续增多、疑难复杂案件的层出不穷，基于统一司法裁量标准的需要，一些地方结合实际制定了适用于本地区的地方司法文件，较具代表性的如江苏省高级人民法院、江苏省人民检察院、江苏省公安厅《关于办理醉酒驾驶案件的座谈会纪要》，重庆市高级人民法院、重庆市人民检察院、重庆市公安局《关于办理危险驾驶犯罪案件法律适用及证据规范问题的座谈会综述》，浙江省高级人民法院、浙江省人民检察院、浙江省公安厅《关于办理"醉驾"案件若干问题的会议纪要》等。虽然上述规定所秉持的政策精神存在较大差异、相关条款的内容也各有侧重，但其中有关醉驾犯罪案件办理"严"的方向却颇为一致，主要体现在以下方面：

第一，明确不得适用缓刑的情节。除了重申2013年《关于办理醉酒驾驶机动车刑事案件适用法律若干问题的意见》第2条规定的从重处罚情节外，还增加了以下情节：一是驾驶危险品运输车、校车、公交车、中（重型）货车、大型客车、工程运输车、单位员工接送车等机动车的①；二是驾驶与准驾车型不符的车辆或者驾驶无有效行驶证、无牌照车辆的；三是在人车流量较大的路段和时段驾驶的②；四是明知是不符合安全技术标准或者已达报废标准的机动车而驾驶的③；五是造成他人轻伤及以上后果但尚未构成交通肇事罪的④；六是组织追逐竞驶的⑤；七是逆向行驶或者违反交通信号

---

① 参见重庆市高级人民法院、重庆市人民检察院、重庆市公安局《关于办理危险驾驶犯罪案件法律适用及证据规范问题的座谈会综述》，徐州市中级人民法院、徐州市人民检察院、徐州市公安局《关于办理醉酒驾驶、掩饰、隐瞒犯罪所得、犯罪所得收益案件适用法律问题的会议纪要》（徐中法〔2017〕96号），佛山市中级人民法院、佛山市公安局、佛山市人民检察院、佛山市司法局《关于办理"醉驾"案件联席会议纪要》（佛检会〔2018〕6号），山东省高级人民法院《〈常见犯罪量刑指导意见（二）实施细则（试行）〉》（鲁高法〔2017〕111号）。

② 参见重庆市高级人民法院、重庆市人民检察院、重庆市公安局《关于办理危险驾驶犯罪案件法律适用及证据规范问题的座谈会综述》。

③ 参见重庆市高级人民法院、重庆市人民检察院、重庆市公安局《关于办理危险驾驶犯罪案件法律适用及证据规范问题的座谈会综述》，佛山市中级人民法院、佛山市公安局、佛山市人民检察院、佛山市司法局《关于办理"醉驾"案件联席会议纪要》，浙江省高级人民法院、浙江省人民检察院、浙江省公安厅《关于办理"醉驾"案件若干问题的会议纪要》。

④ 参见浙江省高级人民法院、浙江省人民检察院、浙江省公安厅《关于办理"醉驾"案件若干问题的会议纪要》，广州市中级人民法院《关于印发〈醉酒驾驶案件审判参考〉等八个审判参考的通知》（穗中法〔2017〕79号）。

⑤ 参见天津市高级人民法院《关于扩大量刑规范化罪名和刑种的量刑指导意见（试行）》（津高法发〔2016〕71号）、湖北省高级人民法院《关于扩大量刑规范化罪名和刑种的量刑指导意见（试行）》（2016年6月29日审议通过）、四川省高级人民法院《〈关于常见犯罪量刑指导意见〉实施细则（二）》（川高法〔2017〕60号）。

灯通行的①；八是吸食、注射毒品或者服用麻醉药物的②；九是在公安机关依法查处时有让人顶替行为尚未构成其他犯罪的③；十是在诉讼期间拒不到案或者逃跑的④；十一是同时构成交通肇事罪等其他犯罪的⑤。

第二，将血液酒精含量作为确定量刑起点和提高基准刑的依据。在适用拘役刑方面，各地较为通行的做法是，依据最高人民法院《关于常见犯罪的量刑指导意见（二）（试行）》规定，血液酒精含量达到80mg/100mL以上的醉驾行为，在1至2个月拘役的幅度内确定量刑起点⑥；也有地方规定，血液酒精含量达到80mg/100mL以上的醉驾行为，量刑起点为拘役1个月⑦；还有地方放宽了血液酒精含量的阈值限制，如广州市将拘役1个月的量刑起点标准设置为血液酒精含量在80mg/100mL至150mg/100mL，拘役2个月的量刑起点标准为血液酒精含量在150mg/100mL至300mg/100mL，拘役3个月的量刑起点标准为血液酒精含量在300mg/100mL以上⑧。在量刑起

---

① 参见重庆市高级人民法院、重庆市人民检察院、重庆市公安局《关于办理危险驾驶犯罪案件法律适用及证据规范问题的座谈会综述》。

② 参见天津市高级人民法院《关于扩大量刑规范化罪名和刑种的量刑指导意见（试行）》，湖北省高级人民法院《关于扩大量刑规范化罪名和刑种的量刑指导意见（试行）》，四川省高级人民法院《〈关于常见犯罪量刑指导意见〉实施细则（二）》，重庆市高级人民法院、重庆市人民检察院、重庆市公安局《关于办理危险驾驶犯罪案件法律适用及证据规范问题的座谈会综述》。

③ 参见重庆市高级人民法院、重庆市人民检察院、重庆市公安局《关于办理危险驾驶犯罪案件法律适用及证据规范问题的座谈会综述》，佛山市中级人民法院、佛山市公安局、佛山市人民检察院、佛山市司法局《关于办理"醉驾"案件联席会议纪要》，山东省高级人民法院《〈常见犯罪量刑指导意见（二）实施细则（试行）〉》。

④ 参见四川省高级人民法院《〈关于常见犯罪量刑指导意见〉实施细则（二）》，重庆市高级人民法院、重庆市人民检察院、重庆市公安局《关于办理危险驾驶犯罪案件法律适用及证据规范问题的座谈会综述》，佛山市中级人民法院、佛山市公安局、佛山市人民检察院、佛山市司法局《关于办理"醉驾"案件联席会议纪要》，山东省高级人民法院《〈常见犯罪量刑指导意见（二）实施细则（试行）〉》，广州市中级人民法院《关于印发〈醉酒驾驶案件审判参考〉等八个审判参考的通知》。

⑤ 参见浙江省高级人民法院、浙江省人民检察院、浙江省公安厅《关于办理"醉驾"案件若干问题的会议纪要》。

⑥ 参见山东省高级人民法院《关于印发〈常见犯罪量刑指导意见（二）实施细则（试行）〉的通知》、辽宁省高级人民法院《〈关于常见犯罪的量刑指导意见〉实施细则（二）（试行）》（2017年8月1日）、四川省高级人民法院《关于常见犯罪量刑指导意见实施细则（二）》、安徽省高级人民法院《关于审理"醉驾"刑事案件量刑工作指引》（2019年6月10日安徽省高级人民法院刑事行政审判专业委员会第13次会议通过）。

⑦ 参见江苏省高级人民法院、江苏省人民检察院、江苏省公安厅《关于办理醉酒驾驶案件的座谈会纪要》（苏高法〔2013〕328号）。

⑧ 参见广州市中级人民法院《关于印发〈醉酒驾驶案件审判参考〉等八个审判参考的通知》。

点的基础上，各地普遍以血液酒精含量的增加作为提高拘役刑刑期并确定基准刑的依据。其中，部分地方以拘役 1 个月为单位，如江苏省规定，血液酒精含量每增加 50mg/100mL，可以增加 1 个月刑期①；安徽省将增加 1 个月刑期的标准，即血液酒精含量的阈值提高到 60mg/100mL②；山东省则将上述标准放宽到血液酒精含量为增加 80mg/100mL③。另有一些地方以拘役 15 天为单位，如四川省规定，在血液酒精含量达到 80mg/100mL 的基础上，阈值每增加 30mg/100mL，刑期增加 15 日④；符合上述情形的，在辽宁省可以增加 15 日至 1 个月刑期⑤；与之相区别，广州市规定，血液酒精含量在 300mg/100mL 以上的，阈值每增加 50mg/100mL，可以增加 15 日拘役刑⑥。此外，在设定基准刑时，也有地方将是否造成实际损害、机动车类型、车辆行驶环境、行车速度等除血液酒精含量以外的其他影响因素作为增加刑罚量的标准。如江苏省规定，有发生交通事故，所驾车辆为营运车辆，为逃避法律追究逃离现场或抗拒检查，在高速公路、城市快速道路、城市闹市区路段上驾车，有其他交通违法行为，具有违法或犯罪前科，具有先前严重交通违法行为等情节的，可以增加拘役 1 个月的量刑幅度。⑦ 类似地，辽宁、山东、四川等地在制定本地区的量刑指导意见时，也以列举的形式明确了对于具有从重情节的应予提高基准刑的标准。⑧ 在适用罚金刑方面，各地一般按照拘役刑的长短，结合被告人缴纳罚金的能力，综合评断确定罚金刑的数额。如江苏省规定，1 个月刑期对应罚金 1000 元⑨；浙江省规定，依照拘役

---

① 参见江苏省高级人民法院、江苏省人民检察院、江苏省公安厅《关于办理醉酒驾驶案件的座谈会纪要》。
② 参见安徽省高级人民法院《关于审理"醉驾"刑事案件量刑工作指引》。
③ 参见山东省高级人民法院《关于印发〈常见犯罪量刑指导意见（二）实施细则（试行）〉的通知》。
④ 参见四川省高级人民法院《关于常见犯罪量刑指导意见实施细则（二）》。
⑤ 参见辽宁省高级人民法院《〈关于常见犯罪的量刑指导意见〉实施细则（二）（试行）》。
⑥ 参见广州市中级人民法院《关于印发〈醉酒驾驶案件审判参考〉等八个审判参考的通知》。
⑦ 参见江苏省高级人民法院、江苏省人民检察院、江苏省公安厅《关于办理醉酒驾驶案件的座谈会纪要》。
⑧ 参见辽宁省高级人民法院《〈关于常见犯罪的量刑指导意见〉实施细则（二）（试行）》、山东省高级人民法院《关于印发〈常见犯罪量刑指导意见（二）实施细则（试行）〉的通知》、四川省高级人民法院《关于常见犯罪量刑指导意见实施细则（二）》。
⑨ 参见江苏省高级人民法院、江苏省人民检察院、江苏省公安厅《关于办理醉酒驾驶案件的座谈会纪要》。

1个月，对应并处罚金2000元的标准累积计算①；四川省将拘役1个月至3个月的罚金金额设定为2000至5000元，将拘役3个月至6个月的罚金金额设定为3000至20000元②；而广州市则对罚金的最高数额进行了限定，一般在人民币3000元的幅度内确定与主刑相适应的罚金数额③。

第三，要求一律适用羁押性强制措施。浙江省高级人民法院、人民检察院、公安厅于2019年发布实施的《关于办理"醉驾"案件若干问题的会议纪要》规定，"经呼气测试或抽血检测，血液酒精含量在80mg/100mL以上的，公安机关应当予以刑事拘留。但遇本人需要紧急就医等紧急事由不宜立即执行刑事拘留的，可以暂缓执行刑事拘留"。④此外，北京市、山东省在本地认罪认罚从宽制度适用的规定中，均包含了对醉驾型危险驾驶犯罪案件的犯罪嫌疑人和被告人适用刑事拘留强制措施的内容。⑤

第四，严格证据标准。一些地方在本地区的司法性文件中明确规定了醉驾犯罪案件的证据规格、收集程序与审查判断标准。较为典型的如重庆市高级人民法院、重庆市人民检察院、重庆市公安局于2018年发布施行的《关于办理危险驾驶犯罪案件法律适用及证据规范问题的座谈会综述》。该文件对公安机关办理醉驾刑事案件应当收集、移交的证据种类及其证明内容、人民检察院应予审查判断的证据内容、瑕疵证据的补正要求和非法证据排除的适用标准等问题进行了细致规定。⑥此外，江苏省、浙江省、广东省佛山市等地公检法三机关制定的司法文件也对醉驾犯罪案件的证据种类及案卷材料

---

① 参见浙江省高级人民法院、浙江省人民检察院、浙江省公安厅《关于办理"醉驾"案件若干问题的会议纪要》。

② 参见四川省高级人民法院《关于常见犯罪量刑指导意见实施细则（二）》。

③ 参见广州市中级人民法院《关于印发〈醉酒驾驶案件审判参考〉等八个审判参考的通知》。

④ 参见浙江省高级人民法院、浙江省人民检察院、浙江省公安厅《关于办理"醉驾"案件若干问题的会议纪要》。

⑤ 北京市高级人民法院、北京市人民检察院、北京市公安局、北京市国家安全局、北京市司法局《关于开展刑事案件认罪认罚从宽制度试点工作实施细则（试行）》（京高法发〔2017〕52号）第21条第2款规定："对于涉嫌醉酒驾驶机动车的危险驾驶案件等轻微刑事案件，侦查机关应当在犯罪嫌疑人被刑事拘留后十日内侦查终结并移送审查起诉。"山东省高级人民法院、山东省人民检察院、山东省公安厅、山东省安全厅、山东省司法厅于2019年11月13日发布实施的《关于适用认罪认罚从宽制度办理刑事案件的实施细则（试行）》第65条规定："探索建立刑拘直诉机制，对符合适用速裁程序的案件，犯罪嫌疑人、被告人已被刑事拘留的，公安机关侦查终结后，可以直接移送人民检察院审查起诉。"醉酒驾驶案件中被采取刑事拘留强制措施的犯罪嫌疑人、被告人表示认罪认罚的，一般应当适用刑拘直诉机制。"

⑥ 参见重庆市高级人民法院、重庆市人民检察院、重庆市公安局《关于办理危险驾驶犯罪案件法律适用及证据规范问题的座谈会综述》。

内容进行了明示。

(2) 行政法律中的"严"

刑法及其相关司法解释对醉驾犯罪的认定标准与刑事处罚进行了规定，而道路交通安全法则对醉驾违法的行政处罚标准予以明确，两法结合，共同实现对醉驾行为的刑事处罚与行政处罚的双重规制。根据现行《道路交通安全法》第91条的规定，醉酒驾驶机动车的，由公安交管部门约束至酒醒，吊销机动车驾驶证，且5年内不得重新取得机动车驾驶证；醉酒驾驶营运机动车的，除了由公安交管部门约束至酒醒、吊销机动车驾驶证外，10年内不得重新取得机动车驾驶证，重新取得机动车驾驶证后，不得驾驶营运机动车；醉酒驾驶机动车发生重大交通事故，构成犯罪的，由公安交管部门吊销机动车驾驶证，终生不得重新取得机动车驾驶证。由上述规定不难看出，对于醉驾行为人，除了应当作出刑事评价外，还应对其处以吊销机动车驾驶证并限制一定期限内不得重新取得机动车驾驶证的资格罚。江苏省、浙江省等地在关于醉驾案件办理的司法性文件中更加明确地规定了醉驾行为的刑行衔接问题，即因情节显著轻微不作为犯罪处理、由检察机关作出不起诉决定或者由法院作出免予刑事处罚的，由公安机关依照《道路交通安全法》第91条第2款、第4款或者第5款的规定对行为人作出行政处罚。① 由处罚法定的基本原则所决定，实践中，对于符合上述情形的醉驾行为人，公安交管部门仅能依照现行道路交通安全法的相关规定，对其作出吊销机动车驾驶证的行政处罚，而不能适用人身罚与财产罚。

2. 执法环节的"严"

从执法环节来看，自2011年5月1日《刑法修正案（八）》施行以来，公安机关始终秉持"全覆盖、零容忍、严执法"的高压惩治政策，严查、严管、严处酒驾、醉驾违法犯罪行为，不断织密织牢防范酒后驾驶及由此导致的道路交通事故的防控线。为有效惩处和预防醉驾犯罪，近年来公安机关采取的治理手段和改革创新措施主要包括：

第一，延伸查处覆盖面。从查处地点来看，由以城市公路、快速路为主要执法检查区域，延伸至城乡接合部、乡镇和农村等区域的公路、国省道、高速公路，加大对执法薄弱地区的整治力度；从查处时间来看，由以夜间

---

① 参见江苏省高级人民法院、江苏省人民检察院、江苏省公安厅《关于办理醉酒驾驶案件的座谈会纪要》，浙江省高级人民法院、浙江省人民检察院、浙江省公安厅《关于办理"醉驾"案件若干问题的会议纪要》。

17时至24时为重点管控时段,延长至深夜0时至2时、午后12时至15时,由节假日延伸至工作日,强化对酒后驾驶频发高发重点时段的巡逻管控;从查处频次上看,除每日开展路检路查外,还在法定节假日、春运、暑期、重大活动和体育赛事活动期间,组织全国性的专项整治行动,结合各地实际定期开展地区性的统一行动。通过扩展查处范围、延长整治时段、增加打击频次,以期形成对醉驾行为全方位、全覆盖、无死角的管控体系。

第二,提升稽查能力水平。一是突出管控重点,根据各地酒后驾驶违法犯罪和道路交通事故发生的规律、特点,制定酒驾、醉驾治理方案,集中警力对餐饮娱乐场所周边、事故多发点段等重点路段、酒驾醉驾毒驾人员等重点群体进行排查,提高查缉的针对性;二是丰富查处形式,采取定点蹲守、分散设卡与机动巡查、随机检查、交叉检查相结合的方法,提高路检路查的密度和频度;三是创新查处方式,利用高清摄像头等监控设备,通过人脸识别、二次识别等新技术、新手段,研判、推送酒驾、醉驾嫌疑车辆,对酒后驾驶嫌疑人进行实时拦截查缉;四是加强区域联动、警种联动,交警与治安、巡特警、农村派出所民警协同作战,强化震慑效果。通过全面整治与重点打击相结合,实现对醉驾行为的精准化管控。

第三,严格案件办理程序。一是制定下发《公安部关于公安机关办理醉酒驾驶机动车犯罪案件的指导意见》等规范性文件,明确现场处置、调查取证、立案侦查等环节的规范和要求;二是适时采取跨地市异地用警、交叉检查等执法形式,最大限度地减少执法干扰;三是加强现场查处过程管理,除要求执法民警全程开启执法记录仪和对讲机、关闭手机、现场宣读和报告酒精呼气检测数据外,一些地区还推广适用通过公安网络实时回传现场酒精呼气检测数据的做法,加大执法监督检查力度;四是强化羁押性强制措施的适用,一些地方采取"一律刑拘"的方式,提高对醉驾行为人的震慑效果。通过统一立案侦查标准、规范执法行为和执法程序,力争做到执法必严、违法必纠,提升查处效率和办案质量。

第四,开展社会综合治理。坚持严格执法与广泛宣传、源头劝导、曝光惩戒相结合:一是组织餐饮娱乐行业协会和饭店、酒店、酒吧等餐饮娱乐场所共同开展酒后驾驶劝诫提示活动,以期从源头上减少酒驾、醉驾行为发生;二是联合政府、社区、社会团体、运输企业等单位,开展"零酒驾"单位、乡镇、社区、街道创建活动,发挥示范引领作用;三是建立酒后驾驶违法抄告制度,对涉及党员、公职人员的酒驾、醉驾违法犯罪情况及时通告行为人所在单位和纪检监察部门,对涉及营运车辆驾驶人和职业驾驶人的通报其所在单位，推动相关单位依法依纪依规严肃处理违法犯罪行为人；四是发挥联合惩戒的作用，一些地方公安交管部门与信用管理、文明办、教育、人力资源社会保障、人民银行、保险、交通运输等部门协作配合，推动酒驾、醉驾行为与个人征信、车险费率挂钩，进一步提高违法成本、形成外部约束；五是利用发送提示信息、发放倡议书、组织现场执法直播、定期曝光典型案例和终生禁驾名单等形式，广泛进行酒后禁驾宣传。通过上述手段，提高了公安机关执法的震慑力，巩固深化了酒后驾驶治理成效，营造了全社会自觉抵制酒驾的浓郁氛围。

3. 司法裁量环节的"严"

在司法裁量环节，"严"的政策主要体现为处罚的严厉性与打击范围的扩张性两方面。其中，处罚的严厉性具体表现为起诉率的把控与不起诉率的限制，实刑的广泛适用与缓刑、免予刑事处罚的限制；打击范围的扩张性具体体现在共同犯罪的打击和驾驶超标电动车、短距离挪车等争议行为的处理等方面。

（1）不起诉权的严格限制

如前文所述，入刑以后，检察机关在办理醉驾犯罪案件时所采取的刑事政策经历了由符合立案标准的案件一律起诉到探索不起诉制度适用，再到放宽不起诉制度权限的发展过程。现阶段，检察机关对醉驾犯罪案件"严"的政策除体现为严格办理程序、依法作出起诉和不起诉决定外，还直接表现为部分地区对不起诉权的严格限制。一些地方对醉驾犯罪案件基本不适用不起诉制度，实践中仅对极少数案件作出不起诉决定，最为典型的是北京市。为了更加直观地展现北京市检察机关办理醉驾犯罪案件的实际，课题组在"12309 中国检察网"上检索到 2017 年至 2020 年北京市各区级人民检察院作出的 123 份不起诉决定书。经过分析，相关案件呈现出如下特点：

第一，从法律文书的出具时间来看，2017 年 4 份、2018 年 6 份、2019 年 50 份、2020 年 63 份，虽然呈现出案件数量持续增长的态势，但与其他地区相比，不起诉制度的适用数量却明显偏少。

第二，从办案单位来看，除怀柔区、平谷区、密云区三个郊区外，涵盖其余 13 个区级人民检察院。其中，大兴区、丰台区、海淀区、通州区的案件数量最多，分别为 29 件、22 件、20 件、18 件，相比其他地区更容易作出不起诉决定；东城区、西城区、顺义区的案件数量次之，均为 8 件；案件数量最少的为昌平区（3 件）、朝阳区（2 件）、延庆区（2 件）、石景山区

(1件)、房山区（1件）、密云区（1件），上述地区的检察机关对于不起诉决定的作出更为保守、审慎。

第三，从不起诉的种类来看，酌定不起诉108件，占全部案件总量的87.80%，证据不足不起诉案件和法定不起诉案件分别仅有11件、4件，部分犯罪情节显著轻微的短距离挪车案件也被作为酌定不起诉案件处理。例如，在海淀区人民检察院于2019年办理的"曲某某不起诉案"中，被不起诉人原系乘车人，在其所乘车辆发生剐蹭事故、双方下车协商过程中，因将车挪至路边与事故相对车辆再次发生剐蹭事故。经检验鉴定，其血液酒精含量为178.3mg/100mL。最终，检察机关认定，曲某某驾驶车辆系为了将车挪至路边，过程中发生剐蹭，且具有自首情节，属于犯罪情节轻微，根据《刑法》第37条、《刑事诉讼法》第177条第2款等规定，决定对其作出不起诉处理。① 再如，在通州区人民检察院于2020年办理的"李某某不起诉案"中，被不起诉人仅实施了在醉酒后（血液酒精含量为133.7mg/100mL）将车辆挪出停车位等待代驾的行为，并且具有自首、认罪认罚等情节，检察机关依然对其作出了酌定不起诉的处理决定。②

第四，从不起诉的事由来看，主要包括五类：一是有挪车、短距离驾驶等明显轻微的犯罪情节；二是血液酒精含量在130mg/100mL以下的较低水平且有从轻处罚情节、不同时具有从重处罚情节；三是驾驶二轮、三轮电动车或摩托车；四是具备行为人不具有刑事责任能力、行为不符合构成要件等不构罪情节；五是犯罪事实不清、证据不足，存在合理怀疑。极少数不具备上述事由的案件，亦符合北京市检察机关有关办理醉驾犯罪案件的内部文件中，关于酌定不起诉制度适用应当具备犯罪嫌疑人认罪悔罪态度较好、没有从重处罚情节、积极赔偿损失并取得被害人谅解的条件③。

---

① 参见北京市海淀区人民检察院京海检三部刑不诉〔2019〕150号不起诉决定书。
② 参见北京市通州区人民检察院京通检刑不诉〔2020〕6号不起诉决定书。
③ 参见蔡巍：《"醉驾"不起诉裁量权的适用及完善》，载《苏州大学学报（哲学社会科学版）》2019年第5期。

表 1　北京市检察机关 123 份不起诉决定书概览

不起诉类型	不起诉事由	案件数量
法定不起诉	行为人为车主、乘车人，未指使、教唆或主动出借车辆供他人醉驾，且在事先进行了劝阻	1
	短距离挪车	1
	鉴定有精神病性症状的躁狂症，无刑事责任能力	1
	行驶路段为地下车库，不属于道路范畴，且被不起诉人驾驶车辆的主要目的为停车入位，而非上路行驶	1
证据不足不起诉	犯罪事实不清、证据不足，不符合起诉条件	11
酌定不起诉	有挪车、短距离驾驶、与代驾汇合途中、系被不起诉人共犯、案发时为限制刑事责任能力人等明显轻微情节	42
	血液酒精含量在 100mg/100mL 以下，能如实供述自己罪行且无从重情节	45
	血液酒精含量在 100mg/100mL 至 130mg/100mL 之间，具有如实供述自己罪行、认罪认罚等从轻情节且无从重情节	12
	醉酒驾驶（电动）三轮摩托车，血液酒精含量在 200mg/100mL 以下，没有造成他人轻伤以上后果，认罪悔罪	4
	指使他人醉驾，或者明知他人已饮酒仍将机动车交由其驾驶	1
	血液酒精含量为 131.6mg/100mL，自愿认罪认罚，已赔偿事故相对方并取得谅解	1
	因在停靠于某单位门前附近的车内睡着被查获，血液酒精含量为 138.2mg/100mL，系初犯、偶犯，能如实供述自己的罪行	1
	血液酒精含量为 140.9mg/100mL，自愿认罪认罚且无从重情节	1
	在村道驾驶，血液酒精含量为 178.5mg/100mL，有自首、认罪认罚情节，获得被害人谅解	1

从上述案件不难看出，无论是从案件数量还是从出罪事由来看，北京市检察机关对于不起诉制度的适用和把握均较为严格。与北京市类似，天津市检察机关也采取了严格限制醉驾犯罪案件中不起诉制度适用的政策。如东丽区将不起诉制度的适用条件限定为，血液酒精含量在 100mg/100mL 以下，具有认罪认罚、无从重处罚情节。① 此外，在调研过程中，课题组了解到，江苏省盐城市检察机关作出的不起诉案件数量也相对较少，主要适用于驾驶超标电动两轮车、短距离挪车、血液样本超期送检等情节明显轻微或者侦查阶段存有问题的案件。

（2）实刑的广泛适用

虽然从法定刑配置来看，醉驾犯罪的主刑仅为拘役，但该类犯罪的实刑适用率却颇高。除了体现为入刑初期各地法院大量作出实刑判决外，现阶段在部分地区也存在严格限制缓刑和免予刑事处罚适用比例的现象，《刑法》第 13 条"情节显著轻微危害不大的，不认为是犯罪"的"但书"条款几近丧失了其本应具备的出罪功能。最为典型的是北京市，该地对醉驾犯罪案件"总体上不适用缓刑，大部分采用实刑，仅有东城、昌平、大兴等个别地区法院适用缓刑"②。以北京市朝阳区人民法院为例，2018 年该院审结的本类案件中的 244 名被告人均被判处拘役，无一适用缓刑，其中，62.3% 的被告人被判处 2 个月以上的拘役。③ 课题组在"中国裁判文书网"上随机抽取了 2019 年至 2020 年北京市东城区、西城区、朝阳区、丰台区、通州区、大兴区、顺义区、门头沟区、密云区等基层法院作出的 100 份一审刑事判决书，并对之进行了数量分析。结果显示，拘役刑适用率高达 100%，无一例适用缓刑、免予刑事处罚或者宣告无罪的案件。北京市法院系统广泛适用实刑的原因，除了当地司法机关对醉驾犯罪案件采取了较为严苛的刑事政策外，还有一个重要因素在于，对适用缓刑的被告人应当进行的社区矫正审前调查评估程序较为繁琐，特别是在醉驾行为人多为流动人员的情况下，要在较短时间内完成评估报告就显得更加困难。出于对诉讼效率的追求，该地司法机关干脆放弃了缓刑的适用。

再如四川省邛崃市，该地是我国最大的白酒原酒基地，饮酒文化氛围浓

---

① 参见华炫宁：《醉驾型危险驾驶犯罪类案专题研讨述要》，载《人民检察》2019 年第 21 期。
② 华列兵、王蔚然：《醉酒型危险驾驶犯罪法律实务问题研究》，载《警学研究》2019 年第 1 期。
③ 参见徐伟伦：《建立危险驾驶行为数据库》，载《法制日报》2019 年 5 月 8 日，第 4 版。

厚。实践中,该地司法机关对醉驾犯罪案件采取了一律入刑、原则上适用实刑的刑事司法政策。法官如若选择缓刑,需要经过法院审委会讨论并报上级法院决定,这在一定程度上架空了缓刑的适用空间。① 江苏省江阴市同样是实刑判决率颇高的地区代表。据统计,在该市法院系统于 2011 年 5 月至 2014 年 12 月办理的 2088 件危险驾驶犯罪案件中,实刑适用率高达 99.9%,92% 的被告人被判处拘役 1 个月至 2 个月的刑期。②

（3）打击范围的延伸和扩展

实践中,醉驾犯罪惩治呈现出打击范围的扩大化倾向,主要体现为对共同犯罪的认定与处罚。一些地方司法机关认为,非驾驶人在下述情形中与醉驾行为人成立危险驾驶罪的共犯:一是行为人明知他人驾车出行,仍然极力劝酒或者胁迫、刺激其饮酒,且酒后未为其寻找代驾的;二是机动车所有人、持有人明知他人饮酒,仍然指使、教唆、胁迫或者命令其驾驶机动车的;三是机动车所有人明知借车人已经醉酒且要求驾驶机动车时,仍然将车辆出借供其使用的。③ 在前两种情形中,行为人具有明显的教唆他人醉驾的犯意,追究其危险驾驶罪的刑事责任并无太大争议。然而,对于第三种情形中,行为人仅实施了提供车辆给醉酒行为人驾驶的行为,应否追究其危险驾驶罪的刑事责任则存在不同的处理意见。对此,课题组认为,应审慎认定醉驾型危险驾驶罪的共同犯罪。一方面,提供车辆的行为仅属于醉驾犯罪的帮助行为,对行为人醉驾的犯意强化作用有限,与醉驾的实行行为相比,该行为的社会危害性也相对较小;另一方面,醉驾型危险驾驶犯罪本身属于微罪,对于此类犯罪的非实行行为人是否有必要跨越行政处罚而直接适用刑事处罚,特别是惩处那些仅提供车辆的帮助犯,这是值得考量的。④ 例如,在"陈某醉驾案"中,陈某与李某共同在一家歌厅饮酒后回家,陈某将自己的小轿车交给李某驾驶,自己则坐在副驾驶座位上。途中,该二人被公安交警

---

① 参见李红莉、刘干:《加强醉驾犯罪调研 依法定罪合理量刑——四川省邛崃市人民法院关于醉驾案件的调研报告》,载《人民法院报》2014 年 8 月 21 日,第 8 版。

② 参见谭雄、徐春艳、徐菁:《危险驾驶案增长过快不可小觑》,载《检察日报》2015 年 9 月 13 日,第 3 版。

③ 参见《顺手递个钥匙,他就成了深圳首例危险驾驶罪共犯……》,载微信公众号"广东交警"2018 年 1 月 26 日;曹钰华:《喝酒未驾车,他为何成了危险驾驶罪的共犯?》,载《人民公安报》2018 年 4 月 16 日,第 5 版;徐鹏:《醉酒同行放任驾驶 构成危险驾驶共犯》,载《法治日报》2020 年 9 月 13 日,第 6 版。

④ 参见潘在伏:《车辆提供者与醉驾者是否构成共犯》,载《江苏法制报》2019 年 9 月 26 日,第 C 版。

查获。经检验，李某的血液酒精含量为85mg/100mL，陈某与李某因涉嫌危险驾驶罪被采取刑事强制措施。① 对于该案而言，从行为人的主观方面来看，陈某对于自己提供车辆的行为属于醉驾犯罪的共犯并不存在犯罪故意，反而始终坚称自己无罪；从行为的社会危害性及惩罚的必要性来看，李某是醉驾的正犯，其行为本就较为轻微，对于为之提供帮助的陈某的行为应予以更加宽缓的处罚，适用刑事处罚明显过于苛厉。

4. 附随后果的"严"

在我国，由于前科制度和政审制度的存在，导致被告人一旦被定罪，会在长时间承受极为严重的政治后果、道德后果和社会后果。② 基于此，现阶段，我国对醉驾犯罪采取的"严"的刑事政策不仅体现于刑事诉讼进程中，更表现在犯罪标签对醉驾行为人烙刻的深刻印记，尤其当行为人是公务员或者国有企事业单位人员时，这种影响将更为深远。其一，对行为人本人现有职业和身份的剥夺或限制。根据《中国共产党纪律处分条例》第31条、第32条和《行政机关公务员处分条例》第17条第2款的规定，对于党员的犯罪行为应当区分严重程度和司法机关的裁决，作出不同的处理决定：人民检察院作出不起诉决定和人民法院作出免予刑事处罚的，给予撤销党内职务、留党察看或者开除党籍处分；因故意犯罪被判处刑法规定的主刑（含宣告缓刑）的，给予开除党籍处分；同时，行政机关公务员依法被判处刑罚的，还应给予开除处分。实践中，各地公安机关普遍建立了酒驾、醉驾违法犯罪抄告机制，对于党员干部、国家公职人员的酒后驾驶行为一律抄告纪检监察机关和行为人所在单位，便利了相关部门对违法犯罪人员及时进行党纪政纪处分。此外，《劳动合同法》第39条规定，被依法追究刑事责任的，用人单位可以解除劳动合同；《律师法》第49条第2款规定，因故意犯罪受到刑事处罚的，吊销律师执业证书；《医师法》第17条第1款规定，受刑事处罚的，注销注册，废止医师执业证书；等等。其二，对行为人本人未来择业的限制。根据现有法律规定，因故意犯罪受过刑事处罚的人，不得被录用为公务员，不得担任检察官、法官、警察、律师、公证员、人民陪审员、拍卖师、导游等。其三，对家庭成员特别是子女升学、就业的影响。实践中，父母等直系血亲构成醉驾犯罪的，子女在报考公务员或者军警校、申请参军入伍或者入党时，政审环节往往会受到限制，政审不予通过的现象屡见不

---

① 参见余顺广：《一起醉驾为何两人涉罪》，载《人民公安报》2018年7月30日，第5版。
② 参见陈瑞华：《论法学研究方法》，北京大学出版社2009年版，第32页。

鲜。通过上述内容不难看出，醉驾行为人因构成犯罪而产生的刑事法律之外的负面效应实际上已经远远超出了判处拘役、执行短期自由刑本身，如此严厉的附随后果突破了制裁的比例性原则，与醉驾犯罪系微罪的本质属性不相匹配。

（三）醉驾犯罪治理中"宽"的政策

刑事政策中的"宽"蕴含着宽大、宽缓之意。在醉驾入刑之初，"对于宽严相济的刑事政策，难办的是'宽'，在当前的社会环境中，何以从宽并获得社会的认可，是刑事审判的最大障碍"[①]。事实上，醉驾犯罪惩治中的"宽"亦非自始即有体现，而是伴随着犯罪治理的深入而逐步显现的。

1. 法律规定中的"宽"

我国现行法律体系中有关醉驾犯罪惩治"宽"的刑事政策主要体现于司法解释和地方司法文件中关于不起诉、缓刑、免予刑事处罚及《刑法》第 13 条"但书"和从宽处罚情节的规定。

（1）有关不起诉制度的规定

湖南省人民检察院于 2019 年 1 月 11 日发布实施的《关于危险驾驶（醉驾）犯罪案件不起诉的参考标准（试行）》以血液酒精含量 150mg/100mL 为标准，将相对不起诉的适用条件区分为：血液酒精含量在 150mg/100mL 以下，且没有从重处罚情节的；血液酒精含量高于 150mg/100mL、低于 200mg/100mL，没有从重处罚情节，同时具备挪车位且未发生严重损害后果，或者事发突然、紧急情况驾驶且未发生交通事故，或者驾驶车辆行驶一段距离后主动放弃驾驶且未发生事故的。与之相比，江苏省徐州市公检法三机关联合印发的《关于办理醉酒驾驶、掩饰、隐瞒犯罪所得、犯罪所得收益案件适用法律问题的会议纪要》（徐中法〔2017〕96 号）和广东省佛山市公检法司四机关联合签发的《佛山市公检法司关于办理"醉驾"案件联席会议纪要》规定的相对不起诉制度的适用条件则更为严苛，且更依赖于血液酒精含量的高低。前者规定，醉酒驾驶汽车血液酒精含量在 120mg/100mL 以下或者醉酒驾驶摩托车血液酒精含量在 140mg/100mL 以下，不具备从重处罚情节的，可以作出相对不起诉处理；后者规定，血液酒精含量在 100mg/100mL 以下，且无从重处罚情节的，可以不起诉。

[①] 赵蕾：《醉驾入罪起争议 最高法院的菩萨心肠》，载《南方周末》2011 年 5 月 19 日，第 A04 版。

除了相对不起诉制度外，重庆市高级人民法院、重庆市人民检察院、重庆市公安局于2018年发布实施的《关于办理危险驾驶犯罪案件法律适用及证据规范问题的座谈会综述》还明确了存疑不起诉的适用情形，包括因抽取血样采用醇类药品对皮肤进行消毒，导致血样受污染的；对于血样提取中见证、同步录音、录像或血样提取登记表制作等相关程序操作不规范，导致血样来源存疑的；提取血样后未按规定立即送检，或者按照规范低温保存，经上级公安交管部门负责人批准后，在3日内送检，导致血样可能变质的；其他不规范或违法侦查取证的行为。

（2）有关缓刑制度的规定

在醉驾犯罪案件中，缓刑的适用除应满足《刑法》第72条的规定外，各地司法文件还各有侧重地规定了不同的适用条件。第一类以血液酒精含量和认罪悔罪态度为标准。如重庆市高级人民法院、重庆市人民检察院、重庆市公安局联合发布的《关于办理危险驾驶犯罪案件法律适用及证据规范问题的座谈会综述》和佛山市公检法司四机关联合发布的《佛山市公检法司关于办理"醉驾"案件联席会议纪要》均规定，血液酒精含量在80mg/100mL至200mg/100mL，具有认罪悔罪情节的，检察机关提起公诉时可以建议适用缓刑，法院可以宣告缓刑。第二类对醉酒驾驶摩托车案件作出了宽缓规定。如江苏省高级人民法院、江苏省人民检察院、江苏省公安厅于2013年发布实施的《关于办理醉酒驾驶案件的座谈会纪要》规定，对于摩托车醉驾案件，可以根据案件具体情况适当放宽缓刑的适用条件。徐州市司法机关对缓刑的适用条件进行了进一步明确，即醉酒驾驶汽车血液酒精含量在160mg/100mL以下或者醉酒驾驶摩托车血液酒精含量在180mg/100mL以下，且不具有从重处罚情节的，可以适用缓刑。① 第三类为原则性规定。如天津市和湖北省高级人民法院在本地发布实施的《关于扩大量刑规范化罪名和刑种的量刑指导意见（试行）》中概括性地规定，具有认罪悔罪、积极赔偿，取得被害方谅解，醉酒程度较轻等情形之一的，可以适用缓刑。

（3）有关免予刑事处罚制度的规定

最高人民法院《关于常见犯罪的量刑指导意见（二）（试行）》对醉驾犯罪案件中免予刑事处罚的适用条件作了原则性规定，即对于醉酒驾驶机动车的被告人，应当综合考虑被告人的醉酒程度、机动车类型、车辆行驶道

---

① 参见徐州市中级人民法院、徐州市人民检察院、徐州市公安局《关于办理醉酒驾驶、掩饰、隐瞒犯罪所得、犯罪所得收益案件适用法律问题的会议纪要》。

路、行车速度、是否造成实际损害以及认罪悔罪等情况，准确定罪量刑，犯罪情节轻微不需要判处刑罚的，可以免予刑事处罚。各地结合实际对上述规定进行了细化。其中，天津市和湖北省的适用条件较为严格，前者限定为"醉酒程度在 100 毫克/100 毫升以下且系初犯，认罪、悔罪，未造成其他损失或后果的"① 情形；除上述情形外，湖北省的适用情形还包括"醉酒程度较轻，因急病救人、短距离移动车位、非路检原因主动放弃驾驶、隔夜醒酒后开车，未造成其他损害后果或者仅致本人受伤的"② 情形。安徽省、四川省、重庆市三地则将血液酒精含量的限制放宽到 130mg/100mL。如重庆市规定，行为人血液酒精含量在 80mg/100mL 至 130mg/100mL，认罪、认罚，且不具有从重处罚情节的，法院可以判处免予刑事处罚。③ 除了血液酒精含量未达 130mg/100mL 的情形外，安徽省和四川省还设定了血液酒精含量在 130mg/100mL 至 150mg/100mL，具有短距离挪动车位、非路检原因主动放弃醉驾、隔夜醉驾等适用情形。对于具有急救病人、见义勇为等特殊情节的，或者有立功表现的，安徽省并未对之设定血液酒精含量的限制，而四川省则对急救病人情形中免予刑事处罚制度的适用增设了血液酒精含量在 150mg/100mL 以下的限定条件。④ 最后，值得一提的是，各地关于免予刑事处罚制度的适用条件与不起诉制度的适用条件通常较为一致，符合现行刑法、刑事诉讼法的相关规定。

（4）有关《刑法》第 13 条"但书"的规定

在现行司法解释和地方司法文件中，关于"情节显著轻微危害不大的，不认为是犯罪"的"但书"规定，最具典型意义的莫过于最高人民法院于 2017 年发布实施的《关于常见犯罪的量刑指导意见（二）（试行）》。该意见宣示性地明确了"对于醉酒驾驶机动车的被告人……情节显著轻微危害不大的，不予定罪处罚"，从顶层设计层面解决了关于醉驾犯罪能否适用《刑法》第 13 条"但书"条款的争议。实践中，一些地方的司法文件对于

---

① 天津市高级人民法院《关于扩大量刑规范化罪名和刑种的量刑指导意见（试行）》（津高法发〔2016〕71 号）。

② 湖北省高级人民法院《关于扩大量刑规范化罪名和刑种的量刑指导意见（试行）》（2016 年 6 月 29 日审议通过）。

③ 参见重庆市高级人民法院、重庆市人民检察院、重庆市公安局《关于办理危险驾驶犯罪案件法律适用及证据规范问题的座谈会综述》。

④ 参见安徽省高级人民法院《关于审理"醉驾"刑事案件量刑工作指引》（2019 年 6 月 10 日安徽省高级人民法院刑事行政审判专业委员会第 13 次会议通过）、四川省高级人民法院《关于常见犯罪量刑指导意见实施细则（二）》。

该规定的适用进行了细化。如江苏省高级人民法院、江苏省人民检察院、江苏省公安厅《关于办理醉酒驾驶案件的座谈会纪要》规定,"在农村人员稀少、偏僻道路上醉酒驾驶摩托车,行为人血液酒精含量未超过醉酒标准20%,且未发生事故,或者虽然发生交通事故但仅造成自伤后果或者财产损失在2000元以内的,可以认定为犯罪情节显著轻微,不作为犯罪处理"。重庆市高级人民法院、重庆市人民检察院、重庆市公安局《关于办理危险驾驶犯罪案件法律适用及证据规范问题的座谈会综述》将《刑法》第13条"但书"适用的基础条件设定为,"因急救病人、见义勇为,仅为短距离挪车或出入库,隔夜醒酒后开车及其他特殊情形的醉酒驾驶机动车行为",在综合行为人醉酒程度、醉酒驾驶机动车的原因和目的、机动车类型等因素的基础上,法院可以判决宣告无罪。

(5)有关从宽处罚情节的规定

人民法院在对醉驾犯罪案件作出刑罚裁量时,遇有从宽处罚情节的,应当或者可以予以从轻、减轻或者免除处罚。例如,安徽省高级人民法院《关于审理"醉驾"刑事案件量刑工作指引》第4条规定:"醉酒驾驶机动车,犯罪情节较轻,且具有自首、立功、认罪认罚及积极赔偿经济损失并取得谅解等从轻处罚情节的,在量刑时充分体现从宽处罚政策。"从其内容来看,从宽处罚情节包括法定从宽情节和酌定从宽情节两类。其中,法定从宽情节主要体现为自首这一认罪情节。关于自首的认定,江苏省和重庆市在其发布实施的司法文件中进行了明确。两地较为一致地认为,醉酒驾驶机动车发生交通事故后,行为人主动报警或者知晓他人报警,主动停留在现场等待公安机关处理,并如实供述犯罪事实的,可以认定为自首。此外,江苏省还规定,行为人因救护被害人还没有及时报警,在公安民警到达事故现场或者医院后,主动如实供述醉酒驾驶机动车的基本犯罪事实,并接受司法机关处理的,可以自首论。① 酌定从宽情节主要表现为认罪认罚、刑事和解等。如江苏省高级人民法院、江苏省人民检察院、江苏省公安厅《关于办理醉酒驾驶案件的座谈会纪要》规定,"对于醉酒程度较低、犯罪情节轻微、认罪悔罪态度较好、被害人谅解等情形的,可以从宽处罚"。在血液酒精含量的基础上,具有自首或者如实供述犯罪事实、认罪态度较好的,或者积极赔

---

① 参见江苏省高级人民法院、江苏省人民检察院、江苏省公安厅《关于办理醉酒驾驶案件的座谈会纪要》,重庆市高级人民法院、重庆市人民检察院、重庆市公安局《关于办理危险驾驶犯罪案件法律适用及证据规范问题的座谈会综述》。

偿被害人经济损失的,或者其他可以酌定从轻情节的,可以以减少拘役半个月来调节基准刑。对于醉酒驾驶摩托车案件的量刑幅度,也可以适当下调。

2. 司法裁量环节的"宽"

与入刑之初司法机关普遍采取的严厉刑事政策不同,近年来,随着案件数量的迅猛增长、司法机关办案压力的日渐沉重、公众关注度的逐步消退,醉驾犯罪案件的司法裁量标准逐渐宽松,具体表现为入刑门槛的提高和不起诉、缓刑、免予刑事处罚适用标准的降低。

以浙江省为例。醉驾入刑以来,该地公安交管部门始终坚守严查严管严防酒后驾驶违法犯罪不放松的原则。截至 2019 年底,该省醉驾犯罪案件查处总量居我国首位,近 6 年来的年均查处数量均在 2 万件左右。2011 年入刑当年,浙江省判处危险驾驶罪 2218 人,其中,处以实刑 2028 人,占被告人总数的 91.4%,适用缓刑仅 190 人,占被告人总数的 8.6%,无一例免予刑事处罚、无罪判决。① 此后,在 2012 年、2017 年、2019 年,该省人民法院、人民检察院、公安厅先后三次联合印发关于醉驾犯罪案件办理的会议纪要(以下分别简称 2012 年规定、2017 年规定、2019 年规定),逐步调整刑事政策,放宽裁量标准(见表 2)。

首先,从不起诉和免予刑事处罚的适用标准来看,2012 年规定的适用标准最为严苛、范围极为狭窄,原则上仅限于血液酒精含量在 90mg/100mL 以下、无从重情节且认罪的犯罪嫌疑人,对于血液酒精含量在 100mg/100mL 以下、无从重情节并同时具有抢救危急病人等特殊情形和驾驶超标两轮电动车的极少数案件也可以适用。2017 年规定删除了仅对极少数案件适用的表述,允许适用的基本情形由血液酒精含量为 90mg/100mL 调高至 140mg/100mL,同时新增一档情节加重的适用情形,即血液酒精含量在 160mg/100mL 至 200mg/100mL、没有造成他人轻伤及以上后果的。2019 年规定除继续提高基本情形中血液酒精含量标准(提高至 170mg/100mL)外,新增一种法定不起诉情形即血液酒精含量在 100mg/100mL 以下、无从重情节、危害不大的,此类行为在 2012 年规定中主要作为酌定不起诉案件处理;同时,放宽对醉酒驾驶摩托车案件的适用标准,明确对血液酒精含量在 180mg/100mL 以下、未造成他人轻伤及以上后果、认罪悔罪、危害不大的,不移送审查起诉,符合前述条件,血液酒精含量在 200mg/100mL 以下的,

---

① 参见齐奇:《浙江省高级人民法院工作报告——2012 年 1 月 14 日在浙江省第十一届人民代表大会第五次会议上》,载《浙江日报》2012 年 1 月 20 日,第 6 版。

可以不移送审查起诉。至此，血液酒精含量在100mg/100mL以下的部分轻微案件、血液酒精含量在180mg/100mL以下的醉酒驾驶摩托车的轻微案件被彻底排除出了起诉案件范围，血液酒精含量在170mg/100mL以下的部分案件和血液酒精含量在200mg/100mL以下的醉酒驾驶摩托车案件也被纳入酌定不起诉或免予刑事处罚的案件范围。截至2019年底，浙江全省醉驾案件不起诉率已经超过1/3，远远高于全部刑事案件18.3%的不起诉率①。

其次，从缓刑适用标准来看，2012年规定将缓刑适用的一般情形严格限定在血液酒精含量在120mg/100mL以下、无从重情节、且认罪的案件范围内，对于未成人、怀孕的妇女、已满75周岁的老年人等特殊群体和超标两轮电动车这类特殊车辆，符合条件的也可以适用。2017年规定将血液酒精含量标准提高至180mg/100mL，同时进一步放宽了对醉酒驾驶超标电动车案件的缓刑适用条件，由血液酒精含量160mg/100mL提高至200mg/100mL，允许对醉酒驾驶超标电动车造成他人轻伤及以上后果的案件适用缓刑。2019年规定则彻底放弃了对血液酒精含量标准的限制，明确对无从重情节、认罪悔罪、符合《刑法》第72条规定的案件均可适用缓刑，对于醉酒驾驶摩托车的甚至取消了无从重情节的限制，只要认罪悔罪、符合缓刑适用条件的，即可适用。适用标准的显著降低，同样带来了浙江省醉驾犯罪案件缓刑适用范围扩大、案件数量大幅上升的结果。

最后，从不作为犯罪处理的适用标准来看，2012年规定仅将此情形限定在醉酒驾驶超标两轮电动车、没有发生致他人轻伤以上事故且对事故负有责任的案件范围内。2017年规定除继续保持对醉酒驾驶超标两轮电动车的宽缓政策外，对两轮、三轮摩托车同样采取了宽缓的政策，明确对醉酒驾驶此类车辆的、血液酒精含量在160mg/100mL以下、且没有造成他人轻伤及以上后果的，也可以不作为犯罪处理。2019年规定进一步放宽标准，一方面将醉酒驾驶摩托车的血液酒驾含量提高至180mg/100mL以下，另一方面则不再限定车辆类型，对血液酒精含量在100mg/100mL以下、无从重情节、危害不大的案件，均可认定为情节显著轻微，不再作为犯罪处理。

---

① 参见贾宇：《浙江省人民检察院工作报告——2020年1月14日在浙江省第十三届人民代表大会第三次会议上》，载浙江新闻网，https://zj.zjol.com.cn/news/1131617.html。

表 2　浙江省醉驾犯罪案件司法裁量标准调整概况

发布时间	文件名称	不起诉、免予刑事处罚标准	缓刑标准	不作为犯罪处理标准
2012 年	《关于办理"醉驾"犯罪案件若干问题的会议纪要》（浙高法〔2012〕257 号）	1. 基本情形：原则上只对血液酒精含量 90mg/100mL 以下，无从重情节且认罪的被告人适用；2. 血液酒精含量在 100mg/100mL 以下，无从重情节，并有特殊情形的（如抢救危急病人等）极少数案件；3. 醉酒驾驶超标两轮电动车，犯罪情节轻微不需要判处刑罚的	1. 基本情形：只对血液酒精含量在 120mg/100mL 以下，无从重情节且认罪的被告人适用；2. 未成年人、怀孕的妇女和已满 75 周岁的人，符合缓刑适用条件的；3. 醉酒驾驶超标两轮电动车，血液酒精含量在 160mg/100mL 以下，符合缓刑适用条件的	醉酒驾驶超标两轮电动车，没有发生致他人轻伤以上事故且对事故负有责任的
2017 年	《关于办理"醉驾"案件的会议纪要》（浙高法〔2017〕12 号）	1. 删除仅对极少数案件适用的表述，将基本情形中血液酒精含量标准提高至 140mg/100mL；2. 新增一档情节加重情形：血液酒精含量在 160mg/100mL 至 200mg/100mL 之间、没有造成他人轻伤及以上后果的	1. 将基本情形中血液酒精含量标准提高至 180mg/100mL；2. 继续放宽对醉酒驾驶超标电动车的缓刑适用条件：将血液酒精含量提高至 200mg/100mL，同时允许对造成他人轻伤及以上后果的适用缓刑	1. 保持对醉酒驾驶超标两轮电动车的宽缓政策；2. 对两轮、三轮摩托车同样采取了宽缓的政策：血液酒精含量在 160mg/100mL 以下、没有造成他人轻伤及以上后果的，可以不作为犯罪处理

续表

发布时间	文件名称	不起诉、免予刑事处罚标准	缓刑标准	不作为犯罪处理标准
2019年	《关于办理"醉驾"案件若干问题的会议纪要》（浙高法〔2019〕151号）	1. 将基本情形中血液酒精含量标准提高至170mg/100mL； 2. 新增一档法定不起诉情形：血液酒精含量在100mg/100mL以下、无从重情节、危害不大的； 3. 放宽对醉酒驾驶摩托车的适用标准：血液酒精含量在180mg/100mL以下、未造成他人轻伤及以上后果、认罪悔罪、危害不大的，不移送审查起诉；符合前述条件，血液酒精含量在200mg/100mL以下的，可以不移送审查起诉	1. 彻底放弃了对血液酒精含量标准的限制，明确对无从重情节、认罪悔罪、符合条件的均可适用缓刑； 2. 对醉酒驾驶摩托车的，取消了无从重情节的限制，只要认罪悔罪、符合条件，即可适用缓刑	1. 将醉酒驾驶摩托车的血液酒精含量提高至180mg/100mL以下； 2. 不再限定车辆类型，对所有血液酒精含量在100mg/100mL以下、无从重情节、危害不大的案件，均认定为情节显著轻微，不再作为犯罪处理

通过表2可以看出，2012年规定的不起诉、免予刑事处罚、缓刑和不作为犯罪处理的适用标准最为严苛、范围极为狭窄，原则上仅限于血液酒精含量较低且无从重处罚情节的极少数案件，2017年规定和2019年规定则逐步放宽了对血液酒精含量的限制，同时对超标两轮电动车和摩托车采取了更为宽缓的刑事政策。通过不断调试，浙江省司法机关对醉驾犯罪案件的刑事政策完成了由入刑伊始严格恪守客观标准、对绝大部分犯罪分子提起公诉、大范围适用实刑，到现阶段放宽对血液酒精含量的限制、从审查起诉阶段即逐步分流轻微犯罪、大量适用非监禁刑的重大转变，释放出当地司法机关对醉驾案件予以轻刑化、免责化处理的强烈信号。据统计，2018年1月至2019年6月，浙江省醉驾犯罪案件的相对不起诉率达到36.5%，比2017年规定出台前提高了62.5%，提起公诉案件的缓刑、免予刑事处罚率达到

36.7%，同比增长 39.54%。这就意味着，在该省，有近六成的醉驾犯罪案件由检察机关作出不起诉决定或者审判机关判处缓刑、免予刑事处罚。①

（四）醉驾犯罪治理中宽严"相济"的政策

宽严相济刑事政策中的"相济"，蕴含着结合、协调、统一、和谐之意，亦即综合运用宽缓刑事政策与严格刑事政策，以实现当宽则宽、该严则严、严中有宽、严以济宽、宽严有度、宽严适时。在醉驾犯罪治理中，宽与严之"相济"隐藏于法律规范和司法裁量环节之中。

1. 法律规定中的宽严"相济"

现阶段，在醉驾犯罪惩治中，有关宽严"相济"政策的精神主要体现于各地司法文件中，具体表现在有关刑事处罚原则和办案程序设置两方面。

（1）关于刑事处罚原则的规定

一些地方对醉驾犯罪案件办理应予坚持的基本原则和定罪量刑时应当考虑的因素进行了明确规定。如江苏省、重庆市、广东省佛山市司法机关均将血液酒精含量作为核心要素，在此基础上，综合考量机动车种类、道路类型、行驶时间、行驶速度、行驶距离、实际损害后果、行为人认罪悔罪态度、曾因酒后驾驶被处罚情况以及其他交通违法情况等因素，作出区别化的处理。② 与之相区别，浙江省和安徽省则并未强调血液酒精含量的基础性判断作用，而是将行为人的醉酒程度、机动车类型、车辆行驶道路、行车速

---

① 参见王敏远：《"醉驾"型危险驾驶罪综合治理的实证研究——以浙江省司法实践为研究样本》，载《法学》2020 年第 3 期。

② 江苏省高级人民法院、江苏省人民检察院、江苏省公安厅《关于办理醉酒驾驶案件的座谈会纪要》规定："行为人血液中的酒精含量是反映危险驾驶罪犯罪程度的主要因素，其驾驶的车辆种类、行驶的道路种类、行驶的路程、实际损害后果也是重要因素。同时要综合考虑行为人的认罪悔罪态度、曾经酒后或者醉酒驾驶机动车被处罚的情况以及其他交通违法情况。"重庆市高级人民法院、重庆市人民检察院、重庆市公安局《关于办理危险驾驶犯罪案件法律适用及证据规范问题的座谈会综述》第 6 条规定："人民法院、人民检察院、公安机关在办理危险驾驶案件时，应当根据法律、司法解释的相关规定，在考虑酒精含量的基础上，综合把握以下情节，切实贯彻宽严相济刑事政策，作出区别化的正确处理：1. 行为人醉酒程度；2. 醉酒后驾驶机动车的原因、目的；3. 机动车类型；4. 行驶道路、行驶时间、行驶速度、行驶距离；5. 是否造成实际损害、损害程度及事故责任划分情况；6. 行为人是否有危险驾驶前科；7. 是否存在自首、立功等法定从宽情节；8. 行为人是否认罪、悔罪，积极赔偿，以及取得被害人谅解情况；9. 其他影响定罪量刑的情节。"佛山市中级人民法院、佛山市公安局、佛山市人民检察院、佛山市司法局《关于办理"醉驾"案件联席会议纪要》第 6 条规定："醉酒驾驶机动车犯罪，酒精含量是反映该种犯罪危险程度的主要量刑因素，驾驶的车辆种类、行驶的道路种类、实际损害后果是重要的量刑因素。同时，还要综合考虑被告人的认罪态度、曾因酒后或者醉酒驾驶机动车被处罚的情况、其他交通违法情况等情节。"

度、实际损害后果、认罪认罚态度等因素作为同等重要的地位加以综合考量。此外，安徽省还同时提出了对于事实、情节相似的案件，应当判处基本均衡刑罚的总体要求。①

令人欣喜的是，广东省佛山市对醉驾犯罪惩治中"严"与"宽"的区分、协调作了明确。"严"的政策体现为打击对象的倾向性，重点惩治那些在公路、城市道路、高速公路上醉酒驾驶各类汽车的行为，特别是对醉酒驾驶营运车、公交车、危险品运输车、校车、单位员工接送车、中（重）型货车、工程运输车的，应当判处较重的刑罚。"宽"的政策旨在处理好那些情节较轻的醉驾案件，以取得更好的社会效果，对于符合《刑法》第13条"但书"规定的，可以不认为是犯罪。②

（2）关于办案程序的规定

江苏省明文确立了公检法三机关的快速办案程序，即对于案件事实清楚、证据确实充分的醉驾犯罪案件，公安机关一般应当在立案之日起7日内侦查终结并移送检察机关审查起诉；情况特殊的，经县级以上公安机关负责人批准，可以适当延长办案时限。人民检察院一般按照简易程序在7日内提起公诉，人民法院一般应当按照简易程序在7日内审结。③

2. 刑事实体的宽严"相济"

从宏观视角加以审视，现阶段，我国醉驾犯罪惩治中"严"与"宽"政策的"相济"之处，既体现在刑事实体的裁量结果上，又彰显于刑事程序的运作过程中。其中，刑事实体上的宽严"相济"具体表现为，在一些地区，不同表现形式的醉驾犯罪、醉驾犯罪与相关犯罪、同一醉驾犯罪的主刑与附加刑之间，刑罚裁量较为均衡，满足了对轻微醉驾犯罪适用宽缓处罚、对严重醉驾犯罪裁量严厉刑罚的罪刑相适应原则。进言之，在横向上，对于社会危害程度和人身危险性相当的行为人，处以轻重大体相同的处罚；在纵向上，对于不同情形的醉驾犯罪，设置主刑与附加刑、实刑与缓刑、免予刑事处罚相衔接的阶梯式处罚。

以中部某省2018年全年一审审结并生效的24881份醉驾裁判文书为例。

---

① 参见浙江省高级人民法院、浙江省人民检察院、浙江省公安厅《关于办理"醉驾"案件若干问题的会议纪要》，安徽省高级人民法院《关于审理"醉驾"刑事案件量刑工作指引》。

② 参见佛山市中级人民法院、佛山市公安局、佛山市人民检察院、佛山市司法局《关于办理"醉驾"案件联席会议纪要》。

③ 参见江苏省高级人民法院、江苏省人民检察院、江苏省公安厅《关于办理醉酒驾驶案件的座谈会纪要》。

首先，从判处主刑的刑期来看，在不考虑缓刑适用的情形下，91.36%的案件适用3个月以下拘役刑，全部案件平均刑期为拘役1.97个月，低于法定刑中线。其中，刑期在拘役1个月以内的案件数量最多，占据全部案件总量的39.95%，与之相比，判处拘役6个月刑期的案件仅占0.55%，主刑的分布与本类犯罪轻微案件较多、严重案件较少的特征相吻合。其次，从缓刑和免予刑事处罚的适用来看，其适用比率为46.15%，高于当年该省全部刑事案件37.03%的适用率，这与醉驾犯罪属于微罪的本质属性相符。最后，从判处罚金刑的情况来看，罚金数额在1万元以下的案件占64.68%，罚金数额在3万元以上的案件仅为0.51%，与当年该省城镇居民21964元的可支配收入相比，有一半以上的醉驾案件适用的罚金刑数额不足当地居民年可支配收入的一半，由此可见，该省罚金刑的数额整体不高，与主刑的配置基本相适应。①

类似地，辽宁省沈阳市在改革本地醉驾犯罪案件裁量标准的过程中，也坚守了宽严"相济"的刑事司法政策。为确保裁量标准的科学性、合理性，基本实现同案同判的裁量要求，该地将犯罪情节和血液酒精含量作为两大基本标准，对于没有其他从重情节的案件，以血液酒精含量100mg/100mL作为免予刑事处罚的上限，将血液酒精含量200mg/100mL作为缓刑的上限，做到严重犯罪从重处罚、轻微犯罪宽缓处罚。同时，对醉酒驾驶摩托车的行为与醉酒驾驶汽车的行为采取了区别化的量刑标准，将前者的刑期确定为后者的1/2左右。在判处罚金刑时，按照判处拘役1个月，并处罚金2000元计算，以此累加，同时考虑被告人的家庭、经济等情况确定罚金数额，基本实现了附加刑与主刑相适应的要求，避免了主刑轻、附加刑重的倒挂现象。②

3. 刑事程序的宽严"相济"

刑事程序辅之以刑事实体的运作，为推进刑事实体宽严"相济"的进程提供了程序保障。就现阶段我国醉驾犯罪惩治而言，刑事程序中宽与严的"相济"政策主要体现为快侦快诉快审程序的探索和应用。

早在2011年醉驾入刑伊始，北京、杭州等地就建立了醉驾犯罪案件的

---

① 参见张琦：《醉驾型危险驾驶罪法定刑模式的优化与重构——以24881份裁判文书为视角的展开》，载《河南警察学院学报》2020年第6期。

② 参见辽宁省沈阳市中级人民法院课题组：《醉驾案件审理中的法律问题——对沈阳市审结的3155起醉驾案件的实证分析》，载《人民司法》2018年第4期。

"轻刑快审"机制。北京市执法、司法机关对于案情简单、证据充分、犯罪嫌疑人认罪的醉驾案件,由公安机关在20小时内完成立案调查并移送公安机关预审部门,公检法三机关共同在20天内完成侦查、移送、起诉和审判全部环节。同样是采取"轻刑快审"机制,杭州市自2011年起即形成了"3-2-2"诉讼模式,要求对于犯罪事实清楚、证据确实充分的醉驾犯罪案件,公安交管部门在刑事拘留3日内完成移送审查起诉、检察机关在2日内公诉到法院,法院在2日内作出判决。① 与北京、杭州相类似,江苏省公检法三机关在2013年12月5日联合印发的《关于办理醉酒驾驶案件的座谈会纪要》中提出建立"7-7-7"办案模式,即对于案件事实清楚、证据确实充分的醉驾案件,公检法三机关的办案期限均为7天;内蒙古鄂尔多斯市则建立了"3-4-7"模式,公检法三机关的办案期限分别为3天、4天和7天。

  2014年全国人民代表大会常务委员会颁布《关于授权最高人民法院、最高人民检察院在部分地区开展刑事案件速裁程序试点工作的决定》,授权北京、天津、上海、重庆等18个城市试点开展适用速裁程序。2016年7月22日,中央全面深化改革领导小组第二十六次会议审议通过《关于认罪认罚从宽制度改革试点方案》,明确提出选择部分地区依法有序稳步推进认罪认罚从宽制度试点工作。此后,第十二届全国人民代表大会常务委员会第二十二次会议决定,授权最高人民法院、最高人民检察院在上述18个地区进一步开展刑事案件认罪认罚从宽制度试点工作。在此基础上,2018年修订的刑事诉讼法将速裁程序和认罪认罚从宽制度正式写入法典,为醉驾犯罪案件的快速办理提供了制度和法律保障。经过多年积淀,试点城市司法机关率先探索适合本地区的醉驾犯罪案件快侦快诉快审诉讼模式,形成了衔接顺畅、各具特色的快处工作机制。以北京市海淀区为例,近年来该区推出了"48小时全流程结案"模式,公检法司合署办公,最大限度地提高了醉驾犯罪案件的诉讼效率。② 在课题组随机检索的北京市9个区级人民法院于2019年至2020年作出的100份一审刑事判决文书中,认罪认罚速裁程序的适用比例高达95%,一个案件从公安交管部门查获到人民法院作出一审判决最短用时11天、最长109天,平均23天即可办结。类似地,现阶段,对于犯

---

① 参见张洋:《从治理酒驾到惩治醉驾》,载《人民日报》2012年5月2日,第18版。
② 参见简洁:《"48小时全流程结案"如何做到?》,载《检察日报》2019年5月10日,第2版。

罪事实清楚、证据确实、充分的醉驾犯罪案件，浙江省建立了"2+3+2"模式，公、检、法机关的办案时间分别为 2 天、3 天、2 天；① 广东省广州市和山东省济南市章丘区则分别打造了"2+2+3"模式②、"3+2+2"模式③，确保在 7 日内完成醉驾犯罪案件的侦、诉、审全部工作。

（五）醉驾犯罪治理刑事政策存在的问题

将以醉驾为主要行为类型的危险驾驶行为纳入刑法规制范围，是宽严相济刑事政策指导下我国刑事立法上的一次重要突破，掀开了"微罪"立法的新时代，充分体现了刑法由结果本位走向行为本位的关键转变，彰显了立法者希冀通过"猛药去疴，重典治乱"的方式以回应公众诉求、加大民生保护、强化犯罪预防的强烈渴望。纵观入刑近 10 年来的执法、司法实践，醉驾犯罪惩治总体顺应了时代发展要求，积极回应了醉驾犯罪发展现状及其惩治需要，充分发挥了惩治和预防醉驾犯罪的重要作用。但与宽严相济刑事政策的精神实质和基本要求相比，现阶段我国醉驾犯罪的刑事执法、司法实践还存在宽严失据、宽严失衡、宽严失度等严重问题。

1. 宽严失据

纵观醉驾犯罪立法、执法、司法的全过程，无论是在《刑法修正案（八）》制定起草阶段关于醉驾行为应否入刑的争论，还是在入刑之初有关醉驾是否一律入刑的激烈讨论，或是现阶段各地呈现出的各具特色的醉驾治理风貌，无一不体现出我国各界对于醉驾行为应予采取的惩治政策的矛盾与纠结。这一方面根源于醉驾入刑系我国微罪立法的首次尝试，对于新生事物发展规律的认知和适应总需要经历一个漫长且曲折的探索过程；另一方面更加直接的原因则在于，自醉驾入刑时起，我国的立法、执法、司法机关就未曾从顶层设计角度就醉驾犯罪的治理理念、原则和应予采取的刑事政策达成一致意见。即便是公检法三机关在 2013 年联合印发《关于办理醉酒驾驶机动车刑事案件适用法律若干问题的意见》的阶段，也只是采取了折衷式的处理方式，原则性、概括性地规定了醉驾犯罪的认定、从重处罚、数罪并

---

① 参见浙江省高级人民法院、人民检察院、公安厅于 2019 年 10 月 10 日联合发布的《关于推行刑拘直诉工作机制的意见》。

② 参见吴笋林、罗伟雄：《广州法院 3 年共宣告 21 名被告人无罪》，载《南方都市报》2017 年 8 月 22 日，第 AA06 版。

③ 参见祁云奎：《四招打造刑事审判快车道——山东济南章丘区法院开启刑事案件速裁新模式》，载《人民法院报》2019 年 11 月 5 日，第 4 版。

罚、罚金裁量、证据收集、强制措施适用等问题，回避了当时已经显现的争议问题，亦未能对醉驾犯罪的构成要件与裁量标准作出更加明确具体的规定。这就为近年来各地基于实践需要出台本地区醉驾犯罪案件适用标准埋下了伏笔。同时，也成为导致各地醉驾犯罪刑事政策把握不同、相关规定差异较大、不同地区司法裁量尺度不一的重要原因。

各地醉驾犯罪刑事政策的不统一与司法裁量标准的不明确除体现为醉驾犯罪惩治的地域性差异外，还直接表现在对于部分认定标准不明确的争议问题的处理上。较为典型的如居民小区、学校校园等路段的认定。根据最高人民法院、最高人民检察院、公安部《关于办理醉酒驾驶机动车刑事案件适用法律若干问题的意见》第1条规定，关于《刑法》第133条之一中"道路"的认定，应当适用道路交通安全法的相关规定，即"公路、城市道路和虽在单位管辖范围但允许社会机动车通行的地方，包括广场、公共停车场等用于公众通行的场所"。实践中，一般以是否具有公共性即对象的不特定性作为判断是否属于"道路"的标准。对于允许不特定的社会车辆自由通行的路段、停车场，无论其采取的管理方式是收费还是免费、车辆进出是否需要登记，均应认定为"道路"；如果仅允许与管辖单位、人员有业务往来、亲友关系等特定事由的来访者的车辆通行，则不属于允许社会车辆通行，不应认定为"道路"。① 然而，浙江省高级人民法院、浙江省人民检察院、浙江省公安厅于2019年发布实施的《关于办理"醉驾"案件若干问题的会议纪要》在第1条第1款明确将居民小区、学校校园、机关企事业单位等不允许机动车自由通行的通道及专用停车场全部排除出"道路"的范围。此种人为性地缩小醉驾犯罪打击范围的做法，显然忽视了在具有公共通行性的半封闭半开放路段醉驾的社会危害性。

与"道路"的认定相比，各方对于"机动车"认定的争议则更为激烈，集中体现于超标电动二轮车是否属于机动车的问题上。根据最高人民法院、最高人民检察院、公安部《关于办理醉酒驾驶机动车刑事案件适用法律若干问题的意见》第1条和《道路交通安全法》第119条，《刑法》第133条之一中的"机动车"特指"以动力装置驱动或者牵引，上道路行驶的供人员乘用或者用于运送物品以及进行工程专项作业的轮式车辆"；与之相区别，"非机动车"则指那些"以人力或者畜力驱动，上道路行驶的交通工

---

① 参见何帆主编：《最高人民法院司法观点集成（刑事卷Ⅰ）》，中国法制出版社2017年版，第597页。

具,以及虽有动力装置驱动但设计最高时速、空车质量、外形尺寸符合有关国家标准的残疾人机动轮椅车、电动自行车等交通工具"。实践中,一些车辆虽然以电动自行车的名义制造并销售,但其驱动方式、最高时速、整车质量等却远远超出了国家关于电动自行车的强制性技术标准——《电动自行车安全技术规范》(GB 17761—2018)的要求,经司法检验鉴定,这类车符合《电动摩托车和电动轻便摩托车通用技术条件》(GB 24158—2018)的技术标准,具有机动车的属性。对于醉酒驾驶超标电动两轮车的,在不同机关、不同地区采取的惩治政策和处理方式并不相同。各地公安机关往往认为此类行为同样具有社会危害性,因而直接采纳司法鉴定机构出具的机动车属性的鉴定意见予以立案侦查;与之相区别,检法机关则倾向于对此类行为做无罪处理,理由是行政法规并未就超标电动两轮车的属性作出明确界定,实践中对之未按机动车的要求进行管理,行为人缺乏对该类车属于机动车的违法性认识,将之认定为犯罪打击面过广。① 在不同地区,检察机关和法院对之亦采取了不同的处理方式。既有按照危险驾驶罪进行定罪处罚的②,也有直接由检察机关作出不起诉决定或者由法院作出无罪判决的③,北京、上海、吉林、辽宁等省市部分地区则采取折中的处理方式,将危害后果作为判断标准,仅惩处那些已经造成他人人身伤害或者较大经济损失不能赔偿、且负事故主要以上责任的醉酒驾驶超标电动车的行为人,在量刑时以适用免予刑事处罚为主。④

  导致上述争议问题产生的原因,一方面,在于刑法及其司法解释规定的原则性、概括性,在醉驾入刑 10 年之后,仍未从顶层设计上进一步细化已

---

① 参见曾琳:《林某危险驾驶案〔第 894 号〕——醉酒驾驶超标电动自行车的,是否构成危险驾驶罪》,载最高人民法院刑事审判一至五庭主办:《刑事审判参考》(总第 94 集),法律出版社 2014 年版,第 10—15 页。

② 将醉酒驾驶超标电动两轮车的行为认定为危险驾驶罪的案例,如广东省广州市中级人民法院(2019)粤 01 刑终 927 号刑事裁定书,广东省东莞市第二人民法院(2020)粤 1972 刑初 4034 号刑事判决书,福建省厦门市中级人民法院(2019)闽 02 刑终 237 号刑事裁定书,福建省武平县人民法院(2020)闽 0824 刑初 184 号刑事判决书,内蒙古自治区包头市东河区人民法院(2020)内 0202 刑初 49 号刑事判决书,江西省万年县人民法院(2016)赣 1129 刑初 97 号刑事判决书等。

③ 未将醉酒驾驶超标电动两轮车的行为认定为危险驾驶罪的案例,如福建省福鼎市人民法院刑事附带(2020)闽 0982 刑初 257 号民事裁定书;福建省泰宁县人民检察院泰检一部刑不诉〔2020〕7 号不起诉决定书;黑龙江省甘南县人民检察院黑甘检刑不诉〔2020〕19 号不起诉决定书;海南省琼海市人民检察院琼海检刑不诉〔2020〕22 号不起诉决定书等。

④ 参见辽宁省沈阳市中级人民法院课题组:《醉驾案件审理中的法律问题——对沈阳市审结的 3155 起醉驾案件的实证分析》,载《人民司法》2018 年第 4 期。

有规定,未通过出台统一的司法解释的形式对争议问题予以明确;另一方面,更深层次的原因则在于,醉驾犯罪惩治政策不统一,持严厉刑事政策的地区以入罪为原则、出罪为例外,倾向于将血液酒精含量作为唯一的判断标准,对争议问题作入罪处理,而持宽缓刑事政策的地区则更加积极地探索出罪路径,更容易对争议问题作出罪处理。综上,刑事政策的不统一、刑法及其司法解释规定的不明确是现阶段我国醉驾犯罪惩治出现宽严失衡、宽严失度现象的根源所在。

2. 宽严失衡

醉驾犯罪惩治存在的宽严失衡问题,主要体现在地域间的裁量失衡、行政违法与刑事犯罪间的处罚失衡两方面。

(1) 地域间的裁量失衡

近年来,浙江、江苏、四川、重庆、湖南等地纷纷结合本地实际,以签订会议纪要或者出台不起诉标准、量刑指导意见等形式,调试本地区关于醉驾犯罪惩治的刑事司法政策。然而,由于缺乏全国性的统一标准,各地对宽严标准的设定差异较大,醉驾犯罪案件在不同地区间裁量失衡的问题较为突出。有学者对"中国裁判文书网"上检索到的2014年1月1日至同年6月30日全国各地法院判决的2982份判决文书进行分析,结果显示,我国不同地区间的醉驾犯罪案件量刑差异极大。实刑适用率较高的地区,如北京(100%)、辽宁(90.8%)、宁夏(85.7%)、新疆(75.5%)等,实刑适用均占据绝对优势;缓刑适用率较高的地区,如西藏(100%)、湖南(88.4%)、云南(86.4%)、甘肃(82.5%)等,实刑与缓刑的适用比例则恰恰相反。①

课题组认为,以起诉与不起诉制度、监禁刑与非监禁刑的适用为划分宽严尺度的标准,当前在我国,存在以下三种不同形式的醉驾犯罪惩治模式。

第一种模式为极端严厉模式。以北京市为代表,在醉驾入刑伊始就形成了公安机关严查严管严办、检察机关原则上均提起公诉、法院主要适用实刑的办案模式,司法机关严格限制不起诉、缓刑、免予刑事处罚制度的适用。

第二种模式为极端宽松模式。与北京市对醉驾犯罪采取的刑事司法政策的极端严厉性形成鲜明对比,西南、西北、华中地区个别省市采取的醉驾犯

---

① 参见文姬、罗点飞、郭婧昕:《醉酒型危险驾驶罪定罪与量刑的省域差异实证研究》,载肖洪泳、蒋海松主编:《岳麓法学评论》(第11卷),中国检察出版社2017年版,第200—201页、第204页。

罪刑事政策则显得过分宽纵。一些地方通过广泛作出不起诉决定的形式，从刑事诉讼环节大量分流醉驾犯罪案件；或者采取原则上适用缓刑、免予刑事处罚的方式，将实刑适用率降到最低。以安徽省合肥市庐阳区为例，该区人民法院对2011年5月至2012年2月作出判决的25件醉驾案件均适用缓刑，无一例实刑判决；① 再如，在湖南省永州市冷水滩区人民法院于2015年审结的233个醉驾犯罪案件中，缓刑、免予刑事处罚的适用比例高达99.14%，适用实刑的人数仅占到0.86%。②

第三种模式为宽严区分模式。该种模式避免了原则上判处实刑和一律适用非监禁刑的"一刀切"做法的僵化和局限，结合当地实际对宽严比例予以不同方向倾斜的做法也更加符合宽严相济刑事政策的基本要求。根据起诉与不起诉、刑罚裁量尺度的不同，在此种模式中又包括倾向严厉政策即以适用实刑为主和倾向宽缓政策即以适用非监禁刑为主两种不同的处理方式。浙江省完成了从倾向严厉政策到倾向宽缓政策的转变。

应当注意到，醉驾犯罪案件司法裁量的巨大差异不仅体现于不同的省市之间，即便是在同一城市的不同城区，司法机关对于犯罪情节相同的案件，也并未形成统一的裁量标准。以民警设卡查获到的血液酒精含量在80mg/100mL—100mg/100mL、具有坦白等从轻处罚情节且无从重处罚情节的醉驾犯罪案件为例，在浙江、安徽、湖南、湖北等地，此类案件很可能由检察机关作出不起诉决定，或者由法院判处免予刑事处罚，而同样的案件在北京市则通常被判处拘役刑。课题组对在"中国裁判文书网"上随机抽取的2019年至2020年北京市基层法院宣判的符合上述特征的醉驾犯罪案件判决文书进行了分析，结果发现，丰台区人民法院对此类案件的处罚最轻，普遍判处拘役1个月、罚金1000元；朝阳区人民法院则倾向判处拘役1个月零10日、罚金5000元；大兴区人民法院判处拘役1个月零15日、罚金2000元；通州区人民法院的处罚最重，判处拘役2个月、罚金1000元。对于具有相同情节的醉驾行为采取不同的处理方式，不仅大大增加了案件处理结果的不确定性和不可预测性，还将直接导致同案不同处、同案不同罚的法律适用不公平的问题产生。

---

① 参见浦江潮：《滥用缓刑损害"醉驾入罪"威慑力》，载《新华每日电讯》2012年5月24日，第3版。

② 参见傅芳萍、潘长文、王检：《醉酒类危驾罪案件浅析——来自湖南省永州市冷水滩区人民法院2015年审结的233个案件为样本的调研报告》，载《法制周报》2016年8月27日，第6版。

此外，课题组在实地调研过程中还了解到，受考核评价指标的驱动，部分地区司法机关倾向于将不起诉和缓刑适用率的提高诉诸醉驾犯罪案件之中，而对其他刑事案件则并未同步提高不起诉率和缓刑适用率，由此导致不起诉率和缓刑适用率在同一地区的不同案件中也存在畸高、畸低的显著差异，严重影响了法律的公平适用。

（2）行政违法与刑事犯罪间的处罚失衡

需要提及的是，由于2011年配合《刑法修正案（八）》修改的道路交通安全法删除了原第91条对醉驾行为的人身罚和财产罚的规定，而仅保留了"吊销机动车驾驶证""五年内不得重新取得机动车驾驶证"的资格罚，这就导致司法实践中适用不起诉或者免予刑事处罚的醉驾行为人受到的处罚不仅可能比酒驾行为人的处罚更轻，与2011年醉驾入刑前的处罚相比也明显偏轻的不公平现象产生。此外，从行为人的社会危害性来看，现行道路交通安全法仅就因饮酒后驾驶机动车被处罚后又再次酒驾的行为作出了规制，对于二次醉驾的行为则并未规定加重的行政处罚。实践中，执法机关对于实施酒驾行为后又有醉驾行为的或者两次以上均为醉驾行为的行为人，只能按照一次醉驾的规定进行处罚；而对于二次酒驾的行为人，则可以适用加重处罚，处罚的严厉程度与行为人的人身危险性、行为的社会危害性明显失衡。①

针对上述问题，有学者主张，血液酒精含量达到80mg/100mL以上的醉驾行为当然属于血液酒精含量达到20mg/100mL以上的酒驾行为。根据当然解释规则，对于醉驾行为可以适用《道路交通安全法》第91条中有关酒驾行为的规定予以处罚（包括罚款和拘留）。② 课题组认为，上述观点不仅违反了行政处罚的法定原则，与执法实际亦不相符。根据强制性国家标准《车辆驾驶人员血液、呼气酒精含量阈值与检验》（GB 19522—2010）规定，"饮酒后驾车"与"醉酒后驾车"是截然不同的两个概念，前者驾驶人的血

---

① 根据现行《道路交通安全法》第91条规定，饮酒后驾驶机动车的，除暂扣机动车驾驶证外，还应并处罚款，二次饮酒或酒驾后驾驶营运机动车的，处拘留、罚款、吊销机动车驾驶证处罚；对醉酒驾驶机动车的，该条则仅规定了吊销机动车驾驶证、依法追究刑事责任的处罚。而2011年修改前的道路交通安全法则规定，对于醉酒后驾驶机动车的，应处15日以下拘留和暂扣3个月以上6个月以下机动车驾驶证，并处500元以上2000元以下罚款；醉酒后驾驶营运机动车的，应处15日以下拘留和暂扣6个月机动车驾驶证，并处2000元罚款；一年内有醉酒后驾驶机动车的行为，被处罚两次以上的，应当吊销机动车驾驶证，5年内不得驾驶营运机动车。

② 参见王志祥：《醉驾犯罪司法争议问题新论——浙江最新醉驾司法文件六大变化述评》，载《河北法学》2020年第3期。

液酒精含量阈值大于等于20mg/100mL、小于80mg/100mL，后者驾驶人的血液酒精含量阈值大于等于80mg/100mL。实践中，公安机关严格遵照上述规定对"饮酒后驾驶机动车"与"醉酒后驾驶机动车"进行区分、分别作出处罚。为合理限制行政执法权限、防止权力恣意，在道路交通安全法及上述配套技术标准未做修改的情况下，不应将"饮酒后驾驶机动车"的行政处罚适用于"醉酒驾驶机动车"的处罚中。

综上所述，课题组认为，我国现行刑法与道路交通安全法在有关醉驾行为的规定中，存在刑事处罚与行政处罚的衔接空隙，实践中对于不起诉或者免予刑事处罚的醉驾行为人可能出现严重的处罚倒挂问题。这可能使那些身处刑事司法政策宽松地区的行为人将饮酒后驾驶升级为醉酒后驾驶，以此规避更重的处罚。对此，亟须修改道路交通安全相关行政处罚的规定，以弥合上述行刑衔接上的缺失。

3. 宽严失度

除宽严失据、宽严失衡的问题外，我国现行醉驾犯罪刑事政策还存在宽严失度的问题，具体表现为严者过严、宽者过宽，严中存隙、宽中藏严，宽严相济程序性保障不足、办案效率不高。

（1）严者过严、宽者过宽

①严者过严

现阶段，醉酒犯罪刑事政策"严"的方面主要体现于公安机关执法、侦查阶段，对于在道路上驾驶机动车，经检验驾驶人血液酒精含量达到80mg/100mL以上的，均以涉嫌危险驾驶罪予以立案侦查、移送审查起诉；在检察机关审查起诉和人民法院审理判决阶段，"严"的刑事政策则主要体现为起诉率的大幅占比和实刑的广泛适用。然而，需要引起注意的是，实践中，部分司法机关在办理犯罪情节明显轻微、行为社会危害性较小、行为人人身危险性不大的醉驾犯罪案件时，对之未采取区别于严重犯罪的惩治政策，亦以适用实刑为主，造成刑罚适用的过剩与失度。较为典型的如醉酒后短距离挪动车位案件的处理。

以"姚某某危险驾驶案"为例，2019年5月16日0时左右，姚某某在伊宁市某餐厅吃饭喝酒后，乘坐出租车到达某小区东门前停车场下车。在其将面包车倒车挪进车位时，与停放在一旁的一辆小型轿车发生碰撞。经检验鉴定，姚某某血液酒精含量为230.25mg/100mL。到案后，其认罪认罚，积极赔偿被害人损失，并取得了对方谅解。一审法院经审理认为，虽然姚某某归案后能够如实供述自己的罪行，并积极赔偿被害人损失，可以从轻处罚，但其同时存在醉酒后驾驶机动车造成交通事故并负事故全部责任、血液酒精含量达到200mg/100mL以上的从重处罚情节，据此，认定其构成危险驾驶罪，判处拘役3个月、并处罚金6000元。一审宣判后，姚某某以认定事实不清、量刑过重为由提出上诉，检察机关以姚某某酒后挪车仅为避免影响他人通行的事实认定错误、判处监禁刑无法体现认罪认罚从宽处罚制度的刑事政策为由提出抗诉。最终，二审法院采纳了上述上诉、抗诉意见，改判姚某某拘役3个月、缓刑4个月，并处罚金6000元。①

与该案由二审法院纠正一审法院的过重裁量截然相反，在"吴某某危险驾驶案"中体现出严刑重罚。在该案中，吴某某酒后在等待朋友前来代驾过程中，因事挪车将停放于车前的二轮摩托车碰倒。经检验鉴定，其血液酒精含量为181.16mg/100mL。一审法院经审理认定，吴某某醉酒后因事挪车，驾车时间短，且未造成实际损害，可以认定为犯罪情节轻微，其到案后如实供述自己的犯罪事实，可以从轻处罚，据此以吴某某构成危险驾驶罪，判处其免予刑事处罚。对此，检察机关认为，吴某某的行为虽系酒后挪车，但其醉酒程度远远高于血液酒精含量80mg/100mL的入罪标准，所驾驶车辆为汽车，且发生交通事故并负全部责任，挪车缺乏阻碍交通等必要性条件，不应认定为犯罪情节轻微，遂以一审判决量刑畸轻为由提出抗诉。二审法院支持上述抗诉理由，改判吴某某犯危险驾驶罪，判处拘役2个月，并处罚金3000元。②

课题组认为，对于醉酒后挪动车位的案件应当采取何种惩治政策、可否予以从宽处罚，不应一概而论，而应结合行为的客观危害和行为人的主观恶性加以综合判断。仅就上述两个案件而言，虽然行为人血液酒精含量均超过醉驾犯罪的立案标准，且均造成了自身承担全部责任的道路交通事故，但其引发的危害后果仅为轻微剐蹭事故，未伤及人身，该挪车行为也未对公共安全造成严重威胁。相反，行为人酒后选择乘坐出租车出行或者主动寻找代驾的举动，反而表现出其在主观上具有避免长时间长距离醉酒后驾驶的强烈意愿。由此可见，无论从行为的社会危害性还是行为人的人身危险性来看，上述案件中的两名被告人均明显区别于醉酒后主动选择长距离驾驶的行为人，对之适用缓刑或者免予刑事处罚，符合宽严相济刑事政策的基本要求，并无

---

① 参见新疆维吾尔自治区高级人民法院伊犁哈萨克自治州分院（2020）新40刑终82号刑事判决书。
② 参见河南省焦作市中级人民法院（2019）豫08刑终84号刑事判决书。

不当；而对之判处拘役刑，则既展现出当地司法机关裁量醉驾犯罪案件时对于法律理解和适用的僵化，以及倾向实刑的重刑主义思想。

②宽者过宽

与上述地区对短距离挪车案件亦采取严苛的惩治政策形成鲜明对比，一些地方对于具有从重处罚情节、行为的社会危险性和行为人的人身危险性均较大的醉驾案件却作出不起诉决定或者适用缓刑、免予刑事处罚，刑罚裁量又显得过于宽纵。以"叶某某危险驾驶案"为例。2020年4月16日晚，叶某某酒后驾驶小型普通客车上道路行驶，从某停车场出发，途经两条城市快速路、一条普通道路，当晚22时许，其因驾驶行为异常被群众举报，后被公安交管部门查获。经呼气检测其酒精含量为196mg/100mL，经抽血检验确认其血液酒精含量为169mg/100mL。在该案中，叶某某的血液酒精含量是醉驾型危险驾驶犯罪血液酒精含量立案标准的2倍，其在城市快速路上行驶的行为属于"两高一部"于2013年《关于办理醉酒驾驶机动车刑事案件适用法律若干问题的意见》规定的应予从重处罚的情节。然而，检察机关却坚持认为，其并无抗拒检查、逃跑等从重情节，系初犯，认罪态度好，主观恶性不大，应当视为犯罪情节轻微，并据此对其作出了相对不起诉决定。①

如果说"叶某某危险驾驶案"反映出的是当地检察机关对于血液酒精含量较高、在快速路行驶等危险程度较高的醉驾行为所采取的宽缓处罚政策的话，那么在下述"周某某危险驾驶案"中，则体现出当地检察机关对于行为人的人身危险性高度的宽容。在该案中，周某某先后于2012年10月24日、2013年4月3日，因无证醉酒驾驶机动车被法院判处拘役刑，并处罚金。2020年4月11日4时56分许，周某某再次饮酒后驾驶小型普通客车，途经杭州市余杭区某路段处，与路口南侧中央隔离花坛发生碰撞并在车内睡着，后经群众报警被民警查获。经呼气酒精检测其酒精含量为121mg/100mL，经抽血检测其血液酒精含量为118.3mg/100mL，经公安交管部门认定，周某某对事故负全部责任。对于上述在9年时间之内连续3次触犯刑法，实施醉酒驾驶行为，且已经导致道路交通事故发生的醉驾行为人，当地检察机关仅以其自侦查阶段即自愿认罪认罚、如实供述罪行为由，就认定其犯罪情节轻微，作出了相对不起诉的决定②，置行为人多次酗酒、无证醉驾

---

① 参见浙江省杭州市西湖区人民检察院西检二部刑不诉〔2020〕211号不起诉决定书。
② 参见浙江省杭州市余杭区人民检察院杭余检二部刑不诉〔2020〕476号不起诉决定书。

的高度人身危险性于不顾,处断明显畸轻。应予指出的是,虽然课题组并不认同对上述案件采取不起诉的处理方式,但其在客观上确实符合浙江省公、检、法三机关于2019年印发实施的《关于办理"醉驾"案件若干问题的会议纪要》的规定和精神。

2020年浙江省杭州市,行为人方某因醉酒驾车途经城市快速路,血液酒精含量达到104.6mg/100mL,在同时具备自侦查阶段即自愿认罪认罚、如实供述等从宽处罚情节的情况下,被当地法院判处拘役1个月、缓刑2个月、并处罚金2000元的刑罚。① 而在"许某某危险驾驶案"中,行为人许某某于2014年1月25日因酒后驾驶被上海市公安交管部门处以暂扣机动车驾驶证6个月的行政处罚。2020年8月19日凌晨,其饮酒后驾驶小型轿车在道路上行驶,被执勤交警查获,经检验,其血液酒精含量为142.2mg/100mL。法院经审理认为,许某某自侦查阶段即自愿认罪认罚、如实供述自己的罪行,依法予以从宽处罚,遂以构成危险驾驶罪判处其拘役1个月15天,缓刑3个月,并处罚金3000元。② 与前文提及的两个不起诉案件相比,这两名被适用缓刑的行为人的血液酒精含量显然更低、未造成实际损害结果且均具有认罪认罚、如实供述的从宽情节,无论从其行为的社会危害性来看,还是以行为人的人身危险性加以观之,均应受到比前述案件更轻的处罚。

(2)严中存隙、宽中藏厉

现阶段,我国醉驾犯罪惩治"宽"与"严"的政策适用问题不仅体现于司法裁量阶段,同样也存在于公安机关的行政执法、刑事侦查及其与司法机关的诉讼衔接方面。其中,在行政执法阶段主要表现为,部分地方尚未建成常态化的酒后查处机制,在查处的广度、深度上还存在漏洞;在刑事侦查阶段主要表现为,一些地方执法办案不规范,滥用刑事拘留、逮捕强制措施,将之视为体现对醉驾犯罪从严惩治的唯一手段。

①严中存隙

秉持"全覆盖、零容忍、严执法"的治理理念,建立日常严管与专项打击、集中整治、区域联治相结合,定点查缉与流动执法、滚动巡逻、精准拦截相结合,城市、县乡、高速全覆盖、同部署、共整治,白天、夜间不间

---

① 参见浙江省杭州市上城区人民法院(2020)浙0102刑初343号刑事判决书。
② 参见浙江省杭州市滨江区人民法院(2020)浙0108刑初178号刑事判决书。

断、无盲区、全管控的执勤执法体系①,是公安交管部门提出的治理酒后驾驶违法犯罪的目标要求,也是醉驾查处最为理想的执法管控状态。然而,实践中,由于管理理念的局限,受制于警力严重不足等客观因素的限制,公安机关在日常执法与侦查办案过程中还存在如下问题:一是常态化查处工作机制尚未建立,查处方式不科学。部分地方将完成考核任务作为唯一任务、目标,查处醉驾案件的主动性不强,临时性执法、运动式执法、突击式执法较多,在某段时间、某个时段、固定地点的集中式执法多,致使当地部分驾驶人心存侥幸;一些地方为了完成考核指标,采取"蹲守式"执法,由执法民警选取餐饮娱乐场所、农村婚丧嫁娶酒宴地点附近的隐蔽地点作为检查卡口,等待醉驾行为人途经此处时进行查处,不仅有违执法的本质、难以获得当事人认同,更容易引发不必要的社会矛盾②。二是治理重点不突出,治理手段单一。城乡、区域查处管控力度不一致,对城乡接合部、农村地区的查处力度不足;一些地方对农村地区重查处,轻教育、警示、宣传,一些村民实际上并未认识到醉酒驾驶的严重危害,对于醉酒驾驶摩托车、三轮农用车同样构成犯罪存在认识误区。三是执法不严格,办案程序不规范。一些地方在抽取血液样本时使用含醇类药品消毒试剂、不抽取备用样本、抽血后送检不及时,造成血液样本受到污染或者影响了血液样本的稳定性③;一些地方侦查机关对于情节显著轻微、罪与非罪争议较大的案件,不经严格把关即按照刑事诉讼程序予以立案侦查、移送审查起诉④,导致该类案件多被退回补充侦查或者由检察机关直接退回而不予接收。四是一些地方撤案率较高,部分年份由公安机关撤销案件数量甚至达到查处案件总量的1/5,存在"人情案""关系案"嫌疑。⑤ 上述问题的存在不仅干扰了醉驾犯罪行为的及时、有效查处,降低了醉驾犯罪案件的办理效率,还影响了公安机关的执法质量和执法公信力,难以充分发挥惩戒和预防醉驾犯罪的作用。

---

① 参见公安部交通管理局于2019年下发实施的《关于2019年治理酒驾醉驾违法犯罪行为的指导意见》。

② 参见王敏远:《"醉驾"型危险驾驶罪综合治理的实证研究——以浙江省司法实践为研究样本》,载《法学》2020年第3期。

③ 参见华炫宁:《醉驾型危险驾驶犯罪类案专题研讨述要》,载《人民检察》2019年第21期。

④ 参见辽宁省沈阳市中级人民法院课题组:《醉驾案件审理中的法律问题——对沈阳市审结的3155起醉驾案件的实证分析》,载《人民司法》2018年第4期。

⑤ 参见张丽:《荆州地区"醉驾型"危险驾驶犯罪案件调查报告》,载《检察调研与指导》2016年第6期。

②宽中藏厉

根据刑事诉讼法及《关于办理醉酒驾驶机动车刑事案件适用法律若干问题的意见》相关规定，公安机关在侦办醉驾型危险驾驶犯罪案件时，可以对犯罪嫌疑人采取刑事拘留或者取保候审、监视居住等强制措施，仅有在其违反取保候审、监视居住规定的情形下才能适用逮捕。实践中，各地执法、司法机关对醉驾犯罪采取的强制措施形式不尽一致，一些地方大量适用取保候审，较少采取刑事拘留措施；与之相对，另外一些地方则以适用刑事拘留为原则，仅对少数因身体原因不便于羁押的行为人适用取保候审。如浙江省近年来部分地区对醉驾犯罪虽然采取了宽缓的司法裁量政策，其中却也隐藏着严厉惩处的因素，主要体现在刑事拘留和逮捕强制措施的适用上。一方面，这些地区在广泛适用刑事拘留强制措施的基础上，突破《刑事诉讼法》第91条第1款关于可以延长拘留期限应当以需要逮捕为前提的规定，将醉驾犯罪刑事拘留的期限肆意延长至7日，部分地区甚至适用该条第2款关于流窜作案、多次作案、结伙作案的重大嫌疑分子可以延长拘留期限至30日的规定，对醉驾行为人适用长达30日的刑事拘留。另一方面，部分地方突破《刑事诉讼法》第81条关于逮捕适用于可能判处徒刑以上刑罚的犯罪嫌疑人、被告人的规定，为避免出现行为人无法到庭或者宣判后脱逃的风险，醉驾案件一经移送到法院，即由法院作出逮捕决定，在一审开庭前将醉驾行为人移送看守所进行羁押。例如，四川省成都市青羊区人民法院仅在2021年2月24日当天就一次性对春节前查获的13名醉驾行为人作出逮捕决定。① 虽然上述做法在解决当地流动人口众多、行为人拒不到案、脱逃压力大等问题上发挥了重要作用，能够最大限度地保障醉驾犯罪案件刑事诉讼进程的顺利推进，但将刑事拘留、逮捕等限制公民人身自由的羁押性强制措施大量适用于醉驾犯罪行为人的做法，不但与刑事诉讼法的规定和精神不符，不加区分地对全部醉驾行为人均适用监禁性措施，也违背了宽严相济刑事政策中宽严有别、区别处置的原则和要求。

(3) 宽严相济程序性保障不足

醉驾犯罪多由交警设卡检查时查获，案情普遍较为简单、事实清楚，证据固定、单一，行为人认罪认罚率较高，对本类案件应当适用较其他案件更为快捷的诉讼程序。然而，课题组在实地调研时却了解到，很多地方办理醉

---

① 参见张庭铭：《成都交警逮捕13名醉驾人员》，载搜狐网，https://www.sohu.com/a/452500463_162758。

驾犯罪案件的期限较长，从公安机关查获到法院作出一审判决通常需要 3 至 6 个月时间，有的案件甚至一拖数年。一些地方公检法机关虽然通过联合签发会议纪要的形式书面确立了醉驾犯罪案件的快速处理工作机制，但受制于案多人少、内部审批流转手续繁杂、办案衔接机制不畅、部门间信息壁垒尚未打通等因素，该快处机制实际并未运行或者仅对少量案件适用，绝大部分案件仍然采取普通程序办理，造成大量案件积聚于刑事诉讼程序之中挤占有限的司法资源。

北京、浙江、广东广州等地对醉驾犯罪案件采取的快侦快诉快审工作模式均建立于"刑拘直诉"制度的基础之上，即在刑事拘留的期限内完成对醉驾行为人的侦查、起诉、审判流程，确实无法按期完成的，才将刑事拘留变更为取保候审。例如，北京市海淀区、朝阳区均构建了"48 小时全流程结案"模式，在对行为人进行刑事拘留 2 日的期限内完成醉驾案件的侦、诉、审工作。在广东省广州市两级法院打造的"2－2－3""刑拘直诉"办案模式中，一个醉驾案件需要在侦查、审查起诉、审判阶段分别流转 2 天、2 天、3 天，即可在刑事拘留 7 天羁押期满前作出一审判决。①

此种"刑拘直诉"的速裁办案模式具有以下优势：一方面大大简化了行政审批手续和流转流程，密切了公检法三机关的协作配合，实现了侦、诉、审无缝衔接、诉讼流程的提速升级，最大限度地满足了轻刑快审的要求；另一方面有效解决了城市中流动人口多、醉驾行为人无法提供财保或人保、适用取保候审监管困难、脱保率高等问题，避免了因醉驾行为人脱逃或者拒不到案而造成的案件拖延，确保了诉讼程序的迅速开展。

然而，此种办案模式存在的合法性与合理性上的严重问题同样不容忽视。首先，作为一项创新司法举措，"刑拘直诉"制度不但尚未获得法律认可，反而与我国现行刑事诉讼法规定的刑事拘留制度相悖。实践中，除北京市采取的"48 小时全流程结案"模式外，绝大部分地区无法在刑事拘留 3 日之内办结醉驾案件，需要延长醉驾行为人的拘留期限。而根据《刑事诉讼法》第 91 条、第 167 条规定，"刑事拘留时间的延续是以'需要逮捕'为前提的。如果公安机关决定直接移送审查起诉，则表明其认为该行为人不需要被逮捕，此时延续刑事拘留时间的理由已经消失，继续羁押就与上述规

---

① 参见吴笋林、罗伟雄：《广州法院 3 年共宣告 21 名被告人无罪》，载《南方都市报》2017 年 8 月 22 日，第 AA06 版。

定相悖"①。此外，刑事诉讼法亦未赋予检察机关、法院在起诉、审判环节以刑事拘留权，"刑拘直诉"模式将刑事拘留的适用由侦查阶段延伸至起诉、审判环节，既与现行刑事诉讼法的规定及其立法精神不符，又形成对刑事拘留制度的僭越。其次，"刑拘直诉"模式无疑抬高了醉驾犯罪案件的羁押率，变相延长了醉驾行为人的羁押期限。从实践来看，适用"刑拘直诉"模式的案件主要是那些案件事实清楚、证据充分、当事人认罪认罚的案件。根据宽严相济刑事政策的要求，对这些案件本应从宽处理，减少审前羁押，但采取"刑拘直诉"模式后，这些醉驾行为人的刑事拘留期限短则2天，长则10余天，一些案件最长甚至可以达到30余天，此举不仅与宽严相济刑事政策的要求不符，还消减了认罪认罚"从宽"制度应有的效果。最后，高强度的快速流转、过短的审查和审判时限，忽略了公检法三机关相互制约的关系，在一定程度上削弱了检察、审判环节发现问题、纠正错案的功能。②

综上所述，现阶段，我国醉驾犯罪刑事政策基本上采取了"严宽相济"模式，总体上呈现出以严为主、以宽为辅的特征。近年来，部分地方不断调试醉驾犯罪惩治政策，探索适宜本地区实际的从宽处理路径。不容忽视的是，当前一个阶段，我国醉驾犯罪刑事政策还存在诸多问题：从顶层设计来看，执法、司法机关尚未就如何贯彻宽严相济刑事政策达成一致意见，醉驾犯罪案件办理缺乏全国性的统一标准，宽严失据的问题较为突出；从司法裁量情况来看，不同地区间的醉驾犯罪案件裁量标准、同一地区的起诉与审判标准、醉驾犯罪与酒驾违法之间的处罚标准存在宽严失衡的缺陷；从诉讼实践和司法运作来看，符合法治原则和精神的醉驾犯罪案件快速办理工作机制尚未建立，部分地区的惩治政策畸严或畸宽，醉驾犯罪刑事政策还存在宽严失度的弊病。

三、其他国家和地区醉驾犯罪惩治的经验与迷思

伴随汽车时代的到来，世界上越来越多的国家和地区认识到醉驾行为的严重社会危害性，如何规制醉驾行为、有效防范因醉驾导致的道路交通事故发生成为一项世界性难题。为此，诸多国家和地区探索出了特色鲜明、符合

---

① 顾顺生、刘法泽：《"刑拘直诉"方式不妥》，载《检察日报》2015年9月9日，第3版。
② 参见戴紫君、易文杰：《刑拘直诉方式的审视与反思》，载《三明学院学报》2019年第1期。

本国（地区）实际的醉驾惩治范式。鉴于不同国家和地区的醉驾治理形势不尽一致、规定差异较大，课题组选取了美国、德国、日本和我国台湾地区进行重点介绍，希冀对完善我国醉驾犯罪治理模式有所裨益。

（一）美国的醉驾立法与实践

在美国，醉驾是导致道路交通事故并引发人员死亡的首要因素，也是一种最为常见的违法犯罪行为。美国成年人每年醉驾的数量约为1.21亿人次，每天发生的醉驾事件超过30万起。2019年，美国有10142人死于醉驾，这就意味着，全美每天有29人或者说每50分钟就有1人因醉驾死亡。[①] 实际上，早在19世纪末20世纪初机动车广泛投入使用以来，美国政府就开始认识到醉驾行为的严重社会危害性，尝试将其纳入刑事犯罪的惩治范围。1906年，新泽西州率先颁布了美国历史上第一部关于醉驾的法律，其后，其他各州纷纷效仿。[②] 由于各州的立法并不一致，迄今为止，美国尚不存在有关醉驾概念和认定的统一标准，大多数州也并未在刑法典中明确规定醉驾犯罪的认定及其处罚标准，而是在交通法规或者机动车管理规定中对醉驾的行为类型、执法和司法程序、法律后果等作出规定。[③] 总体而言，美国对醉驾犯罪的认定与处罚主要体现在以下方面：

1. 醉驾犯罪的立法规定

美国针对醉驾行为的法律规范分散在不同的法律文本与判例中，大部分州根据醉驾行为的危害后果和行为人的醉酒程度、犯罪经历、行为表现等对不同性质的醉驾案件分别进行处罚。通常，各州对未造成人员伤亡、财产损失的危害后果较为轻微的醉驾初犯采取了较为宽缓的态度，可以适用认罪协商制度给予罚金、1年以下监禁刑、1年至7年保护观察、吊销驾驶证等相对宽容的处罚；对于两次以上反复醉驾者或者因醉驾导致重大人员伤亡、财产损失的，则可能认定为重罪，给予高额罚金、1年以上监禁刑等严厉惩

---

① 参见"反酒驾母亲联盟"网站，https://www.madd.org/。
② 参见张振华：《美国醉驾标准的衍变》，载《检察日报》2017年6月27日，第3版。
③ 参见杨志琼：《美国醉驾的法律规制、争议及启示》，载《法学》2011年第2期。

处,甚至适用"三振法案"① 判处终身监禁。部分州还将多次醉驾造成严重后果的行为认定为二级谋杀罪,最高可判处死刑。

例如,根据《纽约州车辆与交通法》第1192条的规定,在酒精作用下驾驶机动车的,可以处以250美元罚金,或者15日以内监禁,或者二者并施;5年以内的再犯,处以350美元以下罚金,或者30日以内监禁,或者二者兼施;对于10年以内有两次或者多次醉驾者,处以500美元以下罚金,或者90日以内监禁,或者二者并用。对于经血液、呼吸、尿液、唾液等化学检验确定驾驶人血液酒精浓度达到或者超过10%的,认定为轻罪,处以1年以内监禁,或者不少于350美元罚金,或者二者并施;10年以内再次醉驾的将被认定为重罪,处以500美元以上罚金和刑法规定的相应处罚。再如,在加利福尼亚州,醉驾初犯可能被判处最高6个月的监禁和390美元至1000美元不等的罚金,外加约为罚金金额3倍的惩罚金额;如果有人因该醉驾行为受重伤或者死亡,醉驾行为人还可能受到"加州三振出局法"的惩罚。② 类似地,得克萨斯州对于酒精浓度超标4倍的醉驾初犯,仅认定为轻罪,大多适用暂扣驾驶证、强制学习或者罚金等处罚;而对于两次以上醉驾的行为人,则自动升级为重罪,最高可以科处无期徒刑。在"斯托瓦醉驾案"中,被告人斯托瓦就因为9次醉驾被判处无期徒刑。对于此案,反对人士斥责法官科刑严厉、滥用自由裁量权、破坏罪刑相适应原则,但该判决结果却获得警方和检方的大力支持。当地检察长在回应批评时解释道:"如果斯托瓦端起一支枪,对着大街上盲目扫射,那么判他无期徒刑估计不会招来任何批评。其实在本案中,斯托瓦不过是把他的卡车当作一把枪而已。"③

2. 醉驾犯罪的认定程序和标准

美国醉驾犯罪的认定经历了由依赖证人证言到使用机器设备进行检测,再到明确检测义务、将拒绝接受检测行为认定为犯罪的发展历程,醉酒驾驶

---

① "三振出局"本是一个体育名词,意指在棒球比赛中,若击球手三次都未击中投球手所投的球,则必须出局。美国将该名词引入法律领域。在联邦及数个州出台的惩治累犯的法令中,"三振法案"指犯在两次实施严重犯罪后再犯一次犯罪的,将受到严厉惩罚,面临与社会隔离、被社会淘汰的"出局"后果。通常而言,适用"三振法案"的前罪与后罪均为重罪,特别是严重重罪和暴力重罪。参见刘君:《美国"三振出局"法案及其理论评析》,载《西部法学评论》2011年第5期。

② 参见《加利福尼亚州驾驶手册》(2018年版),载中华人民共和国驻洛杉矶总领事馆网站,http://losangeles.china-consulate.org/chn/lbyj/t1581008.htm。

③ 参见兰荣杰:《酒驾该怎么治》,载《人民法治》2019年第4期。

的认定手段越来越科学、标准越来越严格。① 现阶段，虽然各州对醉驾犯罪的法律规定不尽相同，但用以辅助执法机关认定醉驾犯罪的程序却较为统一，通常需要经过以下两种测试：先是进行现场清醒测试，包括水平性眼震测试、直行和转弯、单腿站立三套测试。如果驾驶人能够通过该测试，则排除其犯罪可能；如果未能通过，警察将对其进行更为准确的化学测试。化学测试包括执法现场进行的呼气式酒精测试和非现场进行的血液检测、尿液检测、唾液检测。如果驾驶人拒绝接受上述测试，或者经测试能够证实驾驶人确因服用酒精或者其他麻醉药品导致驾车能力减弱，那么警察可以将其予以拘留，同时，对其作出吊销驾驶证或者宣告驾驶证无效的处罚。②

在认定标准上，美国医学会和国家安全委员会设立的专门委员会最初采取以血液酒精浓度（BAC）大于等于 0.15%（g/mL）作为认定醉酒驾驶的判断标准。③ 印第安纳州于 1939 年通过的全美第一部以血液酒精浓度水平为标准推定醉酒驾驶的法律，即采纳了该标准。此后，其他州纷纷效仿，在法律中明文规定血液酒精浓度超过一定阈值即为醉酒驾驶，并先后将判断标准降低到 0.1%、0.08%。④ 以加利福尼亚州为例，该州结合实际，根据年龄、身份的不同，对驾驶人进行了精细化的区分。年满 21 岁，血液酒精浓度达到 0.08% 或者以上的；未满 21 岁，血液酒精浓度达到 0.01% 或者以上的；杜绝酒后驾驶（DUI）计划的被监察者，血液酒精浓度达到 0.01% 或者以上的；任何必须具有商业车辆驾驶执照（CDL）的车辆驾驶人（无论是否持有该执照），血液酒精浓度达到 0.04% 或者以上的，均应认定为醉酒驾驶。⑤

3. 关联行为的惩处

在美国，各州均将同意接受血液酒精浓度测试作为默示同意条款，要求

---

① 参见张振华：《美国醉驾标准的衍变》，载《检察日报》2017 年 6 月 27 日，第 3 版。
② 参见杨志琼：《美国醉驾的法律规制、争议及启示》，载《法学》2011 年第 2 期。
③ 在此需要说明的是，不同国家和地区对于醉酒驾驶行为的认定标准及其所采用的计量单位并不一致。血液酒精浓度（Blood Alcohol Concentration，BAC）和呼气酒精浓度（Breath Alcohol Concentration，BrAC）的换算关系是：BAC（in mg/L）= BrAC（in mg/L）×k。其中，k 的换算系数在我国采用 2200，美国采用 2000，欧洲大部分国家和我国台湾地区采用 2100。当 k = 2200 时，1mg/100mL = 0.01% 或 g/100mL = 0.01‰ 或 gm/mL = 1/220mg/L = 1/2.2ug/100mL；当 k = 2000 时，1mg/100mL = 0.01% 或 g/100mL = 0.01‰ 或 gm/mL = 0.005mg/L = 0.5ug/100mL。
④ 参见张振华：《美国醉驾标准的衍变》，载《检察日报》2017 年 6 月 27 日，第 3 版。
⑤ 参见《加利福尼亚州驾驶手册》（2018 年版），载中华人民共和国驻洛杉矶总领事馆网站，http://losangeles.china-consulate.org/chn/lbyj/t1581008.htm。

驾驶人配合执法机关进行化学检测，驾驶人如有拒绝接受检测的行为，将承担不利的法律后果。例如，加利福尼亚州的立法者认为，在该州驾驶即表示，当因酒精影响下驾驶而被拘留时，行为人同意警察对其进行呼气、血液或者某些情况下的尿液检验。如果行为人拒绝接受任何检验，其驾驶权将被暂时取消。即便行为人后来同意接受检验，如果检验结果显示血液酒精浓度达到0.01%或者更高，其仍然会因为醉酒驾车和抗拒检测两个理由被暂时取消驾驶资格；当行为人的血液酒精浓度达到0.15%或者以上时，其还会因为拒绝接受化学检验，而被法院命令参加9个月或者为期更长的杜绝酒后驾驶计划。此外，该州还将有意逃避或者试图逃避正在履行公务的警察的行为规定为犯罪，对于未造成危害的，处以不超过1年的监禁；对于造成他人身体严重伤害的，处以最高7年监禁和2000美元以上、10000美元以下罚金；造成他人死亡的，则可能判处4年至10年监禁。

为从源头上预防和减少醉驾行为发生，加利福尼亚州还严格限制车上载运酒精饮料的行为。根据该州的驾驶规定，在车辆的储物箱内存放已经开封的酒精饮料属于特别严重的违法行为。行为人如果要在车中载运烈酒、啤酒或者葡萄酒，应当确保这些酒精饮料的容器是满的、密封且未开启的，或者将其置于车辆的后车厢、没有乘客乘坐的地方。上述规定不适用于公共汽车、出租车、露营车辆、房屋汽车中的非驾驶人。在该州，未经家长或者法律指定的其他人士陪同的不满21岁的驾驶人，在车内非法携带酒精饮料的，还将面临车辆被扣押最长30天、罚款最高1000美元、暂时取消1年驾驶权的处罚。①

4. 配套措施的适用

除了通过适用剥夺人身自由、判处罚金等手段对醉驾行为人加以惩处外，美国还注重从剥夺或者限制驾驶资质、进行医学治疗、应用科技产品等多维度对驾驶人的醉驾行为进行矫正。早在20世纪六七十年代，美国各州就根据科学家和药学家提出的醉驾是驾驶者滥用酒精导致的论断，相继制定法律敦促醉驾者接受滥用酒精的康复治疗。1982年《联邦交通安全——驾驶登记法案》将其推而广之。此外，从1981年至1986年，美国还通过了包括联邦《防止醉驾法案》在内的729部关于醉驾的法律法规，授予执法人员吊销醉驾行为人机动车驾驶证的权力，以防范交通事故于未然。近年来的

---

① 参见《加利福尼亚州驾驶手册》（2018年版），载中华人民共和国驻洛杉矶总领事馆网站，http://losangeles.china-consulate.org/chn/lbyj/t1581008.htm。

实证研究也证实，反复醉驾者一般都有嗜酒的习惯，严厉的刑罚并不能杜绝醉驾累犯，采取措施使醉驾者戒除饮酒癖才是解决问题的关键。为此，美国推广适用了专门的醉驾法庭，由熟知醉驾者经历的法官全程跟踪醉驾者的康复过程并给予相应的奖惩措施，根据行为人对成瘾的药物治疗、家庭监禁、电子监控情况和其康复程度来决定是否收监。研究表明，这种醉驾法庭减少醉驾累犯的成功率在 80%—99%，成为美国应对醉驾累犯的一项重要举措。①

最后，值得一提的是，在美国，以"反酒驾母亲联盟"（Mothers Against Drunk Driving，MADD）为代表的非政府组织在预防和减少醉驾过程中发挥了重要作用。该组织由因醉驾痛失子女的母亲创立，旨在预防酒后驾驶，并帮助因酒后驾驶而遭遇不幸的人。该组织的一项重要功绩是在全美极力推动要求对醉酒驾驶人的汽车强制安装酒精锁点火装置的法令。这种设备直接与机动车点火回路相连，驾驶人只有先通过呼气酒精浓度测试后，才能发动汽车。迄今为止，包括纽约、威斯康辛、内布拉斯加、加利福尼亚等大多数州采纳了这一建议。多项研究表明，仅仅加装这种简单的点火装置，就可以平均降低 64%的酒驾频率。② 在伊利诺伊州，自 2016 年 1 月 1 日开始施行的《酒驾互锁装置延长法》明确规定，对第二次酒驾或醉驾再犯者所持有的全部车辆，至少在 5 年内安装酒精锁点火装置，如果酒驾达到 4 次，行为人将被终生禁驾。该法同时允许现有约 5000 名被终生禁驾的人在符合条件的情况下申请有限制性的驾驶，但如果再实施一次醉驾行为，则将被终生禁驾。③ 在加利福尼亚州，根据《车内安装酒精探测法案》，自 2019 年至 2026 年，如果驾驶人多次被查出酒驾，或者首次酒驾即导致他人受伤，将被要求在汽车引擎启动按钮上安装呼气式酒精检测器，安装时间为 12 个月至 48 个月。④

（二）德国的醉驾立法与实践

作为欧洲的汽车生产大国和酒类饮品消费大国，长期以来，德国饱受醉

---

① 参见杨志琼：《美国醉驾的法律规制、争议及启示》，载《法学》2011 年第 2 期。
② 参见兰荣杰：《酒驾该怎么治》，载《人民法治》2019 年第 4 期。
③ 参见《美众多新法新年开始生效施行》，载北大法律信息网，http://www.chinalawinfo.com/News/NewsFullText.aspx? NewsId =79143&NewsType =0。
④ 参见《注意！加州新法规近千条 2019 年上路》，载搜狐网，https://www.sohu.com/a/284053500_780462。

驾问题的困扰。为了应对因醉驾而引发的交通安全隐患、降低交通事故发生率及死伤率，德国立法、司法、执法机关采取了一系列行之有效的管控措施。值得一提的是，在德国，犯罪控制是一项全方位的工程，涉及社会监督、国家的刑事政策、警方在与犯罪作斗争过程中付出的努力等各方面。除了立法、警察、刑事司法机关、缓刑帮助机构和刑罚执行机构等官方机构、人员采取有效措施外，反酒后驾驶联合会等民间性团体、组织也积极参与其中，共同组成了惩治和预防醉驾犯罪的有机统一体。[1] 具体而言，德国的醉驾立法和实践主要包括以下内容：

1. 醉驾犯罪的立法规定

德国在1952年《道路交通法》中首次规定，对醉酒驾驶造成具体危险的，应进行刑事处罚。1964年德国《道路交通法》又将醉酒驾驶的抽象危险犯也纳入刑法的规制范围。此后，德国于1969年6月25日通过的《第一部刑法改革法》正式吸收了上述条款，并且为现行德国刑法典所沿袭。[2] 在现行《德国刑法典》中，有关醉驾犯罪的规定集中体现于第315条和第316条。其中，第315条a规定了因醉驾危害铁路、水路和航空交通安全的行为，即"由于饮用酒或麻醉品……在无能力安全驾驶有轨交通工具、悬空缆车、船舶或飞机的情况下，驾驶此等交通工具"，"危及他人身体、生命或贵重物品的，处5年以下自由刑或罚金刑"。犯该罪未遂的，也应处罚；过失造成危险的，处2年以下自由刑或罚金刑。第315条c则对因醉驾危害公路交通安全的行为进行了规制，即具有饮用酒或其他麻醉品等不适合驾驶的情形却仍然驾驶，因而危及他人身体、生命或贵重物品的，处5年以下自由刑或罚金刑。该条是有关醉酒驾驶的具体危险犯，处罚相对较重，实践中法官需要就个案进行判断醉驾行为是否对他人的身体、生命或财产产生具体危险。与之相比，第316条是对醉酒驾驶抽象危险犯的规定，处罚相对轻缓。根据该条，"饮用酒或其他麻醉品，不能安全驾驶交通工具（第315条至第315条d），如其行为未依第315条a或第315条c处罚的，处1年以下自由刑或罚金"，"过失犯本罪的，亦依第1款处罚"。通常而言，第315条c与第316条之间是法条竞合关系，只有第315条无法适用之时，才可适用第316条的规定。实践中，导致第315条无法适用的情形主要包括，"具体危险不存在或者难以予以证实；

---

[1] 参见马登民、张长红：《德国刑事政策的任务、原则及司法实践》，载《政法论坛（中国政法大学学报）》2001年第6期。

[2] 参见丛日禹：《醉酒驾驶犯罪研究》，法律出版社2015年版，第63—65页。

或者醉酒驾驶的具体危险虽然存在，但是与醉酒驾驶之间没有内在联系"①。

除了上述刑法分则条文的明确规定外，《德国刑法典》还在总则部分规定了剥夺醉驾行为人驾驶资质的附加刑和保安处分。根据第44条有关禁止驾驶的规定，对于有醉酒驾驶行为的，通常应由法庭命令行为人禁止在街道驾驶任何或特定种类的机动车，期限为1个月以上6个月以下。同时，根据该法第69条有关吊销驾驶证的规定，有酒后驾驶行为的，原则上认为行为人不适合驾驶机动车辆，由法庭吊销其驾驶证，无须根据该处分与行为人行为的严重性、将要实施的行为以及行为人所引起的危害程度的适应性再予以调查。②

总的来看，我国与德国均采取了在刑法典中规定醉驾犯罪的刑事处罚、在道路交通法中规定醉驾行为的行政处罚这一刑事与行政相衔接的立法模式。不同之处在于：首先，德国醉驾犯罪的适用领域更加宽泛，不仅局限于道路交通环节，还扩展至铁路、水路、航空等交通运输环节；其次，德国醉驾犯罪的规制对象更加全面，不仅包括服用酒精饮品的行为，还涵盖了服用麻醉品的行为；再次，德国醉驾犯罪的处罚范围更加广泛，不仅包括醉酒驾驶机动车的行为，还包括醉酒驾驶自行车、轮椅、滑板等交通工具的行为；复次，与我国在学理层面探讨醉驾犯罪的罪过形态相区别，《德国刑法典》明确规定醉驾犯罪的罪过形态既包括故意又包括过失，并且明示了对过失犯罪应当予以减轻处罚；最后，在我国，吊销机动车驾驶证属于一种行政处罚措施，而德国则将其作为对于醉驾犯罪适用的附加刑。

2. 醉驾犯罪的认定标准

德国将醉驾行为区分为绝对不能安全驾驶与相对不能安全驾驶两类。二者的区别在于，不能安全驾驶的证明方式不同，而非不能安全驾驶程度的差异。其中，绝对不能安全驾驶是指行为人血液中的酒精浓度值达到一定程度后，任何人在可想象的各种情况下，因其驾驶能力下降而无可反证地不能安全驾驶，即因其反应能力减弱、情绪受到影响而不再有足够的能力，难以应对特别是在出现复杂的交通情况时的交通考验；而相对不能安全驾驶则除了考量行为人血液酒精浓度外，还需要综合其他事实认定行为人已经达到不能安全驾驶的状态，亦允许提出反证。目前，德国确认驾驶人绝对不能安全

---

① 丛日禹：《醉酒驾驶犯罪研究》，法律出版社2015年版，第67页。
② 上述规定参见《德国刑法典》，徐久生译，北京大学出版社2019年版，第17—18页、第50页、第220—221页、第223页。

驾驶的标准为血液酒精浓度达到 0.11%，呼气检测的酒精浓度值不作为评价标准。如果驾驶人血液酒精浓度达到 0.03%、未达 0.11%，除了参照酒精浓度值外，还需要依据其他事实来判断驾驶人是否属于相对不能安全驾驶，例如有无出现蛇形、弯道直行或者偏离车道等异常驾驶行为。此时，若驾驶人有在通常状态中常犯的违规驾驶行为，例如超速、侵犯先行路权等，尚不足以确认驾驶人已经陷入不能安全驾驶状态。①

与美国相比，德国的醉驾认定标准更为严苛。根据《德国道路交通法》第 24 条 a 规定，在道路上的机动车驾驶人，其呼气酒精浓度在 0.25mg/L 及其以上，或者血液酒精浓度在 0.05% 及其以上的，均应认定为醉驾违法行为，过失行为同样构成违法。此外，该法第 24 条 c 还明确规定了驾驶新手的酒精禁令。根据该条规定，处于实习期或者不满 21 周岁的机动车驾驶人，在道路驾车时饮用了含有酒精的饮品或者处于该饮品的影响下实施驾驶行为的，构成醉驾犯罪，过失行为也应作出此种认定。

3. 醉驾犯罪的刑罚适用

在德国，将刑法适用限制在绝对不能容忍的行为方式的范围以防止刑罚的滥用，是立法机关和司法机关的一项重要任务。在刑事立法方面，主要体现为非自由刑体系的完善。鉴于 20 世纪 70 年代以来的数据分析已经充分显示，监禁率与犯罪率之间并不具有负相关关系。换言之，以刑罚为主的单一制裁体系无法有效发挥控制和预防犯罪的作用，因此，从 20 世纪 90 年代开始，德国改变了过往将监禁率高低与惩罚犯罪需求挂钩的重刑主义政策，转而采取了将自由刑、附加刑和附随后果作为刑事制裁手段的轻轻重重的刑事政策。② 在构建刑罚体系时，德国立法机关还认识到，短期自由刑不但难以有效阻吓犯罪，反而容易导致行为人在监狱中沾染恶习、背负犯罪人的标签，阻碍其重返社会。因此，在修订刑法典时，立法者着重完善了罚金刑体系，使罚金刑成为轻罪领域适用最频繁的主刑，而短期自由刑则只能例外适用。③

在司法裁量阶段，则表现为大量刑事案件的分流处置。附条件不起诉和刑事处罚令是德国在刑事诉讼程序中分流案件的重要手段。通过上述制度的

---

① 参见许泽天：《论酒精影响下的不能安全驾驶罪》，载林东茂、谢煜伟等：《酒醉驾车刑法问题研析》，元照出版有限公司 2016 年版，第 111—114 页。

② 参见韦佳：《争议中前行：德国预防性监禁的复兴、修正及其借鉴意义》，载《法学杂志》2017 年第 11 期。

③ 参见王钢：《德国近五十年刑事立法述评》，载《政治与法律》2020 年第 3 期。

适用,加快了诉讼程序的流转,提高了诉讼效率,减轻了司法机关的诉讼负累,弱化了犯罪标签的负面作用。有资料显示,1997年德国检察机关在起诉阶段通过适用附条件不起诉、刑事处罚令等制度,分流了近1/3的轻微犯罪案件。① 近年来,在起诉阶段适用上述刑事分流制度的案件比例还在扩大。从2015年德国检察机关办理的刑事案件来看,适用不起诉制度的案件占比高达58.9%,其中,法定不起诉、附条件不起诉与未附条件不起诉的适用比例分别为26.9%、3.5%、28.5%;向法院申请适用处罚令程序的案件比例为10.9%;以其他相关程序处理的案件比例为21.7%;提起公诉的案件占比仅为8.5%。2018年的数据与2015年的数据基本持平。② 对此,托马斯·魏根特教授指出,德国"刑法已经改变了它自身的形象:它不再像严厉的父亲,除了仅就个别严重忤逆它的行为给予粗暴的惩罚外,放手人们去自行安排生活,而更似一位悉心的母亲,一位不断规劝的陪伴者"③。

4. 醉驾行为的行政处罚

2013年3月14日制定的《德国道路交通犯罪与处罚法》对醉驾行为的行政处罚进行了明确。根据该法规定,违反《德国道路交通法》第24条a规定,呼气酒精浓度在0.25mg/L及其以上,或者血液酒精浓度在0.05%及其以上的,或者需要接受呼气酒精检测或者血液酒精检测的情况下驾驶机动车的,处以500欧元罚款、禁驾1个月的处罚;违反24条c规定,在实习期或者不满21周岁前饮用酒精饮料或者在其作用下驾驶机动车并对驾驶产生影响的,处以250欧元罚款。

(三) 日本的醉驾立法与实践

20世纪90年代,日本因法定标准以下的酒后驾驶导致的交通事故数量倍增,每年死亡人数均在1200人以上。为应对日益严峻的道路交通形势,从2011年开始,日本立法机关对《刑法典》《道路交通法》《道路交通法施行令》进行了一系列修改,不断加大对酒后驾驶及其关联行为的处罚力度,降低行为人血液酒精浓度的临界值,增设对酒驾关联人员的处罚条款,从而

---

① 参见刘仁文:《治安拘留和劳动教养纳入刑法的思考》,载《国家检察官学院学报》2010年第1期。

② 参见李倩:《诉讼分流背景下刑事速裁程序评判——以德国刑事处罚令为参照》,载《中外法学》2020年第1期。

③ [德]托马斯·魏根特:《德国刑法向何处去?——21世纪的问题与发展趋势》,张志钢译,载《刑法论丛》(2017年第1卷),法律出版社2017年版,第389页。

形成了现阶段较为严密的酒后驾驶惩治法律体系。①

1. 醉驾犯罪的立法规定与认定标准

《日本道路交通法》虽然是规定道路交通相关规则的行政管理法规，但其中却包含了大量犯罪，如饮酒驾驶、醉酒驾驶、肇事逃逸等。概言之，该法采取了以下两种方式规制酒后驾驶的刑事责任：一种是实质认定驾驶人是否处于无法正常驾车状态的醉酒驾驶罪，根据该法第117条之二第1款规定，醉酒驾驶是指因酒精的影响以致有陷入不能正常驾驶之虞的状态；另一种是以驾驶人血液或者呼气中酒精浓度为判断标准的饮酒驾驶罪，按照该法第65条第1项、第117条之二第1款以及《道路交通法施行令》第44条之三规定，当血液或呼气酒精浓度达到一定标准时，即可成立本罪。②

进入21世纪以后，《日本道路交通法》明显强化了酒后驾驶犯罪的罚则。根据2001年修订之前的《日本道路交通法》，醉酒驾驶罪的法定刑是2年以下惩役或者10万元以下罚金，饮酒驾驶罪的法定刑为3个月以下惩役或者5万元以下罚金。经过2001年、2007年两次修正，现行《日本道路交通法》中有关醉酒驾驶罪的法定刑被提高至5年以下惩役或者100万日元以下罚金，饮酒驾驶罪的法定刑被提高至3年以下惩役或者50万日元以下罚金。③ 相应地，相关规定也调整了关于酒后驾驶刑事处罚标准中车辆驾驶人血液和呼气酒精浓度的阈值。其中，血液酒精浓度由原来的 0.5mg/mL 降低至 0.3mg/mL，呼气酒精浓度由原来的 0.25mg/L 降低至 0.15mg/L。④

2. 关联行为的惩处

在《日本刑法典》颁布施行后的很长一段时间，日本对因酒后驾驶导致人员死伤交通事故的行为均按照该法第211条规定的业务上过失致死伤罪进行处罚。1999年"东名高速饮酒驾驶事故"和2000年"小池大桥饮酒驾驶事故"的发生，引发了日本各界对业务上过失致死伤罪的法定刑过低及该罪不适宜处理因性质恶劣的驾驶行为而致人死伤案件的质疑。2001年10

---

① 参见 [日] 长谷场健：《酒精、醉酒与酒驾——日本的经验》，载《公安学刊——浙江警察学院学报》2011年第6期。

② 参见谢煜伟：《交通犯罪中的危险犯 立法与其解释策略》，载林东茂、谢煜伟等：《酒醉驾车刑法问题研析》，元照出版有限公司2016年版，第21—22页。

③ 参见 [日] 川出敏裕、金光旭著：《刑事政策》，钱叶六等译，中国政法大学出版社2016年版，第363—364页。

④ 参见 [日] 长谷场健：《酒精、醉酒与酒驾——日本的经验》，载《公安学刊——浙江警察学院学报》2011年第6期。

月，374339 名日本民众向法务大臣联名上书。同年 11 月，日本法务省通过了刑法改正案法律第 138 号，在《刑法典》第 27 章 "伤害罪" 中新增第 208 条之二危险驾驶致死伤罪，规定对于受酒精或药物影响在难于正常驾驶的状态下，驾驶四轮以上机动车，因而致人死伤的情形，比照因暴行致人死伤的情形予以处罚。其中，致人伤害的，处 15 年以下惩役；致人死亡的，处 1 年以上有期惩役。2004 年，日本刑法改正案法律第 156 号第 12 条第 1 项将有期惩役的最高刑期由 15 年提高到 20 年，危险驾驶致死罪的法定最高刑随之提高到了 20 年有期惩役。2007 年，日本再次修改《刑法典》，将危险驾驶致死伤罪中的 "四轮以上机动车" 调整为 "机动车"，从而将两轮、三轮车驾驶人也纳入本罪的主体范围。同时，针对当时日本道路交通安全状况的严峻形势，在第 211 条业务上过失致死伤罪之后新增第 211 条之二驾驶机动车过失致死伤罪，将驾驶机动车过失致死伤行为的法定最高刑由 5 年惩役提高到 7 年惩役，一定程度上填补了有关交通犯罪在危险驾驶致死伤罪与业务上过失致死伤罪之间因刑罚幅度差异较大而产生的空隙。①

2013 年，危险驾驶致死伤罪从刑法典中分离出去，被新制定的单行刑法《关于处罚因驾驶机动车致人死伤等行为的法律》［平成 25 年（2013）11 月 27 日法律第 86 号］吸收。② 根据该法第 2 条规定，因酒驾或者药物的影响，在非正常驾驶状态下驾驶机动车，因而致人负伤的，处 15 年以下惩役；致人死亡的，处 1 年以上惩役。同时，该法在第 3 条第 1 款新增设了准危险驾驶致死伤罪，对行为人认识到酒精可能影响正常驾驶却仍然驾驶机动车因而导致他人伤亡的准酒驾致人死伤行为进行了规制。根据该规定，因酒精或者药物的影响，存在可能妨碍正常驾驶的状态，在该状态下驾驶机动车时，因该酒精或药物的影响导致陷入不能正常驾驶的状态，致人负伤的，处 12 年以下惩役；致人死亡的，处 15 年以下惩役。此外，该法第 4 条还规定了酒驾被发现后逃避检测行为的认定与处罚。根据该规定，因酒精或药物的影响，在可能导致妨碍正常行驶的状态下驾驶机动车的人，疏忽驾驶上的必要注意，因而致人死伤的，以逃避对驾驶当时有无酒精或药物的影响程度进行检查为目的，再次饮酒或服药、逃离现场后降低体内酒精或药物的浓度，或者其他规避检测酒精或药物有无影响或者影

---

① 参见谢佳君：《日本危险驾驶致死伤罪的立法探析——以对我国危险驾驶罪的立法借鉴为视角》，载《刑法论丛》（2015 年第 3 卷），法律出版社 2015 年版，第 385—387 页。

② 参见张明楷：《日本刑法的修改及其重要问题》，载《国外社会科学》2019 年第 4 期。

响程度的行为,处 12 年以下惩役。①

除了在刑法典和单行刑法中对醉驾的关联犯罪进行规制外,《日本道路交通法》中也设置了刑罚处罚。较为典型的如该法第 65 条规定的车辆提供罪、酒水提供罪和同乘罪。上述规定将醉酒驾驶人与劝酒者、同乘者、供酒者等醉酒驾驶的关联人员一同纳入刑法的规制范围,体现了日本对醉驾关联行为的严厉惩治态度。根据该法第 65 条、第 117 条补充之二、第 117 条补充之三规定,对上述为醉驾者提供车辆的人员、命令或者容忍他人醉酒状态驾驶机动车的人员,最高可处以 5 年以下惩役或者 100 万日元以下罚金。实践中,对于被告人在为饮酒者提供车辆的阶段,因另外的机会产生同乘的意思而同乘的,按照车辆提供罪与同乘罪进行数罪并罚。②

3. 配套措施的适用

在酒后驾驶的行政处罚方面,《日本道路交通法》第 103 条规定,对于酒后驾驶行为或者被判明是酒精服用者的,可以吊销驾驶证,或者在不超过 6 个月的范围内,以规定的期间暂时禁止使用驾驶证。此外,该法第 90 条同时规定,对于酒精、麻醉剂、大麻、鸦片或者兴奋剂吸食人员,可以不予发放驾驶证,或者在不超过 6 个月的范围以内暂缓发放驾驶证。

除了明确禁止酒后驾驶外,日本还十分关注国民的饮酒习惯,通过立法形式规劝国民保持饮酒节制,努力改掉酗酒恶习,防止由此引发的社会不良反应。例如,日本制定了《未成年人饮酒禁止法》[大正 11 年(1922)3 月 10 日法律第 20 号],从亲权人或者其他监督者、销售或者提供酒类的经营者的角度,强化对未成年人饮酒行为的规制。根据该法第 1 条、第 3 条规定,对未成年人行使亲权的人或者代替亲权者监督未成年人的人,知道未成年人饮酒未予制止的,处以罚款;销售或者提供酒类的经营者,明知未满 20 周岁的人饮酒而向其销售或者提供酒类的,处 50 万日元以下罚金。再如,《关于防止醉酒扰乱公众行为的法律》[昭和 36 年(1961)6 月 1 日法律第 103 号]旨在处罚干扰和影响公众正常生活的醉酒行为,同时,对醉酒者给予保护和救助。该法第 4 条、第 6 条分别规定,"①醉酒者在公共场所或者公共交通工具中,有严重扰乱公众的粗野或者狂暴的言行的,处拘役

---

① 参见张凌、于秀峰编译:《日本刑法及特别刑法总览》,人民法院出版社 2017 年版,第 258—259 页。
② 参见[日]奥村正雄、十河太郎、绪方步:《2008 年日本刑法重要判例回顾与展望》,陈遥译,载陈兴良主编:《刑事法判解》(第 11 卷),人民法院出版社 2012 年版,第 214 页。

或者科料。②对于犯前款之罪的人，根据情节可以免除刑罚，或者并科拘役和罚款。③教唆或者帮助他人实施第 1 款之罪的，以正犯论处"；"醉酒者要对同居的亲属等使用暴力，加害该亲属等的生命、身体或财产时，警察根据各种情况判断认为有必要时，可以基于《警察官职务执行法》[昭和 23 年（1948）法律第 136 号]第 6 条第 1 款的规定，进入该居所内"。①

最后，值得一提的是，虽然频繁修法使得日本在一段时期缓解了因酒后驾驶导致的交通事故及死伤人数持续增长的严峻问题，但从 2008 年起，日本因酒后驾驶导致的死亡人数就进入停滞于每年 300 人左右的平台期。对此，日本政府相继推出一系列新举措，例如要求货车、公交车、出租车等车辆的驾驶人履行接受呼气式酒精浓度测试的义务；在违反酒驾规定人员的车辆上安装酒精锁；对酒后驾驶人员开展专项教育；对酒精依赖症患者开展干预性治疗；整顿环境，清理酒吧、居酒屋等场所附近的停车场及酒精饮料自动贩卖机；面向全社会开展醉酒及酒精代谢等相关基础知识的普及教育活动；等等。②

（四）我国台湾地区的醉驾立法与实践

在我国台湾地区，醉驾犯罪是最受关注的社会和法律问题之一。在导致人员死亡的道路交通事故发生的原因中，醉酒驾车在长达十余年的时间中始终高居前两位。面对实践中频发的重大醉酒驾车肇事案件，"'治酒驾用重典'俨然成为常识与社会共识"③。近年来，我国台湾地区采取了包括将醉驾行为刑罚化并不断提高刑度、多次修正道路交通管理处罚条例等一系列立法措施，严惩重罚醉驾犯罪。

1. 醉驾犯罪的立法沿革与基本内容

我国台湾地区有关醉驾犯罪的规定集中体现在不能安全驾驶罪中。该罪可追溯至 1987 年，彼时台湾地区增加了服用酒类或其他相类之物过量致意

---

① 参见张凌、于秀峰编译：《日本刑法及特别刑法总览》，人民法院出版社 2017 年版，第 173—174 页、第 233—234 页。
② 参见［日］长谷场健：《酒精、醉酒与酒驾——日本的经验》，载《公安学刊——浙江警察学院学报》2011 年第 6 期。
③ 李佳玟：《治酒驾用重典？一个实证的考察》，载林东茂、谢煜伟等：《酒醉驾车刑法问题研析》，元照出版有限公司 2016 年版，第 160 页。

识模糊而驾驶动力交通工具的刑罚处罚规定。① 此后,由于多年来酒后驾车问题严重恶化,肇事死亡率逐年增加,我国台湾地区在 1999 年修订"刑法"时增设了第 185 条之三"不能安全驾驶罪(危险驾驶罪)",明确"服用毒品、麻醉药品、酒类或其他相类之物,不能安全驾驶动力交通工具而驾驶者,处一年以下有期徒刑、拘役或三万元以下罚金"②。通过之后,酒后驾车肇事问题虽然一时得以缓解,但"经过一段时间后,吓阻效果似乎逐渐降低,酒后驾车肇事的情况依然严重"③,又不得不于 2008 年、2011 年、2013 年三次修改,相继提高了不能安全驾驶罪的处罚力度。④ 2019 年初,针对酒驾肇事致人死亡事件多发的态势,我国台湾地区法务主管部门再次提出修改草案,拟比照故意杀人罪将醉驾致死的最高刑提高至死刑。⑤ 同年 6 月 19 日,我国台湾地区通过了对第 185 条之三的条文修正,将酒驾再犯致死伤者的法定最高刑提高至无期徒刑。⑥ 同时,我国台湾地区法务主管部门还说明,"酒驾肇事致人伤亡,依个案具体情形及相关事证进行判断,如果

---

① 参见赵秉志、于志刚:《台湾地区刑法典分则的特点及其完善趋势》,载《河南省政法管理干部学院学报》2001 年第 2 期。

② 参见赵秉志、周加海:《台湾地区现行刑法典修正内容简介》,载《云南大学学报(法学版)》2003 年第 4 期。

③ 参见陈子平:《论酒醉驾车罪(不能安全驾驶罪)的争议问题——以台湾"最高法院"98 台非 15 判决为例》,载《中外法学》2012 年第 4 期。

④ 1999 年我国台湾地区首次增设"刑法"第 185 条之三,将较严重的醉酒驾车行为予以犯罪化,违反者可处 1 年以下有期徒刑、拘役或者 3 万以下罚金。该规定同时将严重的醉酒驾车行为明确为酒精浓度值达 0.55mg/L 以上,以及超过 0.25mg/L 却未达 0.55mg/L,但因而导致肇事发生。2008 年对上述规定进行了修订,增加了"或并科 15 万元以下罚金"的财产刑。2011 年继续加重本罪的刑罚处罚,酒后不能安全驾驶者的自由刑提高至 2 年以下有期徒刑,罚金刑提高至 20 万元以下罚金,同时增加"因而致人于死者,处 1 年以上 7 年以下有期徒刑;致重伤者,处 6 月以上 5 年以下有期徒刑"。2013 年进一步提高了因醉驾导致人员伤亡的结果加重情形的处罚力度。参见张文菘:《论交通事故与交通执法》,五南图书出版股份有限公司 2018 年版,第 279—281 页。

⑤ 参见王尧、王平:《台湾:遏制酒驾挑战多》,载《人民日报》2019 年 3 月 17 日,第 7 版。

⑥ "驾驶动力交通工具而有下列情形之一者,处二年以下有期徒刑,得并科二十万元以下罚金:一、吐气所含酒精浓度达每公升零点二五毫克或血液中酒精浓度达百分之零点零五以上。二、有前款以外之其他情事足认服用酒类或其他相类之物,致不能安全驾驶。三、服用毒品、麻醉药品或其他相类之物,致不能安全驾驶。因而致人于死者,处三年以上十年以下有期徒刑;致重伤者,处一年以上七年以下有期徒刑。曾犯本条或陆海空军刑法第五十四条之罪,经有罪判决确定或经缓起诉处分确定,于五年内再犯第一项之罪因而致人于死者,处无期徒刑或五年以上有期徒刑;致重伤者,处三年以上十年以下有期徒刑。"载法源法律网,https://www.lawbank.com.tw/news/NewsContent.aspx?AID=260&NID=161415.00&kw=&TY=1,19,20,21,22&sd=2019-01-01&ed=2020-04-14&total=464&NCLID=37.00&lsid=。

具有故意杀人或伤害的主观犯意时,即回归刑法杀人罪、伤害罪论处,也就是酒驾致人于死涉及杀人罪责时,最重仍可判处死刑。行政院也表示,希望藉此让每个人都能免于酒驾危害的恐惧与损害"。①

从条文内容上来看,第185条之三第1款移植于《德国刑法典》第316条,区别仅在于未包含过失犯罪的内容。关于犯罪的本质,学者大多认为,该罪是抽象危险犯,而非具体危险犯。而关于该罪中"不能安全驾驶"的认定标准,则是司法实务部门与学术界争论最为激烈且直接影响不能安全驾驶罪成立与否的核心问题。对此,有学者主张,行为人只要满足法律设定的客观标准即可认定犯罪,而无须逐案判断饮酒驾驶人的酒精容忍力,交通警察在拦截到酒后驾驶行为人后,也无须通过金鸡独立、笔直走路等测试,推测行为人能否安全驾驶。规范上的此种设定,有节约警力与时间之意,否则,路上的车阵将难以排解,路检工作也将瘫痪。② 与之相区别,也有学者认为,驾驶人酒精呼气浓度或血液酒精浓度达到法务主管部门所认定的标准,仅能作为法院判断的参考材料,而不能作为证明"不能安全驾驶"的唯一证据。如果有反证可以推翻特定酒精浓度的证明,即便符合客观标准,也不一定要被认定为"不能安全驾驶"。为了印证这一观点,该学者还提出,近年来,我国台湾地区法务主管部门似乎也改变了以往凡达到呼气酒精浓度或者血液酒精浓度标准的即一律移送起诉的立场,而要求警方和检方提供辅以驾驶人酒后平衡协调检测等其他不能安全驾驶的证据。③ 上述论争既反映了我国台湾地区学者对于不能安全驾驶罪的性质及其认定标准的不同认识,又直接影响了实践中醉驾犯罪的惩处范围。

2. 醉驾犯罪的认定标准

1999年增订不能安全驾驶罪的立法公布施行后,我国台湾地区法务主管部门曾召集相关单位研究制定不能安全驾驶罪的认定标准,并最终决定借鉴德国的标准,将呼气酒精含量达到0.55mg/L或者血液酒精浓度达到0.11%作为醉驾犯罪中不能安全驾驶的判断标准。其理论依据在,处于此标准的驾驶人的肇事率是一般人的10倍,以之足以认定能够达到不能安全驾

---

① 《刑法三读修正 酒驾再犯致死最重处无期徒刑》,载法源法律网,https://www.lawbank.com.tw/news/NewsContent.aspx?AID=271&NID=161088.00&kw=&TY=1,19,20,21,22&sd=2019-01-01&ed=2020-04-14&total=464&NCLID=37.00&lsid=。

② 参见林东茂:《刑法综览》(修订五版),中国人民大学出版社2009年版,第391页。

③ 参见陈子平:《论酒醉驾车罪(不能安全驾驶罪)的争议问题 以台湾"最高法院"98台非15判决为例》,载《中外法学》2012年第4期。

驶的客观标准。① 既然地处寒带地区的德国人的酒精容忍度远超于亚热带的台湾人,那么以德国的标准作为后者的判断基础,也并不苛刻。② 至于介于0.26mg/L至0.54mg/L之间的,则必须辅之以其他客观事实,例如出现蛇形或车辆摇摆不定、闯红灯、闯越铁路平交道的栅栏、超高速飙车或超低速行驶等异常驾驶行为,才能最终得出是否确已达到不能安全驾驶程度的结论。③

2013年台大医师被酒驾者当场撞死事件发生后,为平息舆论关切、回应民众愤怒,台湾地区舍弃了实务界采用的上述标准,首次明确了醉驾犯罪的成立门槛,将认定标准降低到呼气酒精浓度达到0.25mg/L或者血液酒精浓度达到0.05%以上,以期进一步缩减酒驾者的侥幸空间,更加有效地遏制醉酒驾车行为的发生。④

3. 醉驾犯罪的刑罚适用

与刑事立法所采取的严厉的刑事政策有所不同,我国台湾地区司法机关在裁量醉驾犯罪案件时却采取了相对宽缓的刑事政策,主要体现为对于轻微犯罪行为的转处、短期自由刑与罚金刑的适用。

(1) 轻微犯罪行为的转处

根据我国台湾地区"刑事诉讼法"第252条、第253条、第253条之一规定⑤,不起诉制度包括法定不起诉、相对不起诉和缓起诉三种形式。实践中,在办理醉驾犯罪案件时,台湾地区检察官更倾向于适用缓起诉制度,要求醉驾行为人在一定的犹豫期间履行负担完毕并且没有故意实施其他犯罪,

---

① 参见林山田:《刑法各罪论》(修订五版)(下),北京大学出版社2012年版,第188页。
② 参见林东茂:《刑法综览》(修订五版),中国人民大学出版社2009年版,第391页。
③ 参见林山田:《刑法各罪论》(修订五版)(下),北京大学出版社2012年版,第188页。
④ 参见李佳玟:《治酒驾用重典?一个实证的考察》,载林东茂、谢煜伟等:《酒醉驾车刑法问题研析》,元照出版有限公司2016年版,第165页。
⑤ 第252条规定:"案件有左列情形之一者,应为不起诉之处分:一、曾经判决确定者。二、时效已完成者。三、曾经大赦者。四、犯罪后之法律已废止其刑罚者。五、告诉或请求乃论之罪,其告诉或请求已经撤回或已逾告诉期间者。六、被告死亡者。七、法院对于被告无审判权者。八、行为不罚者。九、法律应免除其刑者。十、犯罪嫌疑不足者。"第253条规定:"第三百七十六条第一项各款所规定之案件,检察官参酌刑法第五十七条所列事项,认以不起诉为适当者,得为不起诉之处分。"第253条之一规定:"被告所犯为死刑、无期徒刑或最轻本刑三年以上有期徒刑以外之罪,检察官参酌刑法第五十七条所列事项及公共利益之维护,认以缓起诉为适当者,得定一年以上三年以下之缓起诉期间为缓起诉处分,其期间自缓起诉处分确定之日起算。追诉权之时效,于缓起诉之期间内,停止进行。刑法第八十三条第三项之规定,于前项之停止原因,不适用之。第三百二十三条第一项但书之规定,于缓起诉期间,不适用之。"

再对之作出不起诉决定,以便更加有效地督促其履行义务、遵守法律规定。① 此外,检察官在适用缓起诉时可以附加要求嫌疑人遵守或履行以下义务:一是向被害人道歉;二是立悔过书;三是向被害人支付相当数额的财产或非财产上的损害赔偿;四是向公库支付一定金额并得由该管检察署依规定提拨一定比率补助相关公益团体或地方自治团体;五是向该管检察署指定的政府机关、政府机构、行政法人、社区或其他符合公益目的的机构或团体提供 40 小时以上 240 小时以下义务劳务;六是完成戒瘾治疗、精神治疗、心理辅导或其他适当的处遇措施;七是保护被害人安全的必要命令;八是预防再犯所为的必要命令。

据统计,2009 年至 2018 年,我国台湾地区醉驾犯罪案件的不起诉数量占到全部侦查终结案件总量的 33.3%,其中,缓起诉处分案件的比例为 29.3%,其他不起诉案件的比例为 4.0%。此外,值得一提的是,在起诉案件中,绝大部分案件采取声请简易判决的形式,在全部侦查终结案件中的占比为 60.5%,以通常程序提起公诉的案件仅占 5.5%。需要说明的是,此处所指的醉驾犯罪既包括未造成人员死亡或者重伤的一般醉驾案件,又包括因醉驾导致人员死亡或者重伤的案件。其中,一般醉驾案件主要适用声请简易判决处刑和缓起诉处分程序,2018 年的适用比例分别为 63.3% 和 27.0%,以通常程序提起公诉的案件占比仅为 6.6%,不起诉案件占比为 2.5%;因醉驾导致人员死伤的案件主要通过通常程序提起公诉,2018 年的起诉率高达 92.1%,获得不起诉处罚或其他处分(包括调解、通缉、移转管辖等)的案件仅占 7.9%。②

(2) 短期自由刑与罚金刑的适用

2009 年至 2018 年,我国台湾地区各级法院受理的醉驾犯罪人总数达 52.1165 万人,其中,作出有罪判决 51.9093 万人,无罪判决 376 人,包括免诉、不受理、自诉驳回、管辖错误等其他决定 1696 人,定罪率高达 99.6%。在有罪判决中,判处 6 个月以下有期徒刑和拘役、罚金的人数最多,分别为 37.7323 万人、13.0893 万人,占到被告人总数的 72.4%、25.1%;判处 6 个月以上不满 1 年、1 年以上不满 2 年、2 年以上不满 3 年、

---

① 参见蔡巍:《"醉驾"不起诉裁量权的适用及完善》,载《苏州大学学报(哲学社会科学版)》2019 年第 5 期。

② 参见蓝莺芬:《行政罚与刑事罚之责任界限与关联——以酒醉驾车行为为中心》,国立高雄大学法律学系研究所 2019 年硕士论文,第 77—79 页。

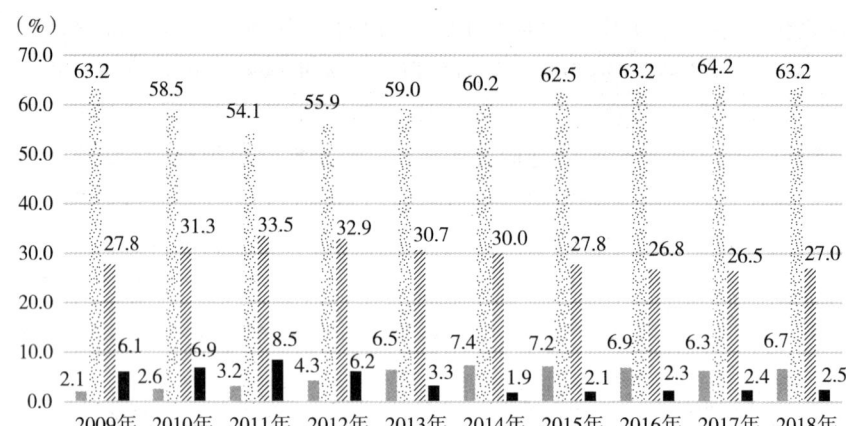

图5 2009年至2018年我国台湾地区醉驾犯罪案件起诉情况

3年以上、免予刑事处罚的人数分别为9475人、963人、228人、138人、73人，上述人员的总和仅占被告人总数的2.1%。

具体到各年份中，2013年之前，我国台湾地区对醉驾犯罪多适用拘役、罚金。在2012年审理的44410名醉驾犯罪人中，有58.2%的被告人被判处拘役、罚金，39.7%的被告人被判处6个月以下有期徒刑。2013年后刑法提高醉驾致人死亡、重伤行为的处罚力度，并删除拘役以及单独科处罚金刑的刑罚之后，拘役及罚金刑的适用比例大幅下降。2016年至2018年判处拘役、罚金的人数仅为12人、8人、5人；而判处6个月以下有期徒刑的人数则大幅上升，2014年至2018年的适用率均超过95%。

按行为类型进行划分，我国台湾地区司法机关倾向于对未造成人员死亡或重伤的一般醉驾案件适用6个月以下有期徒刑，其次为拘役、罚金；对导致人员死亡或重伤的醉驾行为人则主要判处1年以上不满2年有期徒刑，其次为2年以上不满3年有期徒刑。2012年至2018年，我国台湾地区一般醉驾案件与醉驾致死或重伤案件的刑罚裁量情况如表3所示。①

---

① 参见蓝莺芬：《行政罚与刑事罚之责任界限与关联——以酒醉驾车行为为中心》，高雄大学法律学系研究所2019年硕士论文，第80—82页。

表 3　2012—2018 年我国台湾地区醉驾犯罪案件刑罚处罚情况

案件类型	总人数	有期徒刑					拘役、罚金	免予刑事处罚
		6 个月以下	6 个月以上不满 1 年	1 年以上不满 2 年	2 年以上不满 3 年	3 年以上		
一般醉驾	394089	341192	8552	511	16	3	43745	70
醉驾致死或者重伤	840	28	37	428	212	135	—	—
总计	394929	341220	8589	939	228	138	43745	70

4. 醉驾行为的行政处罚

在我国台湾地区，对于酒后驾驶行为，除了可以适用刑事制裁手段外，"道路交通管理处罚条例"和"道路交通安全规则"还对之规定了行政处罚。早在 1968 年"道路交通管理处罚条例"制定之初，台湾地区就已经将酒后驾驶行为纳入违法行为的范畴，规定酒驾处罚锾 100 元至 300 元，造成死伤的，吊销驾驶执照，并连带处罚汽车所有人。其后，1986 年将酒驾的罚锾额度提高至 300 元到 600 元。这一阶段，酒驾行为被认定为中等程度的交通违规行为，1997 年以后，其被升格为严重的交通违规行为予以规制。①此后，面对酒驾肇事的严峻形势，台湾地区进入频繁修法时期，在不断修改刑法的同时，还通过连续修正道路交通法律规范的形式，加重醉驾行为的罚则，希冀以此遏制日益严重的酒驾问题。

在"道路交通管理处罚条例"的修订方面，1997 年台湾地区将醉酒驾车的罚锾提高到 6000—12000 元新台币；同时增加无肇事醉酒驾车行为应吊销驾驶执照 6 个月、醉酒肇事致人受伤行为应吊销驾驶执照 1 年的规定；加重对酒驾肇事致人重伤或者死亡的处罚，明确对该种行为应终身吊销驾驶执照。2001 年修订的"条例"继续提高醉酒驾车的罚锾至 1.5 万—6 万元新台币，明确随酒精浓度增加而加重罚锾的金额，将无肇事酒驾行为吊销驾驶执照的期限提高至 1 年，将酒驾肇事致人受伤者的吊销驾驶执照的期限提高至 2 年，增设汽车驾驶人拒绝酒精浓度测试的处以 6 万元新台币的罚锾并吊

---

① 参见李佳玟：《治酒驾用重典？一个实证的考察》，载林东茂、谢煜伟等：《酒醉驾车刑法问题研析》，元照出版有限公司 2016 年版，第 163 页。

销驾驶执照的规定，同时规定对于肇事致人重伤或者死亡的应终身吊销其驾驶执照并不得再考领。2002年修订的"条例"增加了车辆强制移置规定，要求依法一律当场移置保管驾驶人的车辆。2005年修改的"条例"又加重了对营业大客车酒驾行为的处罚，规定对具有吊扣情形的营业大客车驾驶人从重处以吊销驾驶执照4年的处罚；明确酒驾汽车行为人经裁判确定处以罚金低于"条例"第92条第3项所规定的最低罚锾基准的，应依裁决缴纳不足最低罚锾的部分。2013年修订的"条例"第三次提高了罚锾的金额至1.5万—9万元；增加汽车驾驶人在5年内有2次以上醉驾的处9万元新台币罚锾并当场移置保管该汽车及吊销驾驶执照，如肇事致人重伤或者死亡的吊销驾驶执照并不得再考领的规定；同时增加汽车驾驶人驾驶汽车行经警察机关设有告示执行测试检定的场所，不依指示停车接受稽查或者拒绝接受测试检定的，处9万元新台币罚锾并当场移置保管该汽车、吊销驾驶执照及施以道路交通安全讲习，如肇事致人重伤或死亡，吊销该驾驶执照并不得再考领的规定。

在"道路交通安全规则"的修订方面，2012年台湾地区对第114条第1项第3款进行了修改，明确未领有驾驶执照、初次领有驾驶执照未满2年的驾驶人或者职业驾驶人驾驶车辆时，饮用酒类或者其他类似物后呼气酒精浓度超过0.15mg/L或者血液酒精浓度超过0.03%的，不得驾车；2013年又对第114条第1项第2款进行了修订，明确全部汽车驾驶人饮用酒类或者其他类似物后其呼气酒精浓度达0.15mg/L或者血液酒精浓度达0.03%的，均不得驾车。①

根据我国台湾地区现行"道路交通管理处罚条例"第35条第1款②和"道路交通安全规则"第114条③的规定，驾驶人饮用酒类或其他类似物后

---

① 参见张文菘：《论交通事故与交通执法》，五南图书出版股份有限公司2018年版，第278—281页。

② 第35条第1款规定："汽机车驾驶人，驾驶汽机车经测试检定有下列情形之一，机车驾驶人处新台币一万五千元以上九万元以下罚锾，汽车驾驶人处新台币三万元以上十二万元以下罚锾，并均当场移置保管该汽机车及吊扣其驾驶执照一年至二年；附载未满十二岁儿童或因而肇事致人受伤者，并吊扣其驾驶执照二年至四年；致人重伤或死亡者，吊销其驾驶执照，并不得再考领：一、酒精浓度超过规定标准。二、吸食毒品、迷幻药、麻醉药品及其相类似之管制药品。"

③ 第114条规定："汽车驾驶人有下列情形之一者，不得驾车：一、连续驾车超过八小时。二、饮用酒类或其他类似物后其吐气所含酒精浓度达每公升零点一五毫克或血液中酒精浓度达百分之零点零三以上。三、吸食毒品、迷幻药、麻醉药品或其相类似管制药品。四、患病影响安全驾驶。五、计程车驾驶人未向警察机关请领执业登记证，或虽已领有而未依规定放置车内指定之插座。"

驾驶机动车,经检测呼气酒精浓度达到 0.15mg/L 或者血液酒精浓度达到 0.03% 以上的,构成酒后驾驶的违法行为。对于汽车驾驶人应处以 3 万元以上 12 万元以下新台币罚锾,并应当场移置保管该汽车及吊销其驾驶执照 1 年至 2 年,附载未满 12 岁儿童或者因肇事而致人受伤的,并处吊销驾驶执照 2 年至 4 年;致人重伤或者死亡的,吊销驾驶执照并不得再考领。

5. 配套措施的适用

在我国台湾地区,针对拒绝接受酒精检测的行为,警政部门于 2013 年 6 月 18 日颁布《警察取缔酒驾处理程序》,明确授权执法人员对于拒绝接受酒精检测者,在判断其呼气酒精浓度可能达 0.25mg/L 以上时,可以以准现行犯予以逮捕,同时检附时间、地点、情况及未归人个人资料向检察官申请抽血鉴定许可书。在强制抽血前,警察还会规劝行为人配合呼气检测,不配合的才予以强制抽血,随后移送检察官侦查结案。① 此外,在任职方面,酒驾已经成为公务员记过免职、劳工无资遣费解雇的正当理由。②

(五) 前述国家和地区醉驾治理的迷思与启示

通过上述分析,不难看出,随着犯罪治理的不断深入,美国、德国、日本、我国台湾地区有关醉驾犯罪的规范不断完善、惩罚力度日益加强、犯罪认定标准逐步下降、关联犯罪法网日趋严密。总的来看,上述国家和地区对于醉驾行为的治理既各具特色,又有共同之处,主要体现为:其一,在立法模式上,均采取了同时规定危险犯与结果犯的模式;其二,在认定标准上,均将经呼气或血液检测确定的酒精含量阈值超过一定数值作为认定醉驾犯罪的客观标准,同时兼采不能安全驾驶的主观判断标准,如若行为人未达到不能安全驾驶的危险程度,则可以排除犯罪成立;其三,在惩治对象和处罚手段上,对于初次犯罪、情节轻微的危险犯适用较轻处罚,对于造成人员伤亡等严重后果的或者再犯、累犯则适用较重的刑罚。

与之相较,我国在醉驾犯罪的立法和司法实践方面亦具有共通之处,即均将醉驾的抽象危险犯纳入刑事犯罪的惩治范围,并采取了人身罚、财产罚和资格罚相结合的方式对醉驾行为进行规制。不同之处体现在:第一,立法

---

① 参见吴耀宗:《刑法防制酒驾新规定无漏洞 唯执法误解与立法谬错》,载林东茂、谢煜伟等:《酒醉驾车刑法问题研析》,元照出版有限公司 2016 年版,第 185 页。

② 参见李佳玟:《治酒驾用重典?一个实证的考察》,载林东茂、谢煜伟等:《酒醉驾车刑法问题研析》,元照出版有限公司 2016 年版,第 166 页。

体例不同。我国在刑法典中集中规定醉驾犯罪的刑罚处罚;而美国、日本则主要采取附属刑法的立法模式,在道路交通法律规范中规制醉驾犯罪。第二,惩处范围不同。我国刑事处罚范围较为狭窄,现行刑法仅规定了醉驾犯罪的正犯,处罚对象局限于醉驾行为人本人;而日本则将提供车辆或者酒精饮品、对即将开车的驾驶人劝酒等共犯行为独立成罪,美国还单独设置了抗拒酒精检测的醉驾关联犯罪。第三,处罚重点不同。我国对全部未造成人员死伤的醉驾行为人仅规定了一档法定刑,刑罚处罚相对粗疏;而美国则对不同行为表现的醉驾者采取了"分而治之"的政策,管理方式和惩处手段均更加精细。第四,法定刑不同。我国醉驾犯罪的法定最高刑为拘役并处罚金;而美国、德国、日本区则对之规定了刑期不等的有期徒刑、数额不等的罚金刑,处罚方式更为多元、处罚力度相对更重。第五,诉讼程序不一。目前我国仅有部分地区探索建立醉驾犯罪案件的快侦快诉快审制度和案件分流工作机制,适用的案件数量在全部醉驾犯罪案件中的占比不大;而美国、德国、日本等国的快速处理和诉讼分流机制则相对成熟,在侦查、起诉阶段分流的案件数量也更为庞大。第六,犯罪预防措施不同。美国、日本更加注重对醉驾行为人的行为矫正,如美国对滥用酒精者进行康复治疗,防止因酗酒者引发的醉驾行为,而日本则通过制定轻犯罪法规制提供酒精的行为,预防醉驾问题出现。此外,在美国和德国,社会性公益组织在醉驾犯罪防治过程中发挥了更加积极的作用,甚至推动了相关立法完善。这些均是目前我国醉驾犯罪防治中较为薄弱的环节。

虽然美国、德国、日本、我国台湾地区关于醉驾犯罪的刑事规制更为久远,治理经验更加成熟,但引人深思的是,如何有效地惩治和预防醉驾犯罪至今却仍然是令上述国家和地区困扰的一道难题。在美国,即便醉驾治理已有数百年历史,司法实践中也曾出现过对多次醉驾者适用无期徒刑的极端案例,但全美仍然深受醉驾问题的困扰,每年大约有1万余人死于因酒后驾驶引发的交通事故。[①] 在德国,司法实践已经证实,重刑威胁起不到预想的犯罪预防效果,在公众认为刑罚已经相当严厉的情况下,警方登记的犯罪数量仍然在不断增加。[②] 在日本,"一连串轰轰动动的重刑化立法之后,从统计资料显示,并没有产生如预期般遏制恶质交通犯罪的成效,反倒是后续几年

---

① 参见兰荣杰:《酒驾该怎么治》,载《人民法治》2019年第4期。
② 参见马登民、张长红:《德国刑事政策的任务、原则及司法实践》,载《政法论坛(中国政法大学学报)》2001年第6期。

努力改善交通环境、加强交通违规取缔等措施才生改善效果"①。对此，平野龙一教授曾一针见血地指出，"为了防止犯罪，采取社会福利政策有时比采取对行为非难的方法更为有效。如为了减少交通事故的死亡人数，与从重处罚过失致死罪相比，整修道路具有更好的效果"②。在我国台湾地区，严厉的刑事政策和数次提高刑罚处罚力度的规制修正似乎并未改变当地严峻的醉驾形势，在1999年醉酒驾驶行为入罪之后，因醉酒驾车肇事造成的人员伤亡数量不但没有减少，反而有更加严重的趋势。据统计，2010年台湾地区因酒驾导致的伤亡总数几乎是2002年的2倍，增长幅度远远超过了8年来当地机动车数量的增加幅度。③ 迄今为止，醉驾所"产生之伤亡效应"，仍然"是一项令人畏惧的社会安全课题"。对此，有台湾学者提出，当局"立法的初衷以刑罚的威吓主义来防制酒醉驾车的功能，令人困惑质疑"。④ 林山田教授更是提出，"酒醉驾驶汽车或机车的行为，在现行法制中已有'道路交通管理处罚条例'的处罚规定，对于这些行为，只要适用该'条例'，科处行政罚，即为已足，而无制定本罪（不能安全驾驶罪——课题组注）的必要"。⑤

美国、德国、日本、我国台湾地区在醉驾治理实践中出现的上述问题不禁令人反思，"治酒驾用重典"的理念和做法能否切实实现遏制和减少酒后驾驶行为的目的。实际上，无论是在哪个国家和地区，与醉驾作斗争的历程均是漫长且艰难的，禁绝酒后驾驶行为仅依靠严刑峻法并不能发挥长效的作用。美国、德国、日本、我国台湾地区的治理经验启示并警醒我们，在醉驾防治过程中，需要注意以下问题：

第一，治理方式应更加多元。"现代刑事政策理论认为，对犯罪预防的理解，必须作出极为多元化的解释和实践，刑罚仅仅是预防犯罪的一种手段，它不是唯一的，甚至也不是主要的对付犯罪的工具。"⑥ 其他国家和地

---

① 参见谢煜伟：《交通犯罪中的危险犯 立法与其解释策略》，载林东茂、谢煜伟等：《酒醉驾车刑法问题研析》，元照出版有限公司2016年版，第23页。
② 参见［日］平野龙一：《刑法总论》，有斐阁1972年版，第19—29页。转引自李海东主编：《日本刑事法学者》（上册），法律出版社、日本成文堂1999年版，第288页。
③ 参见李佳玫：《治酒驾用重典？一个实证的考察》，载林东茂、谢煜伟等：《酒醉驾车刑法问题研析》，元照出版公司2016年版，第167页。
④ 参见张文菘：《论交通事故与交通执法》，五南图书出版股份有限公司2018年版，第276、283页。
⑤ 林山田：《刑法各罪论》（修订五版）（下），北京大学出版社2012年版，第191页。
⑥ 钟安惠：《当今欧美刑事政策思想导致刑罚作用的变化》，载《中外法学》1993年第6期。

区的司法实践已经充分证实,加重刑罚仅在短期内可以起到迅速抑制醉驾犯罪的作用,但从长远来看,此种做法却并不经济,效果也不持久。治理醉驾犯罪,不仅应采用刑事处罚方式施以刑罚,还应配合严格的执法、严肃的司法、配套的行政管理措施。此外,现代化的科技和医学手段、普及的反酒驾教育与健康的饮酒文化,也是实现醉驾犯罪惩防结合目标的重要路径。

第二,刑罚处罚应更加精准。行为人的醉驾行为表现与其违法犯罪经历能够表征其所实施的醉驾犯罪的严重程度和行为人本身的人身危险性的大小。对行为性质和危害程度不同的醉驾行为人进行区分,设置阶梯式的刑罚处罚,既是罪责刑相适应原则的基本要求,又有利于彰显法律的尺度,体现法律的温度。为此,应从刑事立法和司法实践中做到,对社会危害性、人身危险性均较小的醉驾初犯,赋予认罪协商的权利,施以相对宽缓的处罚;而对于社会危害性、人身危险性均较大的醉驾行为人,则应适用更为严苛的刑罚处罚。

第三,惩治范围应更加合理。一方面,在处罚醉驾行为的同时,还应关注到与之密切关联的行为,如提供酒精饮品或车辆、强令或教唆他人醉驾等,通过织密法网实现全方位考察、惩防醉驾行为。当然,对于这些关联行为并非一概纳入刑罚处罚范围了之,而应从主客观相统一的角度,对行为人是否明知醉驾行为而故意提供帮助、客观上是否为醉驾行为发生贡献了力量等方面予以综合考量。另一方面,对于醉驾行为人而言,也应结合主客观因素,审慎考量是否有将其纳入刑事处罚范围的必要性,对于无刑罚处罚之必要或者不宜适用刑罚的案件应及时在诉讼程序中予以分流。

第四,犯罪附随后果应更加科学。适用刑罚处罚醉驾行为人的最终目的在于,教育行为人、矫正其越轨行为。应充分认识到,短期自由刑"虽能体现严格执法、矫正违法、保护社会,但由普通守法公民转变为罪犯身份,被打上犯罪的烙印,而且进入监狱,将对一个人的心理以及一生的生活产生深重的影响"[1],犯罪的标签效应亦不利于行为人重新回归正常社会生活。为此,在对醉驾行为人适用刑罚处罚的同时,还应通过采取一系列削减犯罪附随后果的手段,帮助改造效果较好的醉驾行为人顺利摆脱犯罪污点,更快复归社会。

---

[1] 龙宗智:《通过程序实现"宽严相济"刑事政策》,载《社会科学》2007年第5期。

四、醉驾犯罪刑事政策的应然走向和路径选择

2011 年醉驾入刑以来,我国在醉驾犯罪治理过程中积累了严格、规范、公正、文明执法、司法的有益经验,但同时也面临着醉驾犯罪数量持续增长与刑法边际效益日益衰减的风险和挑战。为了更加高效地惩处醉驾犯罪,实现最大限度地预防和减少酒后驾驶违法犯罪行为及因此导致的道路交通事故的目的,课题组认为,应当在坚守醉驾行为犯罪化的基础上,立足我国宽严相济刑事政策的基本要求和执法、司法实际,充分借鉴其他国家和地区醉驾犯罪治理的经验,正视问题、深刻反思、吸取教训,进一步树立醉驾犯罪惩治的正确价值理念,明晰现阶段和未来一段时期我国醉驾犯罪刑事政策的总体方向和基本内涵,探索完善醉驾犯罪惩治的具体路径及配套制度构建。

(一) 醉驾犯罪惩治的争议与坚守

作为我国刑法中首个法定最高刑为拘役的犯罪,醉驾犯罪早在《刑法修正案(八)(草案)》向社会公开征求意见之时就饱受争议,近年来伴随犯罪治理工作的持续深入、犯罪数量的不断走高,更是质疑声音不断。综观刑法理论界和司法实务界,目前关于醉驾犯罪惩治成效及其改革方向的观点主要有以下三种:

第一种为否定论或称取消论。持该种观点的论者虽然并不否认醉驾入刑降低了道路交通事故的死亡率并引领了"喝酒不开车、开车不喝酒"的社会风尚这一客观事实,却基于醉驾犯罪数量不降反升的趋势和惩治醉驾犯罪的司法成本、社会成本过于高昂等原因,主张取消醉驾型危险驾驶犯罪,以行政处罚代替刑事处罚。① 现阶段,此种观点虽然仅为极少数论者所坚持,但由于其是对醉驾入刑的彻底否定,依然受到各界高度关注。

第二种为改革论或称限制论,这是目前刑法理论界和司法实务界的主流观点。秉持该种观点的论者认为,醉驾行为具有一定的社会危害性,需要通过刑事立法予以规制,因此,取消醉驾型危险驾驶罪的意见并不合理。但同时指出,大量醉驾案件消耗了本已十分紧张的司法资源,犯罪标签的存在更

---

① 参见张荆:《聚专家智慧 探索犯罪防控规律——2019 中国犯罪防控 20 人论坛综述》,载《天津法学》2020 年第 1 期;黄闻禹、陈慕媛:《朱列玉:区分情节严重程度 调整酒驾入刑标准》,载新浪网,http://gd.sina.com.cn/news/m/2021-03-02/detail-ikftpnnz0518219.shtml。

使得基数庞大的醉驾行为人及其家庭陷入困境,对于司法和个人而言是"两败俱伤"。因此,主张通过立法和司法手段提高醉驾犯罪的入刑门槛,以期限制醉驾犯罪的打击范围。①

第三种为肯定论或称维持论。目前,持该种观点的学者亦不多见,较具代表性的为李翔教授。他在《危险驾驶罪过时了?》一文中指出,醉驾入刑后的积极意义大于所谓"增加了社会对立面"的说法,同时他反对司法为醉驾"松绑",而主张通过严守故意犯罪的证明要求来作为限缩危险驾驶罪处罚范围的进路。②

课题组认为,首先应当对醉驾入刑的正面意义予以充分肯定。不可否认的是,近年来醉驾犯罪惩治确实引发了犯罪数量不断攀升、挤占有限的司法资源、犯罪附随后果严重等一系列问题。但更应认识到,经过10年来的犯罪治理,我国因酒后驾驶导致的人员死伤的道路交通事故数量明显减少,酒后拒驾的社会氛围和公民良好的驾驶行为习惯渐趋形成。这些社会面向的重大转变和所产生的积极影响均是醉驾犯罪治理成效的重要展现,也是历经犯罪打击数量持续增长的阵痛期、以司法资源和社会资源的消耗为代价换取而来的不易成果。如不持之以恒,反而戛然而止仓促废除醉驾型危险驾驶犯罪,一方面,将使得执法、司法机关10年来的努力付诸东流,甚至还可能产生醉驾行为的报复性反弹,严重危害公共安全;另一方面,对于已经作出有罪判决、受到刑罚处罚的醉驾行为人而言,也并不公平。当然,在坚守醉驾入刑的刑事立法政策的同时,还应当正视近年来醉驾治理过程中出现的诸多问题。这既是刑事司法对于刑事立法作出的直接反应,又暴露出当前一个阶段我国醉驾犯罪惩治存在的政策缺失、司法乏力等问题,亟须通过明确政策方向、调整完善司法制度加以引导和规制。

(二)醉驾犯罪刑事政策的理念革新

在宽严相济刑事政策的语境下探讨醉驾犯罪刑事政策的应然走向,应当回归宽严相济刑事政策的实质内核和醉驾犯罪的本质属性。根据刑罚的轻重,可以将我国现行刑法中规定的犯罪划分为重罪、轻罪和微罪。醉驾犯罪

---

① 参见《每年30万人醉驾入刑,人大代表周光权呼吁修法提高入罪门槛》,载新浪网,http://k.sina.com.cn/article_7517400647_1c0126e4705900wjmc.html;《全国人大代傅信平:建议修改刑法"醉驾"条款》,载微信公众号"贵州检察"2021年3月7日。

② 参见李翔:《危险驾驶罪过时了?》,载微信公众号"刑事疑案与刑法解释"2021年3月11日。

的法定最高刑为拘役，属于典型的微罪。对其理应采取区别于重罪、轻罪的刑事政策，设定符合其犯罪属性、满足刑法比例、均衡公正与效率价值的精准化的刑事政策。

1. 理性审视罪刑关系

关于我国醉驾犯罪惩治应予采取的刑事政策，有意见认为，应继续坚持入刑初期"醉驾一律入刑"的政策不动摇，"严惩醉驾人，重典治醉驾"。① 也有论者主张，应进一步加大对醉驾行为的惩处力度，"根据不同的情况增加法定刑档次"，"由拘役、罚金至有期徒刑以上刑罚"，并"严格控制缓刑或者免刑的适用"。② 与之形成鲜明对比，还有观点对醉驾入刑的效果提出疑问，并主张在现有法律框架下，对未造成交通事故的醉驾行为考虑适用附条件不起诉制度，在满足符合考察事项要求、考察期限届满后可不作犯罪处理，以避免社会矛盾的后遗症。③ 更有甚者建议修改刑法，删除有关醉驾犯罪的规定，同时，对深度醉驾的行为按照以危险方法危害公共安全罪追责，加大对深度醉驾和因酒驾导致交通肇事行为的刑罚处罚力度，对一般酒后驾驶行为处以吊销机动车驾驶证、5 年内不得重新申领驾驶证的行政处罚。④ 从根本上讲，不同论者对于醉驾犯罪惩治的未来走向之所以产生上述严重分歧，在于其所持犯罪观、刑罚观及对二者之间关系的认识不同。在调整、完善醉驾犯罪刑事政策时，应理性、审慎地理解和处理犯罪与刑罚之间的关系。

（1）坚守罪责刑相适应原则

罪责刑相适应原则是我国 1997 年刑法在第 5 条确立的一项基本原则。其基本含义在于，刑罚的轻重应当与犯罪的轻重和刑事责任的大小相适应，实现重罪重判、轻罪轻判、罪刑相称、罚当其罪。其中，刑罚轻重指刑法对某种犯罪规定的法定刑和人民法院对犯罪分子宣告判处的刑罚的轻重，包括刑种的性质、刑期的长短、财产刑的数量多少等；犯罪轻重指犯罪行为的社

---

① 参见李云：《醉驾量刑宽严相济强化法律威慑力》，载《法制日报》2013 年 12 月 28 日，第 7 版。

② 参见徐苑芬、施梅妹：《遏制酒驾醉驾需加大四个力度》，载《梅州日报》2020 年 7 月 12 日，第 8 版。

③ 参见张荆：《聚专家智慧 探索犯罪防控规律——2019 中国犯罪防控 20 人论坛综述》，载《天津法学》2020 年第 1 期。

④ 参见魏丽娜：《全国人大代表朱列玉：建议调整醉驾入刑标准》，载大洋网，https://news.dayoo.com/guangdong/202102/24/139996_53805154.htm。

会危害性大小，包括犯罪事实、犯罪性质、犯罪情节、危害结果、犯罪分子的主观恶性程度、认罪悔罪态度等；刑事责任大小指犯罪分子承担刑事责任的能力大小，包括刑事责任年龄、辨认和控制能力、参与国家管理和社会活动的能力、财产负担能力等。①

就醉驾犯罪而言，从立法层面来看，其行为尚未造成实际损害后果，而仅是法律拟制的对公共安全形成的威胁，在本质上属于抽象危险犯。与之行为性质相适应，立法者为之配置了法定最高刑仅为短暂剥夺人身自由的拘役刑和以缴纳一定数额的金钱为内容的罚金刑。可以说，该罪的罪质与法定刑相互适应，这就为罪责刑相适应原则在本类犯罪中的实现奠定了坚实的基础。从司法层面来看，罪责刑相适应原则要求，司法机关在裁量刑罚时，秉持司法公平、公正的理念。一方面，应防止出现轻罪重判的重刑主义倾向，同时也应避免重罪轻判的轻刑主义错误，实现罪质、罪量与刑罚量相适应；另一方面，应严格按照法律规定定罪量刑，对于同类案件处以同等处罚，避免不同地区、不同法院间出现量刑轻重差距悬殊的不公平现象。这就要求，司法机关在对醉驾犯罪案件进行刑罚裁量时，既应做到重罪重判、轻罪轻罚、罚当其罪，还应采用统一的司法裁量标准，从形式与实质层面均能实现醉驾犯罪惩处的公平、正义。

（2）正视刑罚的威慑作用

刑罚的理论基础之一在于威慑理论。"通过制定、适用和执行刑罚，威慑罪犯不再犯罪和儆戒他人不去犯罪是人类发明刑罚的重要目的之一。"②持刑罚威慑理论的学者基于理性人假设，主张人类基于趋利避害的本能反应，当可能招致刑罚施加的痛苦时，就倾向于不去实施犯罪行为，此种痛苦越严重，这种倾向性就越强烈。然而，社会学和犯罪学研究已经充分证实，刑法威慑和预防犯罪的效果与刑罚投入量的多少、刑罚的轻重并不成正相关关系，"刑法对于犯罪的防治来说尽管是主要的，但却不是惟一的甚至不是最主要的手段"③。有学者对醉驾入刑前后与2013年公安部实施《机动车驾驶证申领和使用规定》后某市交通肇事罪的发案情况进行对比分析后发现，通过采用行政规章的手段来遏制交通肇事罪的效果明显更优于入刑的方

---

① 参见周其华：《中国刑法总则原理释考》，中国方正出版社2001年版，第55页。
② 郭建安：《论刑罚的威慑效应》，载《法学研究》1994年第3期。
③ 田宏杰：《宽容与平衡：中国刑法现代化的伦理思考》，载《政法论坛（中国政法大学学报）》2006年第2期。

式。① 从法经济学理论加以观之，只有预期收益大于预期成本时，理性犯罪人才会选择犯罪。换言之，要迫使理性犯罪人放弃犯罪动机，需要达到犯罪预期成本大于犯罪预期收益的程度。其中，犯罪收益的构成要素包括犯罪的物质所得和通过犯罪获得的精神满足。犯罪成本包括显性成本和隐性成本，前者指为实施犯罪支出的直接费用；而后者则涵盖潜在成本和机会成本的内容，潜在成本指犯罪行为被发现而可能受到处罚所带来的成本，机会成本则指因实施犯罪活动而丧失从事其他活动获取收益的机会所产生的成本。在上述收益与成本构成中，物质所得、精神满足和显性成本皆取决于犯罪性质与犯罪人特性，立法、执法和司法对之影响不大，与之相区别，潜在成本受立法和司法的影响则较为明显，可以通过施加外界干预加以调整。这种潜在成本由惩罚的严厉性和惩罚的确定性两方面因素所决定，用公式表示为：犯罪潜在成本＝惩罚的严厉性×惩罚的确定性。这就意味着，惩罚越严厉性，也即法定刑越重，犯罪人受到的痛苦或遭受的损失越大，成本就越高；惩罚的确定性越高，也即被查处的概率越大，应然的惩罚转化为实然惩罚的概率就越高，潜在成本就越高。② 由此不难看出，在不依赖严刑峻法的条件下，"刑法威慑性的增强和预防功能的充分发挥"，也可以"通过刑罚权的及时、准确、公正、合理行使"的方式实现。③

针对刑罚威慑作用存在的上述特点和弊端，在调整、规划醉驾犯罪刑事政策时，首先，应打破"刑法万能观念"、破除对刑法的迷信，回归醉驾系微罪的本质属性，保持立法和司法的谨慎和理性；其次，应从醉驾犯罪发生的社会、环境、行为人自身等因素入手、对症下药，再将刑法作为最后的、迫不得已的手段加以补充，综合施策，打好"组合拳"；再次，在执法过程中，应以惩罚的不可避免性替代惩罚的严厉性，通过进一步提高醉驾行为被查处的概率，来发挥刑罚对潜在犯罪人的威慑作用；复次，在司法裁量过程中，应贯彻"有罪必究""罚当其罪"的基本原则，彰显法律对醉驾行为最严厉的否定性评价，消减潜在的违法犯罪行为人的侥幸心理；最后，在对醉驾行为人进行惩处的同时，还应对其开展思想教育，注重纠正其越轨行为，使尊重和敬畏法律真正贯穿法律适用始终。

---

① 参见袁林：《用刑法替代劳教制度的合理性质疑》，载《法商研究》2014年第6期。
② 参见魏汉涛：《罪刑关系的反思与重构》，载《政治与法律》2019年第4期。
③ 参见赵秉志、袁彬：《"醉驾入刑"热点问题探讨》，载《刑法论丛》（2011年第3卷），法律出版社2011年版，第176页。

2. 均衡公正与效率价值
(1) 以公正为基础

公正与效率是刑事诉讼的两大核心价值,二者相辅相成、不可偏废。其中,公正是底限和基本要求,体现为实体公正和程序公正的遵循。更进一步而言,实体公正表现为处罚的严厉程度与罪行轻重保持均衡,同时还应确保刑罚的平等适用,即对犯罪情节相同的同类案件作出同种处罚。具体到醉驾犯罪中,一方面,与重罪、轻罪相比,醉驾犯罪是一种典型的微罪,对其采取的刑事政策应更为宽缓、适用的司法程序应更为便捷,以期合理地分配稀缺的刑事司法资源;另一方面,针对当前存在的地区间刑罚处罚不均衡、行刑衔接不畅的问题,应将制定统一的司法裁量标准作为前提和基础,进而从惩罚对象和手段上区分醉驾犯罪情节严重与轻微的情形,调试醉驾犯罪与酒驾违法的处罚力度,做到轻重有别、宽严有度。所谓程序公正,是指"正义不仅要实现,而且要以人们看得见的方式实现。""'看得见的正义',实质上就是指裁判过程(相对于裁判结果而言)的公平,法律程序(相对于实体结论而言)的正义"。① 程序公正既蕴含着实体公正的精神和内涵,又是实现实体公正的重要制度保障。其基本要求是,在司法机关对醉驾行为人作出裁量决定时,应严格按照法律设定的步骤和程式进行,同时,在此过程中,还应保障诉讼各方的平等参与、确保醉驾行为人的人格尊严和主体地位得到充分尊重。

(2) 兼顾效率价值

在关注公正的同时,不应忽视对效率的追求。刑法公正应当以效率为引导,寻求刑法投入的最优化。对醉驾犯罪而言,案件久拖不决不仅使醉驾行为人难以及时获得否定性评价、受到应有的处罚,更将国家用于惩罚犯罪的有限司法资源消耗于微罪的惩治过程之中,从而大大提高了微罪的治理成本、削弱了刑法对更严重犯罪的投入力度。从目前我国司法实践来看,受经济、社会发展程度影响,各地醉驾犯罪案件的诉讼程序、办案期限差异较大,大部分地区在提升诉讼效率方面还有很大空间。北京、浙江、广东等地探索的醉驾犯罪案件快侦快诉快审工作机制,正是基于刑法效率价值的考量而作出的有益尝试。但同时应予指出的是,刑法效率应以刑法公正作为前提和基础。司法创新应在法治框架内进行,缺乏法律基础的创新举措不但无益于法治进步、犯罪惩治,反而将有损法律的公正与权威。作为速裁程序运用

---

① 陈瑞华:《看得见的正义》(第二版),北京大学出版社2013年版,第2—3页。

中的一种创新方式,"刑拘直诉"办案模式极大程度地提高了醉驾犯罪案件的诉讼效率,有利于及时惩处、教育醉驾行为人,但不容忽视的是,其同时突破了刑事诉讼法对于刑事拘留的规定和要求,背离了速裁程序和认罪认罚制度所蕴含的"从宽"精神,面临着合法性与合理性的双重风险。鉴于此,在刑事诉讼法未作修改的前提下,应审慎对待"刑拘直诉"制度的适用和推广。

为了解决"刑拘直诉"制度存在的上述问题,课题组认为,有以下两种路径可供选择:一种路径是对"刑拘直诉"制度进行非羁押性改造,使其回归"直诉"本位。具体而言,即建立"以非羁押性措施为主,羁押性措施为辅"的"直诉"机制,对于犯罪情节较为轻微且认罪认罚的醉驾行为人,原则上予以取保候审,只有在犯罪情节较为严重或者确有脱逃危险的情况下才适用刑事拘留。同时,还应确保在一般拘留期限届满后,及时变更为非羁押性强制措施。针对一些地方存在的流动人口多、取保候审监管困难、脱保率高的问题,课题组建议,一方面,应当探索取保候审监管的社会参与机制,动员醉驾行为人所在社区、单位、村民委员会等社会力量共同参与取保候审监督,① 在有条件的地区,还可以探索使用"非羁码"②、电子手铐、电子脚镣③等电子监控设备对被取保人进行监管;另一方面,通过大数据应用来提高对脱逃人员的追捕力度和精准度,运用失信联合惩治、高额罚款等手段强化对脱保的被取保人及其保证人的惩戒。另一种路径是以北京市海淀区、朝阳区采取的"48小时刑事速裁案件的全流程流转"模式为范本,最大限度地压缩对醉驾行为人的羁押时间、缩短诉讼期限,通过剥夺醉驾行为人短暂期限的人身自由,换取诉讼效率的最大化,避免漫长的诉讼程序给当事人带来的巨大心理压力和可能产生的焦虑、不安情绪。当然,此种路径需要同步修改刑事诉讼法,赋予"刑拘直诉"制度以合法性地位。至于上述两种路径哪种效果更优,有待司法实践和理论的进一步检验。

---

① 参见周新:《公安机关办理认罪认罚案件的实证审思——以 G 市、S 市为考察样本》,载《现代法学》2019 年第 5 期。

② "非羁码"是在新冠肺炎疫情防控期间,由浙江省杭州市人民检察院联合杭州市公安局运用数字赋能共同研发的,用数字化手段监管非羁押人员的监控措施。其以"非羁码"为载体,运用人工智能、大数据、区块链、云计算等技术,通过设置外出提醒、违规预警、定时打卡和不定时抽检等多项功能,确保被监管人能够在必要的管控下回归日常生活。参见孔令泉:《杭州推行"非羁码" 数字监管非羁押人员》,载《民主与法制时报》2020 年 11 月 14 日,第 4 版。

③ 参见周光权:《积极刑法立法观在中国的确立》,载《法学研究》2016 年第 4 期。

（三）醉驾犯罪刑事政策完善的总体方向与路径选择

1. 明确"宽""严""相济"的基本方向

"从总体上认真查纠、从宽发落多数轻微罪案""有力打击少数严重罪案"，是微罪刑事案件践行宽严相济刑事政策的真谛所在。① 对醉驾犯罪而言，"严"的政策主要是指刑事法网严密、案件办理严格，而非刑罚苛厉。首先，立法机关将醉驾行为由行政违法升格为刑事犯罪既是我国从严治理醉驾的立法体现，也是宽严相济刑事政策中"严"的政策的贯彻落实。② 其次，醉驾犯罪治理之"严"的核心之一在于严格执法。公安机关应继续秉持"零容忍"原则严查严管严防酒驾醉驾违法犯罪，由运动式的执法转变为常态化的执法，将日常严管与统一行动、区域整治、专项行动结合起来，进一步扩大查处的覆盖面和时间段，提高酒后驾驶查处见警率，并借助大数据应用不断提升查处力度和精准度，使醉驾行为从"偶尔被发现"转变为"极有可能被发现"，最大限度地压缩潜在醉驾行为人的侥幸心理。再次，醉驾犯罪治理之"严"的另一个核心在于严格司法。公检法三机关应继续严格、规范醉驾犯罪案件办理流程，及时纠正不规范的执法、司法行为，坚决杜绝"关系案""人情案""金钱案"，确保从实体、程序和时效方面实现法律的公平正义。最后，刑罚裁量当重则重。对于部分具有醉酒程度较高、在人员聚集地或者高速公路驾驶、无证或者超速行驶等严重犯罪情节的，或者曾因酒后驾驶受过行政处罚或刑事处罚的人身危险性较大的醉驾行为人，应认定为犯罪并适用较重的刑罚处罚。

"宽"是指刑罚的宽大与刑事强制措施的宽缓，而非处罚的宽纵。对于具有醉酒程度不高、驾驶距离较短、车速较慢、行驶道路上车辆和行人较少等轻微犯罪情节、认罪悔过的偶犯、初犯，应当采取取保候审、监视居住等非羁押性强制措施，通过适用缓刑或者不起诉、免予刑事处罚的方式予以分流，使得这部分醉驾行为人尽早回归社会。更进一步而言，在刑罚适用方面，应当适度扩大不起诉、缓刑、免予刑事处罚等非犯罪化、非监禁化措施的适用范围，使其适用比例保持略高于全部刑事案件不起诉、缓刑、免予刑事处罚适用率平均值的水平，以体现醉驾犯罪系微罪的本质属性。需要指出

---

① 参见储槐植：《解构轻刑罪案，推出"微罪"概念》，载《检察日报》2011年10月13日，第3版。

② 参见袁彬：《用法治眼光看醉驾的刑法治理》，载《人民法院报》2013年4月29日，第6版。

的是，针对实践中适用不起诉、免予刑事处罚可能导致醉驾犯罪与酒驾违法处罚倒挂的问题，应尽快推动道路交通安全法修改，增加关于醉驾行为行政违法处罚中人身罚和财产罚的内容，同时对因醉驾被处罚又再次醉驾的，增设终生不得重新取得机动车驾驶证的资格罚限制。① 在法律正式修改之前，一方面应对不起诉、免予刑事处罚的适用比例进行一定限制，以防止出现大量醉驾犯罪案件的行刑处罚倒挂现象；另一方面可以探索引入交通公益服务等配套措施，将承担一定期限的交通劝导、酒驾宣传等社会公益服务工作作为对醉驾行为人适用不起诉或者免予刑事处罚的前提条件，以加强对其的教育矫正。在刑事强制措施适用方面，应改变部分地区对醉驾行为人采取"一律刑拘"或者全部适用取保候审的"一刀切"做法，对醉驾行为人以适用取保候审、监视居住等非羁押性强制措施为主，对少数具有羁押必要性的行为人采取刑事拘留措施，将逮捕措施的适用严格限定在违反取保候审、监视居住规定且情节严重的行为人的范围内。同时，还应严格遵守刑事拘留期限的规定，避免超期羁押现象。

"宽"与"严"之"相济"是指宽严标准明确、裁量尺度统一、刑罚适用均衡、司法程序高效。具体而言，在刑事实体层面，应根据犯罪情节的轻重和行为人人身危险性的大小，对犯罪程度不同的醉驾行为人作区别性处理。在进行犯罪评价时，应恪守血液酒精含量的客观标准，综合权衡驾驶人有无驾驶资质、驾驶车辆类型和安全性能、所处道路类型、驾驶的时间和地点、行驶距离长远、是否发生交通事故并造成人身伤害、是否为酒后驾驶再犯、认罪悔罪态度等主客观因素，决定是否认定醉驾犯罪、适用刑罚的轻重及具体执行方式。在刑事程序层面，应根据犯罪情况区分适用刑事诉讼程序，做好案件繁简分流。对于事实清楚，证据确实、充分，行为人认罪认罚的醉驾案件，应推动各地尽快建立健全"轻刑快审"工作机制，统一证据标准、简化行政审批手续、缩短案件流转时间，确保每一起醉驾案件都能得到及时高效处理，最大限度地缓解因案件数量增长带

---

① 公安部于 2021 年 3 月 24 日公布《道路交通安全法（修订建议稿）》，并向全社会公开征求意见。其中，第 101 条对醉驾犯罪的行政处罚进行了修改完善。根据该条规定，醉酒驾驶机动车尚不够刑事处罚或者免予刑事处罚的，处 10 日以下拘留，并处 3000 元罚款；醉酒驾驶机动车从事营运活动尚不够刑事处罚或者免予刑事处罚的，处 15 日以下拘留，并处 5000 元罚款。略显遗憾的是，此次修订仍未关注到实践中屡屡出现的醉驾再犯问题，并对之作出区别于醉驾初犯的处罚规定。参见《〈道路交通安全法（修订建议稿）〉公开征求意见的公告》，载公安部网站，https://www.mps.gov.cn/n2254536/n4904395/c7855624/content.html。

来的"案多人少"矛盾。

2. 实现"宽严有据""宽严有度"

"宽""严""相济"的标准应当是明确、统一的。我国地域辽阔，各地经济、社会发展差异较大，追求定罪量刑的完全一致既不现实、又不科学，但应在总体上保持司法裁量标准的统一、均衡，避免因地区间刑事政策的不同而导致定罪量刑差异悬殊的不公平现象。针对实践中出现的醉驾犯罪刑事司法裁量标准不统一、不均衡的问题，公检法三机关应进一步加强顶层设计，尽快以"两高一部"于2013年发布实施的《关于办理醉酒驾驶机动车刑事案件适用法律若干问题的意见》为基础，出台醉驾犯罪案件办理新标准，细化刑事强制措施的适用，明确不起诉、缓刑、免予刑事处罚、"情节显著轻微危害不大"的适用标准，申明对超标电动车、共犯等疑难问题的处理态度。在此基础上，应打破"唯酒精论"的司法倾向，综合权衡血液酒精含量、道路和车辆类型、发生交通事故与否、行为人认罪悔罪态度、有无前科和其他违法等因素。对于犯罪情节严重、行为人人身危险性较大的，以适用刑事拘留、拘役刑为主；对于犯罪情节轻微、行为人人身危险性较小的，则应以采取取保候审、作出不起诉决定或者适用免予刑事处罚、缓刑为主；对于确有救援、避险等迫不得已情形的，应当认定为犯罪情节显著轻微危害不大，不作为犯罪处理。通过明晰犯罪情节及其法律后果，以确保法律适用的公正、统一、规范。

3. 追求有效率的公正

从我国司法实践来看，各地对醉驾犯罪案件采取的诉讼程序不同，大部分地区在提升诉讼效率方面还有很大空间。鉴于我国不同地区间社会、经济发展差异较大、司法资源分配不均的实际，在构建醉驾犯罪案件快侦快诉快审工作机制时，不宜采取"一刀切"的做法，而是应由有条件的地区先行试点，待经验成熟、条件允许后再逐步推行。可以预见，在未来很长一段时间，司法机关"案多人少"的客观现实仍将是钳制醉驾犯罪案件快速办理的重要因素。对此，以北京市海淀区、朝阳区推出的"48小时刑事速裁案件的全流程流转"模式为借鉴，可以从以下方面加以解决：其一，应从顶层设计和人员配备方面给予充分保障，按照2019年3月15日中央政法委、最高人民法院、最高人民检察院联合印发的《关于进一步优化司法资源配置全面提升司法效能的意见》（中政委〔2019〕26号）的要求，公检法三机关各自组建醉驾案件专业办案团队，集中专业人员、专门时间办理醉驾案件，实现"简案快办、类案专办"；其二，进一步明确醉驾案件的取证规程和证据标准，规范公安机关的调查取证，减少因补充侦查或过度取证而造成的人员、时间、资源成本的浪费，提升案件办理质效；其三，搭建快速办理的绿色通道，进一步简化醉驾案件审批流程，统一法律文书与证据材料标准，压缩案件在各机关内部的流转时间；其四，打破部门间的信息壁垒，搭建信息共享平台，便利前科查询、电子证据共享、法律文书传输；其五，除应对诉讼流程进行简化、提速外，在醉驾案件办理过程中，还应充分保障犯罪嫌疑人、被告人的诉讼权利，发挥法律援助制度作用，为醉驾行为人提供法律帮助，提高此类案件的律师辩护率。

4. 坚持惩防结合、综合施策

醉驾屡禁不绝既有行为人心存侥幸、铤而走险的原因，又受我国深厚的"酒文化"的历史根源和深刻的"酒桌文化"的现实因素影响。实践证明，醉驾犯罪治理是一项长期艰巨的系统性工程，不仅依赖执法、司法机关的严查严管严防，用好用足法律手段对违法犯罪行为人进行及时、有效的惩处，还需要社会协同、群众参与、合力共治，运用政治、经济、法律、文化等多种手段综合治理，从思想上、源头上切实提高公民的法治意识和规则意识。为进一步健全醉驾犯罪惩防体系，实现醉驾犯罪惩治与预防效果的统一，建议从以下方面展开：

第一，提高法律裁判文书的释法说理性，在起诉（不起诉）意见书、刑事判决（裁定）书中向醉驾行为人及相关人员阐明定罪处罚的事实和理论依据，展现醉驾行为的严重危害，增强当事人对法律适用的内心认同。

第二，推动构建附条件附期限的前科消灭制度，对于犯罪情节轻微、认罪悔过的偶犯、初犯，如果刑罚执行完毕 5 年内没有再犯新罪且无严重交通违法行为，即可依申请注销其醉驾犯罪记录，以此消减前科制度对醉驾行为人及其近亲属产生的过重的附随后果，释放醉驾入刑带来的犯罪人急剧增多的压力。

第三，完善驾驶人教育、培训、考试制度，将严禁酒驾、醉驾作为驾校学习、满分培训、审验教育及考试的重点内容，教育引导驾驶人认清酒后驾驶的严重危害，减少和杜绝侥幸心理。

第四，推动交通运输、宾馆旅店、饮食服务、文化娱乐、酒产品生产销售等行业和企业落实交通安全责任制，既保证本单位职工遵规守矩，又履行好社会责任，做好酒后禁驾的宣传引导工作。

第五，厚植文明酒风文化，广泛借助广播、电视、报刊等传统媒介，微博、微信、微视频、客户端等新平台，加大对饮酒、劝酒、酒驾、醉驾等行为的危害性及其法律后果的宣传力度，针对城乡接合部、农村地区酒后驾驶特点因地制宜开展宣传，倡导公民理性饮酒、文明出行，培育良好的驾驶行为习惯，并通过适时曝光典型案例，营造严查严管的氛围。

第六，加大科技投入，鼓励车辆生产企业研发、安装酒精锁等车载酒精检测装置，驾驶人需经过仪器检测未饮酒才能发动车辆。对于因酒后驾驶违法犯罪被处罚的驾驶人所有的车辆，或者客车、货车、危化品运输车、公交车、出租车等营运车辆，应当强制安装车载酒精检测装置。

第七，强化对代驾行业的监督管理，规范、引导代驾行业自律，明确代驾平台或公司的管理责任，统一酒后代驾服务、收费标准，使代驾成为分流酒驾的重要力量。

三、法律监督提质增效

民法典实施背景下
民事诉讼精准监督研究[*]

最高人民检察院第六检察厅课题组[**]

编纂一部具有中国特色、时代特色的民法典,是几代民法学人乃至全体中国人民的夙愿。作为一部立足于中国国情和法治实践、回应中国社会现实需求、具有浓厚中国特色的民法典,其颁布实施是新时代社会主义法治建设的里程碑,对于推进全面依法治国、维护人民群众合法权益、实现国家治理体系和治理能力现代化等均具有重大意义。习近平总书记在主持中央政治局学习民法典时指出,"要加强民事检察工作,加强对司法活动的监督,畅通司

---

[*] 本文系 2020 年度最高人民检察院检察理论研究重点课题"民法典实施背景下民事诉讼精准监督研究"(项目批准号:GJ2020B09)的研究成果。

[**] 课题主持人:冯小光,最高人民检察院检察委员会委员、第六检察厅厅长。课题组成员:刘霞,最高人民检察院第六检察厅副厅长(挂职),新疆生产建设兵团人民检察院党组成员、副检察长;滕艳军,最高人民检察院第六检察厅办公室副主任;刘卉、李大扬、赵格、戴哲宇,最高人民检察院第六检察厅检察官助理;刘丽娜,山西省人民检察院第六检察部检察官。

法救济渠道,保护公民、法人和其他组织合法权益"。习近平总书记的重要讲话,是从政治的高度、法治的维度层面对贯彻实施民法典提出的要求,为推进新时代民事检察创新发展提供了根本遵循,指明了民事检察工作的发展方向。

一、精准监督理念之发展理路

(一)民事检察监督之理念变迁

任何理念的形成都不是一蹴而就的,而是经过长期的历史发展和实践的不断探索,最终形成的。通过历史发展的视角对民事检察监督理念的发展过程进行梳理,厘清民事检察监督理念的发展进路、走向,才能对精准监督理念的形成及今后发展方向作出较为准确的判断。

1. 延安时期的民事检察理念

早在延安时期,革命根据地建立的检察机关就已经具有参与民事诉讼的职能,并以这一职能逐渐形成了民事检察监督的理念。1935年,红军以延安为中心建立起了陕甘宁革命根据地。此后,陆续出台了《抗日救国十大纲领》《陕甘宁特区政府施政纲领》《陕甘宁边区宪法原则》等宪法性文件,逐步建立起了延安时期的法律制度与司法体系。1939年的《陕甘宁边区高等法院组织条例》对高等法院的内部组织及检察部门的设置作出了详细规定。① 此阶段,检察机关并不是独立的司法机关,而是属于边区高等法院的内设部门,采取"审检合署"的司法运行体制。

1946年10月颁布的《陕甘宁边区暂行检察条例》(以下简称《检察条例》)规定,高等检察处处长领导全边区各级检察院,并受边区政府领导,不再受高等法院领导。② 该条例正式确立了"审检并立"的司法格局,对检察机关民事检察的职责范围作出了更为明确的规定。《检察条例》从最开始介入刑事犯罪的调查和起诉,逐渐发展到对民事诉讼中有关公益案件,可以在审判时出庭陈述意见、监督审判,并建立以"监督"为主线的检察制度,检察机关具有一般的监督权。③ 延安时期的民事检察监督的理念,主要表现

---

① 该条例第12条规定,在边区高等法院内部设置检察处,设检察长及检察员,独立行使检察权。参见冈钐编:《人民检察史资料选编》,中国检察出版社2008年版,第232页。

② 1946年4月颁布的《陕甘宁边区宪法原则》,对检察权的配置进行了较大改变,将检察机关独立于审判机关而单独设立。参见冈钐编:《人民检察史资料选编》,中国检察出版社2008年版,第236页。

③ 参见孙谦主编:《人民检察制度的历史变迁》,中国检察出版社2014年版,第130—131页。

为贯彻群众路线,以维护民事活动中的公共利益为目标,较少干涉法院审判活动与当事人的民事私权。

2. 当代民事检察监督理念之发展演进

1982 年宪法以及 1979 年人民检察院组织法对检察机关作为法律监督机关的地位予以明确。① 在此阶段,检察机关并没有开展对民事诉讼活动的监督工作,从最高人民检察院到地方各级检察机关,也都没有专门负责民事检察工作的部门,民事检察工作业务处于空白状态。

一是探索起步阶段（1988—1997 年）。1982 年《民事诉讼法（试行）》中首次对于检察机关的民事检察职能进行了规定。由于法院民事案件数量的激增,要求检察机关开展民事检察工作的呼声也愈发强烈。② 1988 年 2 月召开的第八次全国检察工作会议上,杨易辰检察长所作的《坚持改革,增强法律监督职能,推进检察工作发展》报告中首次提出要对民事诉讼活动进行监督。③ 4 月,在最高人民检察院向第七届全国人民代表大会第一次会议作的《最高人民检察院工作报告》中,明确提出"检察机关要参与民事行政诉讼,以保障国家法律的统一实施"。1988 年 9 月,最高人民检察院设立了民事行政检察厅,民事检察工作开始了探索起步阶段。纵观探索起步阶段,民事诉讼法授权检察机关进行民事诉讼监督的手段较为单一,仅能通过抗诉的手段对民事判决、裁定进行监督。因此,这一阶段的主要民事监督理念可以总结为实体监督理念,即以对生效判决、裁定是否存在错误为主要监督内容,以抗诉为主要监督手段,加大抗诉力度,力争抗诉准确,提高办案质量。④

二是蓬勃发展阶段（1998—2007 年）。在这一阶段,民事检察工作也紧紧围绕法律监督职能的定位,探索创立再审检察建议的新型监督方式,探索督促起诉、支持起诉等工作模式。在案件审查方面,逐步建立起民事

---

① 1979 年《人民检察院组织法》第 20 条规定:"最高人民检察院设置刑事、法纪、监所、经济等检察厅,并且可以按照需要,设立其他业务机构。地方各级人民检察院和专门人民检察院可以设置相应的业务机构。"

② 1986 年,全国法院受理民事案件 98.9 万件,比 1985 年增加 16.9%；1987 年,全国法院审结民事案件 1196494 件,比 1986 年增加 217504 件,同比上升 22.2%。而在此之前,全国法院每年受理的案件约为 70 至 80 万件。参见《最高人民法院工作报告》（1982—1988 年）。

③ 杨易辰检察长在《坚持改革,增强法律监督职能,推进检察工作发展》报告中指出,"要完善法律监督程序和手段,增强法律监督的效力,要扩大法律监督的职权范围,除了对刑事法律实施进行监督外,还应参与民事行政诉讼,对民事、行政审判活动进行监督"。

④ 1992 年 8 月 25 日最高人民检察院党组扩大会议上,刘复之检察长提出,办理民事行政抗诉案件,要力争准确,尽量提高办案质量,但不要把法院是否改判当作检验我们工作的标准。

抗诉案件公开审查工作规范。① 在监督方式方面，2001年10月，最高人民检察院印发《人民检察院民事行政抗诉案件办案规则》，对民事申诉案件从受理、立案、审查、抗诉及提请抗诉、检察建议等各个环节都进行了规范，为依法办案提供有力保障。② 为了解决"再审难"问题，2007年民事诉讼法扩充了法院应当再审的情形，将检察机关对于民事案件监督的审查范围，从实体监督扩张至程序监督。这一阶段，民事检察监督工作的主要理念可以总结为三方面：其一，对立监督理念，以职务犯罪侦查权能作为民事检察监督的制度保障，作为监督者的检察院与作为被监督者的法院形成长期摩擦、冲突状态③；其二，实体监督为主、程序监督为辅的监督理念，2007年民事诉讼法增加了较多程序性抗诉事由，使民事检察的监督范围出现了一定程度的扩张，不再单一只对实体结果进行审查监督，而是兼顾对程序性事项的监督；其三，强职权主义理念，受刑事诉讼监督、职务犯罪侦查等传统检察业务的影响，民事检察监督存在较强的职权主义理念，主要表现在诸多案件采用依职权受理的方式办理，且监督范围不受当事人申请监督理由的约束。

三是深入推进阶段（2008—2018年）。以2012年民事诉讼法为分界点，民事检察监督制度出现了根本性的重构。修改后的《民事诉讼法》第14条规定，"人民检察院有权对民事诉讼实行法律监督"。这一规定，使检察机关对民事执行活动、生效调解书等的监督工作有法可依。综上，这一阶段民事检察监督理念可以概括为：其一，贯彻了民事诉讼全流程监督理念。从着重对裁判结果的实体监督，扩展到对包括诉讼程序、执行程序在内的全流程监督；从对判决、裁定的监督，扩展到对调解书的监督，

---

① 1999年10月，最高人民检察院在福州召开了全国检察机关民事行政抗诉案件公开审查现场会，讨论了《人民检察院办理民事行政抗诉案件公开审查程序试行规则》《检察机关民事行政抗诉案件公开审查听取双方当事人陈述示范规程》和《检察机关民事行政抗诉案件公开审查听取当事人陈述笔录规范》三个规范性文件，逐步建立起民事抗诉案件公开审查工作规范。

② 2001年办案规则首次明确了检察建议作为民事检察监督的法定监督方式，对于符合办案规则规定情形的，可以向人民法院或有关单位提出检察建议。参见《人民检察院民事行政抗诉案件办案规则》第47、48条。

③ 虽然2007年民事诉讼法的修改明确了检察机关的抗诉事由，能在一定程度上推进检、法和谐关系的构建，但由于该法于2008年4月1日才开始实施，且这一阶段民事检察部门享有一定程度的侦查职权，检、法之间长期处于监督与被监督关系，这种冲突状态并没有根本转变。参见白洁、殷季锋：《民事诉讼法修改后的民事检察监督审视》，载《新疆大学学报（哲学·人文社会科学版）》，2009年第5期。

真正实现了对民事诉讼监督的全覆盖。其二，协同监督理念的形成。民事检察部门不再享有职务犯罪侦查权以后，与民事审判部门之间的对立关系大大缓和。民事检察监督更多是从维护司法公正、纠正司法错误的角度出发，强调监督的协作配合。其三，遵循民事司法规律与保护当事人诉权理念。无论是民事诉讼法的修订，还是监督规则的制定，都体现了民事检察监督由原来的职权主义向兼具职权主义和当事人主义的转向。① 在具体监督工作中，主要表现为尊重民事诉讼原理与诉讼规律，努力平衡当事人处分权与民事检察监督之间的关系。

（二）精准监督理念对民事检察工作的引领

张军检察长在向全国人大常委会所作的《关于人民检察院加强民事诉讼和执行活动法律监督工作情况的报告》及多次讲话中指出②，民事诉讼要树立精准监督的理念，在精准监督上下功夫，通过优化监督实现强化监督，不搞粗放式办案，防止片面追求办案数量。民事法律关系纷繁复杂，检察机关必须聚焦突出问题，精准履行监督职责，及时监督纠正与民法典精神和规定不相符的司法裁判，维护司法公正和人民群众合法权益。什么是精准监督？"精"就是要注重选择在法治理念、司法活动中有纠偏、创新、进步、引领价值的典型案件，努力做到监督一件，促进解决一个领域、一个地方、一个时期司法理念、政策、导向问题；"准"就是要做到案件事实认定清楚、法律适用正确，在此基础上根据案件具体情况，选择适当的监督方式。从检察职能视角来看，民事诉讼监督的体系化思维方式、法律适用的实体法依据、对民事检察权的规制等均将受到民法典颁布实施深刻影响。

理念是行动的先导。在"四大检察"格局已显、民事行政检察机构分设的利好背景下，如何以新理念引领民事检察工作创新发展，真正做强民事检察工作，成为摆在我们面前的一道重要课题。民事检察监督是以裁判结果

---

① 虽然提起职权主义与当事人主义，大部分观点是认为用来分析民事诉讼的诉讼模式或构造的概念。但是，因为民事检察部门对民事检察监督案件的办理，有着与民事审判相类似的程序，具体包括申请、立案、审查、决定等环节，且民事检察监督权与民事审判权属于相类似的司法权，所以以职权主义、当事人主义的概念来分析民事检察监督的程序模式，并不存在不可逾越的鸿沟。参见杨会新：《论我国民事检察权的运行方式与功能承担》，载《法学家》2016年第6期。

② 参见2018年10月24日在第十三届全国人民代表大会常务委员会第六次会议上张军检察长代表最高人民检察院所作的《关于人民检察院加强民事诉讼和执行活动法律监督工作情况的报告》、2021年1月10日张军检察长在第十五次全国检察工作会议上的讲话。

监督、执行活动监督、司法人员违法监督三种片段式的、以事后监督为主的监督方式，各级检察机关民事检察部门应当以精准监督理念为指引，牢记宪法法律赋予的法律职责，全面加强对民事诉讼的法律监督。一方面，对一些典型性、引领性案件，要提升精准抗诉的能力。精准抗诉要了解社会需求，掌握法律本意，把握法院类案裁判情况。另一方面，民法典的体系化、现代化、协调化将使得民事检察工作得以更深入地切入类型化监督和研究，对新类型案件、同类型案件、重大争议案件有更明确、清晰的遵循，将为民事检察工作的精准、深入提供全方位的新契机。要持续转变司法理念，引领检察工作创新发展。精准监督是尊重民事检察监督的活动规律，取得以点带面放大效应的行之有效的工作方法，是对民事检察应当实施重点监督的精辟概括，是今后一段时期民事检察的工作方向。

（三）民事诉讼精准监督之现实考量

对精准监督理念的现实考量进行分析，应以对司法办案数据、法院及社会公众对民事检察监督工作的现实感受等方面作为研究分析基础，以检验精准监督理念是否符合现实需求。本文以近年来检、法两院的案件办理数据为对象进行分析，并结合课题组发放的问卷进行统计分析，综合运用司法实务数据和受访对象的主客观感受等数据，以期得出较为客观准确的结论。

1. 检、法两院近年来案件办理数据情况及比较分析①

表1 2017—2019年全国法院民事审判案件数量②

年份	总数	合同、无因管理、不当得利纠纷	婚姻家庭继承纠纷	侵权责任纠纷	劳动、人事争议	物权纠纷
2017	11373753	7008397	1802151	1138487	451567	319622
2018	12449685	7972100	1808787	1096130	452289	324162
2019	13852052	9164560	1836638	1042299	483767	325847

---

① 民事诉讼监督程序是民事诉讼程序的一个环节，一起案件从法院受理、审判、上诉、申请再审，到最后向检察机关申请监督，通常需要1年以上的时间。因而，民事检察部门办理的民事诉讼监督案件，通常是法院1年以前受理的案件，具有一定的延后性。故，本节以2017—2019年全国法院受理民事案件数据和2018—2020年全国民事诉讼监督案件办理数据进行分析研究，并以当年度检察院受理案件数量与上一年度法院受理案件数量进行分析对比，以实现对民事检察监督案件办理现实状况的综合研判。

② 法院相关数据均引用自国家统计局编写的2018—2020年《中国统计年鉴》。因年鉴中法院受理一审民事案件的案由是根据最高人民法院《民事案件案由规定》的一级案由进行的统计，故本文只能根据一级案由进行统计分析。

表 2 2018—2020 年全国民事诉讼监督案件数量①

年份	总数	合同、无因管理、不当得利纠纷	物权纠纷	劳动、人事争议	侵权责任纠纷	婚姻家庭继承纠纷
2018	58117	34020	5594	5586	3480	2248
2019	76900	49529	5998	5814	4388	2575
2020	72422	48503	5392	5101	3655	2454

法院审判数据与检察院监督数据的比较分析如下：

其中，受理案件数量稳居前四的案件分别是合同、无因管理、不当得利纠纷，婚姻家庭继承纠纷，侵权责任纠纷，劳动、人事争议。此外，随着我国知识产权保护力度不断加强，北京、上海、广州等地分别成立了知识产权专门法院，南京、苏州、青岛等地设置了知识产权法庭，特别是在最高人民法院也单独设立知识产权法庭之后，知识产权纠纷出现了明显增长。②

从检察院受理民事诉讼监督案件的情况来看，2018 年、2019 年均呈现较大的增长趋势；2020 年受新冠肺炎疫情影响，案件总数较 2019 年略有下降。对于具体案由而言，检察机关受理数量较多的案件案由，并没有发生变化。自 2018 年至 2020 年，排在前五位的案件类型分别为合同纠纷、物权纠纷、劳动争议、侵权责任纠纷、婚姻家庭继承纠纷。与法院排名前五的案件类型相比，两者案件受理数量排名没有发生变化的是合同纠纷和劳动、人事争议案件，分别排在第一位和第四位。婚姻家庭继承纠纷在法院的受案数量中排名为第二位，而检察监督受理案件的数量为第五位，排名下降两位；侵权责任纠纷在法院的受案数量中排名为第三位，检察监督受理案件数量为第四位，排名下降一位。而民事检察监督案件排名上升的案件为物权纠纷，2017 年、2018 年排在法院受案总数的第五位，2019 年排在第六位，而民事检察监督的受案数量一直保持在第二位。

---

① 检察院相关数据均引用自最高人民检察院及各级人民检察院的历年工作报告、数据分析报告、报纸报道等，仅作为研究分析之用。

② 2018 年，全国法院受理的一审知识产权纠纷为 283414 件，而到了 2019 年，知识产权纠纷案件数增长了 11 万余件，达到了 399031 件，涨幅达 40.79%，案件数量超过了物权纠纷，成为该年度受理案件数量第五多的案件。这也反映出人民群众对于知识产权保护的更高需求。

表3 2017—2020年法检全国受案数排序（前五）

年份	受案机关	受理案件数量排序（按案由）
2017、2018	法院	合同纠纷、婚姻家庭继承纠纷、侵权责任纠纷、劳动争议、物权纠纷
2018、2019	检察院	合同纠纷、物权纠纷、劳动争议、侵权责任纠纷、婚姻家庭继承纠纷
2019	法院	合同纠纷、婚姻家庭继承纠纷、侵权责任纠纷、劳动争议、知识产权与竞争纠纷
2020	检察院	合同纠纷、物权纠纷、劳动争议、侵权责任纠纷、婚姻家庭继承纠纷

虽然近年来对合同纠纷案件的申请监督比例保持在0.55%左右，处于中等水平，但从具体的案由来看，部分类型合同纠纷案件的监督比例却处于高位。在检察机关受理的合同纠纷案件中，监督数量排在前五名的分别是借款合同纠纷、买卖合同纠纷、房屋买卖合同纠纷、劳动争议纠纷、建设工程合同纠纷。而与法院受理的一审案件数量相比，房屋买卖合同纠纷、建设工程合同纠纷在法院受理的合同纠纷案件中占比并不高，但申请检察院进行监督的数量较高。

2. 民事检察监督质效之调查问卷分析

2020年11月至12月，课题组向部分检察院、法院和社会公众发放了"关于民法典实施背景下加强民事诉讼精准监督调查问卷"。① 经过为期两个月的问卷调查，民事检察干警版本收集有效问卷1455份、非民事部门检察干警版本收集有效问卷2444份、法院干警版本收集有效问卷298份、当事人与社会公众版本收集有效问卷2087份。四类问卷投放区域较为均衡，可以较好地反映全国整体对于民事检察工作的认知程度。

---

① 根据问卷受访对象不同，具体区分为民事检察干警版本、非民事部门检察干警版本、法院干警版本、当事人与社会公众版本。

表 4　调查问卷对于民事检察监督工作总体质效评价

问卷类型	总数	很好		较好		一般		较差	
		人数	占比	人数	占比	人数	占比	人数	占比
民事检察干警	1455	209	14.36%	611	41.99%	556	38.21%	79	5.43%
非民事部门检察干警	2444	1175	48.08%	714	29.21%	415	16.98%	140	5.72%
法院干警	298	135	45.3%	73	24.50%	79	26.51%	11	3.69%
当事人与社会公众	2087	422	20.22%	807	38.67%	706	33.83%	152	7.28%
总计	6284	1941	30.89%	2205	35.09%	1756	27.94%	382	6.08%

3. 分析结论

首先，以精准监督理念为引领，是提升民事检察工作质效的重要基础。对于民事检察工作整体质效的评价问题，无论受访对象是法院干警，还是民事检察干警，认为质效一般和较差的比例均不低①，有三成以上受访人员认为民事检察监督工作质效一般，存在较大提升空间。具体到民事裁判结果监督质效的评价问题，可以看出，即便是民事检察干警，对于自身办理的民事裁判结果监督案件也并不满意。②关于检察机关提出再审检察建议的质效方面，不同受访对象给出了不同的结论。③上述差异，一方面在于受访对象的

---

① 其中，在受访对象是法院干警的问卷当中，对于民事检察工作整体质效的评价问题，认为质效一般和较差的占 30.20%。这一指标在受访对象是民事检察干警的问卷中占 34.02%。

② 法院干警认为质效一般和较差的共 85 人，占 28.52%；民事检察干警认为质效一般和较差的共 632 人，占 43.44%。对于抗诉案件的改判效果，法院干警认为效果一般和较差的共 113 人，占 37.92%；民事检察干警认为效果一般和较差的共 597 人，占 41.03%。

③ 在受访对象是法院干警的问卷中，对于检察机关提出再审检察建议的案件，法院不启动再审程序的主要原因问题，认为"检察机关提出再审检察建议质量不高"的 107 人，占 35.91%；在对法院干警调查民事检察干警最缺乏哪种能力问题方面，认为缺乏"释法说理能力"的 73 人，占 24.50%；认为缺乏"准确适用法律能力"的 61 人，占 20.47%。上述三类选项是认为由于再审检察建议质量问题原因，而不启动再审程序，共计 241 人，占 80.88%。在民事检察干警对于法院不根据再审检察建议启动再审的原因当中，认为是法院自身原因导致不启动再审程序的比例较高，分别是认为"再审检察建议没有启动程序的强制性，刚性不足"的 841 人，占 57.80%，以及认为"法院对启动再审程序的裁量权较大"的 327 人、占 22.47%；而认为原因是"提出再审检察建议质量不高"的 114 人，占 7.84%。

立场不同；另一方面也反映了民事检察部门对赋予再审检察建议强制性的迫切需求。不可否认，法院对于是否依据再审检察建议启动抗诉确实存在一定裁量权，但是检察建议的质量不高也是非常重要的原因。与抗诉不同，再审检察建议属于较为"柔性"的监督手段，实践中检察机关向法院发出再审检察建议后，法院启动再审程序的比例并不高①，再审检察建议的质量还有较大提升空间②。

综观调查问卷的整体状况，现阶段，无论是法院干警，还是社会公众，都认为民事检察监督工作仍有较大的提升空间，还不能满足人民群众对新时代法治建设的需求，民事检察干警的能力素质亟须加强。通过落实精准监督理念，实现民事检察监督的"精细化"作业，才可能逐步扭转民事检察监督质效不彰的现状。因此，在民事检察监督工作中贯彻精准监督的指导理念，是对人民群众对"民主、法治、公平、正义"更高要求的回应，也是检察机关提升自身监督质效的必然要求。

其次，以精准监督理念为引领，是实现社会公平正义的重要手段。通过对检、法两院办案数据分析和调查问卷分析可知，部分类型案件的审判质量与人民群众的期望之间仍存在较大差距，从根本上实现"同案同判"、服判息诉的要求还有一定上升空间。鉴于此，民事检察监督工作，尤其是对申请监督比例较高案件的监督工作，不能仅局限在对个案监督、"就案办案"，而要保持监督理念的与时俱进，做好个案监督与类案监督的结合。

二、我国民法典的价值体系与精准监督理念的同一性

习近平总书记突出强调"法与时转则治"。法治不会一成不变，司法理念必须与时俱进。民法典有助于提升检察官精准监督的业务水平，应以习近平法治思想为指导，领悟法条背后的"法理"，将民法典的精神内涵、基本理念融入检察机关司法办案中，贯穿法律监督全过程，引领民事检察工作创新发展。

---

① 据不完全统计，自2020年1月至2021年6月，全国各级检察机关向法院发出再审检察建议后，法院采纳再审检察建议的比率为60%左右。

② 对于存在的这一问题，从民事检察干警对从事民事检察工作欠缺哪些方面能力的问题当中，也能得到反映。对于该问题，有超过2/3的受访民事检察干警认为缺乏"释法说理能力""准确适用法律能力"和"查清案件事实、找准争议焦点能力"。可见，民事检察干警在把握法律政策、办理新型案件、释法说理等方面的能力还有进一步提升空间，自身能力素质建设仍需加强。

（一）社会主义核心价值观奠定了精准监督理念的价值判断基础

我国民法典的特质在于具有中国特色、体现时代特点、反映人民意愿，坚持将依法治国与以德治国充分融合，首次将"弘扬社会主义核心价值观"[①] 写入民事基本法并置于条文之首，其中所强化、倡导的规则意识与契约精神也为民事检察部门妥当选取在司法理念上具有纠偏、创新、进步、引领价值的监督案件，进而实现精准监督，提供了司法理念基础与价值判断标准。可以说，社会主义价值观既是民法典所弘扬的民族精神所在，也是精准监督所依据的价值判断基础，二者在价值判断层面具有鲜明的同一性。

（二）以人民为中心是精准监督理念的根本目标

党的十九大报告提出中国特色社会主义进入新时代，我国社会主要矛盾已经转化为人民日益增长的美好生活需要和不平衡不充分的发展之间的矛盾。作为私权保障的宣言书，民法典的颁布标志着一个权利保护的崭新时代到来。民法典将维护人身权放在更加突出的位置，同时广泛确认了各类主体的财产权及其保护制度，构建起相对完整的权利保障体系。[②] 可以说，民事检察精准监督理念与民法典蕴含的人民至上理念亦具有同一性。"从业务属性来讲，民事检察仍是对民事法律问题的判断和法律规定的适用问题，并直接涉及当事人合法权益的保护问题。"[③] 民事检察监督就是通过正确适用民法典，在监督公权力的同时，实现对当事人合法权益的保护。因此，民事检察监督可以说是权力监督与权利救济的集合体，而精准监督便是要通过更为

[①] 社会主义核心价值观从国家制度、社会集体与公民个人三个层面为社会主义核心价值体系建设指明了方向。具体来说，"富强、民主、文明、和谐"立足国家制度层面，集中体现了中国特色社会主义现代化的价值目标和价值追求；"自由、平等、公正、法治"立足于社会集体层面，集中体现了中国特色社会主义的基本社会属性；"爱国、敬业、诚信、友善"是立足于公民个人层面，四位一体集中体现了中华民族的传统美德及社会主义国家公民的基本价值追求和道德准则要求。

[②] 面对纷繁复杂的民事纠纷，民法典在确认权利的基础上，还从具体的民事法律规范角度展开，将权利、义务与责任紧密相连，提供了更为完整多样的权利保护方式。从为恢复权利人对其权益圆满支配状态的物权请求权、人格权请求权，到保障债权得以实现的继续履行请求权与违约损害赔偿请求权，从针对人格权侵害的赔礼道歉、恢复名誉，到适用广泛的侵权损害赔偿请求权，从补偿性的损害赔偿，到特殊情形下的惩罚性赔偿，民法典为所有民事权利的保护提供了足够的"武器"。参见王利明：《民法典开启权利保护新时代》，载《合肥晚报》2020年5月27日，第A02版。

[③] 冯小光、滕艳军：《民法典实施背景下民事检察实现高质量发展的路径》，载《中国检察官》2021年第1期。

精准地选择在司法理念方面具有纠偏、创新、引领价值的案件,一方面依法监督法院行使审判权,另一方面"通过监督程序的运转,依法保护当事人的合法权益,并实质性地化解双方当事人之间的矛盾纠纷"①,将民法典对于公民权利的确认、保障与救济落到实处。

(三)民法典是精准监督理念助力国家治理体系和治理能力现代化的重要着力点

民法与国家其他领域法律规范一起,支撑着国家制度和国家治理体系,是保证国家制度和国家治理体系正常有效运行的基础性法律规范。民法典被公认为"民事宪法"和"社会学意义上的宪法",其原因在于它奠定了现代社会所赖以立足的基石:所有权、家庭和契约等。②因此,民法典确立了组织社会的基本法律框架,对于社会治理体系的完善具有极为重要的价值。同时,民法典也为民事检察参与社会治理提供了重要途径。民法典对市场经济活动进行规范,其所坚守的价值理念以及修改完善的产权保护制度和合同制度相关内容,是民事检察监督办案的重要依据。③

(四)深刻领会民法典的精神内涵,推动精准监督理念演进发展

1. 坚持把社会主义核心价值观融入司法办案

习近平总书记强调,要推动把社会主义核心价值观贯穿立法、执法、司法、守法各环节,使社会主义法治成为良法善治。以贯彻实施民法典为切入点,把社会主义核心价值观作为司法办案的灵魂,融入民事检察监督全过程,使司法活动既符合法律规范又符合道德标准,促进法治与德治有机融合,更好守护公平正义,弘扬美德善行。

2. 坚持以人民为中心、人民至上

新时代,人民群众的权利意识和法治观念日益增强,检察办案中要正确理解、贯彻落实好民法典关于人民权益保障的规定,要充分体现平等保护当事人

---

① 冯小光、滕艳军:《民法典实施背景下民事检察实现高质量发展的路径》,载《中国检察官》2021年第1期。
② 石佳友:《民法典与社会治理体系的完善》,载《人民法院报》2020年8月27日,第5版。
③ 杨春雷:《以贯彻实施民法典为契机 奋力开创新时代民事检察工作新局面》,载《检察日报》2020年8月26日,第5版。

的民事权利，回应人民群众的法治需求。比如，《民法典》第187条的规定①被称为"民事责任优先原则"，突出体现了人民至上的立法理念和价值追求，在办理刑事附带民事诉讼案件，要充分体现依法平等保护当事人的民事权利；办理财产刑执行监督案件时，发现未按这一原则处置涉案财产的，要及时提出监督意见。

3. 坚持平等保护

平等是民法典的核心原则，是全部民事法律制度的基础。贯彻平等保护理念，在履行法律监督职责中，坚持平等保护自然人、法人、非法人组织，内资外资、国企民企及大中小微企业等各类民事主体，坚持依法保障企业权益与促进守法合规经营并重；平等保护民事主体的生命健康权、财产安全、交易便利、生活幸福、人格尊严等方面的权利，促进民法典赋予民事主体的各项权利得到切实保障。

4. 坚持用规则和法治引领社会治理

民法典通过体系化的规则对民事主体的权利、义务、风险、责任进行科学规范，注入遵守规则、尊重权利、信守契约、公序良俗等价值元素，将为保障契约自由，促进公平竞争、保护交易安全和秩序营造良好法治环境。检察机关立足职能，通过司法办案和检察建议等途径参与社会治理，让人民群众认识到民法典既是保护自身利益的法典，也是必须遵循的规范，增强规则意识，恪守法律秩序和公序良俗，养成法治观念和法治意识。

三、民法典对民事诉讼精准监督的指引与规制

(一) 实体法精准监督依据

民法典作为一部基础性法律，规范各类民事主体的各种人身关系和财产关系，涉及社会和经济生活的方方面面，其在法律体系中的地位具有基础性、统率性作用。民法典为构建民事、行政、刑事等不同法律制度奠定基础，为民事、商事不同法域的融合、衔接作出规定，是司法和行政执法的基本遵循。民法典的颁布施行，为精准监督尊重不同法律制度规律，实现精准监督提供模板。

---

① 《民法典》第187条规定："民事主体因同一行为应当承担民事责任、行政责任和刑事责任的，承担行政责任或者刑事责任不影响承担民事责任；民事主体的财产不足以支付的，优先用于承担民事责任。"

1. 民法典对民事基本法律制度的全覆盖

编纂民法典不是制定全新的民事法律,也不是简单的法律汇编,而是对现行的民事法律规范进行编订纂修,对已经不适应现实情况的规定进行修改完善,对经济社会生活中出现的新情况、新问题作出有针对性的新规定。民法典对现行分散的单行民事立法进行编订纂修,整合民事单行法律,同时根据社会发展需要,对原有的法律规范进行了重要修改补充。例如《民法典》第184条规定"因自愿实施紧急救助行为造成受助人损害的,救助人不承担民事责任",是社会主义核心价值观在具体规则制度层面的生动体现。类似条款很多,如第153条规定"违背公序良俗的民事法律行为无效";第185条加强对英雄烈士人格权益保护,弘扬爱国主义精神等。

民法典的编纂体例有三大创新,即人格权独立成编、侵权责任独立成编以及合同编通则发挥债法总则的功能,其中,将人格权独立成编,对人的生命权、健康权、名誉权等民事主体享有的各项具体的人格权进行了规范,而且根据时代发展增加了隐私权、居住权等权利,进一步丰富了民事权利种类。此外,民法典在编纂体例上最终采取了"民商合一"的模式,将民商事法律关系中一些共性的规则提炼出来,例如契约自由、诚实信用等,对金融担保等商事审判领域的一般规则也作出了规定,在一定程度上消除了民商裁判思维之间一些不应有的矛盾。同时,在责任的具体承担上又是区分开来的,如委托与代理产生的法律后果还是有所不同的。

2. 民法典对刑法创制与适用的影响

首先,"由于刑法和民法是整个国家法律体系中的两大支柱,因此刑法和民法的制定与完善对于一个国家的法治建设来说具有极为重要的意义"[①]。在相同的法益指引下,民法典与刑法不是两条不相交的平行线,而是两个相交的圆形,刑法对于复杂社会生活和经济生活关系的认识要以民法典为依据和前提,民法典对于严重违约、侵权行为责任的实现和惩罚以刑法为后盾。进一步具体到民法与刑法的关系上,民法以制度构建、行为准则为基础,以违约、侵权责任为救济手段,以保护权利人、赔偿损失为主要责任形式。刑法则是在某种行为对民法法益的侵害严重到一定程度,民事违约责任、侵权责任尚不足以充分保护法益时,将该种行为规定为犯罪,以刑罚手段给予犯罪人最严重的法律后果。刑法关于十类犯罪的规定,涉及大量破坏公民、法人和其他组织人身、财产权利的犯罪行为,相关基础民事法律关系的认定要

---

① 陈兴良:《民法对刑法的影响与刑法对民法的回应》,载《法商研究》2021年第2期。

以民法典为基础。《刑法》第 2 条和第 13 条明确将法益保护作为刑法的任务和目的，保护的法益非常广泛，包括国有财产和集体所有财产、公民私人所有的财产等，在私权保护方面与民法法益并无不同。

其次，刑法与民法并非公权与私权的绝对鸿沟，两者之间存在天然的内在联系和阶层递进，此种联系通过刑法的谦抑性来实现。刑法的谦抑性体现在立法的补充性和处罚的不完整性，即刑法虽然涵盖了一般部门法保护的法益，但是只有部门法不能充分保护某种法益时，才由刑法保护；刑法并未将所有侵害法益的行为规定为犯罪，而只是将其中部分严重侵害法益（包括侵害重要法益）的行为规定为犯罪。刑法成为保护法益的最后手段。① 基于民法和刑法存在相同的法益，递进性保护的关系，因此必然会出现同时违反民法和刑法的严重违法行为，也就是常说的刑民交叉案件。在刑民交叉案件中，既存在刑事犯罪，又存在民事违法，两者之间具有某种重合性。②

3. 民法典、行政法对国家治理体系和治理能力现代化的支撑作用

习近平总书记主持中央政治局集体学习时强调：各级政府要以保证民法典有效实施为重要抓手推进法治政府建设，把民法典作为行政决策、行政管理、行政监督的重要标尺。民法典中有 200 多条内容与行政检察监督密切相关，其中涉及征收征用类条款约 21 条，内容大多涉及因公共利益导致公民私权利受损的保护，例如，《民法典》第 238 条规定的物权损害赔偿请求权、第 243 条规定的征收补偿、第 267 条规定的私人合法财产的保护、第 338 条规定的承包地的征收补偿等，上述规定强调了行政机关在作出涉及该类公民权益的征收、征用等行为时应当依法进行。

民法典中涉其他行政行为类的法律规范，主要包括行政履职、服务性行政等内容，如《民法典》第 32 条规定的公职监护人，第 1254 条规定的公安等机关对高空抛物坠物等致害责任人的及时调查和查清责任人的职责，等等。上述规定在民法典中有 60 多条，为行政机关划定了权力边界，规定了履职义务。民法典中涉及其他行政行为类的规定，将有力推动行政机关更加注重行政服务，强调积极为民服务。③

---

① 张明楷：《刑法学》，法律出版社 2016 年版，第 20—21 页。
② 陈兴良：《刑民交叉案件的刑法适用》，载《法律科学》2019 年第 2 期。
③ 张相军、马睿、高鹏志：《以贯彻实施民法典为契机 进一步做实新时代行政检察工作》，载《中华人民共和国民法典学习读本》2020 年版。

(二) 体系化精准监督思维

民法典体系化思维方式对于全面准确实施精准监督意义重大。民法典具有非常严谨的逻辑体系，其中民事权利的确认和保护作为逻辑主线，即权利贯穿始终，总则编起统领作用，其规定的权利主体就是民事主体，是对民事权利行使和基本规则的确定；从物权到合同、人格权、婚姻家庭、继承解决的是对物权、合同债权和婚姻家庭的权利、继承权的全面系统的确认和保护；侵权责任编是对前面各编所确定的各项权利的兜底保护，主要保护绝对债权。可以说，整个民法典的体系是以权利为中心构建起来的。

1. 民法典蕴含的体系化思维方式

民法典是体系化的产物，为法官、检察官和律师提供了体系化的思维方式。如夫妻一方出卖共有房屋，不是简单的合同问题，还涉及夫妻共有财产的认定问题，还可能涉及物权中的善意取得问题以及夫妻共同财产的认定问题等。运用体系化思维方式，从整个民法典的规则体系进行考量，而不是分别从单行法中考虑合同问题、物权问题、婚姻法问题，提高法律适用的精准性。又如，《民法典》第1113条的规定将第一编总则与第五编婚姻家庭编相关联。民法典中有49个条款属于引致条款，在体系化思维的前提下，引致条款要和相关条款相结合，从而有助于正确处理案件。

2. 民法典产生的体系化功能效应

民法典基于贯穿性、基础性作用所产生体系化效应，有利于达到统一法律适用和公正高效司法的目的。实践中困扰司法机关的"同案不同判"问题，其产生的原因是多方面的，其中一个很重要的原因是裁判依据不同。单行法都是在不同的时期制定的，不同时期立法者强调的、观察的角度是不一样的，难免会出现各单行法的表述、规则等发生矛盾、冲突、不一致现象。对于一个民事法律行为，有多部法律法规予以调整，如何统一适用成为难题。如因现实生活中大量发生的网购行为出现纠纷时，是适用消费者权益保护法，还是适用网络管理规范，抑或是合同法、物权法等，极不统一。在民法典施行后，统一适用民法典，有助于将原先由民法总则、物权法、合同法、婚姻法、继承法、侵权责任法等散落在各单行法中的民事法律制度规范系统整合于法典中，体系化、系统化的法典有利于弥合单行法间的冲突，解决法官裁判时找法用法适法问题。

3. 体系性逻辑下的共同性规则、一般性条款和但书规则

从体系性的角度观察，民法典的每一编都规定了一般规定或者通则性规

定,甚至在有些章节之中也有一般规定。其实总则本身就是一般规定,总则中间也还有一般规定。此外,在整个民法典中,还有为解决一个类型或者一批问题而存在的具体的法条。在体系性逻辑下,我们还要看到一个非常重要的问题,就是但书规则。所谓但书,就是排除性条款,即在某些特殊情况下共同性规则、一般性规则是不适用的,而必须适用法律上的另外规定。民法典不仅在立法技术上体现了法典化、体系化,强调了编纂的逻辑性,同样也要求司法裁判者树立系统适法的裁判思维,在充分认识总则编对民法典起到统辖作用的同时,注意一般条款、特殊条款、但书条款的理解适用和内在逻辑,避免单一化思维。

(三) 全方位精准监督范围

民法典规定了民事主体、民事权利、民事法律行为、民事责任等民事基本制度,确立了物权、合同、人格权、婚姻家庭、继承、侵权责任等民事具体制度,是保证国家制度和国家治理体系正常有效运行的基础性法律规范,有利于更好地发挥法治固根本、稳预期、利长远的保障作用。

1. 对民事审判活动的全方位精准监督

民法典内在统一、规则明确的特质,消除了各单行法之间的矛盾和冲突,为检察机关对民事诉讼实行法律监督提供了体系更完备、规范更明确、尺度更统一的法律监督标准。民法典系统构建了对自然人、法人和非法人组织的全方位保护体系,特别是在民事权利保护方面有许多制度创新。比如,在现行有关法律法规和司法解释的基础上,从民事法律规范的角度规定自然人和其他民事主体人格权的内容、边界和保护方式;创设居住权制度;增加保理合同、物业服务合同、合伙合同等典型合同,确立绿色原则、征收补偿原则、自甘风险原则,建立政府兜底的监护制度,赋予农村集体组织以法人地位,确认数据和网络虚拟财产权,降低业主大会门槛,明确高空抛物的损害责任,鼓励救助等内容,这些新规定丰富了民事权利的范围和内涵,相应的司法需求必然增多。特别是民事诉讼范围进一步扩大,因此民事诉讼监督范围也将进一步拓展。

2. 对民事执行活动的全方位精准监督

要贯彻民法典以人民为中心及平等保护的基本理念,对人民群众反映强烈的违法拍卖、超标的执行、消极执行、错误分配财产、违法处置被执行财产等违法行为加大监督力度。对于消极执行、选择性执行、错误分配财产损害申请执行人利益,违法拍卖、超标的执行、违法处置被执行财产严重损害被执行人的合法权益的，检察机关均应当予以监督，以回应新时代人民群众的司法需求。此外，要加强对民事非诉法律文书执行中违法情形的监督，从源头上促进仲裁和公证严格依法规范进行。要关注和加强对赋强公证债权文书及仲裁调解书的审查监督，增强发现虚假诉讼线索的敏锐性。

3. 自由裁量权与全方位精准监督

自由裁量权从性质上讲，是一种判断权和选择权，存在于司法的整个过程。即使现有的在法律规范体系的语境下，由于制度困境的存在，不能根本解决法律的确定性问题。作为司法裁判中法律的确定性问题，只能借助于法律规范的宽容，并通过赋予法官各种解释法律文本的技巧实现。"法官自由裁量权与法律的确定性犹如一枚硬币的两面，对其中一个问题的解决（如果可能的话）必须要借助于对另一问题的回答。"[①]

首先，自由裁量权是民事审判权不可或缺的重要的组成部分，法官行使裁量权应在裁判文书中公开心证过程及就案件事实适法的演绎推理的逻辑过程。行使裁量权应当受到规制，应当适当，不得出现"同案异判"或"异案同判"等失当情形；而应"同案同判"，执法尺度与裁判标准大体相当。其次，民事检察裁量权较民事审判裁量权的适用范围更广，既包括对事（案件）的监督，也包括对人的监督（审判人员违法行为）监督。从司法政策导向看，应通过司法解释、司法政策及办案组织内部商议、审批流程等规制、引导检察官裁量权行使的方向及分寸尺度，而上述司法解释、司法政策的重要意义之一在于规制检察官享有的裁量权。

---

① 庄晓华：《法官自由裁量权的含义》，载付子堂主编：《经典中的法理》（2011年第1卷），法律出版社2012年版，第170页。

认罪认罚后被告人反悔研究

潘金贵　高松林**

引　言

　　认罪认罚从宽制度的确立是我国刑事诉讼制度的历史性变革，是通过立法推动国家治理体系和治理能力现代化的重大举措。认罪认罚从宽制度写入法典，基本构建了我国刑事诉讼按照"认罪程序"和"不认罪程序"运行的"双轨制"模式，对于通过合理的程序分流，在保障司法公正的前提下提高诉讼效率、化解社会矛盾、促进社会和谐，具有重要意义。目前在司法实践中，认罪认罚从宽制度已经成为主要适用程序。据最高人民检察院张军检察长在2020年5月第十三届全国人民代表大会第三次会议上所作《最高

---

* 本文系2019年度最高人民检察院检察理论研究一般课题"认罪认罚后被告人反悔研究"（项目批准号：GJ2019C30）的研究成果。

** 课题主持人：潘金贵，西南政法大学教授；高松林，重庆市人民检察院第四分院党组书记、检察长。课题组成员：李冉毅、唐昕驰、王志坚、夏睿泓、周宇婷、张靖雪、肖尚成。

人民检察院工作报告》中的统计,截至 2019 年 12 月,认罪认罚从宽程序适用率高达 83.1%,其中量刑建议采纳率为 79.8%,一审服判率为 96.2%。① 另据统计,2020 年 1 月至 7 月,检察机关对认罪认罚从宽制度的适用率为 82.8%,律师参与率为 88.4%,量刑建议采纳率为 90.7%,一审服判率为 95.7%。② 总体来看,作为一项新的刑事诉讼运行机制,认罪认罚从宽制度的实践运行效果是良好的,但是正如古希腊哲学家亚里士多德曾言:"任何制度,凡先前的总是比较粗糙,而后起的就可以更加周到。"③ 该制度在施行过程中也凸显出一些疑难问题,需要进一步研究解决,其中被告人认罪认罚后反悔④如何认识和处理就是理论界分歧很大,实务界做法不一的争点之一。

在认罪认罚从宽制度试点运行期间,实践中就已经出现被告人认罪认罚后反悔的少数案例,但由于"两高三部"《关于在部分地区开展刑事案件认罪认罚从宽制度试点工作的办法》对认罪认罚后被告人反悔问题未作出规定,司法机关在处理案件时只能按照自己的理解来把握,于法无据,做法各异。⑤ 2018 年刑事诉讼法修改时并未对认罪认罚后被告人反悔问题作出规定。2019 年"两高三部"《关于适用认罪认罚从宽制度的指导意见》(以下简称《指导意见》)第 53 条规定了"审判阶段反悔的处理",对于认罪认罚后被告人反悔问题有所回应,但法条表述较为原则和粗疏,可操作性并不强。从司法实践来看,虽然认罪认罚后被告人反悔的总体比例不算高,如从最高人民检察院的工作报告来看,一审判决后被告人反悔上诉的比例为 3.8%,但该数据并不包括一审判决前被告人反悔的案件数量,且以 2019 年全国检察机关提起公诉的刑事案件的总数来计算,认罪认罚后被告人反悔上诉的案件约 7 万件,绝对数量并不低。而从 2020 年的阶段性统计数据来看,

---

① 2020 年最高人民检察院工作报告,载 https://www.spp.gov.cn/spp/gzbg/202006/t20200601_463798.shtml,2020 年 9 月 15 日访问。
② 朱孝清:《深入落实认罪认罚从宽制度的几点建议》,载《人民检察》2020 年第 18 期。
③ [古希腊]亚里士多德:《政治学》,吴寿彭译,商务印书馆 2011 年版,第 94 页。
④ 认罪认罚后被追诉人的反悔从主体身份来分包括犯罪嫌疑人的反悔和被告人反悔;从程序来分,包括起诉阶段反悔和审判阶段反悔,前者又包括不起诉后反悔、起诉前反悔。本文只研究被告人认罪认罚后在审判阶段反悔的相关问题。
⑤ 参见王某盗窃案,(2017)渝 01 刑终 574 号刑事判决书;吴某某盗窃案,(2017)渝 01 刑终 584 号刑事裁定书;吕某某走私、贩卖、运输毒品案,(2017)渝 01 刑终 501 号刑事判决书;张某某诈骗案,(2017)沪 01 刑终 866 号刑事裁定书等。这些案件的被告人认罪认罚后均反悔上诉,但前 3 个案件检察机关均提起抗诉,而后一个案件检察机关并未提起抗诉。

一审判决后被告人反悔上诉的比例为 4.3%，略有上升。认罪认罚后被告人反悔直接影响到认罪认罚从宽制度实施的法律效果和社会效果，也关系到我国刑事诉讼程序运行是否流畅、制度设计是否合理，无疑是一个值得高度重视和亟待研究解决的问题。理论界针对认罪认罚后被告人反悔的相关问题已经有所关注和论及，提出了不少真知灼见①，但总体而言对此问题的研究尚有待进一步加强。故此，本文拟在现有研究成果的基础上，结合司法实践经验，通过理论和实践的双重视角，对认罪认罚后被告人反悔的相关问题进行较为深入系统的探讨，以供参考。

一、认罪认罚后被告人反悔的正当性分析：理性对待权利

按照《现代汉语词典》的解释，"反悔"意为翻悔或后悔，指收回自己说出的话或对自己做过的事心生悔意或中途变卦。② 因此，认罪认罚后被告人反悔的基本内涵可以界定为：刑事审判过程中，被告人收回曾经作出的认罪认罚的承诺、决定，不再认罪认罚的行为。一般而言，认罪认罚后被告人反悔主要表现为两种形式：其一是对"认罪"的反悔。按照立法机关的解释，所谓认罪，是指犯罪嫌疑人、被告人自愿如实供述自己的罪行，承认指控的犯罪事实。③ 学理上认为，对于"认罪"的构成要件，从实体法上来看，是要求犯罪嫌疑人、被告人"如实供述自己的罪行"，同时承认检察机关指控的犯罪事实，其中适用速裁程序和简易程序审理的案件，还必须认可指控的罪名④，因此，如果被告人不如实供述自己的罪行，不承认指控的犯罪事实，即构成对"认罪"的反悔。其二是对"认罚"的反悔。按照立法

---

① 参见孙长永：《比较法视野下认罪认罚被告人的上诉权》，载《比较法研究》2019 年第 3 期；董坤：《认罪认罚从宽案件中留所上诉问题研究》，载《内蒙古社会科学（汉文版）》2019 年第 3 期；秦宗文：《认罪认罚案件被告人反悔问题研究》，载《内蒙古社会科学（汉文版）》2019 年第 3 期；洪浩、方姚：《论我国刑事公诉案件中被告人的反悔权——以认罪认罚从宽制度自愿性保障机制为中心》，载《政法论丛》2018 年第 4 期等。

② 中国社会科学院语言研究所词典编辑室编：《现代汉语词典》，商务印书馆 2016 年版，第 361 页。

③ 王爱立主编：《中华人民共和国刑事诉讼法修改条文解读》，中国法制出版社 2018 年版，第 27 页。

④ 孙长永：《认罪认罚从宽制度的基本内涵》，载《中国法学》2019 年第 3 期。

机关的解释，所谓认罚，是指明确表示愿意接受司法机关给予的刑罚等处罚。① 学理上认为，"认罚"应当同时包含肯定性行为和禁止性行为两方面的内容，它除了要求被告人"同意量刑建议"以外，还要求其同意案件适用简化的诉讼程序，一般还要求被告人接受法院最终判处的刑罚。② 因此，被告人的两种行为可以认定为对"认罚"的反悔：一是对检察官提出的量刑建议明确表示不再同意，并不同意简化程序的使用；二是不接受法院基于认罪认罚而作出的量刑判决而上诉。

在汉语语境中，"反悔"本属于中性词，但在不少场域中都带有贬义。因此，如何正确认识被告人的反悔行为，其反悔行为是否具有正当性，就成为理论界和实务界分歧较大的问题。我们认为，从法理上分析，被告人认罪认罚后的反悔行为具有正当性，其享有反悔的诉讼权利，司法机关应当理性对待被告人的反悔权。主要理由如下：

（一）被告人认罪认罚后反悔和接受认罪认罚具有"同质性"，均是其作为诉讼主体行使选择权和处分权的表现，是认罪认罚从宽制度的必要组成部分

现代法治社会普遍认同被告人在刑事诉讼中的诉讼主体地位，而诉讼主体地位最主要的体现即是享有诉讼权利，其中之一即是对权利的选择权和处分权。权利的行使以"处分自由"为原则，选择接受抑或不接受认罪认罚，不外乎是"肯定抑或否定"的正反两个方面而已，如果选择接受认罪认罚是被告人的权利，则选择不接受认罪认罚亦是被告人的权利，二者在法律性质上并无本质的不同，都是其作为诉讼主体行使权利选择权和处分权的具体体现。被告人选择不接受认罪认罚包括协商之初即选择不认罪认罚，也包括达成协议之后反悔而选择不再认罪认罚。被告人认罪认罚后的反悔权包含实体和程序两个方面的选择权和处分权：其一是实体权利的选择权和处分权，即对认罪认罚结果不再接受，这包括对协商的结果如量刑建议不再接受，也包括对判决的结果不接受；其二是程序权利的选择权和处分权，包括不再选择简易程序或者速裁程序处理自己的案件，行使上诉权寻求二审救济等。无论被告人是基于实体考量还是程序考量而反悔，都属于权利处分自由原则的

---

① 王爱立主编：《中华人民共和国刑事诉讼法修改条文解读》，中国法制出版社2018年版，第27页。

② 孙长永：《认罪认罚从宽制度的基本内涵》，载《中国法学》2019年第3期。

范畴。简言之，被告人接受认罪认罚抑或反悔，都属于权利处分制度的"一体两面"，前者的关键是确保其接受的自愿性，后者则反向确保权利处分在特定条件下可以变更和挽回以绝被告人的后顾之忧，二者缺一不可，相辅相成，可见被告人享有反悔权是认罪认罚从宽制度的必要组成部分，无疑具有正当性。

（二）被告人认罪认罚后享有反悔权契合认罪认罚协商机制下形成的公法契约模式的基本理念

按照卢梭《社会契约论》的基本观点，国家只能是自由的人民自由协议形成的社会契约的产物，是人民契约的结合体，是"一种能以全部共同的力量来维护和保障每个结合者人身和财产的结合形式"。① 刑事诉讼是解决国家公权力和公民私权利之间冲突的最后不得已手段，而国家与公民之间的纠纷解决既可以用尖锐对抗的方式，也可以用平和协商的方式。认罪认罚从宽制度具有明显的"协商性司法"的特征，即诉讼主体通过对话和磋商，形成司法契约，从而解决刑事冲突、争议的一种司法模式。② 在程序设计中，控辩双方签署的认罪认罚具结书具有典型的"公法契约"属性：契约双方主体即国家和被追诉人，就被追诉人的定罪处刑这一契约内容，经过协商达成"合意"，以签署具结书的形式缔结"契约"予以固定。从民商法的原理来看，"契约必须信守"是原则，但也允许"契约可以撤销"等解约或者悔约的例外存在。因此，控辩双方在签署认罪认罚具结书后，原则上都应有"守约"之义务，但在"契约"最终生效即认罪认罚的具结内容通过生效裁判予以确认之前，在原理上双方均有"撤销合同"等"悔约"的权利，也不能禁止其违约或者不履行合约，只不过必须因此而承担相应的"违约责任"。因此，被告人认罪认罚后享有反悔权是契合"公法契约模式"的基本理念的，需要做的是"必须在确认契约自由的基础上，考虑其特殊性，考虑作为契约主体的被追诉人撤回契约合意程度、后果、时间，在遵守契约基本原理和体察公法契约特殊性之间寻求平衡"③。

---

① ［法］卢梭：《社会契约论》，李平沤译，商务印书馆 2011 年版，第 18 页。
② 马明亮：《协商性司法：一种新型司法模式》，载陈兴良主编：《刑事法评论》（第 17 卷），中国政法大学出版社 2016 年版。
③ 秦宗文：《认罪认罚案件被追诉人反悔问题研究》，载《内蒙古社会科学》2019 年第 3 期。

（三）被告人认罪认罚后享有反悔权在制度初建的情况下具有现实意义，是确保认罪认罚自愿性的必要措施

认罪认罚从宽制度的建立是我国刑事司法理念的巨大突破和嬗变，与我国传统的"有罪必罚""罪刑相当"等理念无疑存在冲突。"任何制度转型的过程，都不可避免地存在一定制度漏洞"①，认罪认罚从宽作为一项新生的刑事司法制度，无论制度设计还是实践运作，客观上都不可避免地会存在漏洞或出现问题。理论界和实务界对于认罪认罚从宽制度的分歧，诸如对于《刑事诉讼法》第201条"一般应当采纳"条款的争议，对于确定刑量刑建议合理性的争议，对于值班律师制度是否充分发挥了诉讼功能的质疑。对于认罪认罚协商中是否"控辩失衡"的质疑。对于法官在审判中是否对认罪认罚自愿性的审查流于形式的质疑等，均是较为突出的问题。在认罪认罚从宽制度本身尚不健全完善的情况下，简单地否定被告人享有反悔权是不适当的，不利于从被告人的反悔行为反映出的问题查找制度设计存在的漏洞和反思实践运行存在的问题。其中，通过被告人的反悔行为倒查认罪认罚是否具有自愿性就很具有现实意义。认罪认罚从宽制度的关键是确保认罪认罚的自愿性，虽然《指导意见》等相关实施细则对被告人选择认罪认罚的自愿性保障作出了较为详细的规定，但是法官毕竟不是认罪认罚协商过程的参与者，对于认罪认罚的过程中办案机关是否确实保障了被告人的自愿性，是否确实存在导致被告人违背真实意愿作出虚假认罪认罚的不恰当行为，被告人在审判过程中的反悔行为无疑是审查认罪认罚是否具有自愿性的重要线索。正如有论者所言，反悔权是认罪认罚制度中对被告人认罪自愿性的最根本保障，是被告人自愿性保障机制的最后一道防线。②

（四）被告人认罪认罚后的反悔行为符合利益最大化的人性追求，司法诚信更多是对司法机关的要求

被告人认罪认罚后反悔，不可否认，这种行为至少形式上有违契约精神，似乎违反司法诚信，也确实会导致诉讼效率的降低，增加司法成本，这也是司法实践中，有的检察机关针对被告人的反悔行为提出抗诉的主要理由。但是，应当看到，追求利益最大化是人的本性使然，在诉讼中追求诉讼

---

① 王宁：《制度漏洞与"改革悖论"》，载《领导科学》2012年第1期。
② 王恩海：《认罪认罚从宽制度之反思——兼论〈刑事诉讼法修正案（草案）〉相关条款》，载《东方法学》2018年第5期。

利益最大化亦然。尤其刑事诉讼中，被告人面临的是严厉的刑罚，失去的将是财产、自由乃至生命，其追求诉讼利益的最大化而反悔，不宜提倡，但也不宜苛求，更不宜给其简单贴上"不诚信"的道德标签，正如霍布斯所言，自保的欲望是"一切正义和道德的根源"①。特别是司法实践中客观上存在有的办案人员在认罪认罚协商过程中通过不恰当行为而达成认罪认罚，由此导致被告人反悔，对此类情形的被告人认罪认罚后反悔不仅不能称为不诚信，在某种程度上或许更应视其为正当的"维权"行为。应当看到，由于刑事诉讼较之民事行政诉讼的特殊性，司法诚信更多是对司法机关的要求，因为司法机关作出诉讼决定是公权力的行使方式，如果司法机关作出诉讼决定后不讲诚信，必然有损于司法权力的权威性，而对于普通公民则没有这种维护司法权威的义务。美国学者就认为在被告人与检察官达成辩诉交易之后，检察官不应当撤回，除非被告人未遵循辩诉交易协定，以此来保障被告人的信赖与期待利益②。最高人民检察院相关业务部门负责人明确指出："根据契约精神，控辩双方均应当受协议内容的约束，有义务配合推动协议的履行。但这种约束对控辩双方来讲，其效力并不一样，对代表公权一方的检察机关的约束远大于对被告人个体的约束。具体表现为，检察机关原则上不得撤销协议内容，除非被告人首先不履行其在具结书中承诺的内容；而被告人在法院判决前，均可反悔。"③ 因此，司法实践中已经出现的个别基层检察机关在和被告人达成认罪认罚协议后又在一审开庭时以"将被告人的刑期汇报后认为被告人的刑期偏轻"为由撤回认罪认罚具结书的"控方反悔"行为④，是值得商榷的，应当予以必要规制。

综上所述，我们认为，被告人认罪认罚后的反悔行为在法理上具有正当性，被告人的反悔权应当得到理性对待和必要保障，因为"政府必须平等地尊重和关心个人权利"，必须"认真对待权利"⑤。需要指出的是，对被告人认罪认罚后反悔行为的正当性已经逐渐在理论界和实务界达成共识，基本

---

① ［美］列奥·施特劳斯：《自然权利与历史》，三联书店 2003 年版，第 185 页。
② William M. Ejzak, Plea Bargains And Nonprosecution Agreements: What Interests Should Be Protected Renege? University Of Illinois Law Review, Vol. 1991, No. 1, 107, 135 (1991).
③ 苗生明、周颖：《关于适用认罪认罚从宽制度的指导意见的理解与适用》，载陈国庆主编：《认罪认罚从宽制度司法适用指南》，中国检察出版社 2020 年版，第 204 页。
④ 谢寅宗、毕雨梦：《河南一检察院撤回认罪认罚具结书：汇报后认为量刑偏轻》，载 https://baijiahao.baidu.com/s? id = 1677405816735562204&wfr = spider&for = pc，2020 年 9 月 10 日访问。
⑤ ［美］罗纳德·德沃金：《认真对待权利》，信春鹰等译，中国大百科全书出版社 2008 年版，第 3 页。

认可被告人认罪认罚后享有反悔权。一方面,《指导意见》就"认罪认罚的反悔和撤回"作出相应的规定,从法律解释层面实质上认可了被告人享有反悔权;另一方面,实务界也逐步认可了被告人认罪认罚后有反悔权。最高人民检察院相关业务部门负责人就《指导意见》的理解与适用进行解读时就谈到:"首先应当明确的是,犯罪嫌疑人或者被告人有权反悔和撤回认罪认罚的承诺。"① 最高人民检察院副检察长陈国庆明确指出:"只有保有被告人对于认罪认罚反悔上诉的权利,才能使其拥有对审判程序和诉讼结果的自由选择权,进而对最终的裁判结果不产生抵触情绪,增强其对认罪认罚结果的接受度。"②

二、认罪认罚后被告人反悔情况的实证考察:以 C 市 Y 中级人民法院及其辖区为主要样本

最高人民法院反复强调认罪认罚从宽制度不是西方国家"辩诉交易"、"认罪协商"的翻版,是我国特有的一项制度,因此研究认罪认罚从宽制度,必须要从中国司法实践和中国语境出发,才不至成为空中楼阁。研究被告人在认罪认罚后反悔的问题亦然。鉴于此,课题组拟采用实证研究的方法,深入考察司法实践中被告人认罪认罚后又在审判过程中反悔的情况、分析其面临的困境,剖析其产生的原因,进而寻求有针对性的应对方略。

(一)研究样本及研究方法

1. 研究样本

认罪认罚被告人在一审审理过程中反悔主要表现为庭前撤回答辩、当庭不认罪两种情形,在实践中相对较少。有调研数据显示,被告人庭前撤回认罪答辩案件占所有反悔案件的6%,当庭不认罪的案件占反悔案件的20%,而反悔案件中绝大多数(74%)是判决后上诉情形。③ 鉴于此,课题组通过中国裁判文书网和中国庭审直播网搜集相关案例进行分析。另外,课题组成

---

① 苗生明、周颖:《关于适用认罪认罚从宽制度的指导意见的理解与适用》,载陈国庆主编:《认罪认罚从宽制度司法适用指南》,中国检察出版社2020年版,第204页。
② 陈国庆:《适用认罪认罚从宽制度的若干问题》,载陈国庆主编:《认罪认罚从宽制度司法适用指南》,中国检察出版社2020年版,第80页。
③ 马明亮、张宏宇:《认罪认罚从宽制度中被告人反悔问题研究》,载《中国人民公安大学学报(社会科学版)》2018年第4期。

员还与多位刑事法官进行访谈，与多位被告人进行交流，以兼顾样本的广泛性和代表性，从而对庭审过程中被告人反悔问题展开全面、具体的研究。

对于被告人通过上诉反悔的情形。一方面，课题组以"聚法案例"数据库为样本考察认罪认罚被告人反悔的总体情况。另一方面，课题组选取 C 市 Y 中级人民法院及其辖区为样本法院进行重点考察，与官方统计数据、"聚法案例"数据库的数据以及学界既有研究结论进行比对分析。C 市是首批开展认罪认罚从宽制度试点工作的城市，而样本法院又是 C 市辖区内 5 个中级人民法院中最为重要的一个。样本法院下辖 10 个基层法院，涉及 880 万余人口，辖区地处 C 市经济、政治、文化中心，覆盖多个国家级开发新区、园区，年受理案件 20000 余件。样本法院辖区内 10 个基层法院在 2017 年至 2019 年共审结认罪认罚案件 17064 件，其中 J 区法院审结 2922 件、S 区法院审结 3060 件、B 区法院审结 1535 件、C 区法院审结 1018 件、Y 区法院审结 3265 件、H 区法院审结 1425 件、T 区法院审结 766 件、TL 区法院审结 773 件、D 区法院审结 1247 件、BS 区法院审结 1053 件，为实证调研提供了充足的样本。因此，选取 C 市 Y 中级人民法院作为样本法院符合样本的代表性和典型性。另外，课题组在遵守科研规范的前提下，通过案件管理系统，检索、统计 2018 年、2019 年样本法院受理的认罪认罚上诉案件，共 739 件，从案由、上诉理由、二审审理情况、审结情况等方面对这些案件进行全面剖析。另外，为了检验研究数据的代表性和研究结论的准确性，课题组还通过裁判文书网上搜索上诉案件的二审判决书、裁定书，进一步整理发现，其中有 438 个二审案件以"撤诉"方式结案，有 2 个上诉案件的来源属于"附带民事诉讼原告人上诉"，有 54 个上诉案件未能查询到裁判文书。为保证"一审判决后被告人反悔上诉的原因类型"研究的精准，该部分的有效样本为 245 件。

2. 研究方法

认罪认罚反悔问题涉及刑事政策方面的分析、诉讼理论方面的分析以及对被告人主观心理变化的分析等，因此，课题组采用了以下研究方法：

（1）统计分析法

课题组以 C 市 Y 中级人民法院及其辖区的案件数据为样本，收集、整理其在 2018 年、2019 年办理的认罪认罚上诉案件数据，运用现代统计学方法及相关软件（如 Excel、SPASS 等）对上述数据进行统计、分析，得出一定结论。利用统计软件处理数据，不仅能进行一些客观描述分析，还可以通过数据透视表、汇总表、数据变化分析表等图表深入剖析各变量之间的关系，可以更加直观地反映认罪认罚后反悔的情况且提供值得思考的新信息。

(2) 对比分析法

C 市 Y 中级人民法院 2017 年适用认罪认罚从宽制度的案件数量合计 3675 件、2018 年适用认罪认罚从宽制度的案件数量合计 6946 件、2019 年适用认罪认罚从宽制度的案件数量合计 6443 件，案件类型十分广泛，涵盖盗窃罪、抢劫罪、诈骗罪、危险驾驶罪、故意伤害罪、受贿罪、强奸罪及走私、贩卖、运输、制造毒品罪等，通过实证研究，对比案件采取认罪认罚从宽制度前后的变化和实际效果，整理不同阶段被告人反悔的原因、法院的处理方式、被告人反悔对案件的影响等结果，从而对相关问题进行比较分析。

(3) 访谈交流法

为了充分了解被告人认罪认罚后反悔的真实动机、原因等，课题组与多名认罪认罚反悔的被告人进行了访谈交流。此外，课题组还访谈了数名来自重庆、广东、浙江、上海等地的刑庭法官、检察官、辩护律师，以了解他们在遇到被告人认罪认罚后反悔情况的处理方式与主观心态等相关问题。

(4) 参与观察法

所谓参与观察法，是指研究者通过感官知觉或科学仪器，对研究对象、行为或事件，进行有系统的观察与记录，并忠实地呈现其所观察到的结果与意义。① 由于研究者能够进入研究对象的世界，所以，能够真正地了解到研究对象行动的内在意义，即所谓局内人的观点与行为。通过亲身的参与观察，可以更为客观地发现问题。从 2019 年 9 月至 12 月，课题组部分成员前往样本法院实习法官助理，其间参与办理了数十件认罪认罚上诉案件，对实践现状有了较为直观的认识。课题组部分成员还利用参与辩护实务的机会，对认罪认罚从宽制度的实际运行进行了观察和研究。

(二) 认罪认罚被告人在一审审理过程中反悔的实践考察

1. 认罪认罚后被告人在一审审理过程中反悔的基本情况

首先，从反悔的时间来看，一审审理过程中被告人反悔的情形分为两种：其一，在审前阶段签署认罪认罚确认文书的过程中反悔。如 C 市 J 区法院审理的万某贩卖毒品一案，在审查起诉阶段万某对于指控的罪名、犯罪事实都表示无异议，并在值班律师的帮助下签署了认罪认罚具结书，但在庭前送达的起诉书副本中，万某写道"对于事实、罪名及量刑均有异议"。其

---

① 许春金等：《刑事司法与犯罪学研究方法》，五南图书出版股份有限公司 2016 年版，第 168 页。

二，在庭审过程中提出反悔。调研发现，认罪认罚的被告人庭审中一般不会开庭就反悔，但是在法庭调查过程中由于对证据、事实有意见则会出现反悔，这在共同犯罪案件中相对较多。如在林某等人涉嫌非法采矿罪审理过程中，林某在起诉阶段签署了认罪认罚具结书，但在庭审法庭调查中发表质证意见时，否认了基本犯罪事实。此外也有在最后陈述阶段反悔的案例，这或许与被告人内心对于认罪认罚实际并不认可，对于承担刑事责任"于心不甘"的心理有关。如 S 区法院的法官表示，在该院审理的认罪认罚案件中，个别被告人尽管签收了认罪认罚具结书，但在庭审的最后陈述阶段还是会否认之前的认罪认罚。

其次，从反悔的内容来看，多数被告人仅对量刑建议或者量刑情节提出异议，而有的被告人则对指控的犯罪事实提出异议，法院相应会作出不同的处理。其一，多数被告人反悔主要是对量刑建议提出异议。对此，人民法院一般会要求检察机关调整量刑建议，若检察机关不调整或者调整后仍然不当的，人民法院会依法作出判决。如果被告人对量刑情节提出异议的，且量刑情节的变化需要通过法庭调查来查清，法院则会将速裁程序转化为简易程序重新审理。其二，少数被告人否认指控的犯罪事实。对此，有的法院会径直决定将案件转为普通程序审理；有的法院则会首先听取被告人的理由，再向被告人说明反悔的法律后果，告知其反悔与不反悔的利弊，确保被告人反悔是在知悉后果的基础上作出的明智选择；还有的法院会先做被告人的思想工作，劝其认罪认罚，若被告人在得知利弊后仍然愿意认罪认罚，则案件仍然按照原审程序继续进行，若被告人执意撤回认罪认罚的，人民法院会转为普通程序进行审理。

2. 认罪认罚被告人在一审审理过程中反悔的原因剖析

认罪认罚被告人在一审过程中反悔时，是否需要说明理由，这在学界存在争议。支持派学者认为，为了实现认罪认罚从宽制度的价值目标，需要遏制被告人不正当的需求和行为，因此认罪认罚被告人反悔必须提出正当理由。[1] 否定派学者认为，获得公正审判是被告人的基本权利，即使没有正当理由，被告人在庭审结束之前也可以反悔，撤回认罪认罚。[2] 折中派学者认

---

[1] 朱孝清：《如何对待被告人签署认罪认罚具结书后反悔》，载《检察日报》2019 年 8 月 28 日，第 3 版。

[2] 闵春雷：《认罪认罚从宽制度中的程序简化》，载《苏州大学学报（哲学社会科学版）》2017 年第 2 期。

为，被告人在庭前会议中认为认罪认罚决定有误，可以无理由地反悔，但是在庭审后判决作出前表示反悔的，应当具备正当理由。① 课题组认为，上述争论主要涉及立法层面，更多是形式理由。需要重点关注的反而是更深层次的被告人反悔的心理动机及实质理由。通过访谈、调查发现，被告人在庭审中反悔的真实理由可以概括为以下几种：

其一，认为自己在起诉阶段是"被迫"接受认罪认罚，认罪认罚不具有自愿性。此类情形较为复杂，有的是被告人认为自己在协商过程中受到了检察官的"威胁"，只要不同意量刑建议就被认为不认罚而会被从重处罚；有的是被告人认为量刑建议完全是检察官"单方开价"，根本没有和自己协商，自己没有"讨价还价"的余地，不得不被迫勉强接受量刑建议；有的被告人签署具结书时是自愿的，但到了审判阶段又觉得自己"吃了亏"，尤其是法庭调查中认为相关事实和证据有出入，于是便以认罪不自愿为由反悔。

其二，认为检察官在认罪认罚协商中有"欺骗"等不当行为，自己是"受骗"认罪认罚。由于个别检察官在认罪认罚协商中存在"利用共犯心理""夸大指控"等不当行为，被告人在审判阶段发现被误导后，遂反悔。如在张某等十余人"涉恶"案件中，有几位被告人当庭反悔不认罪，理由就是在审查起诉阶段检察官欺骗说其他人都已经认罪认罚了，导致自己违心认罪认罚。

其三，认为自己未能获得值班律师的有效法律帮助，是在未能正确理解认罪认罚从宽制度的情况下签署具结书。此类被告人多是法律援助的对象，一般文化水平较低，法律知识欠缺，对认罪认罚从宽制度不能正确理解，经过法庭调查后认为相关事实和证据有出入而反悔。在此情况下，法庭通常会问其签署具结书时值班律师是否在场，而被告人通常会辩解虽然值班律师在场，但并未给自己提供有效的法律帮助，故自己是在未能正确理解认罪认罚从宽制度的情况下签署了具结书。

其四，因心存侥幸，企图获得无罪判决而在法庭中反悔。被告人在签订认罪认罚具结书之后，会回到监舍与舍友谈论。谈论期间会受到"交叉感染"，有的是交流后认为量刑建议过重，有的是在听到某些法院不接受量刑建议的案件之后对司法机关产生怀疑，不相信检察官的量刑承诺，因而选择在庭审时反悔。

---

① 何静：《认罪认罚案件中被告人的反悔权及其限度》，载《东南大学学报（哲学社会科学版）》2019年第4期。

(三) 认罪认罚被告人在一审判决后反悔的实践考察

1. 认罪认罚被告人在一审判决后反悔的基本情况

课题组首先通过"聚法案例"数据库考察认罪认罚被告人反悔的总体情况。以"刑事案件""认罪认罚"为关键词检索得知,一审审理认罪认罚案件为641706件,二审审理认罪认罚案件为19102件。再在"刑事案件""认罪认罚""二审"条件下,分别以"上诉""抗诉"为关键词检索得知,二审审理认罪认罚案件中,上诉启动为17257件,抗诉启动为331件,既有上诉又有抗诉的有1514件。由此计算可得,认罪认罚案件上诉率约为2.93%。《认罪认罚从宽制度试点工作情况的中期报告》中统计,认罪认罚案件的上诉率约为3.6%。① 如前所述,据统计,2019年认罪认罚案件被告人反悔上诉率为3.8%,2020年上半年被告人反悔上诉率为4.3%,远高于普通刑事案件的上诉率。② 相较而言,通过"聚法案例"数据库统计出的上诉率要低于中期报告和最高人民检察院工作报告。在此基础上,课题组再对C市Y中级人民法院辖区内的认罪认罚案件的上诉情况进行统计,发现具有以下特点:

第一,上诉案件中认罪认罚案件所占比例较高。Y中级人民法院2018年共受理上诉案件743件,其中认罪认罚案件有319件,占42.93%。2019年共受理上诉案件815件,其中认罪认罚案件有420件,占51.53%。可见,从受理的上诉案件总数上看,认罪认罚案件的上诉率并不低。

第二,认罪认罚案件的上诉率有逐年上升趋势。2018年Y中级人民法院辖区内各基层法院共审理认罪认罚案件6946件,其中被告人提出上诉的有319件,上诉率为4.59%。2019年Y中级人民法院辖区内各基层法院共审理认罪认罚案件6443件,其中被告人提出上诉的有420件,上诉率为6.52%。可见,样本法院认罪认罚案件上诉率要略高于全国平均水平,且无论是认罪认罚案件数量还是上诉的比例,2019年均比2018年要高,有上升趋势。

第三,各基层法院之间的上诉率差异较大,且与经济水平或地域位置并不相关。课题组对样本法院辖区内各基层法院的上诉情况予以分别统计(见表1),发现2018年C区认罪认罚案件上诉率为10.68%,而BS区仅为

---

① 周强:《关于在部分地区开展刑事案件认罪认罚从宽制度试点工作情况的中期报告》,载《人民法院报》2017年12月24日,第1版。

② 根据2016年、2017年、2018年的《中国法律年鉴》计算,每年所有刑事案件上诉率大概在9%—10%。

0.48%，2019年C区认罪认罚案件上诉率为12.69%，BS区仅为0.81%。2019年L区认罪认罚案件的上诉率更是高达13.01%，远超于同期其他法院，而S区近两年认罪认罚案件的上诉率却不足1%。在统计学中，方差可以反映数据的离散程度，经计算2018年、2019年各地上诉率之间的标准差分别是3.25、3.94。① 此外，各地上诉率的差异与经济水平或地域位置并不相关。J区、S区、Y区是样本法院辖区内的中心地区，案件数量极大，但上诉率处于平均水平，而C区和BS区均处于周边地区，经济水平相当，认罪认罚案件数量也差不多，但上诉率却相距甚远。如此可以看出，认罪认罚案件上诉率高并不能简单地从经济、地域等方面寻找原因，需要进一步考察各地在具体实施认罪认罚从宽制度方面存在的差异。

表1 2018—2019年样本法院辖区内反悔上诉案件总体情况

地区	2018年			2019年		
	认罪认罚案件数量	上诉案件数量	上诉率	认罪认罚案件数量	上诉案件数量	上诉率
J区	1182	26	2.2%	952	47	4.94%
S区	1247	56	4.49%	1211	61	5.04%
B区	657	11	1.67%	602	35	5.81%
C区	459	49	10.68%	363	43	11.8%
Y区	1311	49	3.74%	1301	56	4.3%
H区	607	55	9.06%	536	68	12.69%
T区	344	16	4.65%	242	13	5.37%
TL区	285	24	8.42%	292	38	13.0%
D区	437	31	7.09%	575	56	9.74%
BS区	417	2	0.48%	369	3	0.81%
合计	6946	319	4.59%	6443	420	6.52%

第四，认罪认罚案件的上诉主要集中在盗窃、毒品和危险驾驶三类案件。调查数据表明，C市Y中级人民法院辖区内的认罪认罚反悔上诉案件共涉及46个罪名，其中盗窃罪最多，占47%，其次是走私、贩卖、运输、制

---

① 为了便于计算，在计算标准差时将每项数据的百分号未计算在内。

造毒品罪，占30%，再次是危险驾驶罪，占8%，其他的则零星分布于侵犯公民人身权利、民主权利罪等案件中（见图1）。盗窃罪所占比例大的原因之一是其案件基数大，上诉案件自然较多；原因之二是犯罪数额争议较多，直接影响量刑建议。走私、贩卖、运输、制造毒品罪所占比例大的原因在于毒品案件证据链较为复杂，此罪彼罪的界限很难认定，被告人存在侥幸心理。危险驾驶罪作为轻罪，案件基数最大，且一旦被判处刑罚，会对被告人的工作、生活带来极其严重的负面影响，因此一审被判刑后往往会寄希望于通过上诉途径来争取免除处罚。

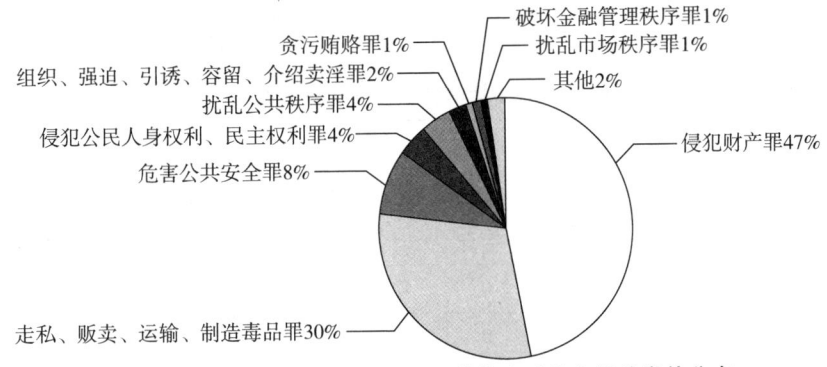

图1　2018—2019年样本法院辖区被告人反悔上诉的案件分布

2. 检察机关对认罪认罚被告人一审判决后反悔上诉的应对

调研发现，与认罪认罚从宽制度试点时期有所不同的是，在刑事诉讼法修改正式确立了认罪认罚从宽制度以后，在样本法院辖区内，检察机关对于认罪认罚被告人在一审判决后反悔提出上诉的，总体上持较为宽容的态度，极少因此而提出抗诉。据统计，在2018年只有张某涉嫌盗窃罪一案，在张某反悔上诉后检察机关提出了抗诉；2019年只有杨某涉嫌盗窃案和陈某涉嫌盗窃案两个案件在被告人反悔上诉后检察机关提出了抗诉。需要指出的是，陈某涉嫌盗窃案检察机关抗诉主要是认为一审对于漏罪的数罪并罚计算错误，导致刑期超过了量刑建议，即检察机关是为了被告人的利益而提出了抗诉。

3. 认罪认罚被告人在一审判决后反悔案件的二审处理

样本法院在收到认罪认罚被告人的上诉案件时，均会依法受理、分案、审查，程序与普通上诉案件并无区别。在受理认罪认罚被告人上诉案件之后，承办人首先会阅卷，审查案件事实是否清楚，证据确实、充分。其次，承办人会前往看守所讯问上诉人，同时发放诉讼权利告知书以及廉政监督卡，进一步审查案件事实以及上诉理由。再次，合议庭对案件进行评议。最后，承办人依法进行宣判或委托下级法院代为宣判。可以看出，即使是认罪认罚上诉案件，二审法院依然贯彻全面审查原则，对案件的证据、事实进行重新审查。从办案时间来看，认罪认罚上诉案件的结案期限平均是41天，就个案的处理而言，上诉案件的审理事实上大致只需要4—5天。出现这种时间差距主要是因为"技术性上诉"案件承办人均会允诺上诉人"拖延时间"，到法定审限临近时才作出宣判。

认罪认罚后被告人反悔上诉案件的结案方式有撤回上诉、维持原判、发回重审、依法改判四种，课题组对样本法院受理认罪认罚案件的审结方式进行了统计（见表2）。

表2 2018—2019年样本法院受理认罪认罚上诉案件的审结方式

地区	2018年					2019年				
	上诉案件数量	撤诉	维持原判	发回重审	改判	上诉案件数量	撤诉	维持原判	发回重审	改判
J区	26	13	9	0	4	47	12	28	0	7
S区	56	10	34	0	3	61	31	28	0	2
B区	11	4	4	1	2	35	25	10	0	0
C区	49	41	8	0	0	43	30	13	0	0
Y区	49	17	23	1	8	56	23	31	0	2
H区	55	50	5	0	0	68	59	8	0	1
T区	16	11	5	0	0	13	12	1	0	0
TL区	24	10	10	0	4	38	20	16	0	2
D区	31	22	7	1	1	56	37	17	0	2
BS区	2	1	1	0	0	3	3	0	0	0
合计	319	179	106	3	22	420	252	152	0	16

从表2中可以得出以下结论：在认罪认罚上诉案件中，撤回上诉和维持原判占绝大部分，极少数情况下会发回重审或依法改判。2018—2019年，样本法院受理的认罪认罚上诉案件中，被告人经检察院、法院释法说理后选择申请撤诉的占59.27%。被告人不撤诉，法院依法审查后裁定维持原判的占35.05%。撤回上诉和维持原判加起来占94.32%。可见，大部分认罪认

罚上诉案件进入二审程序后获得的结果与原审结果一致，只有 39 个案件在被告人上诉后减轻量刑或是适用缓刑。除此之外，还有 3 件上诉案件发回重审（见表 3）。

表3　2018—2019 年样本法院被告人反悔上诉案件的裁判结果

裁判结果	案例数量	占比
撤诉	438	59.27%
维持原判	259	35.05%
依法改判	39	5.28%
发回重审	3	0.40%

　　进一步考察认罪认罚上诉案件的结案情况，需要结合被告人的上诉理由加以考察（见表4）。通过表4可知，当被告人以"不认罪""罪名异议""事实异议"或"罚金异议"为由上诉时，所有案件均无一例外地维持原判。当被告人以"量刑过重"为由提起上诉时，90个案件中只有2个案件被减轻量刑，改判的原因在于二审法院通过全面审查，发现一审量刑计算错误或者上诉人于二审期间积极赔偿。① 值得一提的是，虽然在"提出适用缓刑"的上诉案件中，维持原判与依法改判的案件数量不如其他上诉理由的裁判结果差距悬殊，但结合收集到的裁判文书，我们能够归纳出二审法院适用缓刑所考虑的因素。即综合被告人的悔罪态度、主观恶性、人身危险性、社会危害性，以及二审期间被告人所居住社区提供的相关材料进行审查判断。此外，需要关注的上诉理由是"一审有未考虑的量刑情节"。在以这个理由上诉的38个案件中，5个案件被依法改判，调研发现，尽管被告人提出一审有自首、坦白、立功等情节，法院却并未采纳。法院仍是通过全面审查，发现了二审期间出现的被告人自愿赔偿被害人经济损失的新事实②，综合考量其犯罪事实、情节、后果，予以改判。总而言之，若被告人在上诉期间提不出新的事实与证据，改判或发回重审的可能性较低。

---

　　① 参见罗某某盗窃案，（2019）渝 01 刑终 427 号刑事判决书；何某盗窃案，（2019）渝 01 刑终 533 号刑事判决书。
　　② 参见冯某某故意伤害案，（2018）渝 01 刑终 326 号刑事判决书；黄某某寻衅滋事案，（2018）渝 01 刑终 584 号刑事判决书。

表4 2018—2019年样本法院被告人反悔上诉效果

反悔上诉理由	维持原判	依法改判	发回重审	合计
仅提出量刑过重	88	2	—	90
提出适用缓刑	59	19	—	78
一审有未考虑的量刑情节	33	5	—	38
二审出现新量刑情节	1	1	—	2
罚金异议	3	—	—	3
事实异议	10	—	—	10
罪名异议	4	—	—	4
不认罪	8	—	—	8
其他	10	—	2	12
合计	216	27	2	245

4. 认罪认罚被告人在一审判决后反悔的原因剖析

首先,被告人在一审判决后通过上诉方式反悔的原因多样。主要有三个方面:其一,一审判决前反悔的,检察机关需要重新提出量刑建议,新的量刑建议可以比之前的量刑建议更重,而一审判决后提出上诉会受到上诉不加刑原则的保护,相较而言,被告人自然希望通过判后上诉的方式争取更多诉讼利益。其二,被告人一般都希望尽快脱离诉累,减少审前羁押的时间,因此在判决前并不希望打断诉讼进程,所以往往采取上诉的方式反悔。其三,被告人在签署认罪认罚具结书之前,司法人员已进行了较为全面的权利义务告知并讲明了认罪认罚的利害关系,被告人对速裁程序或者简易程序适用过程和结果已经作了较为充分的心理准备。在这种情况下,被告人一般不会轻易在一审判决之前撤回认罪认罚。

其次,被告人反悔时提出的上诉理由多样。有学者调查后谈到,大部分认罪认罚被告人属于"空白上诉",即未提出任何新的证据或理由,仅以量刑过重为由提出上诉或重复一审中既有的量刑情节。[①] 课题组研究发现,一审判决后认罪认罚被告人反悔时提出的上诉理由多样,主要有8类(见图2):(1)仅提出量刑过重;(2)提出适用缓刑;(3)一审有未考虑

---

① 牟绿叶:《认罪认罚案件的二审程序——从上诉许可制展开的分析》,载《中国刑事法杂志》2019年第3期。

的量刑情节；(4) 罚金异议；(5) 事实异议 (6)；罪名异议；(7) 不认罪；(8) 其他。前四种情形可以简单归纳为"悔罚"刑反悔上诉，后四种情形可以简单归纳为"悔罪"型反悔上诉。其中"一审有未考虑的量刑情节"包括自首、坦白、立功、从犯、胁从犯、犯罪未遂以及正当防卫；"其他"则包含被害人存在过错等情况。可见，除去"一审有未考虑的量刑情节""其他"以外，其余都属于"空白上诉"，占79%，与前述学者的研究相近。此外，95%的认罪认罚被告人是因为"悔罚"而提起上诉，较少是因为"悔罪"而上诉。

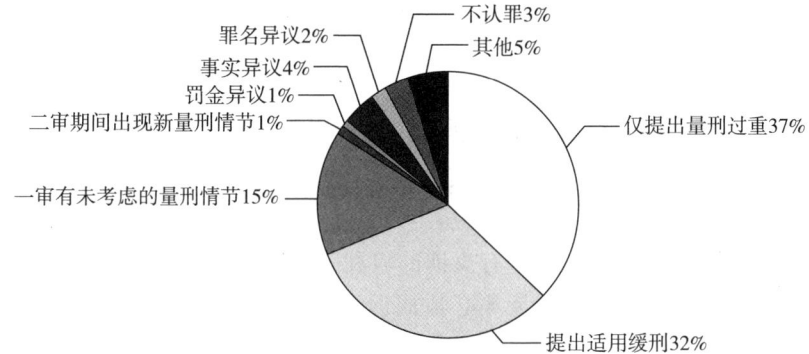

图 2 2018—2019 年样本法院被告人反悔上诉的原因类型

最后，被告人反悔上诉的深层原因复杂。主要有以下几类：(1) 量刑结果未达预期。具体有三种情形。其一，有的检察官在解释认罪认罚从宽制度过程中存在夸大从宽幅度的情况，导致被告人在积极认罪认罚的同时产生了较高的"从宽"预期。若一审判决结果未达到被告人的心理预期，被告人就会提出上诉，并认为受到检察人员的"欺骗"。① 其二，采用"幅度型量刑建议"的案件，若量刑建议的幅度过宽，对于被告人而言必然期望获得幅度内最低的量刑，而若法院判处幅度内较高的量刑，超过被告人的心理预期时也会引起被告人上诉。其三，法院不采纳检察院的量刑建议而判处更高刑期的情况下必然会引起被告人上诉。如 T 区法院判处的余某故意伤害一案，检察机关提出判处有期徒刑二年半至三年的量刑建议，一审法院判处被告人有期徒刑三年半，被告人遂提出上诉并威胁以后要报复一审法官，造成了极坏的社会影响。(2) "留所服刑"目的上诉。所谓"留所服刑目的上诉"，是指被告人对于一审裁判结果并无实质异议，上诉是为了利用二审的

---

① 参见周新：《论认罪认罚案件救济程序的改造模式》，载《法学评论》2019 年第 6 期。

审限以及上诉不加刑原则拉长诉讼周期、延长羁押期限，使自身的羁押期限在折抵刑期后余刑符合留在看守所服刑的条件，从而达到逃避监狱劳动等目的。① 为达到留所服刑目的而上诉在一审判决的轻刑犯中占比较大，主要出于三个原因。第一，对看守所的人员、环境已适应，不想再去监狱重新适应环境。第二，看守所的看管比监狱轻松，且不需要劳动。第三，由于送监执行是在全省范围内调配，可能会被分到较为遥远的监狱，不方便亲属会见。（3）"投机性上诉"。此类上诉的被告人内心对一审判决认定的事实或多或少是有异议的，既想先通过一审认罪认罚来获取量刑优惠，又想利用上诉不加刑原则的保护，通过二审法院的全面审查来争取对自己更为有利的判决结果。

三、认罪认罚后被告人反悔的应对方略：预防机制与合理规制

被告人认罪认罚后固然享有反悔的权利，但是，无论被告人基于何种原因而反悔，其反悔行为客观上势必造成诉讼效率的降低和司法成本的增加，这与修改刑事诉讼法确立认罪认罚从宽制度的初衷是相悖的，不能实现认罪认罚从宽制度的预期效果。因此，应当高度重视认罪认罚后被告人反悔问题，制定科学的应对方略。我们认为，应当按照"预防为主，规制为辅"的基本思路，构建应对认罪认罚后被告人反悔的诉讼机制。

（一）预防为主：科学构建应对被告人反悔的预防机制

1. 应当确保被告人在审前程序中获得有效的辩护帮助，其核心是充分发挥值班律师的诉讼职能

一般而言，被告人委托辩护律师所得到的法律帮助较值班律师而言更为充分，反悔率相对较低。而值班律师未能充分履行职能，切实发挥法律帮助作用，在一定程度上沦为签署认罪认罚具结书的"橡皮图章"，诉讼职能"见证人"化而未能实质化，如前所述，这是导致被告人反悔的主要原因之一。但由于刑事案件辩护率较低，辩护律师资源分配不均②以及案情较为简

---

① 董坤：《认罪认罚从宽案件中留所上诉问题研究》，载《内蒙古社会科学（汉文版）》2019年第3期。

② 顾永忠：《以审判为中心背景下的刑事辩护突出问题研究》，载《中国法学》2016年第2期。

单,被告人在自愿认罪认罚的情况下不愿聘请辩护律师等方面的原因,值班律师今后很长一段时间依然会是我国认罪认罚程序中被告人获得法律帮助的主要来源。在我国,值班律师作为法律援助制度下的一种特殊的援助形式,只负有限的辩护职责,而不提供全面的刑事辩护服务,其基本功能在于"即时"为被告人提供法律帮助,具有"应急性"特征。在提供法律咨询服务和法律帮助时,值班律师往往并不了解案件的具体情况,只能就犯罪嫌疑人、被告人的具体问题提供相应的咨询意见。值班律师面对不同的咨询主体,不可能深入了解案件的具体细节,更不可能像辩护律师那样通过查阅案件的卷宗材料为当事人提供辩护①。在值班律师制度试点过程中,暴露出最大的问题即值班律师不能为被告人提供实质有效的帮助,如杭州市在试点期间发现"值班律师"混同于"律师值班"、法律咨询和辩护的及时性不足等棘手问题②。由此可能导致当事人向值班律师提出申请变更强制措施、帮助申请法律援助等合理请求,而值班律师并未依请求落实,仅在被告人签署认罪认罚具结书时到场见证等问题。因此,要防止被告人认罪认罚后反悔,就应当确保其在侦查、起诉阶段获得有效的辩护帮助,建立充分发挥值班律师诉讼职能的保障机制,对此,《指导意见》第10—15条已经作了初步规定,对于加强认罪认罚案件被告人辩护权的保障具有积极意义。此外,2020年8月20日,"两高三部"联合发布了《法律援助值班律师工作办法》(以下简称《工作办法》),对如何进一步充分发挥值班律师的工作职责,规范值班律师工作,加强值班律师工作保障等作出了较为详细的规定。随着《工作办法》的贯彻落实,对于值班律师参与认罪认罚案件的处理必将产生积极的推动作用。

2. 应当建立认罪认罚协商前的证据开示制度,保障被告人的证据信息知悉权

在诉讼原理上,国家追究犯罪嫌疑人、被告人的刑事责任,必须建立在证据基础上,同时有义务让被追诉人知晓指控证据的情况,"司法神秘主义"有悖于现代刑事法治。尤其是证据在庭审中终究要向被告人举示,庭前程序中对被追诉人进行"证据封锁",不让其知悉指控证据的基本情况,既不利于被追诉人行使辩护权,又可能导致妨碍庭审顺利进行等其他负效应。如前所述,认罪认罚被告人反悔的重要原因之一就是在庭审中发现证据

---

① 吴宏耀:《我国值班律师制度的法律定位及其制度构建》,载《法学杂志》2018年第9期。
② 董红民、麻伟静:《构建法律援助值班律师制度实证探析》,载《中国司法》2016年第10期。

和事实与公诉人所言有较大出入进而反悔。反之，如果在起诉阶段通过证据开示，让被追诉人充分了解证据信息，使其知道对其指控的证据是确凿的，事实是清楚的，进而说服其真心实意认罪认罚，无疑将极大降低反悔的概率。因此，《指导意见》第29条规定"人民检察院可以针对案件具体情况，探索证据开示制度，保障犯罪嫌疑人的知情权和认罪认罚的真实性及自愿性"是有现实意义的，亟待将其细化并贯彻落实。初步可以考虑：在认罪认罚案件审查起诉即将终结，犯罪嫌疑人签订认罪认罚具结书之前，在值班律师或辩护律师在场或知情的情况下，检察机关将案卷材料中的主要证据卷复印交给犯罪嫌疑人查阅，并给予必要的阅卷时间。犯罪嫌疑人查阅后在签署认罪认罚具结书时应当附有签字说明，表明其系在查阅所有证据后签署具结书，辩护人或者值班律师也应当签字说明。此外，也可以考虑允许辩护人在查阅案卷后将案卷复制给犯罪嫌疑人查阅。通过证据开示，充分保障被告人的证据信息知悉权，一方面可以坚定被告人认罪认罚的决心，降低其反悔可能性；另一方面通过认罪认罚具结书上被告人的签字说明以及辩护人或者值班律师的签字说明，进一步证明其认罪认罚的自愿性。

3. 应当规范控辩协商的流程，推行控辩协商过程的同步录音录像制度，确保协商过程的自愿性和合法性

针对实践中反映较为突出的控辩之间不进行充分协商，而往往只是检察官"单方开价"等问题，以及前述被告人反悔中辩称的在起诉阶段认罪认罚协商过程中公诉人存在"强迫""欺骗""未能正确理解"等问题，可以采取以下应对措施：一方面，检察机关应当对审查起诉阶段控辩充分协商达成合意对于防止被告人反悔的重要性提高认识，建立控辩协商的规范化流程，充分听取辩方的意见，同时对协商的时间、地点、参与人员、协商内容等均形成笔录，检察官、犯罪嫌疑人、辩护人或值班律师均在协商笔录上签字予以认可。另一方面，可以考虑在控辩协商过程中，进行全程同步录音录像，并随案移送法院，以供法官在审查认罪认罚的自愿性、合法性时参考。通过协商过程的规范化和同步录音录像等机制，可以更好地堵住可能存在的程序漏洞，减少被告人反悔的空间，既是预防和遏制被告人认罪认罚后反悔的有效机制，也有利于检察官的自我保护。随着我国看守所和检察机关办案硬件设施的不断改善，推行控辩协商过程中的同步录音录像完全具备可行性。

4. 应当强化检察官办理认罪认罚案件的监督管理，既要充分发挥检察机关的主导责任，又要确保认罪认罚案件办理的规范化

毋庸讳言，认罪认罚从宽制度极大地扩充了检察官的自由裁量权，也增

大了检察官滥用权力的风险。尤其是检察机关在办理认罪认罚案件中的主导责任的提出，进一步强化了检察官在此类案件办理中的主导地位和作用。但是客观地看，前述检察官在办理认罪认罚案件中的不规范做法在司法实践中确实不同程度地存在，也不乏检察官在办理此类案件中将"协商"演变成"交易"进而涉罪的案例。因此，应当强化对检察官办理认罪认罚案件的监督管理，既要充分发挥其在办理案件中的主导地位和作用，又要强调检察官的客观义务，确保认罪认罚案件办理的规范化，这是预防被告人因检察官办案过程中的不规范行为而反悔的重要一环。为健全办理认罪认罚案件检察权运行监督机制，加强检察官办案廉政风险防控，确保依法规范适用认罪认罚从宽制度，最高人民检察院 2020 年 5 月 11 日发布了《人民检察院办理认罪认罚案件监督管理办法》，具有现实的指导意义。

（二）规制为辅：科学构建认罪认罚被告人反悔后的规制机制

1. 针对被告人在庭前及庭上反悔，法官应当强化对反悔理由的实质性审查

应当看到，虽然法官在认罪认罚程序中的功能更多是对控辩双方达成的协议进行"司法确认"，但是这并不减损法官在刑事诉讼过程中对被告人的"诉讼关照"义务。如在美国辩诉交易中就赋予了法官在特定情形下否定辩诉交易的权力，其第一种情形即交易结果对被告人是否公平①。从司法实践来看，被告人在庭前或者庭上反悔多是"有因反悔"，主要理由是认罪认罚出于非自愿性或不具备合法性。鉴于认罪认罚的自愿性和合法性是认罪认罚从宽制度的根基，被告人的前述理由将从根本上否定案件的实体认定及程序运作，因此法官应当高度重视对被告人此类反悔理由的实质性审查，尤其不能简单地认为被告人的反悔行为是认罪态度不好而疏于审查。按照《指导意见》的规定，应当重点核实以下内容：被告人有无因受到暴力、威胁、引诱而违背意愿认罪认罚；被告人认罪认罚时的认知能力和精神状态是否正常；被告人是否理解认罪认罚的性质和可能导致的法律后果；检察院、公安机关是否履行告知义务并听取意见；值班律师或者辩护人是否与检察院进行沟通，提供了有效法律帮助或者辩护，并在场见证认罪认罚具结书的签署。此外，除了听取被告人陈述外，还可以通过听取律师、检察官对协商过程的

---

① 王兆鹏：《刑事诉讼的新潮流——与被告协商》，载《蔡墩铭先生六秩晋五寿诞祝寿论文集》，第 762 页。

陈述，听取同案被告人的陈述，观看协商全程同步录音录像等方式来确保对自愿性、合法性的审查落实到位，再根据审查的结果作出相应的程序转换和实体处理。

2. 针对被告人判决后反悔上诉，应当区分不同类型分别应对

从适用类似认罪认罚从宽程序的其他国家或地区的规定来看，认罪认罚案件的上诉权不少是有所限制的。如在美国适用辩诉交易的案件中，上诉需要特殊的理由，即"原审法院的审判程序有误"。联邦最高法院明确法院有义务确认被告人的认罪答辩是在自愿、平等的情况下作出的，如果法院未依据该规定进行审查，被告人对原审判决提出上诉时，上级法院会以此为理由将判决归于无效，并由原审法院重新进行审理。① 英国《1980年治安法院法》第108条规定，作出有罪答辩的被告人只能对量刑提出上诉，而无权就定罪提出上诉，除非存在被告人所作的有罪答辩含混不清或有罪答辩系被迫作出等特殊原因。②

在我国现阶段，鉴于认罪认罚从宽制度本身尚不够完善，限制被告人认罪认罚后的反悔上诉权是不适当的，至少时机尚不成熟，需要做的，是区分被告人认罪认罚后反悔上诉的不同情形依法作出处理：

（1）对于被告人对量刑不满而提出的"悔罚"型反悔上诉的应对措施

其一，对于被告人就一审法院在检察机关量刑建议的确定刑或者幅度刑范围内作出判决而提出上诉的应对。针对此类案件，只要一审认定的案件事实是清楚的，证据是确实、充分的，检察机关对于一审判决是无异议的，则无论被告人上诉动机为何，基于公权力行使的谦抑性，检察机关不宜动辄以被告人"不诚信"为由提出抗诉。而二审法院应当一律以书面审理方式，快审快判，驳回上诉，维持原判。这有利于遏制被告人利用程序规则，不当行使反悔权和上诉权。前述调研中有的"技术性上诉"案件法官允诺为上诉人"拖延时间"，到法定审限临近时才作出宣判的做法无疑是不适当的，容易助长被告人滥用上诉权的行为。

其二，对于被告人就一审法院高于检察机关的量刑建议作出判决而提出上诉的应对。针对此类案件，检察机关在确定一审量刑"确有错误"的基

---

① See McCarthy v. United States, 394 U. S. 459 (1969).
② 以下四种情形可以上诉：所作的有罪答辩"含混不清；有罪答辩系被迫作出；有罪答辩所针对的指控此前已经受到过确定的有罪或者无罪判决；刑事案件审查委员会依法向刑事法院移送了案件。

础上,可以提出抗诉,这种为了被告人利益的抗诉尤其值得提倡,如引发讨论的余金平交通肇事案,一审法院未采纳检察机关提出的缓刑量刑建议而判处较重的实刑,被告人提出上诉,检察机关也提出抗诉,无论案件二审的处理结果如何,检察机关的做法是值得肯定的。而对于此类案件,二审法院应当采用开庭审理的方式,严格贯彻全面审查原则,重点审查一审法院作出高于量刑建议的判决的原因,对量刑证据进行更细化的质证、辩论,在查清量刑事实的基础上作出裁判,必要时也可以发回重审。

(2)对于被告人对定罪有异议而提出的"悔罪"型反悔上诉的应对措施

其一,对于被告人对案件事实没有异议,只是对罪名有异议而提出上诉的应对。针对此类案件,由于事实是清楚的,罪名认定更多是法律认识问题,检察机关没有必要针对被告人的反悔上诉行为提出抗诉。二审法院应当以书面审理方式,快审快判。

其二,对于被告人对部分案件事实有异议,但对定罪没有异议而提出上诉的应对。针对此类案件,由于被告人对构成犯罪无异议且对罪名予以认可,检察机关没有必要针对被告人的反悔上诉行为提出抗诉。二审法院应当以书面审理方式,快审快判。

其三,对于被告人以没有犯罪事实为由而提出上诉的应对。针对此类案件,由于没有犯罪事实却进行认罪认罚已经触及检察机关是否正确适用认罪认罚从宽制度、是否造成冤假错案的底线,如果检察机关经审查认为被告人确有犯罪事实的,应当坚决提出抗诉,通过"抗诉可以加刑",经过二审审理,不仅取消被告人一审通过认罪认罚获取的量刑优惠,而且使其遭受实体权利的最终不利后果,从而彰显刑事司法的权威。同时,鉴于此类上诉已经冲击一审裁判的根基,导致一审裁判有出现冤假错案的可能,认罪认罚的裁判基础已经完全不存在,因此二审法院应当高度重视,原则上应当采用开庭审理的方式,严格贯彻全面审查原则,对一审定罪量刑的事实、证据进行全面审查,依法作出裁判,必要时也可以发回重审。

需要指出的是,针对被告人的反悔行为进行规制,司法人员必须正确把握以下两个问题:其一是被告人反悔之后其签署的认罪认罚具结书不能作为认定被告人有罪的证据使用,对基于认罪认罚而形成的有罪供述应当审慎处理,加强审查,正确认定。在被告人反悔"毁约"的情况下,其已经不认可认罪认罚具结书的法律效力,再将具结书作为被告人有罪的证据使用,有违证据法理。但是对于被告人此前基于认罪认罚而作出的有罪供述,是否一概不能作为定罪证据使用,则需要审慎处理。从一些国家的做法来看,一旦被告人反悔，则会排除其之前的有罪供述。如在法国模式下，依《法国刑事诉讼法典》以及宪法委员会所确立的无罪推定以及不得强迫自证其罪的基本精神，交易一旦失败，则被告人的口供应归于无效，不得用于后续的程序。① 在美国辩诉交易中，如果撤回认罪答辩得到许可，那么被告人在法律地位上回归无罪，将面临重新的审判，此前收集的证据也被排除。② 但是，应当看到，在我国，基于查明案件事实、提高诉讼效率与被告人权益保障之间平衡，仅仅因为被告人反悔就否定办案机关此前所收集到的所有证据，对于司法机关而言过于苛责，重新收集证据更会加重司法机关的负担。③ 被告人认罪认罚后反悔尤其是否认有罪供述的"悔罪型"反悔，实质上是一种"翻供"行为，需要做的不是一概排除有罪供述，而应当是加强对此前有罪供述的审查和判断，按照相关司法解释对"翻供"的审查判断规则，作出正确的认定。其二是不得因被告人在认罪认罚后反悔而对其作出不利的推论。由于被告人认罪认罚后反悔无疑将增大司法机关的办案成本和负担，因此，认罪后的被告人可能因反悔而"惹怒"司法机关甚至遭遇报复性指控与审判。④ 这种"报复性执法"是不可取的。人民法院作出判决时只能根据庭审时所确定的案件事实和证据依法对被告人定罪量刑，不能够仅凭被告人行使认罪认罚反悔权就认定其认罪态度不好，应当综合考虑各种情况对被告人的认罪态度作出准确判断。⑤ 只有理性地对待被告人认罪认罚后的反悔行为，才能确保对此类案件作出公正的处理，实现认罪认罚从宽制度的法律效果和社会效果。

---

① 施鹏鹏：《警察刑事交易制度研究——法国模式及其中国化改造》，载《法学杂志》2017年第2期。

② [美]伟恩·R. 拉费弗等：《刑事诉讼法》，卞建林等译，中国政法大学出版社2003年版，第1067页。

③ 马明亮、张宏宇：《认罪认罚制度中被告人反悔问题研究》，载《中国人民公安大学学报（社会科学版）》2018年第4期。

④ 孙晓玉：《庭审翻供实证研究——以控方角度为切入点》，载《天府新论》2013年第6期。

⑤ 黄博儒：《被告人认罪认罚反悔权的保障机制》，载《山西省政法管理干部学院学报》2019年第1期。

环境行政公益诉讼诉前程序研究[*]

高文英[**]

一、环境行政公益诉讼诉前程序的基础理论

鉴于环境等公益事业实践的迫切需要，2015年7月1日第十二届全国人民代表大会常务委员会第十五次会议就通过了《关于授权最高人民检察院在部分地区开展公益诉讼试点工作的决定》（以下简称《试点工作决定》）。其后，最高人民检察院发布《检察机关提起公益诉讼改革试点方案》（以下简称《试点方案》），就开展公益诉讼的目标原则、主要内容（包括范围、诉讼参加人、诉前程序、提起诉讼、诉讼请求）、方案实施和工作要求

---

[*] 本文系2019年度最高人民检察院检察理论研究一般课题"环境行政公益诉讼诉前程序研究"（项目批准号：GJ2019D10）的研究成果。

[**] 课题主持人：高文英，中国人民公安大学教授。课题组成员：黄志勇，北京市海淀区人民法院行政庭庭长；胡晓亮，北京市海淀区人民检察院机关党委副书记，机关纪委书记；胡朝刚，北京市大兴区纪委区监委监察官；钟睿，北京市某企业法务。

等作出规定。2015年12月16日最高人民检察院第十二届检察委员会第四十五次会议通过《人民检察院提起公益诉讼试点工作实施办法》（已失效，以下简称《实施办法》），共四章58条，对人民检察院提起民事公益诉讼和提起行政公益诉讼的具体程序作出了规定。为了贯彻《试点工作决定》，依法审理人民检察院提起的公益诉讼案件，2016年2月22日最高人民法院审判委员会第1679次会议通过《人民法院审理人民检察院提起公益诉讼案件试点工作实施办法》（以下简称《人民法院实施办法》），对民事公益诉讼和行政公益诉讼审理中的一些具体程序问题作出了规定。至此我国检察机关提起行政公益诉讼有了直接的依据，有学者将此概括为"一决定三解释"。

2017年6月27日，第十二届全国人民代表大会常务委员会第二十八次会议通过了关于修改行政诉讼法的决定，即在第25条增加1款，作为第4款："人民检察院在履行职责中发现生态环境和资源保护、食品药品安全、国有财产保护、国有土地使用权出让等领域负有监督管理职责的行政机关违法行使职权或者不作为，致使国家利益或者社会公共利益受到侵害的，应当向行政机关提出检察建议，督促其依法履行职责。行政机关不依法履行职责的，人民检察院依法向人民法院提起诉讼。"此次修订表明我国行政公益诉讼已从试点阶段变为一项正式的国家法律制度，同时也为我国行政诉讼制度进一步完善，检察机关监督职能的拓展和法治政府建设步伐向前迈进奠定了基础。

（一）确立环境行政公益诉讼诉前程序的意义

2017年行政诉讼法在总结前期试点经验和借鉴域外部分国家经验的基础上，确立了提起行政公益诉讼之前的前置程序即诉前程序。以环境公益诉讼案件为例，确立诉前程序的意义在于：

第一，尊重环境治理的客观规律。由于生态损害通常是一种远期或者长期积累的损害，受损害的对象不仅涉及当代人，也包括后代人，甚至是整个人类生存的生态环境，因此，生态损害是一种不同于私人利益甚至其他公共利益损失的损害类型。在近年的行政公益诉讼试点实践中，环境行政公益诉讼虽然占比较高，但只有在生态环境行政执法失灵或不能充分发挥作用的情况下，才启动行政诉讼环节，生态环境公益诉讼是作为生态环境保护和执法体系的补充环节。可见，环境诉前程序的设置不仅体现了检察机关对环保部门行政权的尊重，也是基于对生态环境修复所具有的技术性、长期性等特性的考量。

与普通民事权益相比，生态权益的特殊性在于其深刻的公共物品属性、以及所有权模糊、生态修复专业化等特性。我国生态环境保护形势严峻，其背后是经济利益与生态利益的冲突。如何正确处理经济发展和环境保护的矛盾？理论和实践部门通常认为，环境问题的解决主要取决于三个方面：一是转变观念，即树立正确的生态文明观；二是充分有效的利用现代环境保护科学技术手段；三是实行环境法治，即用法律规范人们的行为，化解环境纠纷，实现环境正义。在实行环境法治方面，应当将预防及修复生态环境损害作为立法的主要目的

第二，处理好环境行政执法和环境诉讼的关系。鉴于生态环境的"公地悲剧"① 效应，目前多数国家在环境行政执法和打击环境犯罪之外，又有了环境公益诉讼，但环境行政执法和环境行政公益诉讼各有优势和不足。环境行政执法的优势主要体现在：环境行政执法的积极主动介入，这种积极主动行为能够及时制止侵害生态环境的行为，而且效率高、成本低；但环境行政执法也有缺点，容易受到地方保护等因素的影响就是其中之一。环境行政公益诉讼的优势是：检察机关可以启动司法程序，这种由检察机关作为公益起诉人的环境行政公益诉讼其公信力强，但诉讼的缺点也十分明显，就是诉讼的程序繁琐、举证规则严格，结案周期长，而且成本高。由于两种模式各有优缺点，加之生态环境保护本身应当重在环境损害的预防和生态环境的及时有效修复，所以，课题组认为，环境公益诉讼仅是环境保护措施的补充，而不是与环境行政执法并列成为另外一个管道。我国有专门的生态环境资源保护行政主管部门，有以环境保护法为核心的为数不少的中央和地方立法②，

---

① 美国学者哈丁在《公地的悲剧》中描述了这样一则故事：100公顷草地，100头牛、5个放牛人，管理者将草地分为6份，5个放牛人各一份，第6份为公共草地。试验结果表明：5个放牛人都不约而同地首先将牛赶在公共草地放牧，公共草地因为过度放牧而严重退化；而他们各自的草地得到了很好的管理和利用，保持得好好无损。这则故事后来成为研究环境问题的经典范例。

② (1) 法律：环境保护法、水污染防治法、大气污染防治法、固体废物污染环境防治法、海洋环境保护法、土地管理法、环境影响评价法、放射性污染防治法、环境噪音污染防治法、水土保持法、水法、行政处罚法、行政强制法、行政许可法、行政复议法、行政诉讼法等。(2) 行政法规：《城镇排水与污水处理条例》《排污费征收使用管理条例》《行政执法机关移送涉嫌犯罪案件的规定》《放射性物品运输安全管理条例》《危险废物经营许可证管理办法》《建设项目环境保护管理条例》等。(3) 规章：《环境行政处罚办法》《环境监察办法》《环境保护主管部门实施按日连续处罚办法》《国土资源行政处罚办法》《污染源监测管理办法》《环境行政执法后督察办法》《环境行政复议办法》《环境监测管理办法》《排污许可证管理暂行规定》《环境保护主管部门实施查封、扣押办法》等。

此外还有各类行业标准或指引①，加上近年来国家非常重视生态文明建设，通过机构体制改革逐步科学设置环保机关及其职能部门，通过相关立法逐步强化环保部门的职权配置②，因此，完善和规范环境行政执法，解决环境行政主管部门的不作为或者乱作为才是问题的关键。从其他国家的经验看，即使在较早提出环境公益诉讼的国家如美国，环境治理也主要靠行政执法。在美国，环境公民诉讼制度的作用主要是两个方面：一是促使政府部门积极执行反污染标准；二是在政府部门不作为时提供一种替代执行法律的机制。由于这种替代机制的目的主要在于弥补政府环境执法的不足，环境公民诉讼案件占美国环境执法案件的比例相对较小。

为了处理好环境行政执法和环境诉讼的关系，诉前程序就成为解决这种关系的最好方法。比如，美国《清洁空气法》第304条规定公民诉讼要具备两个前提条件，其中之一是在起诉前的60日内，书面通知美国联邦环境部、违法行为所在州以及违法行为人即将提起公民诉讼这一事实。只有违法行为人拒绝或迟延采取纠正或改正行为，60日届满后，该公民才可以依法提起公民诉讼。60日通知的"诉讼提示"义务，其主要目的之一就在于确保行政执法权对于"公民诉讼"的优先性。这种先要求环境部门对破坏环境的行为进行处理，只有在环境部门怠于处理或者对环境部门处理决定不服，才可以向法院提起环境公益诉讼的模式，避免了把适合由环境部门行使的环保执法职能通过诉讼转移至法院。

（二）环境行政公益诉讼诉前程序的理论基础

行政公益诉讼诉前程序的设置使得行政公益诉讼进入"诉前程序＋行政公益诉讼"的两步走模式，因此，探寻行政公益诉讼诉前程序的理论基础，即制度设计背后的逻辑，才能更好地使制度设计在制度实践中发挥作用。从行政公益诉讼的设置目的和检察机关的法律监督地位看，课题组认为，诉前程序理论基础固然有不同的理解，但"公共信托"理论、检察监

---

① 行业标准或指引包括：《国家危险废物名录》《环境空气质量标准》《地表水环境质量标准》《地下水质量标准》《土壤环境质量标准》《声环境质量标准》《渔业水质标准》《土地基本术语》《土地利用现状分类》《污水综合排放标准》《城镇污水处理厂污染物排放标准》《纸浆造纸工业水污染物排放标准》《畜禽养殖业污染物排放标准》《环境损害鉴定评估推荐方法（第Ⅱ版）》等。

② 根据环境保护法、水污染防治法、大气污染防治法、固体废物污染环境防治法等法律、法规规定，环保部门主要履行以下监管职责：(1) 环境影响评价审批。(2) 排污许可证审批。(3) 危险废物经营许可证审批。(4) 监督检查权。(5) 行政处罚权。(6) 行政强制权。

督权理论、行政自制理论以及穷尽行政救济理论有很强的指导意义。

1. 环境行政公益诉讼诉前程序理论基础研究的背景

"绿水青山就是金山银山"重要思想写入党的十九大报告和新修订的党章,标志着"两山"理论提升到了前所未有的高度。践行"两山"理论,就要正确认识和把握制度改革的客观规律,推进生态文明体制改革,是践行"两山"理论的制度保障。环境公益诉讼是生态文明法治建设的一部分,在推进绿色发展的进程中,坚决做到有法可依、有法必依才能真正走上依法推进生态文明建设的健康轨道。《中共中央关于全面推进依法治国若干重大问题的决定》中指出:"行政违法行为构成刑事犯罪的毕竟是少数,更多的是乱作为、不作为。如果对这类违法行为置之不理、任其发展,一方面不可能根本扭转一些地方和部门的行政乱象,另一方面可能使一些苗头性问题演变为刑事犯罪。探索建立检察机关提起公益诉讼制度,目的就是要使检察机关对在执法办案中发现的行政机关及其工作人员的违法行为及时提出建议并督促其纠正。"①

自 2015 年开启公益诉讼试点以来,环境公益诉讼的实践推动着学术视野的拓展与深入,但同时也呈现一些新情况和问题,其中较为突出的就是公益诉讼的诉前程序。由于环境诉前程序主要涉及检察机关的检察权与环境行政部门的行政执法权的关系,不涉及法院的司法审判程序,虽然诉前程序是作为整个公益诉讼的前置程序,但理论关注度比较低,因此加强对行政诉前程序的研究具有重要的实践意义。

2. "公共信托"理论与生态环境公益诉讼

早在罗马帝国法律中出现了一种名为"公共信托"(the doctrine of the public trust)法律理论。"公共信托"理论传统上被用来解决公用海域航行、捕鱼及商业水域的问题。按照自然法的解释,这些事务为人类共同之物,就像大气、河流、海洋及其相应的海岸②,因此,为了公共利益的目的而通过信托方式由国王或者政府持有。这种理论的确立基础是:为了公众自由和不受阻碍地使用,某些共同财产可以由政府托管。公共信托原则有两层含义:一是某些利益,如空气与海洋,对全体国民具有重要意义,因此由私人所有是很不恰当的;二是政府不会按照优先的私人授益用途重新分配公共物品,

---

① 《中共中央关于全民推进依法治国若干重大问题的决定》,人民出版社 2014 年版,第 57—58 页。

② 《优士丁尼法学总论》第 2.1.1 段。

而是增进一般公共利益。① 该理论适用于生态环境经历了一个过程。在20世纪60年代，美国开展了关于"公民要求在良好环境中生活的宪法依据是什么"的大讨论。"公共信托"理论的内涵可谓流派纷呈。随后1970年，美国著名学者约瑟大·L.萨克斯在《密执安法律评论》上发表《自然资源中的公共信托理论——有效司法干预》一文，对公共信托予以总结、宣传、引申和发展，使得公共信托理论进一步发展，被认为是在自然资源法研究领域中创造性地提出"公共信托理论"②。该理论内容包括：一是环境是全体公民的共有财产；二是全体公民为了管理它，将其委托给政府，政府与全体公民从而建立起公共信托关系。"生态环境公共信托"理论以当代人和后代人的可持续发展为着眼点，目的是保护人类共同生存的生态环境。

我国将"公共信托理论"引入生态环境领域也经历了一个发展过程。2001年《信托法》第60条规定，为了下列公共利益目的之一而设立的信托，属于公益信托：（1）救济贫困；（2）救助灾民；（3）扶助残疾人；（4）发展教育、科技、文化、艺术、体育事业；（5）发展医疗卫生事业；（6）发展环境保护事业，维护生态环境；（7）发展其他社会公益事业。该条被业界认为是"公益信托"的专门规定和环境公益诉讼的权利基础。按照该条的规定，国家或者政府作为受托人对环境资源取得所有权，承担环境的保护义务。公共信托理论的重点内容在于：如何通过有效措施制约公权力以最大限度地维护公共信托财产。我国环境管理公权力失灵现象严重，所以生态环境公益诉讼制度的规制对象和重点主要是行政部门怠于行使行政职责的行为，其基本功能之一是私权对公权的监督而不是其他。所以从这个意义上讲，生态环境公益诉讼的最佳原告应当是公民或者环保团体，而不是检察机关。

依据"公共信托理论"，公众将公共环境资源委托给国家，包括自治的一部分诉权也委托给了国家，国家就有义务保护信托财产不受到损害，国家又将该诉权分配给了检察院或者其他特定机关、社会组织甚至公民个人，由他们代表国家提起诉讼。这使得程序上的诉权与实体上的诉权出现了分离行使的现象。而且，国家维护社会公共利益的诉讼信托是典型的法定信托。总

---

① ［美］约瑟夫·L.萨克斯：《保卫环境——公民诉讼战略》，王小钢译，中国政法大学出版社2011年版，第138—140页。

② Joseph L. Sax, "The Public Trust Doctrinein Natural Resources Law; Effective Judicial Intervention", 68 Mich, L, Rev. 471（1969）.

体来讲，在受托人违反其环境保护义务和职责的情形下，生态环境受益人可以依法提起公益诉讼，请求法院追究受托人的法律责任，而与委托人的环境权力无关。也就是说，环境公益诉讼不需要以法定环境权益为基础，而仅需要法律明确相关主体的环境保护义务即可。这一点也与我国《环境保护法》第6条一致。2014年环境公益诉讼入法（《环境保护法》第58条），有学者将之看作对第6条"环境公共信托"的落实措施。

"公共信托"理论是否能为中国的环境法律制度提供理论支撑，这点在学界是存在争论的。比如有学者认为，"公共信托"的首要关键词是"公共"，因此任何以"私益信托"来论证"公共信托"理论的观点都是值得商榷的。也有学者认为，"公共信托"的前提不存在，信托关系虚拟，委托人和起诉人不统一。① 课题组成为，"公共信托"理论中信托关系的虚化恰恰证明了任何人都是环境保护的受益人，在受托人违反信托义务的情况下，有权对受托人的行为依法提起诉讼。我国环境法虽然明确授权普通民众享有环境权，但《环境保护法》第6条有关义务的规定，一样可以成为实施环境公益诉讼的理论基础，该条与第58条呼应，形成从"公共信托"到"环境公益诉讼"的完整的法律制度体系②。

3. 检察权理论与生态环境公益诉讼

（1）域外考察：行政诉讼中司法权与行政权的演化

任何国家权力架构和权力制约过程中必须正视和解决处理好司法权与行政权的关系。西方国家的行政法起源较早，尤其关于国家模式和国家权力体系之间的关系研究比较深入，通过西方国家行政法发展总体进程分析，行政权和司法权关系先后发展出了"夜警国家""福利国家"和"风险社会"三种模式。检察权作为广义的司法权，在行政公益诉讼诉前程序中与司法权的关系、与一般行政诉讼中法院的司法权及与行政权的关系有很大程度上的一致性，都是为了监督行政权，维护公共利益。因此，域外行政诉讼中司法权和行政权关系的演化过程，诉前程序中检察权和行政权的关系，检察权应该在多大幅度上介入、干预司法权具有一定的借鉴意义。

第一，"夜警国家"模式。"夜警国家"模式即"法治国家"模式，西方国家自18世纪中期即普遍遵循此种模式。其主要特点就是利用有限行政

---

① 徐祥民、凌欣、陈阳：《环境公益诉讼的理论基础探究》，载《中国人口·资源与环境》2010年第1期。

② 张辉：《美国环境法研究》，中国民主法制出版社2015年版，第460—461页。

与被动行政对行政权加以限制，而司法权则承担了部分社会规制职能，其主要任务是对公权力加以控制且对个人自由权加以保护。此时，行政权与司法权的关系符合形式法治以权力分立为核心的特点。

在此模式下，行政权兼具形式法治、有限性和被动性的特点，行政权的功能仅局限于被动地维护社会及市场的基本秩序，却不能主动地干预市场活动。而此时司法权则具有较大的主观能动性，主要表现在：一是可以直接发挥维护社会及市场秩序的职能。二是可以对公民消极自由和防御性权利加以保护。

第二，"福利国家"模式。"福利国家"模式即为"社会国家"模式。20世纪初期，为避免消极行政、有限行政的弊端，逐渐开始用"福利国家"模式取代了"夜警国家"模式。在此模式下，与"夜警国家"模式相反，推行实质法治与积极行政。行政机关可以积极行使准立法权及准司法权，主动对市场及社会进行广泛干预乃至管制。为适应此情况，司法权相应地开始强化对行政程序的审查，以折中主义为主要立场，既要对行政程序进行精细而严格的控制，又要避免对行政权进行过渡的实体干涉。

第三，"风险社会"模式。此模式以20世纪中叶出现的贫富分化、环境污染等一系列复杂的社会问题为背景。此模式对行政权的行使又提出了新的要求，行政机关不得不着重对"安全、健康与环境"发挥监管职能，而行政机关的职能也随即转变，除基本职能外还需兼顾维护社会稳定、管控社会风险、保护弱势群体权益等方面。法院行使司法权的立场也随之转变，开始以能动主义为主要立场，对于涉及公共利益的行政行为进行更加严格审查，更为注重利益平等问题。具体表现在：一是提高司法审查强度。法院在审查行政行为时从实体及程序上更加维护社会公共利益。二是法院通过降低参与诉讼资格，降低司法审查强度来保证公众可以参与到行政程序中，保证公共利益团体发起司法审查，参与行政程序的权利。

（2）西方国家行政权与司法权关系发展的启示

在诉前程序审查行政机关不履责的认定标准构建过程中，包含了检察权与行政权关系的定位与架构，纵观西方国家行政权与司法权的关系变迁过程可以得到以下启示：

首先，行政权普遍呈现扩张趋势。从作用范围看，从局限于维持基本社会秩序，扩大到促进经济繁荣，乃至对社会公共利益的监管和规制。从作用方式看，由消极行政向积极行政转变，行政权逐渐由被动行使向主动干预转变。此后西方国家又不断出现管制放松、管制方式多元化、重视公众参与及地方分权等新变化,这些均建立在行政权在社会公共事务管理中的主导地位的基础上。

其次,对于公共利益的保护,司法权的立场与职能随着行政权功能的变化灵活调整。在立场、审查强度上的司法权变化均是显而易见的,即以保证将特定时期的行政权限制于法治的框架内,确保行政权有助于维护特定阶段的公共利益。继"福利国家"模式确立后,法院基本确立了以尊重行政机关的行政专业性为主,原则上不限缩行政权,不过度干预权的立场。

最后,公众参与权日益被予以重视。行政权的扩张使行政机关逐渐偏离原来的代议制民主模式,"风险社会"模式出现后使社会对"专家知识"产生质疑。民主基础的缺失和科技基础薄弱使行政机关的决策和监管职能的正当性倍受挑战。此时,行政过程中加强对公众参与权的保障已为行政法发展之必然。保障行政程序中的公众参与权不仅能获得更全面的信息,而且可以使不同社会群体的利益得到充分的反馈,进而保证行政机关作出行政决策公平、合理且正当。司法权的变革则是为了适应并服务于这一趋势,保证公众在行政程序中参与权的行使,而不是用在司法程序中的参与权来替代。至此,现代西方国家已经基本形成了行政权和司法权之间关系的总体框架。总体上,二者趋向于保持动态平衡关系,并会遵循两个基本原则:一是互取所长。行政机关在自身行使行政行为的专业性、高效性上具有显著优势,对法律事实的判断更加准确,而司法机关则对法律适用问题更为擅长。二者互相尊重并正视自身及对方优势,并以此决定司法权对行政权的干预程度。二是行政权优先。行政机关行使行政职权均应当在行政权的自身权限范围内。当行政机关违法履行职责或未履行法定职责时,只能由司法机关利用诉讼程序来纠正行政机关的行政行为或促使其履行法定职责。但司法机关不能直接取代行政机关作出行政决定,不能越过行政机关直接介入公共事务。

我国目前行政公益诉讼中的诉前程序模式与美国的公民诉讼条款中公民直接诉讼限制性规定的情形相似①。在美国,原告应将诉讼通知书送达政府后方可提起公民诉讼。仅当政府在签收后的一定期限内仍不通过司法或行政途径控诉违法行为的情形时,法院方可受理公民诉讼。此情形称为诉前政府行为对公民诉讼的解除效果。此规定肯定了行政机关积极执法的先行性,也补充了其他主体自行提起公益诉讼补充功效。行政公益诉讼中,我国的诉前

---

① 赵贝贝:《检察机关提起刑事附带民事公益诉讼问题研究》,载《湖北经济学院学报(人文社会科学版)》2019 年第 12 期。

程序在保护公共利益时，行政执法明确先行于司法救济。从司法规制的规律与成本角度看，利用司法手段保护公共利益必定存在过程长、成本高的缺陷。而检察院提起行政公益诉讼则优先考虑维护秩序的高效性要求，弥补了上述缺陷。

（3）我国的检察权理论与环境行政公益诉讼

我国检察权理论与环境行政公益诉讼的关系主要体现在三点：一是检察机关的法律监督权；二是行政自制理论；三是检察权在生态环境公益诉讼中如何体现司法权的谦抑性。

第一，法律监督理论。我国宪法等主要法律中均确立了检察机关的监督权。监督法律的最终目的即保护国家、社会公共利益及人民的利益，这是保障宪法有效遵守和实施、确保宪法的权威性的必要手段，同时也是监督职责设置的内在要求。检察机关不仅应当在诉讼程序中，而且应当在诉前程序中行使法律监督职能。

从《行政诉讼法》第 25 条的规定可知，在诉前程序中，检察机关主要采用向行政机关发出检察建议的方式来监督和督促行政机关先行自觉纠正其违法行为或积极履行其行政职责，从而实现及时有效地保护国家利益和社会公共利益。实践过程中，诉前程序能在确保行政权的正当行使的前提下，有效发挥检察权监督制约功能。

第二，行政自制理论。行政自制是公共行政和民主法治的必然要求。行政权本身即是治理权，具体包括组织权、监督权、管理权及指挥权等内容。由此可见，行政权本身即具有监督功能。而行政权自身也需要予以约束，"行政三分制"即行政机关内部权力划分实现自我约束的有效机制，将行政机关具有的决策权、执行权及监督权相对分离，且在行政权运行中使其相互协调却又相互制约。充分利用"行政三分制"对行政权进行权力控制，利用行政执法承诺制作为控制形式，利用行政问责制作为权利救济方式，实现行政权的控制体系。利用行政机关权的自我控制体系作为内驱机制，可以有效发挥行政机关执法的专业性和高效性，同时利用其直接作用性及时有效地保护国家利益和社会公共利益。

第三，司法谦抑理论。司法谦抑是指司法机关在行使司法权的时候应当保持谨慎和限制的态度，既要避免对社会秩序的过度干预又要避免与其他机关，特别是行政机关，产生权力冲突。具体体现在两方面：一是司法权对公民相关权利的谦抑。人民权利授予国家权力，行政、司法权行使的终极目的即是实现公民权利保护，否则即欠缺合法性。因此，要求行政权及司法权的行使均应在各自的界限内,不能逾越。二是司法权对行政权的谦抑。即司法权在行使时应保持谨慎和限制的态度,不能突破法律乃至宪法的界限,不能超越行政机关而行使职权。以司法谦抑原则为视角,在我国的行政公益诉讼中,检察机关既应保障公民的权利,积极回应群众最为关切的问题,又要督促行政机关自行纠正其违法行政或积极履行其法定职责,当此效果无法实现时①,检察机关才能依法启动行政公益诉讼程序。

4."穷尽行政救济原则"与生态环境公益诉讼

(1)"穷尽行政救济原则"与行政公益诉讼

行政穷尽理论是指不服行政决定者应在提起行政诉讼前,用尽全部行政救济手段。在我国尚未建立起穷尽行政救济原则相应制度的情况下,公益诉讼诉前程序与"穷尽行政救济原则"的理论基础在功能上有着异曲同工之妙。

对于法院而言,诉前程序在一定范围的确立可以使得一部分争议尽可能在行政机关被督促后得到及时解决,避免了法院对行政管理的合理性问题不尽熟悉而导致的尴尬,有利于尽快对案件作出裁断,高效便民。对于行政机关而言,检察机关对行政执法行为监督检查发现问题后提出检察建议,对行政行为施加影响,可以在一定范围内促进行政机关自身完善执法行为,纠正违法或不当行为,不仅提高了效率,减少了成本,而且也有利于行政公益诉讼制度最终目的的达成。

(2)"穷尽行政救济原则"与环境行政公益诉讼诉前程序

"穷尽行政救济原则"对环境行政公益诉讼诉前程序的影响体现在:

第一,在解决环境保护和环境执法中环保部门面临特殊和复杂问题。生态环境损害是因为人类的各种生产生活行为致使区域性的公共环境受到污染或者生态破坏、侵害了自然体的生态利益,产生了实际损害的事实状态,或者有引起生态系统结构或功能发生不利变化的危险,主要表现为区域性环境质量的下降、生态功能的退化。因此,法律所保护的生态环境利益是区别于其他利益形态的新型利益形态,这种利益形态具有自然性、基础性、共享性和层次性的特点,但其本质是确保生态功能维持在平衡状态所带给人类的好处和有用性。由于生态环境利益的这种特性,决定了环境保护和环境行政执法的重要性和复杂性。我国立法将环境保护和执法的职权配置给了环保部

---

① 天津市滨海新区塘沽人民检察院课题组:《行政违法行为监督与行政复议、行政诉讼关系研究》,载《法制与社会》2018 年第 15 期。

门,是最主要的环境执法部门。而司法应作为社会的最后一道防线,体现司法终局性。同时诉讼程序应作为流程的最后阶段,司法的强力应作为补充因素,其自身性质决定了司法的谦抑性。在环境公益诉讼中公权力分工负责、互相监督与制约的基础上,检察机关不适宜过多、过早地介入环保行政机关的履职过程,即在行政权的运用过程中,应强调检察权的合理介入,防止将检察权与行政权二者混淆,成为"第二环境执法机关"。

第二,有助于环境行政执法行为的高效性运转。环保部门作为重要的执法者,一向被视为环境公共利益的主要代表,而环境公共政策的实现也有赖于积极、灵活、富有效率的公共权力,而不是立法权和司法权。在环境和资源保护领域,主要的保护措施是来自环保部门的管理即环境行政执法行为。检察机关和法院在环境案件中并非直接管理的参与者,如果没有环境诉讼的诉前程序中检察权的介入,相当于将环境纠纷径直交予司法机关,相比于环境行政执法机关的专业性,解决问题的周期延长且诉讼成本增加。另外,诉前程序中柔性的检察建议更能促进环境行政执法错误的及时恰当解决,增加其内部机制的研判经验,一定程度上也可以避免环保部门对检察监督的抵触,推动社会和谐发展。

第三,有助于降低诉讼成本,节约司法资源。设置环境行政公益诉讼制度,绝不意味着对生态资源的救济要首先或者主要依赖于它,而是要将其作为一种备用的具有可行性的途经,以确保良好的社会效果。制度的推进方向既要考虑减少制度运行成本,又要实现与社会生活的深度融合。任何利益的实现都有成本,在进行环境公益保护制度的设计时必须综合考虑协调各种不同的价值目标,进行制度的经济成本分析,这样才能完成理想的制度设计。将环境公益诉讼作为环境资源救济的最后途经,体现了"以法治思维和法治方式治国理政"的新思路,对推进依法治国具有重要的示范意义,但也是一种成本相对较高的途经,因此,在诉前程序的分流作用下,环境公益诉讼案件可以大大减少,从而降低公益维护的经济成本和时间成本。

二、环境行政公益诉讼诉前程序的主要问题及其原因分析

(一)环境行政公益诉讼诉前程序案件办理概况

最高人民检察院工作报告显示,自 2017 年 7 月至 12 月底,检察机关办理公益诉讼案件 10925 件。2018 年全年共立案办理行政公益诉讼 108767 件。

其中，涉及生态环境和资源保护 59312 件；共办理诉前程序案件 102975 件，向行政机关发出检察建议 101254 件，97.2% 得到采纳，更多生态环境问题和纠纷在诉前得以解决；共提起公益诉讼 3228 件，法院已判决 1526 件，支持起诉意见 1525 件。2019 年行政公益诉讼 119787 件；同比上升 10.1%，同年对 2018 年办理的 10 万余件诉前检察建议落实情况"回头看"，发现逾期未回复、实际未整改、整改不彻底的 8751 件，跟进督促履职，发出诉前检察建议 103076 件，同比上升 1.8%；行政主管部门回复整改率 87.5%。对发出公告和检察建议后公益受损未能解决的，提起公益诉讼 4778 件，同比上升 48%，其中法院已审结 3238 件，支持起诉意见 3225 件。①

随着行政公益诉讼立案总量的逐年提高，通过诉前程序解决的案件也在增长，提起公益诉讼的案件数量有所减低，这也意味着更多行政公益诉讼案件通过诉前程序得到解决，行政机关的采纳率较高。通过对上述数据和相关案件材料的分析，课题组认为有以下几个特点：

第一，诉前程序案件数量增长较快。自公益诉讼试点工作实施以来，案件总数量和诉前程序案件数量都增长较快，但诉前程序多，提起诉讼的案件少。这说明诉前程序成为办理行政公益诉讼案件的主要方式，这种现状符合诉前程序设计的内在逻辑②。

第二，行政公益诉讼案件通过诉前程序得以解决的比例高。从实践来看，80% 以上的行政公益诉讼案件通过诉前程序得以解决，占案件总数的 3/4。也就是说，绝大多数接到检察建议的行政机关，及时纠正了违法行为或者履行了法定职责，这与行政机关面临被检察机关起诉而增强纠错或履责的能动性有关，可见，诉前程序在维护公益方面取得了显著的成效。

第三，公益诉讼诉前程序案件的地域分布和类型分布不平衡。从省份分布来看，在近两年半时间里，每年平均办理诉前程序案件超过 4000 件的省级检察院有贵州省人民检察院、河北省人民检察院、浙江省人民检察院、江苏省人民检察院；超过 3000 件的省级检察院有内蒙古自治区人民检察院、陕西省人民检察院、云南省人民检察院、广东省人民检察院、湖南省人民检察院③。

---

① 以上数据参见 2017—2019 年最高人民检察院工作报告。
② 参见胡卫列：《中国检察公益诉讼基本特征和理论制度构建》，载《人民检察》2019 年第 15 期。
③ 参见覃慧：《检察机关提起行政公益诉讼的实证考察》，载《行政法学研究》2019 年第 3 期。

从案件类型分布来看，截至 2019 年，公益诉讼案件立案量中，环境资源立案量为 118012 件，占比总立案量的 54.98%。① 可见，已有的行政公益诉讼案件多集中于环保领域。

第四，基层法院和检察机关是行政公益诉讼的最主要办案力量。以北大法宝为案例检索工具，行政公益诉讼为主题搜索，所获案件 1598 件，其中基层法院审理的案件有 1266 件，占总受理案件的 88.36%，高级法院仅为 1.01%。从案件的案由来看，其中不依法履职的为 744 件。此外，各省基层法院审理案件数量分布也不均衡，其中超过 100 件的，按照降序分别为吉林省、安徽省、福建省、内蒙古自治区、江苏省。② 此数据表明，行政公益诉讼案件的办案力量不仅主要来自基层，而且案件还主要集中于农林大省，大多案源来自生态环境保护领域。③ 可见，行政公益诉讼案件中，基层检察院和基层法院为办案的主要力量。

第五，对检察建议的监督缺乏有效路径。课题组以最高人民检察院发布的优秀案例以及通过互联网搜集的案例为样本，对案例的检察建议与诉讼文书进行了分析，发现公益诉讼试点阶段和公益诉讼入法之前，存在检察建议编号不统一，全国没有固定的统一文本样式，也没有专门的公益诉讼部门的情况。最高人民检察院发布了相关司法解释后，检察建议的文书编号和格式才开始规范并已形成了统一的模式。但由于检察建议并没有全公开，检察系统也没有开通和完善相应的公开平台来让检察建议接受社会的监督，在对检察建议的社会监督方面还缺乏有效途径。

（二）环境行政公益诉讼诉前程序中检察机关调查取证存在的主要问题

由于调查取证涉及检察机关的具体办案环节，加之疫情期间受调研条件所限，课题组仅以调研的青海草原环境执法和北京市某区为例，希望通过一些具有代表性的实例对环境行政公益诉讼诉前程序中检察机关调查取证存在的问题有个大致的描述。通过分析有关案例，课题组发现诉前程序中检察机关调查取证问题主要包括：

---

① 数据参见最高人民检察院网站，https：//www.spp.gov.cn/spp/gyssshmhsh/index.shtml，2020 年 7 月最后访问。
② 数据参见北大法宝，https：//www.pkulaw.com/，2020 年 6 月最后访问。
③ 数据参见无讼网站，https：//www.itslaw.com/home，2020 年 6 月最后访问。

1. 调查对象确定的复杂性

课题组在青海调研草原生态环境执法时发现,青海草原生态环境违法案件存在一种典型现象,即未经草原行政主管部门的审核就直接取得政府的建设用地审批手续。根据《草原法》第 63 条的规定,建设项目在没有取得草原审核手续的前提下,即使国土部门直接给企业办理了审批手续,仍构成缺项审批,属于非法使用占用草原的违法行为。执法实践中,对于这类案件线索,由于涉及草原、环保和国土几个部门的职权划分,检察机关在确定违法责任主体时会遇到困难。

根据 2018 年国务院机构改革方案重新组建的生态环境保护部,将原来分散在不同部门的职能进行了合并,明确了城乡各类污染排放监管的职责统一归生态环境部门。由于机构改革不仅涉及各地相关部门的合并和拆分,也涉及机构权力清单的重新梳理,这给检察机关的环境公益诉讼工作带来了一定的困难。比如,北市某区检察机关在履行职责中发现,某小区存在大面积生活垃圾露天堆放的情形,对周边生态环境及居民生活环境造成了污染。检察机关要确定监督对象就要查找确定行政机关的法定职责。在北京市这样的大都市除了相关环保部门外,还有城市管理委员会。区检察机关根据《城市生活垃圾管理办法》《城市市容和环境卫生管条例》《北京市生活垃圾管理条例》①《北京市市容环境卫生条例》② 等,最后确定某城市管理委员会有怠于履行生活垃圾监管职责的行为,于是启动诉前程序,向该部门发出了

---

① 《北京市生活垃圾管理条例》(2012 年 3 月 1 日施行)第 2 条第 1 款第 2 款规定:"本市行政区域内生活垃圾的管理活动适用本条例。本条例所称生活垃圾,包括单位和个人在日常生活中或者为日常生活提供服务的活动中产生的固体废物,以及法律、行政法规规定视为生活垃圾的建筑垃圾等固体废物。"第 5 条第 1 款规定:"市政市容行政主管部门负责本行政区域内生活垃圾管理工作的综合协调、督促指导、检查考核和生活垃圾投放、收集、运输、处理的监督管理。"第 19 条第 3 款规定:"生活垃圾集中收集、转运、处理设施建设应当符合国家和本市有关标准,采取密闭、渗沥液处理、防臭、防渗、防尘、防噪声、防遗撒等污染防控措施;现有设施达不到标准要求的,应当制定治理计划,限期进行改造,达到环境保护要求。"

② 《北京市市容环境卫生条例》(2006 年修正)第 4 条第 2 款规定:"区、县市政管理行政部门负责本行政区域内的市容环境卫生管理工作。"第 20 条规定:"市和区、县市政管理行政部门应当履行下列职责:(一)编制本行政区域内的市容环境卫生工作计划;(二)制定环境卫生专业作业标准和规范;(三)组织落实市容环境卫生工作;(四)组织市容环境卫生的监督检查工作。"第 23 条第 1 款规定:"城镇地区内市容环境卫生责任区的责任标准是:(一)保持市容整洁,无乱设摊、乱搭建、乱张贴、乱涂写、乱刻画、乱挂त、乱堆放等行为;(二)保持环境卫生整洁,无暴露垃圾、粪便、污水,无污迹,无渣土,按照规定扫雪铲冰;(三)保持环境卫生设施的整洁、完好。"第 58 条第 3 款规定:"城镇地区内生活垃圾应当做到日产日清、密闭运输,并清运到指定的垃圾消纳场所,不得乱堆乱倒。"

检察建议。像城市垃圾露天堆放造成环境污染这类案件都需要进行大量的权力清单梳理,在生态环境主管机关及其相关职责权限的法律调整并没有完全到位的情况下,检察机关开展环境行政公益诉讼,工作更为复杂性。

2. 调查取证强制性保障措施缺失

检察机关向环保部门开展调查取证,完全依赖环保部门的积极配合,无法确保取证的强制性。检察机关的调查核实方式限于调阅、复制、询问等,没有限制人身自由以及查封、扣押等强制性措施。虽然"两高"《关于检察公益诉讼案件适用法律若干问题的解释》(以下简称《若干问题的解释》)①等相关规范性文件也有相关单位和个人应当配合,甚至证据保全措施的规定,但这些并没有在我国行政诉讼法中得到体现。检察机关在环境行政公益诉讼中的调查权与其在刑事诉讼中的调查权不同,表现在:一是在环境行政公益诉讼中,检察机关是在履职中发现行政机关违法行使职权或者不作为,且致使公共利益受到侵害的情况下开展的调查,调查对象并不一定涉嫌犯罪;二是检察机关监督的对象是行政机关,而行政机关并没有刑事诉讼所特有的对人身与法益直接而迫切的危险性,所以在行政公益诉讼检察中,检察机关所享有的调查取证方式也受到一定的缩限。由于检察机关在行政公益诉讼中的调查核实权既不同于行政机关的调查权,也与其在刑事诉讼中的调查权不同,因此其调查核实权是缺乏强制性保障的。

3. 调查取证的证据规则亟待构建

目前我国尚没有出台统一的行政程序法,行政案件的证据规则缺少法律层面的统一规定,导致环保部门对环境行政案件的证据要求和证据规则不太清楚。一些环境案件往往只是进行简单的调查,就作出行政决定,因此,检察机关在诉前程序环节向环保部门调取的证据资料并不齐全,甚至一些关键违法事实缺乏适格证据的支持,其中没有鉴定意见书是主要问题之一。以青海曼达公路违法占用草原案为例。曼达公路涉及违法占用草原 67 公顷,不仅涉及的违法占用线路长,而且违法占用的点零散。按照草原环境行政执法的有关规定,草原行政主管部门作出行政处罚决定前,应当对违法占用草场的损害情况进行鉴定,由具有鉴定资质的部门出具鉴定意见书和相关调查报告。但实践中,国土和草原环保部门普遍认为,出具草原损害鉴定意见不仅

---

① 第 6 条规定,人民检察院办理公益诉讼案件,可以向有关行政机关以及其他组织、公民调查收集证据材料;有关行政机关以及其他组织、公民应当配合;需要采取证据保全措施的,依照民事诉讼法、行政诉讼法相关规定办理。

难度大，而且费用高，加之国家对草原损害方面专门的鉴定机构没有相关的法律规定，也没有出台任何规范性文件。

此外，课题组也从有关部门了解到，除草原行政执法部门对草原违法事实要进行损害鉴定的意识不强，对案发现场缺乏固定证据的意识外，由于检察机关对草原案件缺乏专业知识，也导致了调取的证据材料不充分、不扎实，无法形成相应的证据链。由于关键证据无法查证，即使检察建议发出后，检察机关也会因为证据方面的问题，难以判断草原行政部门是否纠正了其违法行为，或者是否采取了有效措施制止了违法行为，难以作出是否提起环境行政公益诉讼的决定。

4. 缺乏必要的技术保障与资金支持

缺乏必要的技术和资金支持环境行政公益诉讼问题突出。主要体现在：一是没有专业的鉴定勘验机构。在环境执法中，有资质鉴定勘验的机构往往受被监督机关管理，如果简单调取鉴定意见会直接影响到取证结果及公益诉讼后续程序中证据的证明力。为了保障鉴定勘验的中立性、客观性，依理检察机关就需要重新鉴定。但环境鉴定比如噪声污染等，通常环保部门有一定的技术人员和设备，而检察机关又无法委托作为被监督机构的环保机关自己为自己的行政决定提供鉴定意见。问题还包括，诸如噪声环评等有关证据材料，又是环保机关的专业鉴定领域，即使检察机关找近似领域的机构做相关鉴定，但从鉴定资质、鉴定的专业性上都难以驳倒环保机关的相关鉴定意见。二是缺乏专业设备和人员。由于环境行政公益诉讼对案件线索的"调查"已不仅限于对已有材料的审查核实，需要向行政管理相对人调查取证，甚至需要做生态环境方面相关的检测，这就需要专业的检验检测设备，而这类设备不仅专业性强，而且往往价格高昂且不易操作。

（三）环境行政公益诉讼诉前程序中检察建议存在的主要问题

课题组从最高人民检察院发布的优秀案例及从中国裁判文书网、无讼网搜集到的环境行政公益诉讼案例中选出四个典型案例，对行政公益诉讼诉前程序检察建议的内容进行分析，旨在探究检察机关在制发检察建议阶段呈现不同的实务特征。

表 1　生态环境保护领域案件实践情况

案件名称	调查取证措施	检察建议主要内容	行政机关履职情况
贵阳市云岩区城市管理局不履行法定职责案	现场勘验照片、视频、询问笔录	法定职责的主要法律依据、事实与证据的充分说理	路边长期违法占道洗车对城市道路环境的污染仍在继续，公共利益长期受到侵害
合肥市排水管理办公室不履行法定职责案	现场勘验照片、视频、询问笔录	采取有效措施对倾倒的污泥进行符合规定的处理，消除影响；依法对倾倒污泥行为进行处理；加大对全市污泥处置的监管力度，防止类似案件发生	倾倒的污泥没有明显改善，提起公益诉讼
云南省剑川县森林公安局怠于履行法定职责案	现场勘验照片、视频、询问笔录	建议依法履行职责，认真落实行政处罚决定，采取有效措施，恢复森林植被	剑川县森林公安局没有督促行为人履行"限期恢复原状"的行政义务，所破坏的森林植被至今没有得到恢复
五台县唐家湾水库库区违规堆放垃圾污染环境案	开展饮用水水源地保护公益诉讼专项活动中发现，现场勘验、技术检测	建议水利局依法履行对唐家湾水库库区的管理监督职责，尽快清理违规堆放的垃圾；修复防护栏，采取有效措施防止周边村民和住户继续倾倒垃圾；设立禁止倾倒垃圾警示牌，加大库区环境保护的宣传力度；增强环境保护意识，保护唐家湾水库水资源无污染	水利局认真履行职责，尽力争取将唐家湾水库库区管理经费纳入财政预算，督促管理单位加强管理、完善日常巡查工作制度，发现问题及时整改，确保水库库区环境整洁，保障县城饮用水源安全

从搜集到的案件来看，检察机关对于非法占用导致农林耕地受损、非法排污导致的水污染、违规堆积垃圾导致的固体污染这几类案件给予了特别的关注，这几类案件的数量占比达到环境资源类总案件量的八成以上。从环境行政公益诉讼诉前程序来看，主要存在以下问题：

第一，生态环境这一类案件因为自身的专业性质较强，取证难度较大，检察机关在调查取证的过程中存在相当的难度。检察机关囿于个案裁量的本质特征，未形成普遍性的、可供重复使用的一般规则，判决的效力仅局限于对个案的利益协调和妥协之中，无法像环境行政执法一样"批量化"处理具有共性的对环境公共利益的普遍损害。

第二，检察机关囿于其有限的司法资源，往往无法处理复杂的科学技术问题。即便在已经有成熟公益诉讼实践的国家，因科学技术专家及其服务的缺乏导致大量环境纠纷悬而未决、中途放弃或者只能部分解决的情况也十分普遍。

（四）检察机关提起环境行政公益诉讼存在的主要问题

2017年7月至2019年10月，检察机关通过办案督促治理被污染、损毁的耕地、湿地、林地、草原321万亩，督促清理固体废物、生活垃圾3104万吨，追偿修复生态、治理环境费用34.5亿元。① 由于检察建议以及行政机关履行检察建议的情况无法从公开渠道查询，对于诉前程序中检察机关认定行政机关是否履行了检察建议的标准无从考证。因此，课题组从对检察机关提起行政公益诉讼案例的实证考察入手，以期从中发现检察机关提起环境行政公益诉讼的主要问题。

1. 检察机关提起行政公益诉讼案件统计分析

课题组通过中国裁判文书网，选取2015年7月1日即环境公益诉讼试点开始日期至2019年12月31日期间，以"行政案件""检察院""公益诉讼"为关键词检索，共获得251份文书。此外，最高人民检察院发布的2019年公益诉讼典型案例中，行政公益诉讼诉前程序案件15件，行政公益诉讼案件5件。本文以这两批共256件行政公益诉讼案件为最终的研究样本。课题组对其进行统计分析，具体情况如下：

第一，从审判程序上看，行政公益诉讼主要集中在一审程序中，上诉率

---

① 数据来自2019年10月24日《最高人民检察院关于开展公益诉讼检察工作情况的报告》，参见https://www.spp.gov.cn/spp/tt/201910/t20191024_435925.shtml。

极低，上诉进入二审程序的案件仅有 7 件，表明检察院和行政机关基本都能做到服从判决结果，对案件的事实认定和法律适用不存异议。同时，作为公益诉讼人的检察院和作为被告的行政机关间对立情绪并不突出，基本可以做到督促、协调为主，强制监督为辅。

第二，从裁判文书的类型看，进入审判阶段进行实体审查作出判决的案件占绝对比重。在 256 个样本中，共有 247 份行政判决书，仅有 6 份行政裁定书。而在 247 份行政判决书仅有 3 例判决驳回诉讼请求，可见检察院作为公益诉讼人的独特诉讼地位，在行政公益诉讼中胜诉率极高。

第三，从检察院作为环境行政公益诉讼人提出的诉讼请求类型看，单独诉请确认行政机关作出的行政行为违法的 29 件，同时诉请确认违法与责令履行行政职责的 227 件，其中包括因行政机关不履行或不完全履行行政职责而诉请确认行政机关不履行职责违法并责令履行职责的和因行政机关违法行政行为导致环境污染而同时诉请确认违法行政行为违法并责令履行污染治理职责两种情况。

第四，从起诉内容与检察建议内容对应程度来看，起诉内容与诉前程序提出检察建议内容完全对应的共 165 件，起诉内容与检察建议不完全对应的共 91 件。

第五，从行政机关回复检察建议情况看，行政机关积极回复检察建议的 202 件，行政机关怠于回复检察建议但已采取相应措施履行监管职责的 31 件，行政机关怠于回复检察建议且未采取措施履行监管职责的 23 件。

从分析样本中公益诉讼人提出的履行职责类诉讼请求看，检察院提出的诉讼请求能做到结合具体案件提出明确、具体、有可操作性且符合客观规律的有 84 件，仅提出责令履行职责等概括性、模糊性诉讼请求的多达 143 件。其中，由于行政机关在诉讼中积极履行职责而使检察院在诉讼中申请撤回部分诉讼请求的 46 件，申请变更诉讼请求的 27 件。

第六，从一审裁判类型来看，单独确认行政行为违法的 29 件、确认行政行为违法和履行判决同时适用的 45 件、单独确认不履行行政职责违法的 43 件、确认不履行行政职责违法并责令履行职责的 91 件、单独适用履行判决的 41 件、裁定驳回起诉的 1 件、判决驳回诉讼请求的 3 件、准予撤回起诉的 2 件、终结诉讼的 1 件。

2. 检察机关提起行政公益诉讼案件存在的问题

通过对上述对样本的分析，可以看出目前行政公益诉讼案件办理中存在以下问题：

第一，检察机关对于行政机关履行职责的认定标准不一。样本中检察机关对行政公益诉讼的审查标的即是否履行法定职责的理解存在三种不同观点，如表 2 所示，这三种对履行职责的不同审查标准，直接影响着法院对履行法定职责的审查范围，进而决定了裁判方式的不同。

表 2　生态环境保护领域案件实践情况

不同观点	审查范围	典型示例	裁判结果
检察建议期间是否积极履行法定职责	仅审查检察院提出检察建议后，一个月内或合理期限内，被诉行政机关主观上是否积极履行行政职责，客观上是否达到环境保护的公益诉讼目的	**（2017）吉 2403 行初 12 号** 市检察院认为，市环保局处罚决定后，未依法履责，在发出检察建议后一个月内，仍未履行完毕。法院认为本案的审理标的是：市环保局在接到检察建议后一个月内，是否依法履行处罚决定规定的法定职责	一、准予撤回继续履行职责的诉讼请求。 二、驳回确认未依法履行职责违法的诉讼请求
检察建议前是否存在不履行法定职责	对检察院提起检察建议前即存在的不履行法定职责行为和提起检察建议后至提起公益诉讼期间的一并审查	**（2017）粤 7101 行初 242 号** 黎某等污染环境，被告进行废物处理，处理费为 148690 元，该已由石楼镇人民政府垫付。公益诉讼人发出检察建议，建议被告依法履责并及时向黎某等人追索处理费用。被告一个月后才通过民事诉讼追索。公益诉讼人请求：（1）确认被告怠于履行追索黎某等四人处置费用的行为违法；（2）判令被告一个月内依法履行职责，向相关行为人黎某等人追索危险废物处理费用 148690 元	确认被告怠于履行追索危险废物代处置费用的行为违法

续表

不同观点	审查范围	典型示例	裁判结果
提出检察建议后是否仍不履行法定职责	对检察院提出检察建议后至提起公益诉讼、法院作出裁判结果前，行政机关存在的不履行法定职责行为予以审查	（2017）黔2323行初8号 四家企业未按规定建设环保设施，未申请环保设施检查验收。被告一直未对其履行监管职责，致使四家企业持续非法排污。县检察院向被告作出检察建议书，督促其依法履责。四家企业虽缴纳了罚款，但均未完善相关环保设施，持续排污。法院认为本案的争议焦点是：（1）被告对四家企业环境违法行为是否怠于履行监管职责；（2）被告对四家企业环境违法行为是否继续履行监管职责	一、被告对环境违法行为怠于履行监管职责违法；二、责令被告对环境违法行为继续履行监管职责，采取补救措施，于2017年12月31日前完善对四家企业原煤转运货场的环保治理工作，确保达到环保要求

第二，个别行政公益诉讼案件系"为了诉讼而诉讼"。个别检察机关片面追求办案数量，存在滥发诉前检察建议、为了凑提起行政公益诉讼案件数量而提起诉讼的问题，甚至有仅因未回复检察建议即提起行政公益诉讼，请求确认违法或不履责的案件。另外，个别检察建议质量不高，对违法事实、证据和法律适用论证不充分，缺乏说理性、不具有操作性。行政机关作为具有对被诉事项享有监督管理权的单位，更具专业性，且行政机关享有自由裁量权并有自我纠错的权利。检察机关享有检察监督权，在诉前程序和行政公益诉讼中享有特殊地位，但不意味着检察权可以过度干预行政权。

第三，检察机关占据绝对优势地位。样本中仅有极少数案件进入二审程序，判决驳回检察机关诉讼请求的案件亦是少数。可见，行政机关对于检察机关提出的检察建议予以重视，并积极履行职责，基本达到息诉服判。检察机关作为公益诉讼人在行政公益诉讼中具有独特地位，极高的胜诉率有违行政诉讼司法规律之嫌。

第四，未充分发挥诉前程序优势。从样本判决方式来看，存在滥用判决方式，忽视诉前程序，忽视检察机关作为公益诉讼人同样享有的撤回起诉的权利，且检察机关享有一定的自由裁量权。256 份样本中，一部分案件已经在诉讼过程中达到行政诉讼目的，诉讼请求实际已履行完毕，但检察机关仍坚持诉请判决确认行政机关先前行为违法，仅有两例检察机关申请撤回起诉，法院予以准许。

（五）环境行政公益诉讼诉前程序主要问题的原因分析

1. 诉前程序中检察机关调查取证困境的成因

（1）调查取证相关规定相对碎片化且效力位阶不高

我国在立法上确立公益诉讼制度的时间较短，许多制度和规范尚待探索阶段，因此，有关行政公益诉讼程序的构建，特别是相关的证据制度、证据规则都处在探索阶段。为了弥补我国《行政诉讼法》第 25 条的原则性规定带来的法律适用问题，"两高"先后出台了《若干问题的解释》和《检察建议工作规定》，其中对检察机关的调查取证方式作出了框架性规定。但由于上述司法解释等司法文件不属于全国人大的立法，因此诉前程序中，一旦发生行政机关不予配合或者出现异议，检察机关调查取证的强制性就遇到了问题。

环境行政公益诉讼除了依据"一决定三解释"外，多地也积极推出了地方上的各类公益诉讼方面的规范性文件。以课题组调研的青海省草原生态环执法为例。2018 年 12 月，青海省检察院和青海省农业农村厅就召开了联席会议，会议出台了《关于加强协作推进检察公益诉讼促进全省涉农涉牧领域生态环境资源保护的会商纪要》，对公益诉讼案件损害赔偿评估定损机制、专家咨询意见机制以及建立常态化信息共享和会商机制等做了规定，但没有涉及检察机关的调查取证问题。调查取证规定得碎片化、低阶位运行和缺乏可操作性，也是环境行政公益诉讼诉前程序中检察机关的调查取证工作陷入困境的原因之一。

（2）地方经济利益妨碍了调查取证工作的开展

检察机关开展环境行政公益诉讼的积极性不高，除了上述立法不完善和检察机关调查手段的局限性外，地方保护主义和狭隘的地方经济利益影响也是重要的原因之一。以课题组调研的青海草原生态执法为例。由于检察机关办理的草原环境保护案件大多涉及地方政府的经济建设，在此驱动下，检察机关往往会有这样的倾向，即案件一旦介入，对这些复杂关系的处置也会随之转移，而这些问题不是检察机关单方面能够解决的。基于上述原因，一些检察机关自然失去了介入案件的积极性，即使有案件线索检察机关也会"消极怠工"，如检察机关会以行政不作为无法认定，没有案件线索，或者发出检察建议后不再跟进调查核实，这些因素都影响到了环境行政公益诉讼诉前程序的效果。

（3）人为考核指标导致调查取证走过场

行政公益诉讼工作开展以来，检察机关为了完成上级机关下达的办案数量和考核指标，也会大量启用行政公益诉讼诉前程序。启用诉前程序的好处是：一是诉前程序是提起行政公益诉讼的必经程序，不仅计入行政公益诉讼的统计数字，而且对证据的要求不高，容易完成办案数量；二是诉前程序中检察机关的自由裁量权较大，通过柔性化的检察建议不会影响到检察机关与地方政府部门的关系。基于上述考虑，有的检察机关在诉前程序的调查取证工作上会有走过场的情况发生。

2. 诉前程序中行政机关履行职责认定标准不一的原因分析

上述裁判文书样本的裁判特征，反映出目前行政公益诉讼中检察机关对行政机关履行检察建议的认定标准并不统一，究其原因包括以下方面：

（1）制度自身的缺陷

我国的行政公益诉讼制度还处于起步摸索阶段，不同于国外公益诉讼制度由检察官或个人提起公益诉讼的类型。我国公益诉讼制度的发展路径是较以往先立法再实践，通过实践再完善立法的常规路径不同的。公益诉讼的制度的发展路径可谓"反其道而行之"，即全国人大常委会授权检察院开展公益诉讼试点工作，检察院、法院制定公益诉讼试点工作实施办法、实施方案，试点结束，修改行政诉讼法、发布公益诉讼司法解释。这样直接通过实践指导立法的方式具有明显的中国特色，也决定了我国行政公益诉讼制度本身不尽完善，实践过程中充满疑问，需要在适用的过程中对发现的问题——解决，并形成一定司法适用规律或统一裁判尺度。同时，行政公益诉讼案件本身即具有专业性强、调查取证难、审理周期长等现实特点，检察机关和法院可能因缺乏专业性理论支撑和专业性指导，容易在事实、证据及审查标准的判断和认定上出现偏差。

（2）规范及理论积淀不足

现有的针对行政公益诉讼制度的法律法规不够明确、完善。大多规定均停留在统一政策性规定层面，缺少实施细则等具体规定，缺乏可操作性。现有试点方案及司法解释中，对检察院提起行政公益诉讼的诉讼请求类型规定单一，缺少对不同判决方式适用范围和适用条件的明确规定，同时，缺少对

"不作为""不履行职责"等界定要素规定及审查标准的进一步规定,致使审判实践中由于适用主体自身理解能力、理论积累及经验积累存在差异,适用主体对界定要素的理解也存在个体差异,而出现同案不同判的情况。此外,针对行政公益诉讼的理论研究不足,缺乏足够的理论支撑。在法律适用过程中,缺乏个案考量,缺乏理论创新,行政公益诉讼理论体系有待充实和完善。

三、部分国家环境公益诉讼诉前程序的特点及其启示

(一) 美英环境公益诉讼的特点及其启示

1. 美国环境公益诉讼的特点
(1) 环境公益民事诉讼和环境公益行政诉讼二合一

美国采取行政诉讼和民事诉讼合一的司法模式,所以在环境公民诉讼中,相关权利人不仅可以提起环境民事公益诉讼,还可以提起环境行政公益诉讼,其被告为环境行政主管部门,如环境保护署等。基于美国三权分立、行政制衡和司法效率的原则,民间环保组织可以对政府的环境行政违法或者环境行政不作为提起诉讼,并辅之以民事诉求,充分体现了政企主体在环境污染行为中的竞合性,明晰了政府和环境污染行为主体在环境损害中的相应责任,以实现环境司法的公正。[①]

(2) 允许多个主体提起环境公益诉讼

在20世纪60年代末之前,公民个人和环境组织若想提起与环境相关的诉讼,必须满足起诉权原则。美国的起诉权原则以美国《宪法》第3条为基础,将司法权限于对"案件或争议"作出裁决。在该原则下,原告提起与环境相关的诉讼必须证明以下三点:一是原告自己受到了"实际或迫在眉睫"的侵害,且仅限于经济利益受到损害;二是原告所受到的损害与被告被控告的行为之间存在因果关系;三是侵害具有可补救性。[②]

司法实践中,由于联邦法院认定环境损害造成个人利益损害的案件为"非个人直接经济损失"的案件,导致公民个人和环境组织无法直接针对环

---

① 丁国民、高炳巡:《论我国环境公益诉讼的归位与诉讼模式的选择》,载《中国社会科学院研究生院学报》2016年第6期。
② Linda B. Zeit, Standing in Environmental Litigation under the Administrative Procedure Act, 5 U. Balt. J. Envtl. L. 112 (1995).

境利益损害提起诉讼。直到 1970 年 "Data Processing Service Organizations, Inc. v. Camp"① 一案中,美国最高法院认为法院可以受理非经济损失所造成的损害才打破这一壁垒。同时,美国以制定法的形式扩大了原告主体资格。《美国法典》第 5 章第 702 条对审查权的规定中提到在美国法院提起的诉讼,寻求金钱损害以外的救济,并声称某一机构或其官员或雇员以官方身份或以法律授权的名义行事或未行事,法院不得以不具备起诉资格而不予以救济。② 之后随着美国行政法的焦点从保护个人权利转向保护"代表不足的利益",环境公益诉讼迅速发展。③

在环境公益诉讼方面,美国最重要的一个制度是"公民诉讼"。即公民诉讼条款允许有地位的公民向法院提起诉讼,以执行某些环境条例,授权公民充当私人检察总长(Private Attorney General)。私人检察总长作为公民诉讼的重大理论基础之一,最早是由美国判例中衍生的概念。1943 年美国联邦第二巡回上诉法院法官 Frank 在 Associated Industries of New York v. Lckes 案中提出了私人检察总长理论。在存在美国宪法第 3 条规定的实际"争议"的情况下,由国会通过立法授权政府官员以外的任何个人或团体针对该争议启动一个意在保护社会公共利益的程序,这些得到授权的人就被称为"私人检察总长"。④ 1964 年制定的《民事权利法案》第六编(Ⅵ of the Civil Right Act of 1964)第一次为"私人检察总长"从理论上升到制定法提供了证明。该法第 201 条规定,公民对于涉及公共利益等方面享有权利,且不应该受到不平等待遇。⑤ 为了保证此民事权利顺利行使,该法第 204 条(a)款规定任何人针对实施不平等待遇的人,或有合理理由相信将会实施此种行为的人提起民事诉讼,都可以请求对其给予禁止性救济,当联邦检察总长认为该案件在公共利益保护方面极其需要重视,且提出申请,法院在其权力范围内可以允许联邦检察总长参与该诉讼。经被害人(原告)申请,并且在法院认为合理的情况下,法院可以为该受害人指定一名代理律师,在不缴纳

---

① 397 U.S. 150 (1970).

② See 5 U.S.C. §702.

③ Michael S. Greve, "The Non-Reformation of Administrative Law: Standing to Sue and Public Interest Litigation in West German Environmental Law," Cornell International Law Journal 22, no. 2 (Spring 1989): 197-244.

④ See Associated Industries of New York State v. Ickes, 134 F. 2d 694 (1943). 转引自张辉:《美国环境法研究》,中国民主法制出版社 2015 年版,第 462 页。

⑤ See 42 U.S.C. §2000a (a). 公民对于公共服务、基础设施、产品、优惠和便利等方面享有全面且平等的权利,任何人不会因为种族、肤色、宗教或者国籍受到任何歧视或者差别待遇。

诉讼费、成本费用或者担保金的情况下提起此类诉讼。① 基于此项规定提起的诉讼，如果原告胜诉，可以由被告方承担一部分律师费，具体数额由法院确定，除了律师费外，关于诉讼的各项费用，法院也可以根据原告的经济情况判决由败诉方承担。② 但以上规定不适用于美国联邦政府，同时，美国联邦政府也必须像个人一样承担相应的诉讼成本。

除了公民诉讼中可以由私人检察总长提起环境公益诉讼和上述所提及的《民事权利法案》中授权联邦检察总长为了公共利益提起环境公益诉讼之外，针对环境公益诉讼，美国还允许美国联邦环境部（Environmental Protection Agency，EPA）提起诉讼。规定如果州政府未能在 30 日内行使执法权，那么 EPA 将对该违法行为人发出执行命令或通知，或者提起诉讼。③ 但是，无论是私人检察总长还是联邦检察总长，或是美国联邦环境部，提起此类诉讼均要受到行政罚款执法权优先的限制。美国联邦环境部等行政主管部门被法律授予先行处罚之权利，处罚实际上就切断了其他行政主管部门或者公民就同一事实再提起公益诉讼的路径和权利。

（3）诉前有较长的履行改正期限

美国第一个公民诉讼条款是 1970 年《清洁空气法》的第 304 条（《美国法典》第 42 编第 7604 节），该条规定任何人均可以自己的名义针对其他主体（包括美国宪法第十一修正案允许的范围内的任何其他政府部门和机构）违反《清洁空气法》或行政长官、国家就排放标准和限制发布的命令提起民事诉讼。但是，有前提条件。美国要求公民原告必须给监管机构足够的通知，即任何人在准备就违法行为人提起公民诉讼之前，应当提前 60 日书面通知 EPA、违法行为所在州以及违法行为人即将提起公民诉讼这一事实。如果违法行为人在 60 日内自行纠正违法行为，或者 EPA 以及违法行为所在州在接到通知后决定对违法行为人行使行政执法权，则该公民不得提起公民诉讼，以实现行政执法权相比于"公民诉讼"的优先性。

法律要求所有的公民诉讼在提起诉讼之前履行通知义务，一方面是给予违法行为人一段时间纠正其违法行为，另一方面通知 EPA 和州政府，告知行政管理部门自己发现存在违法的行为，也是提供给行政执法机关是否采取

---

① 张辉：《美国公民诉讼之"私人检察总长理论"解析》，载《环球法律评论》2014 年第 1 期。
② See 42 U. S. C. §2000a - 3（b）. 基于前项规定提起的诉讼，法院都可以给胜诉方（除美国联邦政府外）判决一定数额合理的律师费，而且美国联邦政府也必须像个人一样承担相应的诉讼成本。
③ See Joel A. Minz, Clifford Reehtschaffen Androbert Kuehn, Environmental Enrcement, Carolina Academic Press, 2007, p.259.

行政执法措施的机会。① 美国 1970 年《清洁空气法》规定任何人都可以对污染空气的行为提起诉讼，无论公民有无利益关系、有何种利益关系。②

诉讼提示主要适用于那些情况并不紧急的环境污染或破坏现象，对于紧急且重大的违法行为，法律直接授权公民向享有管辖职能的法院提起"公民诉讼"的权利，而不必提前通知。这些紧急且重大的违法行为包括：其一，因违反《资源保护与恢复法》（Resource Conservation and Recovery ACT, RCRA）关于"危险废物管理"规定需要立即提起诉讼的情形。其二，因违反《清洁水法》关于"国家执行标准"和"有毒水污染物"管理规定需要立即提起诉讼的情形。其三，因违反《清洁空气法》关于"现存污染源排放标准限制或管理规定"或"有毒大气污染物排放标准"规定，或者违反美国联邦环境部针对违反国家空气质量标准及该州空气质量标准实施方案或许可证规定所作出的行政命令的规定，而需要立即提起公民诉讼的情形。③

（4）允许和解

检察机关提起行政公诉时，法律允许检察机关与被诉行政机关就案件的处理、诉讼费开支方法等达成和解协议，即当被诉行政机关自愿承认违法并主动停止实施违法行为时，双方可以将和解协议在联邦登记报上予以公布，满 60 日后提交法院批准，经法院批准，该和解协议即生效④。

2. 英国环境行政公益诉讼

在英国，检察长总代表国王，当公共利益受到损害时大多是检察总长以个人名义向法院提起诉讼。⑤ 在英国，只有检察官才能作为公益诉讼的代表提起公益诉讼，美国法学家 G. 盖茨称之为检举人诉讼。与美国不同的是，公民没有直接提起环境行政公益诉讼的权利。⑥ 英国公益诉讼中采取的是前置审查起诉模式，只有检察官才能有资格作为公益诉讼的代表提起诉讼，在公民通知并要求检察总长督促诉讼，检察总长拒绝行使职权的情况下，公民才能在得到检察总长的允许后提起公益诉讼。此方法被许多人认为是公益诉

---

① See Joel A. Minz, Clifford Rechtschaffen, Robert Kuehn, Enironmental Enforcement, Carolina Academic Press, 259, 2007.
② 夏云娇：《西方两大法系环境行政公益诉讼之比较与借鉴》，载《湖北社会科学》2009 年第 5 期。
③ 张辉：《美国环境法研究》，中国民主法制出版社 2015 年版，第 499 页。
④ 参见潘申明：《比较法视野卜的民事公益诉讼——兼论我国民事公益诉讼制度的建构》，华东政法大学 2009 年博士学位论文，第 281 页。
⑤ 参见［英］威廉·韦德：《行政法》，楚建译，中国大百科全书出版社 1997 年版，第 257 页。
⑥ 刘茜、赵琪：《生态福利权及其救济制度的构建》，载《广西社会科学》2017 年第 11 期。

讼制度的过渡阶段。

1974年英国颁布的《污染控制法》明确规定，对于损害生态环境的污染公害，任何人都可有权提起诉讼。因此，英国环境公益诉讼的主体较之前有所扩大，但就总体而言，诉讼主体仍旧以检察机关为主，而以公众进行起诉的形式为补充。

3. 英美法系诉前程序的规定对我国的启示

在诉讼主体上，英国也经历了一个由检察机关为主体到接受并将公民作为起诉主体的阶段，美国在诉前程序中加入了和解的内容。对我国而言，在诉前程序中如果加入和解，可以体现出检察权对行政权的尊重，关于环境问题，恢复的时间和恢复的程度都很难进行数量化的判断，而且需要大量的时间来恢复原貌。若在此过程中行政机关一直在积极的作为，检察机关可以选择和解，并后续跟进，以最大限度地节约司法资源。

英美等国家降低私人参与行政公益诉讼的门槛，调动民间力量保护环境利益也值得我国借鉴与学习。在环境行政公益诉讼进程探索至一定阶段后，可以降低私人参与诉讼的门槛，让公民和社团法人参与到诉前程序之中，因为环境利益归根结底涉及的是公民的生存私益，让私益主体参与诉讼并不违背环境行政公益诉讼这一制度的设计目的。可以参照英国的做法，结合我国国情，允许私人通过向检察院申请，经过检察机关同意后参与诉前程序；经检察机关同意，私人可以为了公益向行政机关发出建议，请求行政机关履职或停止侵害，并参照检察建议的程序，在两个月期满后，行政机关未履职的，由私人请求检察机关提起行政公益诉讼，检察机关则应当根据实际侵害的情况以及行政机关的行为来决定是否发出检察建议督促行政机关履行或直接提起行政诉讼①；如果在此期间，检察机关向行政机关发出检察建议，则应当以检察机关的检察建议为准。

（二）德国和法国环境行政公益诉讼诉前程序的特点

1. 德国环境行政公益诉讼诉前程序的特点

在德国，"环境行政诉讼"时常被带有行政公益诉讼色彩的利他团体诉讼来代替，指社会团体以第三人权益或社会公益遭受侵害为由提起行政公益诉讼。

---

① 徐以祥：《我国环境公益诉讼的模式选择——兼评环境行政公益诉讼为主模式论》，载《西南民族大学学报（人文社会科学版）》2017年第10期。

(1) 团体的资格限制

1908 年《防止不正当竞争法》对团体诉讼制度进行了规定。为了维护正当竞争的氛围，一些产业团体具有了针对不正当竞争行为发布禁止令状的诉讼主体资格。① 随后，团体诉讼被扩大到环境法范围。利他的团体诉讼在《反不正当竞争法》中主要有以下两点得以确立的原因：首先，古典自由主义法学尝试"通过受害人的个人追诉行为间接维护市场秩序"的理想存在法律救济的真空。② 其次，在 18—19 世纪经济团体得到了蓬勃发展，法律的制定体现了德国个人主义的社会和经济生活。③ 值得注意的是，德国环境保护领域的利他团体诉讼是行政诉讼。为防止滥诉现象，提高诉讼质量 2009 年 7 月，德国修订了《环境救济法》，对环境团体作出以下限制：一是团体宗旨及目的主要为了促进环境保护；二是确认的前提是至少已积极从事环境公益活动 3 年；三是已保证适当履行其职责——对其先前行为的性质、程度、成员及财务状况进行考察；四是符合德国税法规定；五是支持符合其宗旨的任何人加入，并享有完全的投票权。④ 德国采取了两类立法例对原告适格要件进行规定：一是对消费者保护团体和环境保护团体采取名册登入和事先政府资格确认的方式进行规定；二是对工商业团体采法院审查的方式进行规定。⑤

(2) 团体的起诉条件

《联邦自然保护法》对环境团体提起诉讼的条件进行了明确规定：一是被诉行政行为属于该环境团体业务活动范围，即行政机关的某些决定损害的是环境团体章程中表明的自然保护的利益。二是提起诉讼的环境团体在当初参加程序中对该问题持反对意见或政府没给其表明意见的机会。⑥ 如果被诉行政行为与该团体的业务活动无关或者在该团体在参加程序时未表明意见，则该团体不能提起诉讼。这是为了防止环境团体滥用诉权以及将问题在诉讼之前得到解决，以避免司法资源的浪费。《环境损害法》还附加对起诉条件

---

① 李长春、罗丽华：《制度溯源及其意义——公益诉讼原告制度的法系考察》，载《北京航空航天大学学报（社会科学版）》2007 年第 3 期。
② 参见吴泽勇：《德国团体诉讼的历史考察》，载《中外法学》2009 年第 4 期。
③ 参见吴泽勇：《德国团体诉讼的历史考察》，载《中外法学》2009 年第 4 期。
④ 参见刘如慧、谢伟：《德国环境团体诉讼制度的发展及其启示》，载《法学评论》2013 年第 2 期。
⑤ 参见高琪：《我国环境民事公益诉讼的原告适格限制——以德国利他团体诉讼制度为借鉴》，载《法学评论》2015 年第 3 期。
⑥ 陶建国：《德国环境行政公益诉讼制度及其对我国的启示》，载《德国研究》2013 年第 2 期。

进行了规定，即环境团体首先向行政机关提出履行义务的请求，行政机关在 3 个月内未采取措施的，行政机关才能成为被告，环境团体才能请求行政法院判令行政机关履行命令经营者采取预防措施或进行损害赔偿的职责。对于提起诉讼提供的行政机关违法事实和证据，还有 6 个月内的时间限制。①

（3）复议前置

德国存在独立的行政法院系统，环境行政诉讼由行政法院管辖，行政法院根据《行政法院法》对环境行政诉讼进行审理。复议前置是指起诉前，环境团体应先向行政机关提出复议申请，如果行政机关驳回复议申请，才可向行政法院提起诉讼。②

（4）公民的起诉限制

德国对个人起诉资格的限制在《行政法院程序法》进行了规定：一般原告提起诉讼需要是其自身的合法权益遭受到损害，除非法律另有规定，即公民的原告主体资格来自相关的环境行政行为对公民个人的合法权益造成的实际损害。

（5）检察机关的专业性

在《联邦行政诉讼法》中公益代表人诉讼制度是指检察机关为维护环境利益作为公益诉讼主体参与诉讼。德国首先以制定法形式创设督促程序，此后，督促程序不断被各国应用于公益诉讼领域。该程序强调"穷尽行政救济"，重视"自我纠正"之主动性，在检察机关起环境公益诉讼之前，如果行政机关根据检察机关通知履行了职责，即可免于承担诉讼风险。③

2. 法国环境行政公益诉讼诉前程序的特点

第一，法国的越权之诉体现了法国司法权对公共利益的救济与保护。越权之诉有三个特点④：一是公民起诉行政机关的某个行政行为，法官对行政行为的合法性进行审查。二是内容有关公共利益，公民无须律师协助，可自行提起诉讼。三是起诉人有反悔的权力，可以在放弃起诉后，重新提起诉讼。越权之诉体现了行政权受司法权的牵制和约束。行政法院的法官在案件审理过程中可通过不同等级的法律标准取消被诉的政府行为。

第二，越权之诉审查的范围包括形式审查和实质审查。在法国，司法权

---

① 喻文光：《环境行政公益诉讼及检察机关提起诉讼资格问题》，载《人民检察》2014 年第 11 期。
② 陶建国：《德国环境行政公益诉讼制度及其对我国的启示》，载《德国研究》2013 年第 2 期。
③ 张锋：《检察环境公益诉讼之诉前程序研究》，载《政治与法律》2018 年第 11 期。
④ 田凯：《国外行政公益诉讼的演变与发展》，载《中国检察官》2007 年第 11 期。

监督行政权的范围和深度逐渐扩大。现今，行政法院的法官对被诉行政行为的形式和实质内容的合法性都有权进行审查。形式审查包括审查行政机关是否有权作出此行为，该行为的作出是否符合立法动因。实质审查主要指对行政机关的决定进行审查，主要包括两个层次，一是行政机关的决定是否有依据；二是依据是否充分，其中包括审查行为人作出该行为的目的，明显追求私人利益的行为要被撤销。

第三，越权之诉中被诉行政行为如果被撤销，该行为自始至终不发生法律效力。

第四，越权之诉的启动主体和审查范围广泛。在法国，越权之诉的启动主体包括受行政决定影响的直接相对人，因为违法行政决定而受到直接利益侵害的第三人，集体利益受到行政决定直接影响的工会、社团等团体，负有维护公益职责的行政机关①，甚至行政机关自身都能提起越权之诉，任何以保护自然和环境为宗旨的协会，可以向行政法院提起诉讼，以解决与自然和环境有关的任何投诉。行政机关在提起越权之诉之前，行政机关所代表的公共利益已经遭受到其他行政机关相关决定的侵害，而其本身无法作出行政行为消除该项决定。越权之诉的原告要求保护的利益包括物质性、精神性利益等，可见，越权之诉的范围已经不限于现实利益，如果有确实存在的将来的利益，也可提起越权之诉。

3. 德国和法国环境行政公益诉讼诉前程序对我国的启示

法国对诉前条件的限制极低，但是这种情况对环境行政公益诉讼探索尚处于起步阶段的我国并不适用；德国的行政诉讼可以适用调解制度，但是因为环境团体往往认为诉讼中涉及的公益关乎全体民众的利益，自己无权调解，因此调解成功的案例在德国也较少。但是，德国团体诉讼对团体的多样性限制以及对团体的资格准入值得我们学习。环境行政公益诉讼，是对行政执法功能的一种补充性以及终局性的手段，环保团体参与决策以及复议前置的手段，大大地减少了对行政权的干预，可以高效地解决相关问题，达到保护环境的目的。对相关主体的资格限制是该制度的关键，课题组认为，应当在采取更为严苛的准入设置后，综合全方位考虑适格的环保团体参与环境行政公益诉讼。

---

① 肖建华：《公益诉讼之立法建构》，载《法治论丛（上海政法学院学报）》2005年第6期。

四、环境行政公益诉讼诉前程序的完善：
以检察机关调查取证和环保部门
履行职责认定标准为路径

环境诉前程序不仅是检察机关对环保部门行政权的尊重，也是基于对生态环境修复所具有的技术性、长期性等特性的考量。我国行政诉讼法确立的"诉前程序+提起诉讼"模式，使检察机关在诉前程序中如何行使调查权，如何认定和处理行政机关的违法或者不作为成为关键。

（一）检察机关调查取证权的完善建议

1. 诉前程序中检察机关行使调查权的正当性

完整的诉前程序是一个从立案调查、审查、终结审查、提出检察建议、行政机关反馈及异议救济的过程，关键是检察机关的调查取证。

我国宪法规定检察院是国家的法律监督机关。这里的"法律监督"，是指检察机关依照法定程序对执法、司法和守法进行的专门监督，是以对公权力的监督和制约为主要形式。环境行政公益诉讼中，检察机关针对环保部门的不作为和乱作为在调查核实后，通过提出检察建议适用诉前程序，对不纠正违法行为的依法提起环境行政公益诉讼。

首先，法律监督权要通过法律规定具体配置到各级检察机关和部门，成为检察机关享有的各项职权，这种经过转化的法律监督权称为检察权，它是检察机关享有的各项职权的总称。从诉讼职能上看，检察权包括检察侦查权、公诉权和诉讼监督权三大方面，其外延十分广泛[①]。检察机关的法律监督在对不同公权力的监督上各有侧重。对公诉部门而言，检察机关的法律监督可以体现为一种补充侦查权，而对于传统意义上的民事、行政部门来说，法律监督权性质上接近为一种核实权，这种权力具有非强制性。无论是补充侦查还是调查核实，都需要通过调查权的运行方式实现，因此，调查权不仅具有检察权或法律监督权的权力属性，更是实现法律监督权最重要的保障。

其次，与检察机关传统的行政监督形式不同，国家通过立法将检察机关引入环境行政公益诉讼诉前程序，是为了运用检察机关的法律监督地位，通

---

① 邓思清：《检察权研究》，北京大学出版社2007年版，第47页。

过检察机关的检察权来加强维护生态环境这一关系到国计民生的公共利益。"目的是全部法律的创造者。每条法律规则的产生都源于一种目的，即一种事实上的动机。"① 因此，为实现环境行政公益诉讼的功能和目的，就必然要求在环境公益诉讼诉前程序中配置与之相适应的调查权，以此实现维护生态环境保护公共利益的目的。

最后，环境执法的被动性和封闭性使检察机关配置调查权十分必要。环境执法的被动性表现在一些地方政府在 GDP 的利导下，会忽视环境保护，对污染环境的纳税大户企业采取庇护措施。环保部门是政府的一个职能部门，人事权和财政权均隶属于地方政府，基于上述行政领导关系，由其依法公正地查处相关违法企业确实有一定的困难。在这样的情况下，由检察机关来充当生态环境公共利益的维护者，督促和监督环保部门依法履职，可以有效杜绝环保部门的不作为、乱作为的现象。环境执法的封闭性表现为检察机关受制于案件线索的发现机制，很难第一时间发现国家利益和公共利益遭受侵害的情形。虽然相关法规有规定信息共享机制和联席会议机制，但是这些机制在实践中由于多重利益的博弈时常难以发生功效。此外，由于环境行政执法领域行政罚款的额度较高②，在这种高额罚款的刺激下，以罚代刑的现象严重。除此之外，生态环境的公益性所体现出的分散性特点因其影响范围甚广、影响基数大而对个体的影响程度小，造成民众的环境公益保护意识不强，检察机关也很难从该渠道获得相关的案件线索。正因为环境执法的封闭性特点，为了更好地发挥检察机关法律监督权的作用，在环境行政公益诉前程序中设立检察机关的调查权，配置适当的保障措施才能保障检察机关法律监督权的充分实现。

2. 完善检察机关在环境行政公益诉讼诉前程序中的调查取证程序的建议

处理好环保部门环境行政执法与检察机关调查取证的关系，除了相关法律规范对检察机关的调查取证予以明确授权外，完善检察机关的调查取证程序，构建符合环境执法特点的证据规则，充分发挥检察建议的功能价值也极为重要。

---

① ［美］E. 博登海默：《法理学——法哲学及其方法》，邓正来译，中国政法大学出版社 2004 年版，第 105 页。

② 例如，《大气污染防治法》第 56 条规定，城市饮食服务业的经营者未采取有效污染防治措施，致使排放的油烟对附近居民居住环境造成污染的，由县级以上人民政府环境保护行政主管部门或者其他依法行使监督管理权的部门责令停止违法行为，限期改正，可以处 5 万元以下罚款。

(1) 制定《公益诉讼法》，为检察机关调查取证提供法律支撑

检察机关提起行政公益诉讼的法律依据目前仅为《行政诉讼法》第25条第4款的原则性规定，相关的司法解释存在位阶低、权威性不够以及可操作性较弱等问题，因此适时制定《公益诉讼法》，为检察机关行使公益诉讼提供法律支撑非常重要。以环境行政公益诉讼为例，制定《公益诉讼法》亟须解决以下问题：

第一，确立检察机关在行政公益诉讼诉前程序中的职权。我国行政公益诉讼由诉前程序与诉讼程序两个阶段构成且诉前程序前置。基于对行政公益诉讼本质和司法权谦抑与司法经济的考量，与民事公益诉讼诉前程序不同，行政公益诉讼诉前程序的参与者是检察机关与行政机关。因此，未来制定的《公益诉讼法》应对行政公益诉讼诉前程序和诉讼程序中检察机关的诉讼权利义务做不同的设计。比如，在诉前程序阶段，检察机关应当享有为提出检察建议而必要的调取行政执法证据与调查取证、提请法院采取强制措施等程序性职权，在符合法定条件下应当享有是否提出检察建议、是否提起公益诉讼的实体处理权限。在诉讼阶段，检察机关只能行使程序意义上的公益诉讼人的权利，遵守相关义务，由法院对其与行政机关之间的"是否因行政违法致使公共利益遭受损害"形成的争议作出司法裁判。

第二，确立公益诉讼鉴定和公益赔偿金制度。公益诉讼尤其是环境行政公益诉讼往往涉及鉴定问题。目前，我国生态环境方面的鉴定主要存在以下两个突出问题：一是鉴定管理体制方面，现有的鉴定机构分属环保部门、司法行政部门甚至部分高校科研院所等，不但管理体制凌乱，而且专业人才分散，这种鉴定体制现状直接影响到了环境行政公益诉讼鉴定工作的开展；二是鉴定成本高昂。鉴定费用动辄几十万元，甚至上百万元，高额的费用致使环境公益诉讼工作的开展举步维艰。如果能适时制定《公益诉讼法》，设专章对公益诉讼鉴定管理体制、资质制度、鉴定费用的收取标准、公益赔偿金等作出原则规定，无疑是解决公益诉讼鉴定和公益赔偿金问题的最好办法。如果制定《公益诉讼法》的条件不成熟，也可以由国务院先行制定《行政公益诉讼鉴定条例》，对环保部门等行政部门的鉴定体制等作出规定。

(2) 构建和完善生态环境行政诉讼的证据制度

与其他行政诉讼案件相比，环境行政公益诉讼的证据具有以下明显特征：一是科学技术性强。大气、土壤、水、固体废物、辐射等污染和危害，需要科学技术手段进行测试和判断。二是易逝性明显。大气、土壤、水等一旦受到污染会很快分解、扩散，也可能沉淀、转化，若不及时取证会对以后

的调查取证工作来困难。三是极具隐蔽性。除污染者出于经济利益考虑会极力隐瞒外，有些污染物如重金属是无色、无味，不易被发现，也有些污染潜伏期长甚至现有技术手段难以监测。四是复杂性。环境污染的载体通常是生态环境而非直接作用于人，有时短时间内其危害性并没有完全显现，因此损害程度的证据一时难收集或界定。五是生态专业性。生态环境是一个系统，某一因素的剧烈变化会引起一系列连锁反应，且期限长、收集证据复杂，需要专门的设施和专业的人才。

近年来，环保部门查处的环境违法案件数量虽然增加了不少，但检察机关提起环境行政公益诉讼的比例不高。有学者认为，环境公益诉讼诉前程序在监督环保部门违法行政或行政不作为的问题发挥了重要作用，甚至认为"零诉讼是行政公益诉讼诉前程序制度设计的理想目标"①，但课题组认为，环境行政公益诉讼虽然不是环境执法的主要环节，但作为环境法治的一部分，应当充分发挥其环境执法的法律监督功能。因此，构建科学的环境行政诉讼证据制度非常重要。以环境公益诉讼诉前程序为例，亟须解决以下问题：

第一，检察机关的举证责任。对于行政公益诉讼举证责任的分配，目前学界主要有两种不同的观点②。一种观点认为实行举证责任倒置，与行政诉讼法确立的被告行政机关承担举证责任的原则保持一致③；另一种观点认为行政公益诉讼与一般行政诉讼的设计不同，起诉人不是处于行政行为相对一方的当事人，而是拥有法律监督权的检察机关，因此应当由检察机关承担主要举证责任④。课题组认为，原则上应要求检察机关提起诉讼时提交初步的证明材料即可。如在环境行政公益诉讼中，检察机关仅需要证明违法行政行为与生态环境所遭受的损害之间存在一定的因果关系，而且这种损害在检察机关履行检察建议诉前程序后的一定期限内依然存在即可。

第二，检察机关调取证据的证明标准。行政诉讼的证明标准问题，我国

---

① 胡卫列、迟晓燕：《充分认识并彰显行政公益诉讼诉前程序功能价值》，载"法律读库"微信公众号2017年4月8日。

② 林仪明：《我国行政公益诉讼立法难题与司法应对》，载《东方法学》2018年第2期。

③ 理由是既然行政公益诉讼制度被写入了行政诉讼法，那么其举证责任分配就应遵循行政诉讼法所确立的举证责任分配原则，由被诉行政机关承担主要举证责任，即举证责任倒置。

④ 理由是与一般行政诉讼不同，行政公益诉讼中的原告是检察机关，与被诉行政机关具有对等的法律地位，拥有足以与行政机关抗衡的公权力，而并非诉讼中的弱者。故举证责任倒置在行政公益诉讼中并不适用，应实行"谁主张，谁举证"，由检察机关承担主要举证责任。

立法及司法解释没有明确的规定，理论界也有不同的观点。一般而言，证明标准按照严格程度依次为：一是排除合理怀疑；二是清楚和令人信服；三是优势证据规则。排除合理怀疑标准适用于刑事诉讼领域，属于最严证明标准，清楚和令人信服的标准主要适用于民事诉讼领域，该标准要求证据要清楚的指向事实而非否定，因此其严格程度低于排除合理怀疑的证明标准。课题组认为，在环境行政公益诉讼中，检察机关提出检察建议甚至提起公益诉讼，与环保部门环境执法一样都是要制止环境污染等环境违法行为，都是要使受损的生态环境及时得到恢复，只是采取的手段和方式不同。从另一个角度看，环境行政公益诉讼也是增强环境保护执行力的一种治理方式，它使环境行政权、检察权和法院公益诉讼裁判权进行了整合。换言之，环境行政公益诉讼的启动实际上与环境行政执法形成了合力，间接提升了环境行政执法的刚性。鉴于此，在环境行政公益诉讼中，将证据的证明标准确定为"清楚且确信"，课题组认为不仅可行性较强，而且也符合环境行政公益诉讼制度设计的根本目的。

（3）在调查取证的基础上灵活运用检察建议

要充分发挥检察建议的功能，必须在制发诉前检察建议的同时，注重发挥检察建议发出前的沟通约谈作用。既通过诉前检察建议对环保部门履职情况开展监督，又通过积极与环保部门沟通交流支持环保部门依法行政及时解决问题。如北京市某区针对群众和人大代表反映十余年得不到解决的六里屯垃圾填埋场恶臭扰民并污染环境问题，通过加强与相关部门协调沟通和督促整改，推动加速原有垃圾及渗滤液的转运消纳，经过3个多月的集中整治，恶臭扰民问题得到彻底解决。

除了完善检察建议本身的制度和拓展检察建议发出前的协调沟通功能外，发掘检察建议后的"检察建议回头看"的检查审视作用也很重要。通过这种"检察建议回头看"，可以排查诉前程序案件环保部门是否存在虚假整改、纠正违法行为不属实以及有无事后反弹回潮等问题，从而找准症结原因，充分运用法律和监督智慧，促进环保部门真正依法履职，从而真正发挥检察公益诉讼监督的功能。

（二）环保行政机关职责履行认定标准的确立和完善

诉前程序是使环境行政公益诉讼功能得到高效发挥的关键环节，而对于环保行政机关是否履行法定职责的认定，是否启动诉前程序及是否转入诉讼程序的关键环节。目前，认定环保行政机关是否履行法定职责履职的标准，因制度设计自身的欠缺而使理论界对此有不同的理解，同时在实务运行中环保行政机关和司法机关也存在不同看法。课题组认为，应当进一步明确行为标准、结果标准以及附条件标准等，逐步完善诉前程序中环保行政机关履行职责认定的标准。

1. 行为标准

行为标准是指检察机关在认定环保行政机关是否依法履职时，仅仅考虑环保行政机关的履职行为是否合适，而不考虑行为带来的结果，即行为是否使生态环境受到的侵害被消除。行为标准要求的是穷尽行为的过程，而不是落脚于最终的结果。从总体上看，这与职权法定的原则要求是相符合的，也是目前多数理论学者支持、论证合理性的主要原因之一。环境行政公益诉讼最终目的是维护生态环境，如果行为不能最终落脚于保护生态环境这一目的上，则与整个行政公益诉讼的基本理念相违背。

环境行政公益诉讼中，行为标准是对环保行政机关提出的最低义务标准，要求其履行自身应尽的义务，并没有再设定其他的额外标准。因此，对于特殊事项，鉴于环保行政主体享有管理权限的情形，在穷尽行政救济措施的情况下，检察机关根据行为标准对环保行政机关行政主体履职情况进行审查。法律不强人所难，在适用完其本身享有的所有救济措施后，不论公共利益维护的结果如何，检察机关均应认定环保行政主体依法履行了职责，不应再进入诉讼程序。同时，适用行为标准应该遵循以下要求：首先，坚持实事求是，尊重客观规律。检察机关在对处于受侵害状态的生态环境进行保护时，应尊重生态环境本身的客观规律，对客观事实进行充分的调研、审查分析。其次，树立法治观念，坚持职权法定。判断负有管理职责的环保行政机关是否依法履职，关键要厘清环保行政机关的法定职责和其是否依法履职到位，即以法律规定的环保行政机关法定职责为依据，对照环保行政机关的执法权力清单和责任清单，把是否全面运用或者穷尽法律法规和规范性文件规定的行政管理手段制止违法行为作为主要判断要件。最后，遵循比例原则，坚持最优选择。比例原则主要表现为手段与结果之间具有正当性，依据行为标准对履职情况进行审查，分析环保行政主体对行政手段的选择适用上与保护生态环境的关联度。手段一定要有助于目的的实现，以最终形成有效的利益保护。

2. 结果标准

结果标准是指检察机关在认定环保行政机关是否依法履职时，不仅要考察行政机关履职行为充分与否，还要认定其作出行为之后的实际效果，即生态环境是否有效得到恢复和保护，结果标准实际上是一种双重认定标准。结果标准包含行为过程和实质结果两个要素，即穷尽行政手段且符合正当法律程序，取得实质性保护结果，从根本上实现对国家和社会公共利益的保护。显然，结果标准相比行为标准对于环保行政机关更加严格，因为其不仅要认定行为，还要认定行为所产生的结果。

结果标准是行为标准在一定结果上的递进，因此，对于一般事项，非涉及特殊介入因素的应采取结果标准审查，因为结果标准提出的要求更高，更有利于生态环境的保护和高质量维护，以及更好地监督环境行政主体的履职行为。适用结果标准应遵循以下要求：首先，程序正当。结果标准审查不等同于唯结果论，环保行政机关在行使法定权力、履行法定职责的时候，应尊重正当程序，在合法性、正当性的框架内积极履行职责，保护生态环境这一国家和社会公共利益。其次，非统一性。结果标准不具有统一性，而具有相对性，即在具体领域达到什么程度的保护结果，要具体问题具体分析。最后，结果明确。在生态环境和资源保护领域，明确结果是生态环境、生态功能恢复到被破坏前的状态水平，达到明确的测试值或评估值等。

3. 附条件标准

附条件标准是从最大限度地实现受侵害的生态环境得到保护的角度出发，在特殊情况下对行为标准和结果标准的补充。具体是对于介入特殊客观因素的、环保行政机关在短期内无法实现生态环境保护的，如恢复植被、修复土壤、治理污染等，环保行政机关主观上有整改意愿，但由于受季节气候条件、施工条件、工期等客观原因限制而无法快速达到要求的，以附条件审查标准为主，即根据具体事项，设定合理的完成期限，达成一定的标准结果，在设定的合理期限内完成生态环境保护，即可认定环境行政主体履行了职责。附条件标准的适用主要包括两部分，即期限和结果。其一，附期限。检察机关与环保行政机关在尊重客观规律的前提下相互协商，设定合理明确的履职期限，这在生态植被恢复、农田绿地复貌等事项中适用较多。其二，附结果。结果的实现是履职情况的裁量基准之一。附期限和附结果共同构成附条件标准的判断基准，即环保行政机关应在和检察机关协商设定的期限内实现既定的保护结果，否则，检察机关就可以认定环保行政机关未履行法定职责，并且完成了诉前程序的催告，进而可以提起行政公益诉讼。

4. 多重标准适用的逻辑选择

综合理论与司法实践中的各种判例，课题组认为，诉前程序职责履行的认定标准除了考察环保行政机关是否作出合法行为，还要考察行为的结果。

以行为标准为主的认定不能够使环境行政公益诉讼的核心目的——保护生态环境得到最佳实现；而当生态环境持续受到侵害时，如果还是坚持行为标准，环保行政机关就可能产生懈怠，生态环境就不能得到有效保护。因此，从实现保护生态环境的角度出发，对标准的选择适用是一种动态的选择过程，宜适用综合标准。从逻辑适用关系上可以简单地概括为以结果标准为主、行为标准为辅、附条件标准为兜底应用，三者之间应根据具体案情及保护的法益，具体情况具体选择适用。

总之，判断环保行政机关是否已经履行了职责，如果仅从行为路径分析，则存在公共利益保护局限的情形；如果仅从结果角度分析，则忽略了我国生态环境管理中条块分割的动态行政实践。课题组建议，在具体的司法裁判中，应从法治政府建设、依法行政的角度出发，首先，静态考察被诉环境行政主体所拥有的法定职权和职责；其次，结合具体案情，动态分析被诉环境行政主体实际履行职责过程；最后，从结果考量环境行政主体履行法定职责的实际效果。要科学合理地设定环境行政公益诉讼中诉前程序职责履行认定标准，认真落实好检察建议，树立检察监督的权威，充分激发环境行政公益诉讼检察监督的内生功效。